公路工程标准规范解读系列丛书
《公路工程预算定额》(JTG/T 3832—2018) 配套用书

《公路工程预算定额》释义手册

交通运输部路网监测与应急处置中心

方 申 主编

律师声明

本书所有文字、数据、图像、版式设计、插图等均受中华人民共和国宪法和著作权法保护。未经人民交通出版社股份有限公司同意,任何单位、组织、个人不得以任何方式对本作品进行全部或局部的复制、转载、出版或变相出版。

任何侵犯本书权益的行为,人民交通出版社股份有限公司将依法追究其法律责任。

有奖举报电话:(010)85285150

北京市星河律师事务所
2017 年 10 月 31 日

图书在版编目(CIP)数据

《公路工程预算定额》释义手册/方申主编. — 北京:人民交通出版社股份有限公司,2019.1
ISBN 978-7-114-15323-5

Ⅰ.①公… Ⅱ.①方… Ⅲ.①道路工程—预算定额—中国—手册 Ⅳ.①U415.13-62

中国版本图书馆 CIP 数据核字(2019)第 002994 号

Gonglu Gongcheng Yusuan Ding'e Shiyi Shouce

书 名：	《公路工程预算定额》释义手册
著 作 者：	方　申
责任编辑：	黎小东　王海南　侯蓓蓓
责任校对：	刘　芹
责任印制：	刘高彤
出版发行：	人民交通出版社股份有限公司
地　　址：	(100011)北京市朝阳区安定门外外馆斜街 3 号
网　　址：	http://www.ccpress.com.cn
销售电话：	(010)59757973
总 经 销：	人民交通出版社股份有限公司发行部
经　　销：	各地新华书店
印　　刷：	中国电影出版社印刷厂
开　　本：	787×1092　1/16
印　　张：	34.75
字　　数：	836 千
版　　次：	2019 年 1 月　第 1 版
印　　次：	2022 年 11 月　第 6 次印刷
书　　号：	ISBN 978-7-114-15323-5
定　　价：	180.00 元

(有印刷、装订质量问题的图书,由本公司负责调换)

《〈公路工程预算定额〉释义手册》
编审委员会

主编单位： 交通运输部路网监测与应急处置中心

参编单位： 中铁大桥局集团有限公司
中交第二公路工程局有限公司
北京交科公路勘察设计研究院有限公司
昆明海巍科技有限公司
湖南省交通运输厅交通建设造价管理站
北京云星宇交通科技股份有限公司
中咨泰克交通工程集团有限公司
郑州市易路工程咨询有限公司

主　　编： 方　申

参编人员：

帖卉霞	夏学军	张　靖	刘小燕	罗杏春	邹苏华
李　燕	李　宁	耿克强	李智勇	刘校峰	牛伟锋
徐春旺	吴培关	刘　锐	何小平	陶　坤	冯　刚
焦卫宁	苏太胜	赵　华	彭东黎	李凤求	杨　莉
丁加明	李利君	龚静敏	胡立卫	尚杨明珠	杨　雪
辛广宇	林英杰	王少飞	董雷宏	冒建宏	周功建
郭俊飞	王海波	张幸福	沈卫东	杨志朴	王彩仙
陈永真	王春雷	汪建斌	叶心苗	赵立新	高　阳
王长虹	李　征	王　博	陈同生	莫　钧	徐　浩
崔润超	王潇军	张　磊	王　楹		

主　　审：黄丽梅

审查人员：刘兴庄　　王　华　　杜国艳　　易万中　　王燕平　　管　培
　　　　　　李河永　　王新志　　封佩杰　　迟　爽　　刘丽华　　瞿国旭
　　　　　　成　红　　虞晓群　　杨　新　　雷晓明　　郑　强　　张道德
　　　　　　张景博　　赵晞伟　　周敬东　　杜　帅　　王宇鹏　　于泽友
　　　　　　王乃家　　胡　雷　　杨　莉　　余佩群　　张青青　　龙崇美
　　　　　　周艳青　　崔润超　　吴　培　　宋振海　　刘　凯　　刘林博
　　　　　　董珍林　　许存会　　葛萧亮　　胡振山

前 言

　　为便于公路工程造价从业人员在实际工作中正确理解和运用新公路工程定额,特编写"公路工程定额释义系列手册"。系列手册是编写组根据定额修订过程中综合考虑的内容,以及对应用新定额时应注意的问题进行汇总和分析后编写而成,同时配以大量图片,以便读者更加直观了解和使用新定额。系列手册解释了新公路工程定额的工程内容、定额内容、机械台班、材料等。

　　"公路工程定额释义系列手册"包含三个分册,分别为:《公路工程材料价格使用手册》《〈公路工程预算定额〉释义手册》和《〈公路工程机械台班费用定额〉释义手册》。

　　本书为《〈公路工程预算定额〉释义手册》分册。全书共九章,主要内容包括:路基工程、路面工程、隧道工程、桥涵工程、交通工程及沿线设施、绿化及环境保护工程、临时工程、材料采集及加工、材料运输等。

　　请各单位在使用的过程中,将发现的问题及建议,函告交通运输部路网监测与应急处置中心(地址:北京市朝阳区安定路5号院8号楼外运大厦21层,邮编:100029,联系人:方申,电话:010-65299193,邮箱:lwzxzj@163.com),以便修订时参考。

"公路工程定额释义系列手册"编写组

2018 年 12 月

目 录

第一章 路基工程 ··· 1

第一节 路基土、石方工程 ··· 2

　　1-1-1　伐树、挖根、除草、清除表土 ·· 5
　　1-1-2　挖淤泥、湿土、流沙 ·· 6
　　1-1-3　人工挖及开炸多年冻土 ·· 7
　　1-1-4　挖土质台阶 ·· 7
　　1-1-5　填前夯(压)实及填前挖松 ··· 8
　　1-1-6　人工挖运土方、装运石方 ·· 8
　　1-1-7　夯实填土 ··· 9
　　1-1-8　机动翻斗车、手扶拖拉机配合人工运土、石方 ······················ 9
　　1-1-9　挖掘机挖装土、石方 ··· 10
　　1-1-10　装载机装土、石方 ··· 11
　　1-1-11　自卸汽车运土、石方 ··· 12
　　1-1-12　推土机推土、石方 ··· 13
　　1-1-13　铲运机铲运土方 ··· 14
　　1-1-14　开炸石方 ·· 15
　　1-1-15　控制爆破石方 ·· 16
　　1-1-16　抛坍爆破石方 ·· 16
　　1-1-17　挖掘机带破碎锤破碎石方 ·· 17
　　1-1-18　机械碾压路基 ·· 17
　　1-1-19　渗水路堤及高路堤堆砌 ··· 19
　　1-1-20　整修路基 ·· 20
　　1-1-21　旧路刷坡、改坡、帮坡、检底 ·· 21
　　1-1-22　洒水汽车洒水 ·· 22

第二节 特殊路基处理工程 ··· 22

　　1-2-1　袋装砂井处理软土地基 ·· 22
　　1-2-2　塑料排水板处理软土地基 ·· 23
　　1-2-3　石灰砂桩处理软土地基 ·· 25
　　1-2-4　振冲碎石桩处理软土地基 ·· 25
　　1-2-5　沉管法挤密桩处理软土地基 ·· 27
　　1-2-6　水泥、石灰搅拌桩处理软土地基 ·· 28
　　1-2-7　高压旋喷桩处理软土地基 ·· 30

1-2-8	CFG 桩处理软土地基	32
1-2-9	土工合成材料处理地基	34
1-2-10	强夯处理地基	35
1-2-11	抛石挤淤	36
1-2-12	地基垫层	37
1-2-13	真空预压	37
1-2-14	路基填土掺灰	39
1-2-15	采空区处治※	40
1-2-16	刚性桩处理软土地基	41
1-2-17	路基注浆处理	43
1-2-18	冲击压实	44

第三节　排水工程 ··········· 46

1-3-1	开挖沟槽	47
1-3-2	路基、中央分隔带盲沟	48
1-3-3	石砌边沟、排水沟、截水沟、急流槽	48
1-3-4	混凝土边沟、排水沟、截水沟、急流槽	49
1-3-5	排水管铺设	49
1-3-6	雨水井、检查井	50
1-3-7	轻型井点降水	51
1-3-8	机械铺筑拦水带	52

第四节　防护工程 ··········· 53

1-4-1	人工铺草皮	53
1-4-2	植草护坡	54
1-4-3	编篱填石护坡	56
1-4-4	木笼、竹笼、铁丝笼填石护坡	56
1-4-5	现浇混凝土护坡	57
1-4-6	预制混凝土护坡	59
1-4-7	灰浆抹面护坡	60
1-4-8	喷射混凝土护坡	61
1-4-9	预应力锚索护坡	62
1-4-10	边坡柔性防护	64
1-4-11	石砌护坡	65
1-4-12	木桩填石护岸	66
1-4-13	抛石防护	67
1-4-14	防风固沙	68
1-4-15	防雪、防沙设施	70
1-4-16	石砌挡土墙	70
1-4-17	石砌护脚	72

1-4-18	石砌护面墙	72
1-4-19	现浇混凝土挡土墙	73
1-4-20	加筋土挡土墙	74
1-4-21	预制、安装钢筋混凝土锚定板式挡土墙	76
1-4-22	现浇钢筋混凝土锚定板式挡土墙	76
1-4-23	钢筋混凝土桩板式挡土墙	77
1-4-24	锚杆挡土墙	78
1-4-25	钢筋混凝土扶壁式、悬臂式挡土墙	79
1-4-26	加筋挡土墙防渗层、泄水层及填内心	80
1-4-27	抗滑桩	81

第二章　路面工程 … 83

第一节　路面基层及垫层 … 83

2-1-1	路面垫层	85
2-1-2	路拌法水泥稳定土基层	86
2-1-3	路拌法石灰稳定土基层	87
2-1-4	路拌法石灰、粉煤灰稳定土基层	88
2-1-5	路拌法石灰、煤渣稳定土基层	88
2-1-6	路拌法水泥、石灰稳定土基层	89
2-1-7	厂拌基层稳定土混合料	89
2-1-8	厂拌基层稳定土混合料运输	91
2-1-9	机械铺筑厂拌基层稳定土混合料	91
2-1-10	基层稳定土厂拌设备安装、拆除	91
2-1-11	泥灰结碎石基层	92
2-1-12	填隙碎石基层	92
2-1-13	沥青路面冷再生基层	93
2-1-14	泡沫沥青就地冷再生基层	93
2-1-15	泡沫沥青厂拌冷再生基层	94

第二节　路面面层 … 95

2-2-1	泥结碎石路面	95
2-2-2	级配碎石路面	96
2-2-3	级配砾石路面	96
2-2-4	天然砂砾路面	97
2-2-5	粒料改善土壤路面	97
2-2-6	磨耗层及保护层	97
2-2-7	沥青表面处置路面	98
2-2-8	沥青贯入式路面	98
2-2-9	沥青上拌下贯式路面	99
2-2-10	沥青碎石混合料拌和	99

2-2-11	沥青混凝土混合料拌和	100
2-2-12	沥青玛蹄脂碎石混合料拌和	103
2-2-13	沥青混合料运输	103
2-2-14	沥青混合料路面铺筑	104
2-2-15	沥青混合料拌和设备安装、拆除	104
2-2-16	透层、黏层、封层	105
2-2-17	水泥混凝土路面	107
2-2-18	碾压混凝土路面※	109
2-2-19	自卸汽车运输水泥混凝土	110
2-2-20	片石混凝土路面	110
2-2-21	预制混凝土整齐块路面	110
2-2-22	煤渣、矿渣、石渣路面	111

第三节 路面附属工程 111
- 2-3-1 全部挖除旧路面 111
- 2-3-2 挖路槽、培路肩、修筑泄水槽 111
- 2-3-3 人行道及路缘石 112
- 2-3-4 沥青路面镶边 112
- 2-3-5 土路肩加固 112

第三章 隧道工程 114

第一节 洞身工程 114
- 3-1-1 人工开挖 114
- 3-1-2 机械开挖轻轨斗车运输 115
- 3-1-3 正洞机械开挖自卸车运输 116
- 3-1-5 钢支撑 127
- 3-1-6 锚杆及金属网 129
- 3-1-7 管棚、小导管 132
- 3-1-8 喷射混凝土 134
- 3-1-9 现浇混凝土衬砌 136
- 3-1-10 石料、混凝土预制块衬砌 139
- 3-1-11 防水板与止水带(条) 140
- 3-1-12 塑料排水管沟 142
- 3-1-13 混凝土沟槽 143
- 3-1-14 拱顶压浆 145
- 3-1-15 正洞通风 146
- 3-1-16 正洞高压风水管、照明、电线路 147
- 3-1-17 洞内施工排水 150
- 3-1-18 明洞修筑 151
- 3-1-19 明洞回填 152

3-1-20	明洞防水层	153
3-1-21	洞内装饰	155

第二节　洞门工程 156
 3-2-1　洞门墙砌筑 156
 3-2-2　现浇混凝土洞门墙 157
 3-2-3　洞门墙装修 158

第三节　辅助坑道 160
 3-3-1　斜井开挖 160
 3-3-2　斜井出渣 162
 3-3-3　斜井衬砌 163
 3-3-4　斜井通风及管线路 164
 3-3-5　竖井开挖※ 165
 3-3-6　竖井支护与衬砌 166
 3-3-7　斜井洞内施工排水 167
 3-3-8　人行、车行横洞开挖 169

第四章　桥涵工程 172
 第一节　开挖基坑 172
  4-1-1　人工挖基坑土、石方 172
  4-1-2　人工挖卷扬机吊运基坑土、石方 172
  4-1-3　机械挖基坑土、石方 174
  4-1-4　基坑挡土板 176

 第二节　筑岛、围堰及沉井工程 177
  4-2-1　草土围堰 177
  4-2-2　编织袋围堰 178
  4-2-3　竹笼围堰 179
  4-2-4　木笼铁丝围堰 180
  4-2-5　筑岛填心 180
  4-2-6　套箱围堰 182
  4-2-7　沉井制作及拼装 184
  4-2-8　沉井浮运、定位落床 186
  4-2-9　沉井下沉 188
  4-2-10　沉井填塞 189
  4-2-11　地下连续墙 190

 第三节　打桩工程 193
  4-3-1　打钢筋混凝土方桩及接头 193
  4-3-2　打钢筋混凝土管桩、接头及填心 194
  4-3-3　打钢管桩、接头 196
  4-3-4　钢管桩填心 197

4-3-5	打钢板桩	198
4-3-6	拔钢板桩	199
4-3-7	打桩工作平台	200
第四节	灌注桩工程	201
4-4-1	人工挖孔	201
4-4-2	卷扬机带冲击锥冲孔	202
4-4-3	冲击钻机冲孔	203
4-4-4	回旋钻机钻孔	204
4-4-5	潜水钻机钻孔	205
4-4-6	旋挖钻机钻孔	206
4-4-7	全套管钻机钻孔	208
4-4-8	灌注桩混凝土	208
4-4-9	护筒制作、埋设、拆除	209
4-4-10	灌注桩工作平台	211
第五节	砌筑工程	213
4-5-1	干砌片石、块石	213
4-5-2	浆砌片石	214
4-5-3	浆砌块石	215
4-5-4	浆砌料石	216
4-5-5	浆砌混凝土预制块	216
4-5-6	干、浆砌盖板石	217
4-5-7	浆砌青(红)砖	217
第六节	现浇混凝土及钢筋混凝土	218
4-6-1	基础、承台及支撑梁	218
4-6-2	墩、台身	221
4-6-3	墩、台帽及拱座	223
4-6-4	盖梁、系梁、耳背墙及墩顶固结	224
4-6-5	索塔	227
4-6-6	现浇锚块	230
4-6-7	现浇箱涵、拱涵	231
4-6-8	现浇板上部构造	232
4-6-9	现浇T形梁	233
4-6-10	现浇混凝土预应力箱梁	234
4-6-11	悬浇预应力箱梁	237
4-6-12	现浇拱桥	240
4-6-13	桥面铺装	241
4-6-14	现浇混凝土桥头搭板	242
4-6-15	转体磨心、磨盖混凝土、钢筋	242

4-6-16	转体施工	243

第七节 预制、安装混凝土及钢筋混凝土构件 ……………………………… 245

4-7-1	预制桩	245
4-7-2	预制排架立柱	246
4-7-3	预制、安装柱式墩台管节	248
4-7-4	预制圆管涵	249
4-7-5	安装圆管涵	251
4-7-6	顶进圆管涵	252
4-7-7	预制立交箱涵	252
4-7-8	顶进立交箱涵	254
4-7-9	预制矩形板、空心板	255
4-7-10	安装矩形板、空心板	256
4-7-11	预制、安装连续板	257
4-7-12	预制、安装T形梁、I形梁	258
4-7-13	预制、安装预应力空心板	260
4-7-14	预制、安装预应力T形梁、I形梁	262
4-7-15	预制、安装预应力箱梁	264
4-7-16	预制、悬拼预应力节段箱梁	266
4-7-17	预制、悬拼预应力桁架梁	270
4-7-18	预制、顶推预应力连续梁	271
4-7-19	预应力钢筋及钢绞线	273
4-7-20	先张法预应力钢筋、钢丝及钢绞线	275
4-7-21	预制、安装桁架拱桥构件	276
4-7-22	预制、安装刚架拱桥构件	277
4-7-23	预制、安装箱形拱桥构件	279
4-7-24	预制、安装人行道构件	279
4-7-25	预制小型构件	280
4-7-26	安装小型构件	281
4-7-27	安装支座	283
4-7-28	金属结构吊装设备	284
4-7-29	移动模架安装、拆除	286
4-7-30	缆索吊装设备	287
4-7-31	顶进设备	289
4-7-32	短线匹配法预制、安装节段箱梁	290
4-7-33	平板拖车运输钢筋笼	291

第八节 构件运输 …………………………………………………………… 292

4-8-1	手推车运及垫滚子绞运	292
4-8-2	轨道平车运输	293

4-8-3	载重汽车运输	294
4-8-4	平板拖车运输	295
4-8-5	驳船运输	295
4-8-6	缆索运输	296
4-8-7	运梁车运输	298

第九节 拱盔、支架工程 299
 4-9-1 涵洞拱盔、支架 299
 4-9-2 桥梁拱盔 301
 4-9-3 桥梁支架 302
 4-9-4 桥梁简单支架 304
 4-9-5 钢管梁式支架 304
 4-9-6 支架预压 306

第十节 钢结构工程 307
 4-10-1 钢桁梁※ 307
 4-10-2 钢索吊桥上部结构 309
 4-10-3 钢管金属栏杆安装 313
 4-10-4 悬索桥锚碇锚固系统 315
 4-10-5 悬索桥索鞍 317
 4-10-6 悬索桥牵引系统 322
 4-10-7 悬索桥猫道系统 326
 4-10-8 悬索桥主缆 328
 4-10-9 悬索桥主缆紧缆 329
 4-10-10 悬索桥索夹及吊索 331
 4-10-11 悬索桥主缆缠丝 333
 4-10-12 悬索桥主缆附属工程 334
 4-10-13 平行钢丝斜拉索 335
 4-10-14 斜拉索(钢绞线)安装 337
 4-10-15 钢箱梁 338
 4-10-16 钢管拱 340

第十一节 杂项工程 343
 4-11-1 沥青麻絮沉降缝 343
 4-11-2 锥坡填土、拱上填料、台背排水 344
 4-11-3 土牛(拱)胎 346
 4-11-4 防水层 347
 4-11-5 涵管基础垫层 348
 4-11-6 水泥砂浆勾缝及抹面 349
 4-11-7 伸缩缝及泄水管 350
 4-11-8 蒸汽养护室建筑及蒸汽养护 352

4-11-9	大型预制构件底座	353
4-11-10	先张法预应力钢筋张拉、冷拉台座	354
4-11-11	混凝土拌和及运输	355
4-11-12	冷却水管	356
4-11-13	钢桁架栈桥式码头	357
4-11-14	水上泥浆循环系统	358
4-11-15	施工电梯	359
4-11-16	施工塔式起重机	359
4-11-17	旧建筑物拆除	360

第五章 交通工程及沿线设施 362

第一节 安全设施 362

5-1-1	混凝土、砌体护栏	362
5-1-2	钢护栏	367
5-1-3	隔离栅	375
5-1-4	标志牌	379
5-1-5	路面标线	381
5-1-6	里程牌、百米桩、界碑	387
5-1-7	轮廓标	387
5-1-8	防眩设施	390

第二节 监控、收费系统 392

5-2-1	计算机及网络设备安装	397
5-2-2	软件(包括系统、应用软件)安装	398
5-2-3	视频控制设备安装	399
5-2-4	信息显示设备安装、调试	404
5-2-5	视频监控与传输设备安装、调试	406
5-2-6	隧道监控设备安装	407
5-2-7	收费系统设备安装	412
5-2-8	称重设备安装	421
5-2-9	信号灯及车辆检测器安装	423
5-2-10	附属配套设备安装	426
5-2-11	太阳能电池安装	427
5-2-12	系统互联、调试及试运行	428
5-2-13	收费岛	428

第三节 通信系统及通信管道 430

5-3-1	光通信设备	434
5-3-2	程控交换机	435
5-3-3	通信电源设备	437
5-3-4	广播、会议设备	439

5-3-5	跳线架、配线架安装	440
5-3-6	通信机房附属设施安装	441
5-3-7	光缆工程	443
5-3-8	人工敷设塑料子管	447
5-3-9	穿放、布放电话线	447
5-3-10	塑料波纹管管道敷设	449
5-3-11	钢管管道敷设	452
5-3-12	管道包封及填充、管箱安装	453
5-3-13	人(手)孔	456
5-3-14	拆除工程	458
第四节	通风及消防设施	458
5-4-1	射流风机安装	459
5-4-2	风机预埋件	460
5-4-3	控制柜安装	461
5-4-4	轴流风机安装	462
5-4-5	风机拉拔试验	464
5-4-6	隧道消防设施	465
5-4-7	消防管道安装	471
5-4-8	水泵安装	474
第五节	供电、照明系统	475
5-5-1	变压器安装调试	475
5-5-2	供电设施安装调试	478
5-5-3	柴油发电机安装	482
5-5-4	母线、母线槽等安装	484
5-5-5	配电箱安装	485
5-5-6	接地、避雷设施安装	487
5-5-7	照明系统	492
第六节	电缆敷设	501
5-6-1	电缆沟工程	503
5-6-2	铜芯电缆敷设	503
5-6-3	同轴电缆布放	504
5-6-4	多芯电缆敷设	504
5-6-5	电缆终端头、中间头制作安装	504
5-6-6	桥架、支架安装	506
5-6-7	线槽安装	506
第七节	配管及铁构件制作安装	507
5-7-1	配管及铁构件制作安装	507

第六章　绿化及环境保护工程 510
第一节　绿化工程 510
  6-1-1　乔木栽植 510
  6-1-2　灌木栽植 512
  6-1-3　绿篱栽植 514
  6-1-4　地被栽植（片植） 516
  6-1-6　绿化成活期保养 517
  6-1-7　苗木运输 518

第七章　临时工程 519
  7-1-1　汽车便道 519
  7-1-2　临时便桥 520
  7-1-3　临时码头 521
  7-1-4　轨道铺设 522
  7-1-5　架设输电线路 523
  7-1-6　人工夯打小圆木桩 524

第八章　材料采集及加工 525
  8-1-1　草皮人工种植及采集 525
  8-1-2　土、黏土采筛 525
  8-1-3　采筛洗砂及机制砂 526
  8-1-4　采砂砾、碎（砾）石土、砾石、卵石 527
  8-1-5　片石、块石开采 527
  8-1-6　料石、盖板石开采 528
  8-1-7　机械轧碎石 528
  8-1-8　路面用石屑、煤渣、矿渣采筛 529
  8-1-9　人工洗碎（砾、卵）石 530
  8-1-10　堆、码方 530
  8-1-11　碎石破碎设备安拆 531

第九章　材料运输 533
  9-1-1　人工挑抬运输 533
  9-1-2　手推车运输 533
  9-1-3　机动翻斗车运输（配合人工装车） 534
  9-1-4　手扶拖拉机运输（配合人工装车） 534
  9-1-5　载重汽车运输（配合人工装卸） 535
  9-1-6　自卸汽车运输（配合装载机装车） 535
  9-1-7　人工装机动翻斗车 536
  9-1-8　人工装卸手扶拖拉机 536
  9-1-9　人工装卸汽车 536

9-1-10　装载机装汽车 ………………………………………………………………… 536

9-1-11　其他装卸汽车 ………………………………………………………………… 537

9-1-12　洒水车运水 …………………………………………………………………… 537

第一章 路基工程

一、术语解释

路基:按照路线位置和一定技术要求修筑的作为路面基础的带状构造物。路基是用土或石料等修筑而成的线形结构物,是公路的基础。

路床:路面结构层底面以下0.80m或1.2m范围内的路基部分,在结构上分为上路床和下路床。上路床厚度为0.3m;下路床厚度在轻、中等及重交通公路为0.5m,特重、极重交通公路为0.9m。

路堤:高于原地面的填方路基(图1-1)。路堤在结构上分为上路堤和下路堤。上路堤是指路床以下0.7m范围内的填方部分;下路堤是指上路堤以下的填方部分。

路堑:低于原地面的挖方路基(图1-2)。

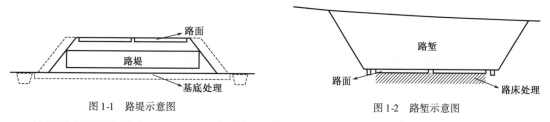

图1-1 路堤示意图　　　　图1-2 路堑示意图

填石路堤:用粒径大于40mm且含量超过总质量70%的石料填筑的路堤。

二、土、石分类

公路路基土石挖方中用不小于112.5kW推土机单齿松动器无法松动,须用爆破或用钢楔大锤或用气钻方法开挖的,以及体积大于或等于$1m^3$的孤石为石方,余为土方。

土壤指由矿物质、有机质、水分(溶液)、空气和生物等所组成的能生长植物的土质(包括松土、普通土、硬土三大类)。

(1)松土指砂类土、腐殖土、种植土,中密的黏性土及砂性土,松散的水分不大的黏土,含有30mm以下树根或灌木根的泥炭土等。

(2)普通土指水分较大的黏土、密实的黏性土及砂性土、半干硬状态的黄土、含有30mm以上的树根或灌木根的泥炭土、碎石类土(不包括块石土及漂石土)等。

(3)硬土指硬黏土、密实的硬黄土,含有较多的块石土及漂石土;各种风化成土块的岩石等。

岩石是指在地质作用下形成的,由一种或多种矿物以一定的规律组成的自然集合体,按其成因可分为岩浆岩、沉积岩和变质岩三大类。《公路工程预算定额》中按其开挖的难易程度将岩石分为软石、次坚石、坚石三大类。

(1)软石指各种松软岩石、盐岩、胶结不紧的砾岩、泥质页岩、砂岩、煤、较坚实的泥灰岩、块石土及漂石土、软的节理多的石灰岩等。

(2)次坚石指硅质页岩、砂岩、白云岩、石灰岩、坚实的泥灰岩、软玄武岩、片麻岩、正长岩、花岗岩等。

(3)坚石指硬玄武岩、坚实的石灰岩、白云岩、大理岩、石英岩、闪长岩、粗粒花岗岩、正长岩等。

第一节　路基土、石方工程

一、爆破

爆破是利用炸药在空气、水、土石介质或物体中爆炸所产生的压缩、松动、破坏、抛掷及杀伤作用,达到预期目的的一门技术。药包或装药在土石介质或结构物中爆炸时,使土石介质或结构物产生压缩、变形、破坏、松散和抛掷的现象,主要用于土石方工程。石方开挖施工前承包人应根据岩石的类别、风化程度、岩层产状、岩体断裂构造、施工机械配备、施工环境等情况确定开挖方案。石方开挖严禁采用洞室爆破,近边坡部分宜采用光面爆破或预裂爆破。

1. 钻孔爆破

主要有浅孔爆破、深孔爆破、药壶爆破和猫洞爆破等。

(1)浅孔爆破:通常指炮眼直径和深度分别小于 70mm 和 5m 的爆破方法(图 1-3)。浅孔爆破比较灵活,适用于地形艰险及爆破量较小地段(如开挖便道、基坑等),在综合爆破中是一种改造地形,为其他炮型服务的不可缺少的辅助炮型。由于炮眼浅,用药少,每次爆破的方数不多,并全靠人工清除,所以不利于爆破能量的利用且工效较低。

(2)深孔爆破:在直径大于 75mm、深度大于 5m 的炮孔内装药爆破,称为深孔爆破,俗称深孔炮。这种方法需用潜孔凿岩机或穿孔机钻孔开凿炮孔。深孔炮一次爆落的石方量多,施工进度快。如果配合应用预裂或光面爆破,并用挖运机械清方,则边坡平整稳定。深孔炮是大量石方(1万 m³ 以上)快速施工的有效方法。但这种方法所用大型机械较多,施工前准备工作较复杂,爆破后有 5%~20% 的大块需解小。深孔炮适用于石方集中、地形平缓地段以及垭口或深路堑的施工。

(3)药壶爆破:在深 2.5m 以上的炮孔底部用少量炸药经一次或多次烘膛,使炮孔呈葫芦形,然后装药进行爆破的方法(图 1-4)。这种方法主要用于露天爆破。一次爆破的石方量一般为数十立方米至数百立方米,是小型钻孔爆破中最省工省料的方法。但这种方法需打深炮孔,并需多次扩膛,操作技术要求高。此外,爆破的岩石破碎不均匀。

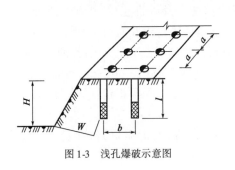

图 1-3　浅孔爆破示意图

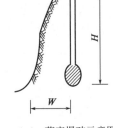

1-4　药壶爆破示意图

(4)猫洞爆破:在直径为0.2~0.5m、深度为2~5m的洞穴底部装药,然后堵塞洞穴口进行爆破的方法,俗称猫洞炮、蛇穴炮。猫洞炮比浅孔炮工效高,操作方便,技术简单。但开凿洞穴耗药量较多,须加强堵塞。这种方法可用于坚石以下岩体爆破,也用于简易单车道公路、机耕路、田间路和旧路加宽的半挖半填地段路基施工。

此外,钻孔爆破根据每个孔的起爆顺序和时差、排列的方式、装药量的多少和在孔内装药的结构(包括间隔装药、药卷和炮孔间留有空隙的不耦合装药)等,又分为光面爆破、预裂爆破、宽孔距小抵抗线爆破和拆除人工构筑物的控制爆破等方法。

2. 综合爆破

综合爆破指根据设计的药包位置,首先开挖导洞药室,然后将炸药装入导洞药室中进行爆破的方法。其作用是把路基断面内土石方大量抛掷(抛坍)出去,以最大限度地减少清方工作量。综合爆破主要用于石方工程集中、地势陡峻、沟谷相间等地形条件的路基施工。这种爆破效率高,技术安全性和可靠性大,所需机械设备简单,施工不受气候限制。但这种方法需开挖导洞,工作条件较差,岩石破碎不均匀,对周围环境和建筑物影响大。为确保路基使用质量,爆破设计前应对山体或边坡作稳定性验算,证明稳定后方可采用这种方法。综合爆破可分为抛掷爆破、抛坍爆破、多面临空爆破、定向爆破、松动爆破等。

(1)抛掷爆破:适用于斜坡地形路堑施工的爆破方法。这种爆破方法工效较高,但对路堑边坡的稳定性有一定危害。

(2)抛坍爆破:在陡坡(坡度在30°以上)地形条件下开挖半路堑的爆破方法。这种爆破方法效率高,抛坍率一般为48%~85%,对边坡稳定性影响较少,开挖的路基质量较好。

(3)多面临空爆破:用于开挖山包、山梁路基的爆破方法。当路线通过临空面多的鸡爪地形地段时,采用这种爆破方法能将数千乃至数万立方米的山包路堑一次爆破成型,且边坡稳定。多面临空爆破工效很高(比浅孔爆破工效高6~15倍),抛掷率为60%~80%。

(4)定向爆破:利用爆破将大量土石方抛移到预定的地点并堆积成路堤的爆破方法(图1-5)。这种爆破方法减少了石方装运等工序,提高了生产效率。在路基工程中,定向爆破用于移挖作填地段;特别是在深挖高填相间、工程量大的鸡爪地区,采用这种爆破方法可一次形成百米以上路基。

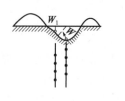 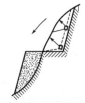

a)水平地面单侧定向爆破　　b)半挖半填定向爆破　　c)斜坡地面两侧一端集中堆集下向爆破

图1-5　定向爆破示意图

(5)松动爆破:适用于不宜采用抛掷爆破的次坚石和软石路基的施工,也适用于采取机械清方地段的路基施工。

二、运距

自卸汽车运输路基土、石方定额项目和洒水汽车洒水定额项目中均按不同的运输距离综合考虑了施工便道的影响,考虑到运输距离越长其生产效率越高,因此,定额规定仅适用于平均运距在15km以内的工程,当运距超过15km时,应按工程所在地社会运输的有关规定计算运费。计算示例见表1-1。

计 算 示 例　　　　　　　表1-1

运距里程	定额使用计算	增运定额使用	备　注
运土4.9km	(4.9－1)/0.5＝7个运距余0.4km,取8	每增运0.5km×8	0.4大于半个运距0.25,取1
运土4.74km	(4.74－1)/0.5＝7个运距余0.24km,取7	每增运0.5km×7	0.24小于半个运距0.25,取0

三、清除表土、填前碾压及路基超填

清除表土(图1-6):为保证路堤在日后不形成滑动面或产生较大沉陷,当施工地段地表有树根、草皮、腐殖土或地表土壤不符合路基填料要求时,在施工之前必须将其清除。对于不同的现场情况,是否清除表土以及表土清除的厚度是不同的。设计时应根据不同情况提出清除表土数量,这部分数量应计入计价方数量内。

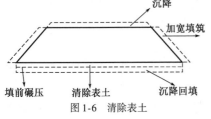

图1-6　清除表土

对零填及耕地填前压实地段,地面碾压后会产生下沉,其回填至原地面高程的数量亦应由设计人员提出。可根据实践经验或经验公式确定其下沉量,再乘以碾压面积即为增加的数量,这部分数量应计入计价方数量内。

$$h = \frac{p}{C} \tag{1-1}$$

式中:h——天然土因压实而产生的沉降量(cm);

p——有效作用力(N/cm^2),一般按12～15t压路机的有效作用力$p=66(N/cm^2)$计算;

C——土的抗沉陷系数(N/cm^3),其值见表1-2。

土的抗沉陷系数　　　　　　　表1-2

原状土名称	$C(N/cm^3)$	原状土名称	$C(N/cm^3)$
沼泽土	1～1.5	大块胶结的砂、潮湿黏土	3.5～6.0
凝滞土、细粒砂	1.8～2.5	坚实的黏土	10.0～12.5
松砂、松湿黏土、耕土	2.5～3.5	泥灰石	13.0～18.0

路基沉陷指路基表面在垂直方向产生的不均匀变形。路基沉陷可分为两种情况:一是路基本身的压缩沉降;二是地基承载能力不足,在路基自重的作用下引起沉陷或向两侧挤出。因此,要求填土必须有一定的沉降量,这部分数量亦应由设计根据具体情况提出,并计入计价方数量内。

填筑路堤时,为保证路基边缘有足够的压实度,一般在施工时需超出设计宽度填筑。采用机械碾压时,路堤每边加宽的填筑宽度视路堤填筑高度而定;高速公路要求超宽压实宽度不小于0.5m。超填部分设计中已考虑,不再单独考虑。

需加宽填筑的土方量一般可用式(1-2)计算:

$$宽填土方量 = 填方区边缘全长 \times 边坡平均坡长 \times 宽填厚度 \tag{1-2}$$

填筑路堤完成后是否清除加宽填筑部分,应结合路基稳定及环境美化等多种因素综合考虑。当保留加宽填筑部分更有利于路基稳定,对路容、环境、景观也无碍大局,利大于弊时,一般也可不予清除,但要求平顺、美观。

四、路基填挖方计算

1. 断面方

路基横断面设计图所显示的挖填方工程量,一般称为"断面方"。断面方中包含填方与挖方。填方系按压实后的体积计算,称"压实方";挖方是按天然密实体积计算,称"天然密实方"。实践表明,天然密实的 $1m^3$ 土体开挖运来填筑路堤,并不等于 $1m^3$ 的压实方。公路工程定额规定:当以填方压实体积为工程量,采用天然密实方为计量单位的定额时,所采用定额应乘以调整系数。由于调整系数的采用,应在路基土石方工程数量的计算及填挖平衡调运过程中充分注意和考虑,不应简单地只按断面方进行调配。

2. 土石方数量关系

填筑路堤的土石方数量,应以横断面地面线为基础,按不同来源计价。计价土石方的数量必须通过土石方调配后来确定。其土石方数量关系如下(设计中的填挖数量已考虑松方系数):

设计断面方数量 = 挖方(天然密实方)数量 + 填方(压实方)数量　　　　　　　　(1-3)

计价方数量 = 挖方(天然密实方)数量 + 借方(压实方)数量

　　　　　= 挖方(天然密实方)数量 + 填方(压实方)数量 − 利用方(压实方)数量

(1-4)

借方(压实方)数量 = 填方(压实方)数量 − 利用方(压实方)数量　　　　　　　　(1-5)

弃方 = 挖方(天然密实方)数量 − 利用方(天然密实)数量　　　　　　　　　　　(1-6)

1-1-1　伐树、挖根、除草、清除表土

【图解工程】(图1-7、图1-8)

图 1-7　砍伐树木

图 1-8　推土机清除表土

【定额说明】

伐树、挖根定额是按 10cm 及以上的树径进行综合考虑的,应用时不应因树径不同而调整

定额;当树木树径小于10cm时,应按砍挖灌木林定额计算。伐树及挖根定额已综合考虑了锯(砍)倒和截断树干、锯(砍)断树枝、挖除树根、将树木运出路基外和场地清理等的工程内容,使用时不应再另行计算。

砍挖灌木林定额把砍挖灌木林按灌木的稀密程度,即每1000㎡灌木林中,灌木数量在220棵以下的为"稀",220棵以上的为"密"分为两档;定额综合考虑了砍灌木及挖其根系、将其运出路基外和场地清理等的工程内容,使用时不应再另行计算。

人工割草定额是按不同的草深进行综合考虑的,不应因草深不同而调整定额。

人工挖草皮和推土机推草皮定额是按不同的草皮厚度进行综合考虑的,不应因草皮厚度不同而调整定额。定额已综合考虑了割草、挖除草根和场地清理等的工程内容,使用时不应再另行计算。

挖竹根定额中已综合考虑了起土挖除竹根、将挖出料运出路基外和场地清理等的工程内容,使用时不应再另行计算。挖芦苇根可按挖竹根定额乘以系数0.73进行计算。

清除表土定额是按将表土推挖至路基外进行编制的,清除的表土如需远运,按路基土方运输定额另行计算其增运费用;不可与除草定额同时采用。

【工程量计算规则】

伐树、挖根定额按设计图纸标明的路基范围内要清场的树径大于或等于10cm的树木数量计算工程量。

割草、挖草皮和推草皮定额按设计图纸标明的路基范围内要清场相应的水平投影面积计算工程量。

挖竹根、挖芦苇定额按设计需要清场挖根的挖坑体积计算工程量。

清除表土定额按设计需要清除表土的天然密实方体积计算工程量。

1-1-2 挖淤泥、湿土、流沙

【图解工程】(图1-9)

a)清淤前   b)清淤后

图1-9 清淤

【定额说明】

定额消耗中没有包括挖掘机的场内支垫费用,需要时,应根据施工组织设计另行计算。

挖除的淤泥、湿土、流沙如需远运,按路基土方运输定额另行计算其增运费用。

【工程量计算规则】

按清场设计需要挖除的淤泥、湿土、流沙的天然方体积计算工程量,抽水按所抽水的体积计算工程量。

1-1-3　人工挖及开炸多年冻土

【名词解释】

凡是土温等于或低于0℃,且含有冰的土(石)称为冻土。多年冻土指持续3年或3年以上的冻结不融的土层,主要集中在我国东北大、小兴安岭和青藏高原。其表层冬冻夏融,称季节融化层。多年冻土层顶面距地表的深度,称冻土上限,是多年冻土地区道路设计的重要数据。多年冻土分为两层:上部是夏融冬冻的活动层;下部是终年不融的多年冻结层。

【定额说明】

人工挖运定额综合考虑了挖、撬、打碎、装土、运送、卸除、空回等工程内容。人工开炸运定额综合考虑了打眼爆破、撬落打碎、装土、运送、卸除、空回等工程内容。

定额是对不同的多年冻土类型进行综合后编制的,不能因多年冻土类型的不同而进行调整。

【工程量计算规则】

按设计需要挖除的冻土的天然方体积计算工程量。

1-1-4　挖土质台阶

【名词解释】

地面自然横坡陡于1:5或纵坡陡于12%时,应将原地面挖成台阶。台阶宽度应满足铺筑和压实设备的操作需要,且不得小于2m。台阶顶一般做成向内并大于4%的内倾斜坡,并用小型夯实机加以夯实。填筑应由最低一层台阶填起,并分层夯实,然后逐台阶向上填筑,分层夯实。所有台阶填完之后,即可按一般填土进行。

【图解工程】(图1-10)

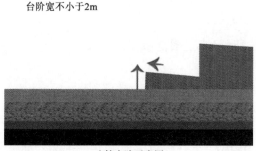
a)挖台阶示意图

b)纵向填挖交界处挖台阶

图1-10　挖台阶

【定额说明】

挖土质台阶定额综合考虑了画线挖土、台阶宽不小于2m、将土抛到填方处等工程内容。

定额综合考虑了挖土、将土运至填方处和小型机具夯实等工程内容，使用时不应再另行计算。

【工程量计算规则】

按设计需要开挖的台阶面积计算工程量。

1-1-5 填前夯(压)实及填前挖松

【名词解释】

耕地填前夯实指为了保证基底的压实度，路基清表后要对原地面进行碾压夯实。

填前挖松指深耕地段，必要时，应将松土翻挖，土块打碎，然后回填、整平、压实。

【图解工程】（图1-11）

a) 填前碾压　　　　　　　　　　　b) 填前挖松

图1-11　填前碾压和填前挖松

【定额说明】

填前夯(压)实及填前挖松定额综合考虑了原地面平整、夯(压)实或将土挖松等工程内容。

填前夯(压)实定额是按最佳含水率编制的；设计需要另行加水时，洒水费应另行计算。夯(压)实后回填至原地面的填土应在路基填方中考虑，二级及二级以上公路项目应采用压路机等机械压实定额。

【工程量计算规则】

按设计需要填前夯(压)实或挖松地面的水平投影面积计算工程量。

1-1-6 人工挖运土方、装运石方

【定额说明】

人工挖运土方、装运石方定额综合考虑了人工挖松土方、装土(石)、运送、卸除、空回等工程内容。

该定额适用于工程量小而分散的零星工点和机械施工困难或缺乏土方施工机械的工地的土、石方的施工。定额将陡坡土方、槽外土方和槽内土方按比例进行综合编制,采用时应将这三部分土方数量合计作为套用定额的工程量。

【工程量计算规则】

按施工图设计或施工组织设计需要人工开挖的天然密实方体积计算工程量。

1-1-7 夯实填土

【图解工程】(图 1-12)

a) 台背回填采用画线控制　　　　b) 小型压实机具夯实

图 1-12　夯实填土施工

【定额说明】

夯实填土定额适用于零星填土方和桥涵及其他构造物处填土方的夯实,定额综合考虑了打碎土块、平整填料、洒水或风干土壤、分层夯实等工程内容。定额中不含洒水费用,如需要,水费另行计算。

【工程量计算规则】

按设计需要夯实填土的压实方体积计算工程量。

1-1-8　机动翻斗车、手扶拖拉机配合人工运土、石方

【定额说明】

机动翻斗车、手扶拖拉机配合人工运土、石方定额综合考虑了等待装、卸车、运送、空回等工程内容,不含人工挖土、开炸石方等工作内容,需要时按"人工挖运土方、装运石方"定额计算。

定额适用于平均运距在 1000m 以内的土、石方的短距离运输。

【工程量计算规则】

按设计需要运输的土、石方的天然密实方体积计算工程量。

1-1-9 挖掘机挖装土、石方

【名词解释】

挖掘机又叫单斗挖土机,按其铲斗形式分,有正铲、反铲、拉铲和抓铲。正铲挖掘机主要用于开挖停机面以上的挖土作业,挖掘力大,生产率高,可以直接开挖各类土和经爆破后的岩土、冻土等。正铲工作面高度应不小于1.5m,否则挖掘不能满斗而影响效率。正铲挖掘机的基本作业方式有运土车辆位于侧面的侧向开挖方式及车辆停在挖掘机后方的正向开挖方式。侧向开挖的卸土回转角小于90°,车辆直线进出,缩短了循环时间。正向开挖的卸土回转角大于90°,从而增加了循环时间,且车辆需要掉头或倒驶,施工现场显得较为拥挤,但正向开挖的工作面较宽,适宜于挖掘路堑进口处。

反铲挖掘机用于停机面以下的挖土作业,铲斗向下强制切土,摩阻力较大,故挖掘力比正铲小,效率比正铲低,适用于开挖沟、槽、坑等土石方作业。作业方式有沟端开挖及沟侧开挖两种。沟端开挖时从一端开始,沿沟中线倒退进行,运土车辆停在沟侧,动臂只回转40°~45°即可卸料。沟侧开挖时,挖掘机系沿沟侧行驶。反铲挖掘机的挖掘深度与开挖工作面宽度成反比,即挖掘深度大,开挖工作面宽度小。

拉铲挖土机的铲斗用钢丝绳牵引挖土,利用铲斗的惯性可将铲斗抛出臂杆外3~5m。拉铲挖掘机的开挖方法与反铲挖掘机基本相同,只是它的回转半径大,挖掘深度深,适用于地下水位高、含水率大的河道开挖或甩土工程。

抓铲挖掘机是靠铲斗的自重切土垂直上下动作,操作难度大,生产效率低,使用范围小,一般用于开挖竖井或挖捞河泥等水下挖方,不适用于开挖坚硬土。

【图解工程】(图1-13、图1-14)

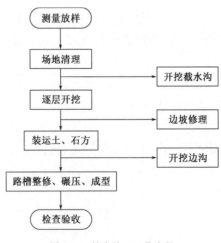

图1-13 挖方施工工艺流程

【定额说明】

挖掘机挖装土、石方定额综合考虑了挖掘机的安设,挖、装土、石方,清理工作面、施工土方时的辅助用工和推土机配合集土等工程内容,不含石方开挖,需要时按相关定额计算。

第一章 路基工程

a) 挖掘机开挖路基

b) 挖掘机挖装土方

c) 挖掘机装石方

图1-14 挖掘机挖装土、石方施工

使用本定额,如不需装车,应乘以系数0.87进行计算定额消耗;同时施工组织设计应综合考虑挖掘机挖装能力与自卸汽车运输能力的协调配合。

【工程量计算规则】

按设计需要挖装的土、石方的天然密实方体积计算工程量。

1-1-10 装载机装土、石方

【名词解释】

装载机是一种工作效率较高的铲土及运输机械,它兼有推土机和挖掘机两者的工作能力,可以进行铲掘、推运、整平、装载和牵引等多种作业。其优点是适应性强、作业效率高、操纵驾驶方便,是一种发展较快的循环作业机械。装载机铲土后,能视运输车辆停置位置前进、后退或调转方向卸土,灵活机动。

【图解工程】

装载机按行走方式分为轮胎式与履带式两种,其适用范围主要取决于使用场所、土石料特性和工作环境。选用时应注意装载机的经济合理运距,如整个采、装、运作业的循环作业时间较少,自铲自运是经济合理的;如运输距离较远,应与其他运输工具配合使用。与其他运输工具配合时,应注意装载机的斗容与车箱载质量的配合,通常以2~4斗装满一车箱为宜。

车箱长度要比装载机的斗宽大25%～75%,铲斗45°倾斜卸载时,斗齿最低点要比车箱侧壁高出20～100cm。为充分发挥装载机效率,其作业循环时间,小型的不超过15s,大型的不超过20s,而且应考虑装载机走行与转弯速度。

【定额说明】

装载机装土、石方定额综合考虑了装载机的安设、铲、装及清理工作面等工程内容。

使用装载机装土方定额时,如需推土机配合推松、集土,可按"推土机推土第一个20m"定额乘以系数0.8计算人工和推土机的消耗量。同时施工组织设计应参照表1-3综合考虑装载机装载能力与自卸汽车运输能力的协调。

装载机装载能力与自卸汽车运输通力的协调　　　　　表1-3

装载机斗容量(m³)	1 以内		2 以内		3 以内		
汽车装载质量(t)	6 以内	8 以内	10 以内	12 以内	15 以内	20 以内	30 以内

【工程量计算规则】

按设计需要铲装的土、石方的天然密实方体积计算工程量。

1-1-11　自卸汽车运土、石方

【名词解释】

自卸汽车是路基工程施工中常用的运输机械,一般用于土石方及工程材料运输的自卸汽车载质量为3.5～20t。自卸汽车行驶速度快、机动灵活,越野性能好,生产效率高,但厂牌、规格、型号很多。从技术管理、物资供应、设备保养和维修以及技术工人的培养等多方面因素考虑,选用的车型及规格越少越好,最好选用标准化、系列化、成批定型生产的自卸汽车。

【图解工程】(图1-15)

实际施工中,应注意自卸汽车的车箱容积(或载质量)与工程使用的施工机械相配套。注意施工现场的地理及气候等条件,当条件较好时可选用中、重型自卸汽车;在多雨或开挖地段积水较多的地段,宜选用全轮驱动的自卸汽车。

a)自卸汽车运土

b)自卸汽车卸土

图1-15　自卸汽车运、卸土

【定额说明】

自卸汽车运土、石方定额综合考虑了等待装、运输、卸料、空回等工程内容以及路基道路不平、便道行驶等因素对自卸汽车行驶的影响因素。

使用定额时,施工组织设计应综合考虑自卸汽车运输能力与挖掘机的挖装能力和装载机铲装能力的协调配合。土石方调配确定运输工程量时,应注意土方运输损耗的影响,即应在挖装工程量的基础上增加相应的运输损耗量。

【工程量计算规则】

按设计需要运输的土、石方的天然密实方体积计算工程量。

1-1-12　推土机推土、石方

【名词解释】

推土机是一种在拖拉机前面装推土铲装载的筑路机械,用于推土、平整建筑场地等。例如,在道路建设施工中,推土机可以完成路基基底的处理、路侧取土横向填建筑高度不大于1m的路堤、依山取土修筑半堤半堑的路基。此外,推土机还可以用于平整场地,堆积松散材料,清除作业地段内的障碍物等。

【图解工程】(图1-16)

推土机由切土、运土、卸土、倒退(或折返)、空回等过程组成一个循环。影响作业效率的主要因素是切土和运土两个环节。推土机的基本作业方式有下坡推土、并列推土、拉槽推土、接力推土、波浪式推土等。

a) 推土机料场集土　　　　　　　　b) 推土机推石渣

图1-16　推土机推土、石方施工

下坡推土是利用推土机的向下重力加速切土并增加推土量,但坡度对普通土宜为10%～18%,不得超过30%;对于松土不宜小于10%,不得大于15%,否则空回困难。

并列推土是两三台推土机并列推进,减少土的流失,铲刀间距一般为15～20cm。

拉槽推土是推土机连续多次同轨迹推土,形成浅槽,减少土的漏失,槽深一般不大于铲刀高度。

接力推土是取土场较长而土质较硬时,可自近而远分段将土推送成堆,然后再由远而近将各段土堆推送至卸土点,节约运土时间。

波浪式推土是推土机切土时将铲刀最大限度切入土中,当发动机稍有超负荷现象时将铲刀缓缓起升,当发动机恢复正常,再将铲刀降下切土,多次起伏,直到铲刀前堆满土为止。其优点是机械功率得以充分发挥;缺点是空回时土道不平,产生颠簸。

【定额说明】

推土机推土方定额综合考虑了推土、空回、整理卸土以及施工土方时的辅助用工等工程内容,每增运10m定额是按松土、普通土和硬土综合平均确定的,使用定额时不分土质。

使用本定额,上坡推运的坡度大于10%时,按坡面的斜距乘以表1-4所列系数作为运距。坡度是指推土方向上的坡度,应根据施工方案所确定的开挖方式及现场条件而定。

系　　数　　　　　　　　　　　　　　　　　　　　表1-4

坡度(%)	10~20	20~25	25~30
系数	1.5	2.0	2.5

【工程量计算规则】

按设计需要推除的土方的天然密实方体积计算工程量。

1-1-13　铲运机铲运土方

【名词解释】

铲运机,属于一种铲土、运土一体化机械,是设计了一个由斗体、铲刃、破土刀、转动挡板、滑动挡板组成的带铲土机构的铲斗和由前支杆、2个侧支杆、挡板支杆组成的支架机构。转动挡板和滑动挡板设置在斗体开口处,两者之间由合页连接,合页的两端出轴插入斗体前端的滑槽内,可沿滑槽移动。铲刃焊固在斗体底的前端,破土刀焊固在铲刃上。支架机构用以控制滑动挡板和转动挡板的升降。

【图解工程】(图1-17)

当采用分层纵挖法挖掘的路堑长度较长(超过100m)时,宜采用铲运机作业。铲运机能够完成土方的铲装、运输、铺装、整平和预压等作业,具有一定的机动灵活性。铲运机的作业由铲装、运送、卸铺、回程等组成一个循环过程。铲运机的铲土方法有一般铲土、波浪式铲土、跨铲铲土、下坡铲土、顶推铲土等。

一般铲土时应使铲刀以最大深度切入土中(不超过30cm),随着行驶阻力的增加而逐渐减少铲土深度,直到铲斗装满为止。

波浪式铲土适用于较硬的土,铲刀以最大深度切入土中后随着拖拉机负荷逐渐增加,发动机转速降低,相应减少切土深度,反复进行,直至铲斗装满为止。

跨铲铲土适用于较坚硬土层,把取土场设计为多个铲道,交错铲土,相邻铲土道间留出半个铲斗宽不铲,使铲土道前后左右重合起来,既缩短铲土道长度和铲土时间,又由于铲土的后半段减小了切土宽度,能使拖拉机有足够的牵引力将铲斗装满。

图1-17　铲运机作业

下坡铲土主要是利用铲运机的向下重力提

高铲土效率,下坡角度一般为 7°~8°,最大不超过 15°。

进行下坡铲土应特别注意安全。

顶推铲土指铲运机在坚硬的土、冻深 20cm 以内的土或松散的干砂中作业,当拖拉机的附着力不足、牵引力不能充分发挥时,可用推土机在铲运机铲土行程中进行顶推助铲。这种双机配合的施工方法须具有一定工作面和工程量,方可避免推土机过于闲置。

铲运机施工的运行线路要综合考虑施工效率、地形条件、机械磨损等因素,以达到运距短、坡道平缓和修筑通道工作量小等目的。常见的运行线路有椭圆形、"8"字形、S 形、穿梭形和螺旋形等。

【定额说明】

铲运机铲运土方定额综合考虑了铲运土、分层铺土、空回、整理卸土等工程内容,以及辅助用工和配合助铲松土或整理卸土所需的推土机等因素的人工和台班消耗,每增运 50m 定额按松土、普通土和硬土综合平均确定,使用时不分土质。

当采用自行式铲运机施工时,其台班消耗量应按本定额中拖式铲运机消耗量乘以系数 0.7 计算。

使用本定额,上坡推运的坡度大于 10% 时,按坡面的斜距乘以表 1-5 所列系数作为运距。坡度是指推土方向上的坡度,应根据施工方案所确定的开挖方式及现场条件而定。

系　　数　　　　　　　　　　　　　　　　　　　　表 1-5

坡度(%)	10~20	20~25	25~30
系数	1.5	2.0	2.5

【工程量计算规则】

按设计需要铲运的土方的天然密实方体积计算工程量。

1-1-14　开炸石方

【图解工程】

机械施工困难或缺乏石方施工机械的工地以及工程量小而分散的零星工点的石方适宜采用人工开炸施工。

本定额是将陡坡石方、槽外石方、槽内石方和边沟石方等按比例综合考虑编制的,已综合考虑了石方爆破、安全警戒、排险、撬落、解小等工程内容。

孤石套用开炸坚石定额。

【定额说明】

机械打眼开炸石方定额综合考虑了石方爆破、安全警戒、排险、撬落、解小等工程内容,并将陡坡石方、槽外石方、槽内石方和边沟石方等按比例进行综合。小型机具使用费包含了打眼用的凿岩机和锻钎机、钻头磨床等使用费等。

使用本定额时,如需清运,可按相关运输定额另行计算。孤石施工应套用开炸坚石定额。

【工程量计算规则】

按设计需要人工开炸的石方的天然密实方体积计算工程量。

1-1-15 控制爆破石方

【图解工程】

控制爆破指通过一定的技术措施严格控制爆炸能量和爆破规模,使爆破的声响、震动、飞石、倾倒方向、破坏区域以及破碎物的散坍范围在规定限度以内的爆破方法。

控制爆破目前在工程施工中得到广泛应用,如定向爆破、预裂爆破、光面爆破、岩塞爆破、微差控制爆破、拆除爆破、静态爆破、抛填爆破、弱松动爆破、燃烧剂爆破等。不同于一般的工程爆破,控制爆破对由爆破作用引起的危害有更加严格的要求,多用于城市或人口稠密、附近建筑物群集的地区各种建(构)筑物的拆除以及为减小爆破对被保护对象有害效应的爆破。因此,控制爆破不是单纯指拆除爆破或者其中哪一种爆破。

【定额说明】

定额综合考虑了石方控制爆破、安全警戒、排险、撬落、解小等工程内容,如需清运,可按相关运输定额另行计算。

控制爆破石方定额适用于对施工边界有严格要求的石方施工。

小型机具使用费包含了打眼用的凿岩机和锻钎机、钻头磨床等使用费等。

【工程量计算规则】

按设计需要控制爆破的石方的天然密实方体积计算工程量。

1-1-16 抛坍爆破石方

【名词解释】

抛坍爆破指在陡坡(坡度在30°以上)地形条件下开挖半路堑的爆破方法。这种方法爆破效率高,抛坍率一般为48%~85%,对边坡稳定性影响较少,开挖的路基质量较好。

抛坍爆破是根据斜地形、公路横断面的特点和快速施工的要求,充分利用岩体本身所具有的特点,在药包的崩塌和坍滑作用下建立起来的,因此适用于自然地面坡度大于30°的半填半挖面爆破。在陡坡地段,岩石被炸碎以后,利用岩石本身的自重力坍滑出路基,以提高爆破效果。

【定额说明】

抛坍爆破石方定额综合考虑了石方爆破、安全警戒、排险、撬落、解小等工程内容,如需清运,可按相关运输定额另行计算。

抛坍爆破石方定额适用于有较大的地面横坡,而且可以向下抛坍的石方工程施工。小型机具使用费包含了打眼用的凿岩机和锻钎机、钻头磨床等使用费。本定额仅包括爆破石方,未包含破碎后石方运输,如需清运,可按相关运输定额计算。采用推土机清运时,按推土机推软石定额乘以表1-6所列系数

系　　数　　　　　　　　　　　　　　表1-6

地面横坡	30°以内	50°以内	50°以上
系数	0.65	0.55	0.35

【工程量计算规则】
按设计需要抛坍爆破的石方的天然密实方体积计算工程量。

1-1-17　挖掘机带破碎锤破碎石方

【名词解释】
破碎锤破碎石方指利用破碎锤直接破碎石方代替炸药放炮炸开石方,目的是保护新建道路两侧已有设施和各种构筑物及人民的生命财产安全。该法适用于在设备附近、高压线下以及开挖与浇筑过渡段等特定条件下的开挖。优点是安全可靠,没有爆破产生的公害;缺点是破碎效率低,成本高。

对施工边界有非常严格要求和不宜开炸的石方施工,可使用挖掘机带破碎头破碎的施工方法。

【图解工程】(图1-18)

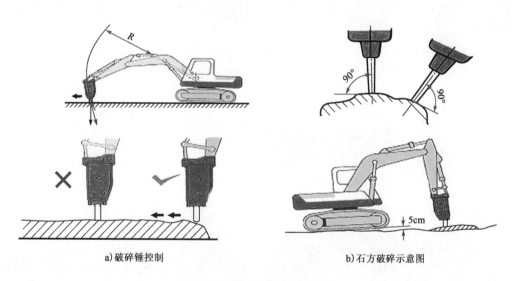

图1-18　挖掘机带破碎锤破碎石方

【定额说明】
挖掘机带破碎头破碎石方定额综合考虑了石方破碎、解小巨石和锤头保养、钢钎更换等工程内容,同时包含了挖掘机破碎锤头改造使用和维护费用,以及解小巨石所需的打孔及微膨胀剂使用费等费用。

【工程量计算规则】
按设计需要破碎石方的天然密实方体积计算工程量。

1-1-18　机械碾压路基

【图解工程】(图1-19、图1-20)

a) 路堤土方：画方格运输填料

b) 路堤土方：摊铺、整型

c) 路堤土方：碾压

d) 路堑路床碾压

e) 石方路堤：四区段

f) 填料挖装

g) 石方碾压

h) 碾压成型

图 1-19　机械碾压路基施工

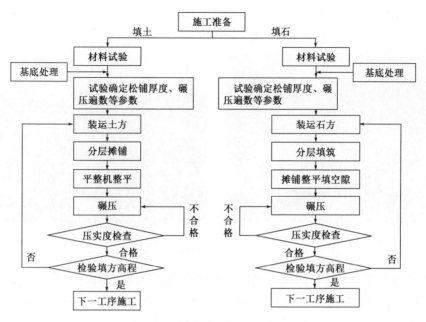

图 1-20 机械碾压路基施工流程图

【定额说明】

机械碾压路基定额是按填土方采用平地机摊平,填石方采用以推土机摊平、人工辅助的施工方法,综合考虑了打碎土块和解小石块等工程内容,并按最佳含水率进行编制的。

本定额按自行式平地机整平土方编制,如采用推土机整平土方,可采用括号内数字并扣除定额中平地机的全部台班数量;定额对高速公路和一级公路按 5m 高路基、二级公路按 4m 高路基、三级公路和四级公路按 3m 高路基的不同部位的压实要求进行了综合,采用时不应再分部位。三、四级公路铺设沥青混凝土或水泥混凝土路面时,路基填筑应采用二级公路定额。

定额未考虑含水率偏大时需对填料进行摊开、翻晒的工料机消耗,以及含水率偏小时需要加水、搅拌等因素的工料机消耗,应根据设计提供的参数,合理确定是否另行计算加水的费用和翻晒等处理费用。

【工程量计算规则】

填方路基按设计需要压实的土、石方的压实方体积计算工程量。

零填及挖方路基压实按设计需要压实的面积计算工程量。

1-1-19　渗水路堤及高路堤堆砌

【名词解释】

渗(浸)水路堤指建筑在桥头引道、河滩及河流沿岸,受到季节性及长期浸水的路堤。浸水路堤除承受普通路基所承受的外力及自重力外,还要承受水的浮力及渗透动水压力的作用。

填石路堤指利用不易风化的开山石料或石质挖方路段的开挖石料填筑的路堤。

【图解工程】(图 1-21)

浸水路堤的填料最好用岩质坚硬不易风化的块石、片石、卵石及砂砾等透水性强的材料。

当附近无此类填料或远运不经济时,可采用黏性土,但必须充分压实。对浸水易崩塌、溶解和风化的岩石如页岩、千枚岩、泥灰岩等,应禁止使用。

图 1-21 边坡码砌

填石路堤的高度不宜超出 20m,边坡坡度可采用 1∶1,边坡坡面应选用大于 25cm 的石块进行台阶式码砌,码砌厚度为 1~2m。码砌的目的在于抵御自然风化引起的边坡破坏和失稳。填石路基一般稳定性比较好,如填筑过程中,石块粒径过大,不宜碾压密实,工后必然有较大的路堤沉降,影响路面的平整度和使用。

【定额说明】

渗水路堤定额不包括填石上部的填土工程内容,填土后仍需碾压,其填土费用应根据设计要求按有关定额另行计算。在地基易被冲刷地段,需设反滤层时,工、料另行计算。此外,本定额是按无压力式渗水路堤考虑,压力式渗水路堤如需在填石上部土质路堤部分加铺护坡,使用定额时,应根据设计要求按有关定额另行计算其费用。片石的价格应按路基开炸石方或邻近隧道开挖弃渣的捡清片石价格计算,注意与外购材料预算价格的区别。

填石路堤定额的填筑是按利用路基开炸石方,采用人工堆砌石料边坡,人工摆放石料填心的施工方法进行施工的,故无碾压机械的数量消耗。定额中未包括填石上部的填土工作,填土后仍需碾压,其填土费用应根据设计要求按有关定额另行计算。

填石路堤定额未包括进出水口的河床铺砌,如设计需做此项工程,应根据设计数量按有关定额另行计算。

【工程量计算规则】

按设计需要填筑的渗水路堤及填石路堤的体积计算工程量。

1-1-20 整修路基

【名词解释】

路拱:为保证路面上雨水及时排出,减少雨水对路面的浸湿和渗透,路面表面做成中间高、两边低的形状。

边坡:为保证路基的稳定性,将路基两侧做成具有一定坡度的坡面。常见的路基边坡形式有直线形、折线形和台阶形。边坡高度不大时,一般采用一坡到顶的直线边坡;边坡较高时,常采用折线形边坡,坡度一般采用上陡下缓(路堤)或上缓下陡(路堑);当边坡材料为中砂、粗砂、砾(卵)石土及易风化岩块,难于长期保持折线形状时,可采用台阶形边坡,每隔一定高度设置一定宽度的平台,平台上下均用直线形边坡。

【图解工程】(图1-22)

a) 修整边坡

b) 整修路拱

图1-22 整修路基

【定额说明】

整修路拱和整修边坡定额均按土方路段考虑。

整修路拱定额综合考虑了整平和按规定坡度整修路拱等的工程内容。

整修边坡定额综合考虑了修整、铺平、拍实等工程内容以及不同地形条件的影响因素。

【工程量计算规则】

整修路拱定额按设计路拱的面积计算工程量。

整修边坡定额按设计整修的路基长度计算工程量。

1-1-21 旧路刷坡、改坡、帮坡、检底

【名词解释】

刷破、改坡指边坡坡面未达到设计要求,需要进行的修补、清理工作。刷破主要针对是土质边坡,改坡主要针对的是石质边坡。

帮坡指边坡坡面未达到设计要求,需要进行的填筑、修补、清理等工作。

检底指对旧路堤和新修补的路堤进行检查,使其正确合理地工作,检底是改坡工程的最后一项工作。

【定额说明】

旧路刷坡、帮坡、改坡定额适用于旧路边坡坡面未达到设计要求,需要进行刷坡、改坡等修补、清理施工。旧路刷坡定额适用于土质边坡,改坡定额则适用于石质边坡。

帮破定额适用于旧路边坡坡面未达到设计要求,需要进行帮坡的填筑、修补、清理等施工。

刷坡、检底定额综合考虑了挖、装、卸、运土以及整修坡面、底面等工程内容。

帮坡定额是按利用方填筑的方式进行编制的,如为借方填筑,应另行计算土方挖、运的费用,综合考虑了翻土、挖台阶、耙平打夯、修理坡面及路拱等工程内容。

改坡、检底定额综合考虑了爆破石方和清理等工程内容,仅适用于改坡厚度在1.5m以内、检底厚度在1.0m以内的情况。

刷坡、改坡和帮坡定额和整修边坡定额不应在同一路基长度内使用。

【工程量计算规则】

按设计需要刷坡、帮坡、改坡、检底的土、石方的天然密实方体积计算工程量。

1-1-22 洒水汽车洒水

【图解工程】(图1-23)

a) 洒水汽车洒水　　　　　　　　　b) 洒水后翻拌

图 1-23 洒水及翻拌

【定额说明】

洒水汽车洒水定额综合考虑了洒水汽车吸水、运水、洒水、空回等工程内容。

定额是按洒水汽车自吸水编制的,若水需计费,水费另行计算。用水量应根据实际填料含水率与最佳含水率的关系进行计算,并应适当考虑填料在开挖、运输、摊铺过程中水分散失的影响因素。

【工程量计算规则】

按设计需要洒水的方量计算工程量。

第二节 特殊路基处理工程

1-2-1 袋装砂井处理软土地基

【名词解释】

袋装砂井是用透水型土工织物长袋装砂砾石,设置在软土地基中形成排水砂柱,以加速软土排水固结的地基处理方法。

袋装砂井是排水固结法处理软弱地基的一种加固措施。它是将中、粗砂装入砂袋(用具有透水性和耐水性好、韧性较强的聚丙烯或其他适宜编织料制成的砂袋)内,袋口扎紧后,可采用沉管式打桩机施工。袋装砂井宜采用圆形套管,套管内径宜略大于砂井直径、袋装砂井和塑料排水板可采用沉管式打桩机施工。

【图解工程】(图1-24)
具体施工详见塑料排水板施工。

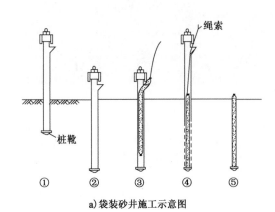

a) 袋装砂井施工示意图　　　　　　　b) 袋装砂井打设

图1-24　袋装砂井

【定额说明】
袋装砂井施工机械分门架式和不带门架两种。定额已综合了门架式施工机械的临时轨道和埋入砂垫层内的袋装砂井的数量,插打砂井时的钢管已综合在袋装砂井机的台班费用中。

本定额按砂井直径7cm编制。当砂井直径不同时,可按砂井截面积的比例关系调整中(粗)砂的用量,其他消耗量不作调整。

【工程量计算规则】
按设计需要插打的砂井的长度(即在软弱土层中的长度)计算工程量。

1-2-2　塑料排水板处理软土地基

【名词解释】
塑料排水板是具有孔道的板状物体,即由芯体和滤套组成的复合体,或由单一材料制成的多孔管道板带。中间是挤出成型的塑料芯板,是排水带的骨架和通道。其断面呈并联十字,两面以非织造土工织物包裹作滤层,芯带起支撑作用并将滤层渗进来的水向上排出,是淤泥、淤泥质土、冲填土等饱和黏性土及杂填土运用排水固结法进行软基处理的良好垂直通道,大大缩短软土固结时间。施工时用插板机将塑料排水板插入土中。

塑料排水板或其他类似的复合排水体断面尺寸一般为100mm×(4～5)mm。竖向排水体一般可按正方形或等边三角形布置。塑料排水板宜采用矩形套管,也可采用圆形套管。

【图解工程】(图1-25、图1-26)

a) 塑料排水板打设　　　　　　b) 割断塑料排水板

图1-25　塑料排水板施工

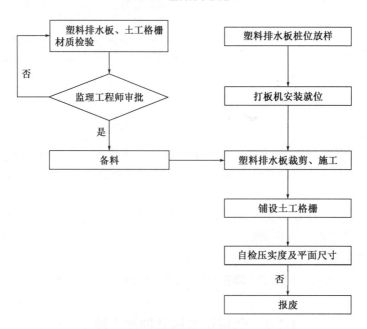

图1-26　塑料排水板施工工艺流程图

【定额说明】

塑料排水板施工机械分门架式和不带门架两种。定额已综合了门架式施工机械的临时轨道,插打塑料排水板时的钢管已综合在袋装砂井机的台班费用中。

本定额其他材料费包含桩靴、定位塑料排水板的竹片、插签、绳线等零星材料的摊销消耗,使用定额时不得再另行增加费用。

【工程量计算规则】

按设计需要插打的塑料排水板的长度(即在软弱土层中的长度,不计算埋入砂垫层内的塑料排水板的数量)计算工程量。

1-2-3 石灰砂桩处理软土地基

【名词解释】

石灰砂桩法是在土基中成孔,孔内填入石灰而成灰桩,用于挤密软土地基。石灰砂桩的主要作用是挤密,而生石灰通过吸水、膨胀、发热及离子交换作用使桩体硬化,改善了原地基土的性质,此外还可以减少因周围土的蠕变所引起的侧向位移。利用石灰砂桩加固软土地基,关键在于石灰砂桩能否在地下水中硬结。石灰砂桩吸水和膨胀及对土体的挤密作用是其加固地基的特殊功能。石灰砂桩施工的基本要求是生石灰必须密封保存。

【定额说明】

石灰砂桩处理软土地基定额综合考虑了挖孔、填料并捣实、碾压等工程内容。

人工成孔石灰砂桩处理软土地基定额仅适用于桩径在12cm以内、桩长在1m左右的工程。

【工程量计算规则】

依据石灰砂桩的设计长度和直径,按体积计算工程量,不包括顶部封层部分的体积。

1-2-4 振冲碎石桩处理软土地基

【名词解释】

用振冲法加固地基主要是通过在地基中形成密实桩体和挤密作用,与原地基构成复合地基,从而达到提高地基承载力减少沉降和不均匀沉降的作用。其特点是技术可靠、机具设备简单、操作技术易于掌握,可加快施工速度。碎石桩具有良好的透水性,可加速地基固结,使地基承载力提高1.2~1.3倍。振动沉管法成桩可采用一次拔管成桩法、逐步拔管成桩法和重复压管成桩法三种工艺。

【图解工程】(图1-27、图1-28)

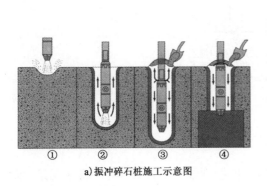
a) 振冲碎石桩施工示意图

b) 定位、振冲、造孔

图 1-27

c) 振冲至设计高程

d) 边填料边振冲边提升

图 1-27　振冲碎石桩施工

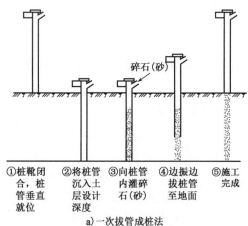

①桩靴闭合，桩管垂直就位；②将桩管沉入土层设计深度；③向桩管内灌碎石(砂)；④边振边拔桩管至地面；⑤施工完成

a) 一次拔管成桩法

①沉管定位；②打设沉管至预定深度；③从填料口填入砂石料，数量根据设计确定；④逐级拔管，每拔50cm停止拔管保持振动10~20s；⑤重复③、④步骤，直至将桩管拔出地面。

b) 逐步拔管成桩法

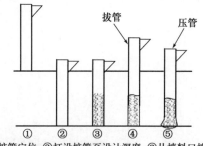

①桩管定位；②打设桩管至设计深度；③从填料口填入砂石料；④边振动边拔管至设计高度；⑤边振动边向下压管；⑥停止拔管，继续振动一段时间；⑦重复③~⑥步骤，直至将桩管拔出地面。

c) 重复压管成桩法

图 1-28　振冲碎石桩成桩工艺

【定额说明】

振冲碎石桩处理软土地基定额综合考虑了安、拆振冲器，振冲、填碎石，疏导泥浆，场内临时道路维护等工程内容。定额未包括由场外开渠引水至施工现场或多级水泵至施工现场的费用,需要时应结合现场情况另行计算;碎石消耗量已综合考虑振实、扩孔、超长等因素的影响。

【工程量计算规则】
依据设计需要的碎石桩的长度和直径,按体积计算工程量。

1-2-5　沉管法挤密桩处理软土地基

【名词解释】
用沉管灌注桩施工设备,将管中的砂石料从管底部带有活瓣管靴的钢管沉入地下预定深度,然后引入压缩空气,边振边提或提提停停,将管中的砂、灰土从管底端活门压出并不断补充,直至形成挤密砂桩体或灰土体。碎石桩可采用振动沉管法成桩。

挤密桩是以冲击或振动的方法,将砂、灰土或碎石等粒料挤入软土地基内,形成直径较大的桩体,并同原地基形成复合地基,达到加固的目的,又称粒料桩法,一般用于处理松砂或黏性土。挤密砂桩以增大土体的密实度为主要目的,它与排水砂井的作用不同。砂桩直径为0.6~0.8m,处置深度一般不宜大于15m。

【图解工程】(图1-29、图1-30)

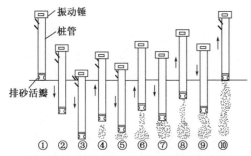

①套管就位;②振动沉管;③沉到设计深度;④提升套管排砂;⑤套管反插(复打);⑥提升导管(排砂);⑦套管反插(复打);⑧提升套管(排砂);⑨套管反插(复打);⑩形成砂桩。

a) 挤密砂桩施工示意图

b) 粒料桩

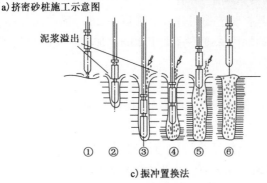

c) 振冲置换法

图1-29　沉管法挤密桩施工

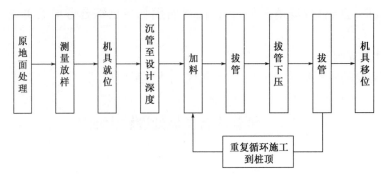

图 1-30 沉管法挤密桩施工工艺流程图

【定额说明】

沉管法挤密桩处理软土地基定额综合考虑了桩机就位,打拔钢管,运送填料、填充、夯实,桩机移位,清理工作面等工程内容。填料的密实系数和桩顶、桩底的超灌量,沉管的消耗以摊销方式计入了其他材料费中,使用本定额时,费用不得另计。

【工程量计算规则】

依据设计需要的挤密桩的长度和直径,按体积计算工程量。

1-2-6 水泥、石灰搅拌桩处理软土地基

【名词解释】

粉体喷射搅拌桩是化学加固法处理软土地基的一种方法,是指用带有回转、翻松、喷粉与搅拌的机械,将软土地基局部范围内的某一深度、某一直径内的软土用石灰或水泥粉末通过特制的粉体喷搅施工机械喷入需要加固的软土地基中,经过由下而上逐步喷搅使软土予以改良、加固形成加固土桩体,以提高软土地基承载力的方法,适用于处理十字板抗剪强度不小于10kPa、有机质含量不大于10%的软土地基。其施工工艺可分为浆喷(湿法)和粉喷(干法)两种。浆喷适用于低含水率的软土,粉喷适用于高含水率的软土。

粉体喷射搅拌桩的长度、直径、间距应根据稳定、沉降计算确定。竖向承载桩的长度应根据上部结构对承载力和变形的要求确定,并宜穿透软土层,到达承载力相对较高的土层。为提高抗滑稳定性而设置的桩体,其桩长应超过危险滑弧以下2m。粉喷法加固土桩的加固深度不宜大于12m;浆喷法加固土桩的加固深度不宜大于20m。加固土桩的桩径不宜小于0.5m。相邻桩的间距不应大于4倍桩径。

【图解工程】(图 1-31)

(1)施工钻进过程中应保持连续喷射压缩空气,保证喷灰口不被堵塞,钻杆内不进水。钻进速度宜为 0.8~1.5m/min。

(2)提升钻杆、喷粉搅拌时,应使钻头反向边旋转、边喷粉、边提升,提升速度宜为 0.5~0.8m/min;当钻头提升至距离地面 0.3~0.5m 时,可停止喷粉。

(3)应根据设计要求,对桩身从地面开始 1/3~1/2 桩长并不小于5m 的范围内或桩身全长进行复搅,使固化剂与地基土均匀拌和。复搅速度宜为 0.5~0.8m/min。

(4)应随时记录喷粉压力、瞬时喷粉量和累计喷粉量、钻进速度、提升速度等有关参数的变化。当发现喷粉量不足时,应整桩复打,复打的喷粉量应不小于设计用量。当遇停电、机械故障等原因致使喷粉中断时,必须复打,复打重叠桩段长度应大于1m。当粉料储存容器中剩余粉量不足一根桩的用量加50kg时,应在补加后方可开钻施工下一根桩。

(5)出现沉桩时,孔洞深度在1.5m以内的,可用8%的水泥土回填夯实;孔洞深度超过1.5m的,可先将孔洞用素土回填,然后在原位补桩,补桩长度应超过孔洞深度0.5m。

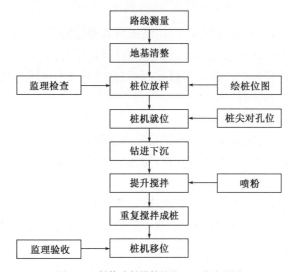

图1-31 粉体喷射搅拌桩施工工艺流程图

【定额说明】

粉体喷射水泥、石灰搅拌桩处理软土地基定额综合考虑了清理场地、放样定位、钻机安拆、钻进搅拌、提钻并喷粉搅拌、复拌、移位、机具清洗及操作范围内料具搬运等工程内容。浆体喷射水泥搅拌桩处理软土地基定额综合考虑了清理场地、放样定位、钻机安拆、钻进搅拌、提钻并喷浆搅拌、复拌、移位、机具清洗及操作范围内料具搬运、清除桩头等工程内容。

定额按粉喷和浆喷两种施工方法进行编制。粉体喷射搅拌桩的成桩直径一般为50~70cm,定额按50cm编制;当设计桩径不同时,桩径每增加5cm,定额人工和机械消耗量增加5%。搅拌桩固化剂为石灰粉、水泥以及石膏及矿渣等,水泥的掺入量一般为被加固土的7%~15%(质量比),本定额按15%进行编制;石灰粉的掺入量通常为15%~30%,定额按25%进行编制,浆体喷射的水泥掺量是按12%编制。当设计要求的掺入量与本定额不同时,可按换算公式(1-7)调整定额中水泥或石灰的消耗量。

$$Q = \frac{D^2 \times m}{D_0^2 \times m_0} \times Q_0 \tag{1-7}$$

式中:Q——设计固化材料消耗;

Q_0——定额固化材料消耗;

D——设计桩径;

D_0——定额桩径;

m——设计固化材料掺入比;

m_0——定额固化材料掺入比。

【工程量计算规则】

按设计需要的搅拌桩的长度计算工程量。

1-2-7 高压旋喷桩处理软土地基

【名词解释】

高压旋喷桩是用钻机钻孔至设计深度,用高压泵和通过安装在钻杆底部的特殊喷射装置,向上喷射化学浆液(一般使用水泥浆液),在喷射的同时,钻杆以一定的速度旋转并逐渐向上提升,高压射流使一定范围内的土体结构破坏,强制破坏的土体与化学浆液混合,胶结硬化后在土层中形成直径较均匀的圆柱体。

【图解工程】(图1-32)

高压旋喷桩是以高压旋转的喷嘴将水泥浆喷入土层与土体混合,形成连续搭接的水泥加固体。其施工占地少、振动小、噪声较低,但容易污染环境,成本较高,对于特殊的不能使喷出浆液凝固的土质不宜采用。

高压喷射注浆法和深层搅拌法加固技术相似,其主要差别在于采用不同的加料拌和手段。高压喷射按喷射流移动轨迹可分为旋喷、定喷和摆喷三种,按注浆管类型可分为单管、二重管、三重管、多重管和多孔管五种。

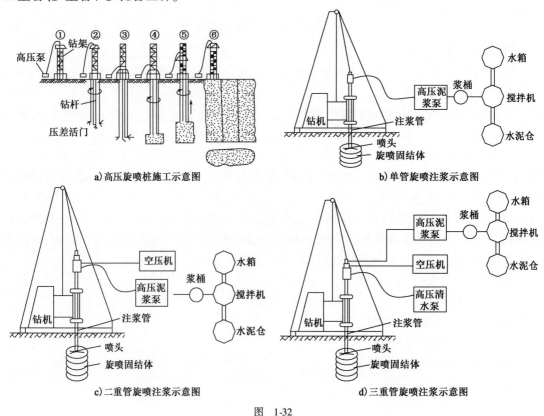

图 1-32

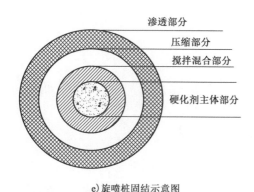

e) 旋喷桩固结示意图　　　　　　　　f) 高压旋喷桩施工

图 1-32　高压旋喷桩处理软土地基施工

单管旋喷法是通过单根管路,利用高压浆液(20~30MPa),喷射冲切破坏土体,成桩直径为 40~50cm。其加固质量好,施工速度快,成本低,但固结体直径较小。

二重管旋喷法是在单管法的基础上又加以压缩空气,并使用双通道的二重灌浆管。在管的底部侧面有一个同轴双重喷嘴,高压浆液以 20MPa 左右的压力从内喷嘴中高速喷出,在射流的外围加以 0.7MPa 左右的压缩空气喷出。在土体中形成直径明显增加的柱状固结体,达80~150cm。

三重管旋喷法是使用分别输送水、气、浆三种介质的三重灌浆管,高压水射流和外围环绕的气流同轴喷射冲切土体,在高压水射流的喷嘴周围加上圆筒状的空气流,进行水、气同轴喷射,可以减少水射流与周围介质的摩擦,避免水射流过早雾化,增强水射流的切割能力。喷嘴边旋转喷射,边提升,在地基中形成较大的负压区,同时挟带压入的浆液充填空隙,就会在地基中形成直径较大、强度较高的固结体,起到加固地基的作用。

【定额说明】

高压旋喷桩处理软土地基定额综合考虑了清理场地,放样定位,钻机就位、钻孔、移位、配制浆液,喷射装置就位、喷射注浆、移位,泥浆池清理,机具清洗及操作范围内料具搬运等工程内容。

高压旋喷桩定额喷射浆液用量按喷量法计算,综合考虑了浆液的损失系数(含冒浆量)。注浆管和高压胶管已按摊销方式列入其他材料费中,喷头已按摊销方式列入设备摊销费中。

高压旋喷桩定额中的浆液系按普通水泥浆编制的,水灰比 1:1。当设计采用添加剂或水泥用量与定额不同时,可按设计要求进行抽换。定额中水泥的消耗量应根据设计确定的有关参数计算,水泥浆按式(1-8)计算:

$$M_c = \frac{\rho_w \times d_c}{1 + \alpha \times d_c} \times \frac{H}{v} \times q \times (1 + \beta) \tag{1-8}$$

式中:M_c——水泥用量(kg);
　　ρ_w——水的密度(kg/m³);
　　d_c——水泥的相对密度,可取 3.0;
　　H——喷射长度(m);
　　v——提升速度(m/min);

q——单位时间喷浆量(m);

α——水灰比;

β——损失系数,一般取 0.1~0.2。

【工程量计算规则】

按设计需要的旋喷桩的长度计算工程量。

1-2-8　CFG 桩处理软土地基

【名词解释】

CFG 桩是英文 Cement Fly-ash Gravel 的缩写,意为水泥粉煤灰碎石桩,由碎石、石屑、砂、粉煤灰掺水泥加水拌和,用各种成桩机械制成的具有一定强度的可变强度桩。CFG 桩是一种低强度混凝土桩,可充分利用桩间土的承载力共同作用,并可传递荷载到深层地基中去,具有较好的技术性能和经济效果。

CFG 桩是用钻机钻孔或用振动设备沉管至设计深度,在孔内浇筑水泥混凝土(含粉煤灰),待硬化后在土层中形成直径较均匀的圆柱体。

【图解工程】(图 1-33 ~ 图 1-35)

施工方法有:长螺旋钻孔灌注成桩,长螺旋钻孔、管内泵压混合料灌注成桩,振动沉管灌注成桩等。长螺旋钻孔灌注成桩适用于地下水位以上的黏性土、粉土、素填土、中等密实以上的

a) 长螺旋钻孔

b) 挖除桩间土

c) 截桩头

d) 桩身检测

图 1-33　CFG 桩处理软土地基施工

砂土;长螺旋钻孔、管内泵压混合料灌注成桩适用于黏性土、粉土、砂土,以及对噪声或泥浆污染要求严格的场地;振动沉管灌注成桩适用于粉土、黏性土及素填土地基。

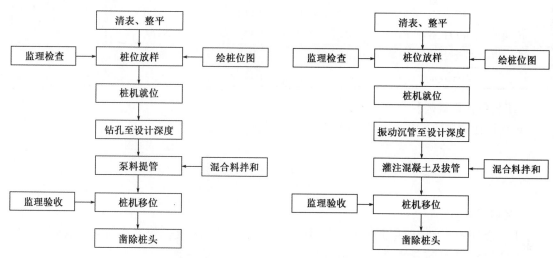

图1-34 长螺旋钻孔、管内泵压混合料灌注成桩工艺流程图　　图1-35 振动沉管灌注成桩工艺流程图

(1)桩长应根据设计对承载力和变形的要求、土质条件、设备能力等确定;桩端应落在强度相对较高的土层上;最大桩长不宜大于30m。

(2)桩径应根据成桩设备条件确定,宜为0.35~0.6m。

(3)桩间距应根据设计对承载力和变形的要求、土质条件、施工工艺等确定,宜取4~5倍桩径。

(4)桩体强度宜为5~20MPa,设计强度应满足路堤沉降与稳定的要求。用于小型构造物下的CFG桩,设计强度应满足承载力的要求。

(5)垫层厚度宜取0.3~0.5m;当桩径大或桩距大时,垫层厚度宜取高值。垫层材料宜采用中砂、粗砂、级配砂砾或碎石等,最大粒径不宜大于30mm。

【定额说明】

CFG桩处理软土地基定额综合考虑了清理场地、整平,测量放样,钻机就位,准备钻具、钻孔(振动沉管),混凝土配运料、拌和、灌注、提管移位,凿桩头及操作范围内料具搬运等工程内容。

定额按长螺旋钻孔、管内泵压混合料灌注成桩和振动沉管灌注成桩两种施工方法进行编制。CFG桩处理软土地基定额设备摊销费中已经包含钻杆、桩尖、沉管损耗等费用,使用定额时不得另行计算。本定额桩体混凝土按C20水泥粉煤灰混凝土编制,设计与定额不同时可按表1-7调整材料用量,定额人工、机械消耗不得调整。

不同强度等级水泥粉煤灰混凝土消耗　　　　　　　　表1-7

序号	项　目	单　位	混凝土强度等级		
			C10	C15	C20
1	混凝土体积	m³	12.00	12.00	12.00
2	32.5级水泥	t	2.252	2.448	2.901
3	水	m³	3	3	3

续上表

序号	项 目	单 位	混凝土强度等级		
			C10	C15	C20
4	中(粗)砂	m³	6.86	6.64	6.64
5	粉煤灰	m³	2.32	2.14	1.80
6	碎石(4cm)	m³	8.87	8.58	8.58

【工程量计算规则】

依据设计需要的 CFG 桩的长度和直径,按体积计算工程量。

1-2-9　土工合成材料处理地基

【名词解释】

土工合成材料处理地基指将一层或多层土工合成材料铺垫在路堤底部的湿软地基上来改善地基,减少路堤填筑后的地基不均匀沉降,以提高地基的承载力。

根据规范规定,铺设土工聚合物,应在平整好的下承层上按路堤底宽全断面铺设,应在路堤每边各留足够的锚固长度,回折覆裹在压实的填料上,平整顺畅,外侧用土覆盖。

【图解工程】(图1-36)

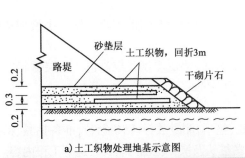
a) 土工织物处理地基示意图

b) 土工布铺设

c) 土工格栅铺设

d) 土工格栅锚固

图1-36　土工合成材料处理地基施工(尺寸单位:m)

【定额说明】

土工合成材料处理地基定额综合考虑了清理整平路基、挖填锚固沟、铺设土工织物、缝合及锚固土工织物、场内取运料等工程内容。

定额按土工布纵向搭接10cm、横向搭接5cm计算,缝合用聚丙烯线;土工格栅纵向搭接15cm、横向搭接10cm计算,搭接处用聚丙烯线绑扎。聚丙烯线的消耗已综合在定额中的其他材料费内。定额中综合考虑了锚固沟的开挖与回填等工程内容,使用定额时费用不得另计。

【工程量计算规则】

按设计需要处理的地基的面积计算工程量。

1-2-10 强夯处理地基

【名词解释】

强夯法指利用大质量夯锤从较高处自由落下对地基产生冲击和振动,降低地基土的压缩性并提高其强度的处理方法。夯锤重量多为100~400kN,落距多为6~40m,利用冲击波和动应力,达到土基加固的目的。强夯法具有施工简单、加固效果好、使用经济、应用面广等优点。经强夯处理的地基,其承载力可提高2~5倍,压缩性降低50%~90%,广泛用于杂填土(各种垃圾)、碎石土、砂土、黏性土、湿陷性黄土及泥炭和沼泽土。这种方法不但可在陆地上使用,也可用于水下夯实。

【图解工程】(图1-37)

图1-37 强夯处理地基施工

【定额说明】

强夯处理地基定额点夯综合考虑了清理并平整施工场地、测设夯点、机械就位、夯击、移位,平整夯坑,操作范围内料具搬运等工程内容;满夯综合考虑了搭接1/4连接夯击、移位等工程内容。

强夯定额适用于处理松、软的碎石土、砂土、低饱和度的粉土与黏性土、湿陷性黄土、杂填土和素填土等地基。本定额按强夯点夯与满夯单独编制,点夯按不同夯击能每$100m^2$面积7个夯击点,每个夯击点7击编制基础定额。使用定额时,如每$100m^2$夯击点数量、每个夯击点夯击击数与基础定额不同,可以按每增减一点、每点增减一击定额子目进行相应调整。强夯定额中未包括压实沉陷补偿土方碾压及垫层费用,计算时采用路基相关定额。

标注夯点位置等所需的零星材料以及夯坑的排水费用已综合在其他材料费中,使用定额时费用不得另计。

【工程量计算规则】

按设计需要处理的地基的面积计算工程量。

1-2-11 抛石挤淤

【名词解释】

抛石挤淤是在路基底部抛投一定数量的片石,将基底范围内的淤泥挤出,以提高地基强度。抛石挤淤不必抽水挖淤,施工简便,适用于湖塘或河流等积水洼地,常年积水且不易抽干、表面无硬壳,软土液性指数大,厚度薄,片石能沉至下卧硬层的情况。一般软土层厚度为3~4m。石块的大小视软土稠度而定,一般不宜小于30cm。

(1)当下卧地层平坦时,应沿道路中线向前呈三角形抛填,再渐次向两旁展开,将淤泥挤向两侧。

(2)当下卧地层具有明显横向坡度时,应从下卧层高的一侧向低的一侧扩展,并在低侧边部多抛填不少于2m宽,形成平台顶面。

(3)在抛石高出水面后,应采用重型机具碾压紧密,然后在其上设反滤层,再行填土压实。

【图解工程】(图1-38)

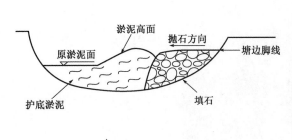 

a) 抛石挤淤处理软基示意图　　　　　　b) 抛石挤淤施工现场图

图1-38 抛石挤淤

【定额说明】

抛石挤淤定额综合考虑了人工抛填片石或推土机推填片石、整平、碾压等工程内容。

定额综合考虑了反滤层和片石挤密及损耗因素,使用定额时费用不得另计。

【工程量计算规则】

按设计需要抛石的体积计算工程量。

1-2-12　地基垫层

【名词解释】

垫层是在路堤底部铺设的砂、砂砾、石渣、碎(砾)石层,防止地下毛细水上升,排出路基水分,保证路基强度和稳定,也可作为软土地基孔隙水排出通道,为软土地基浅层处置措施之一。塑料排水板、砂井、袋装砂井等加固和处置措施都要配合设置垫层。

起排水作用的碎石垫层、砂砾垫层的厚度宜为0.5m,不应小于0.3m,并应满足地基固结排水所需要的排水能力要求。当垫层兼起排淤作用时,其厚度应适当加大。垫层宜满铺,且两侧各宽出路堤底宽0.5~1.0m。当路堤较宽且排水距离长,或者预计有大量地下水渗出,仅靠排水垫层不能完全满足排水需要时,可在适当位置设置排水盲沟。

【定额说明】

软土地基砂、砂砾、石渣、碎石垫层定额综合考虑了铺筑、整平、分层碾压等工程内容。

定额按机械碾压法进行编制,综合考虑了垫层材料的压实系数和损耗量,未考虑用水量;需要时,可根据设计要求另行计算水的费用。

【工程量计算规则】

按设计需要铺设的垫层的压实体积计算工程量。

1-2-13　真空预压

【名词解释】

真空预压法是在需要加固的软土地基表面先铺设砂垫层,然后埋设垂直排水管道,再用不透气的封闭膜使其与大气隔绝,薄膜四周埋入土中,通过砂垫层内埋设的吸水管道,用真空装置进行抽气,使其形成真空,增加地基的有效应力。

真空预压处理地基时,必须设置塑料排水板或砂井等竖向排水体。塑料排水板或砂井能将真空从砂垫层中传至土体中,并将土体中的水通过其排至砂垫层然后排出。

真空预压法适用于对软土性质很差、土源紧缺、工期紧的软土地基进行处理。软土的渗透系数应小于1×10^{-5}cm/s。当加固区与外界有透水性的砂层或漏气介质连通时,应采取隔离措施。

【图解工程】(图1-39、图1-40)

真空预压的抽真空设备宜采用射流真空泵。真空泵空抽时必须达到95kPa以上的真空吸力。真空泵的数量应根据加固面积确定,每个加固场地至少应设两台真空泵。

真空管路应由主管和滤管组成。滤水管应设在排水砂垫层中,其上应有0.1~0.2m厚砂覆盖层。滤水管布置宜形成回路,水平向分布的滤管可采用条状、梳齿状、羽毛状及"目"字状等形式。滤水管可采用带孔钢管或塑料管,外包尼龙纱、土工织物或棕皮等滤水材料。真空管路的连接应密封,管路中应设置止水阀和闸阀。

密封膜应采用抗老化性能好、韧性好、抗穿刺能力强的不透气材料,可采用聚氯乙烯薄膜。密封膜的厚度宜为0.12~0.14mm。根据其厚度不同,可铺设2~3层。密封膜连接宜采用热合黏结缝平搭接,搭接宽度应大于15mm。

真空预压施工应按排水系统施工、抽真空系统施工、密封系统施工及抽气的步骤进行。

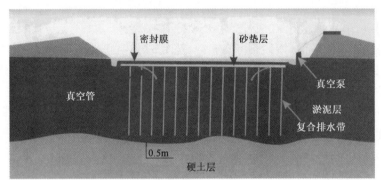

a) 真空预压示意图

b) 真空膜敷设

c) 真空预压现场

图1-39 真空预压施工

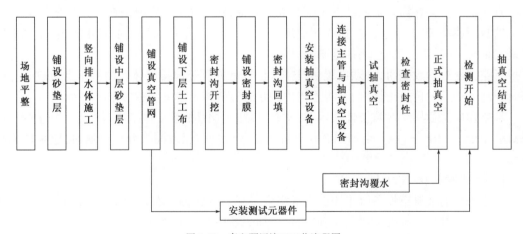

图1-40 真空预压施工工艺流程图

【定额说明】

真空预压定额综合考虑了测量放线,制、安、拆滤排水管,铺设砂垫层及薄膜,施工密封沟,安、拆真空设备,抽真空,观测等工程内容。

真空预压定额综合考虑了滤排水管、垫层、薄膜、密封沟及沉降观测等工程内容和费用;但未包括所需砂垫层和竖向排水体,需要时应根据设计需要按有关定额另行计算。

【工程量计算规则】
按设计需要处理的软土地基的面积计算工程量。

1-2-14 路基填土掺灰

【图解工程】(图1-41)

a) 翻松

b) 掺灰

c) 拌和

d) 碾压

图1-41 路基填土掺灰施工

【定额说明】
路基填土掺灰定额综合考虑了掺灰、翻拌、闷料等工程内容。

定额是按现场掺灰的方法编制的,如为集中掺灰拌和处理,应按自卸汽车运土、石方定额另行计算运输费用。本定额中不包含土方及土方碾压费用,如需计算则采用路基相关定额。

【工程量计算规则】
按设计需要进行掺灰处理的路基填土的压实方体积计算工程量。

1-2-15 采空区处治※

【名词解释】

采空区是由人为挖掘或者天然地质运动在地表下面产生的"空洞"。采空区的存在使得公路建设和运营面临很大的安全问题,人员与机械设备都可能掉入采空区内部受到伤害。

【定额说明】

采空区处治定额钻孔综合考虑了平整工作面、钻机就位、钻机钻孔、清孔、孔位转移等工程内容。采空区灌浆综合考虑了冲洗钻孔、运料、集中制浆、灌浆、孔位转移等工程内容。浇筑孔口管、封口套管综合考虑了孔口(套管)管加工、安放,浇注水泥浆封孔等工程内容。

采空区处治钻孔定额中关于土石的划分:

(1)砂、土等:粒径不大于 2mm 的土(包括砂、砂性土,以及各种土)。

(2)砾石、卵石等:包括砂砾、砾石、卵石等:

砂砾:粒径 2~20mm 的角砾、圆砾含量(指质量比,下同)小于或等于 50%,包括礓石及粒状风化。

砾石:粒径 2~20mm 的角砾、圆砾含量大于 50%;有时还包括粒径 20~200mm 的碎石、卵石,其含量在 10% 以内,包括块状风化。

卵石:粒径 20~200mm 的碎石、卵石含量大于 10%;有时还包括块石、漂石,其含量在 10% 以内,包括块状风化。

(3)软石:饱和单轴极限抗压强度在 40MPa 以下的各类松软的岩石,如胶结不紧的砾岩、泥质页岩、泥灰岩、软而节理较多的石灰岩等。

(4)次坚石:饱和单轴极限抗压强度在 40~100MPa 的各类较坚硬的岩石,如硅质页岩、硅质砂岩、白云岩、石灰岩等。

定额多次成孔指处治多层采空区,采用自上而下灌浆处理后的多次钻孔成型。

采空区处治钻孔定额设备摊销费已经包括岩芯管、钻杆、钻杆锁接手摊销费用。注浆定额其他材料费中已经包括输浆管道、阀门摊销费用,浇筑孔口管定额其他材料费中已经包括法兰盘费用,使用本定额时,均不得另行计算。

定额按钻孔、注浆的方法处治采空区,注浆采用水泥、粉煤灰浆液,水固比 1∶1.2,水泥占固相的 15%,粉煤灰占固相的 85%;当配比与定额不同时,可以按式(1-9)~式(1-11)计算,调整材料消耗,但是人工、机械消耗不得调整:

$$W_c = \alpha \frac{V_g}{\dfrac{\alpha}{d_c} + \dfrac{\beta}{\rho_e} + \dfrac{\gamma}{\rho_w}} \qquad (1\text{-}9)$$

$$W_e = \beta \frac{V_g}{\dfrac{\alpha}{d_c} + \dfrac{\beta}{\rho_e} + \dfrac{\gamma}{\rho_w}} \qquad (1\text{-}10)$$

$$W_w = \gamma \frac{V_g}{\dfrac{\alpha}{d_c} + \dfrac{\beta}{\rho_e} + \dfrac{\gamma}{\rho_w}} \qquad (1\text{-}11)$$

式中: W_c——水泥质量(kg);
W_e——粉煤灰质量(kg);
W_w——水的质量(kg);
V_g——水泥浆的体积(L);
α——浆液中水泥所占质量比例;
β——浆液中粉煤灰所占质量比例;
γ——浆液中水所占质量比例;
d_c——水泥相对密度,可取 3.0;
ρ_e——粉煤灰相对密度;
ρ_w——水的相对密度。

【工程量计算规则】

按采空区处治设计的不同地质情况钻孔长度、孔数、注浆体积等计算各工程内容的工程量。

1-2-16 刚性桩处理软土地基

【名词解释】

公路软土地基处理可采用预应力混凝土薄壁管桩(PTC)、预应力高强混凝土管桩(PHC)、预制混凝土方桩等刚性桩。刚性桩适用于处理深厚软土地基上荷载较大、变形要求较严格的高路堤段、桥头或通道与路堤衔接段。预应力混凝土薄壁管桩宜工厂预制、现场焊接接长,外径宜为 300~500mm,壁厚宜为 60~100mm。

刚性桩桩径宜根据成桩设备确定,可按正方形或等边三角形布置,且间距不宜小于 5 倍桩径。桩长可根据工程对地基稳定和变形要求,结合地质条件,通过计算确定。

刚性桩桩顶应设桩帽,形状可采用圆柱体、台体或倒锥台体。桩帽直径或边长宜为 1.0~1.5m,厚度宜为 0.3~0.4m,宜采用 C30 水泥混凝土现场浇筑而成。

【图解工程】(图 1-42、图 1-43)

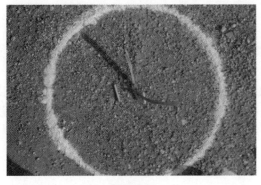 

a) 测量放样　　　　　　　　b) 桩对位焊接桩尖

图 1-42

c) 对称施焊

d) 桩身检测

图 1-42 刚性桩施工

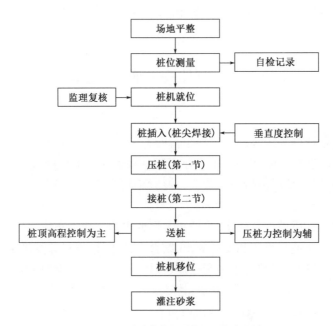

图 1-43 预应力管桩压入施工工艺流程图

【定额说明】

定额按打入和压入预应力管桩两种施工方法编制,综合考虑了打压桩、对接上下桩节、桩顶垫平、放置接桩材料、焊接、填心等工程内容。

刚性桩处理软土地基定额按目前主要使用的直径 40cm、壁厚 55mm 预应力管桩编制,当设计打(埋)入桩与本定额不同时,可按预应力管桩环形横截面积比例系数调整定额人工、机械消耗数量。本定额不包括场地平整、垫层、现浇混凝土桩帽费用,计算时采用其他相关定额。

【工程量计算规则】

按设计桩长计算预应力管桩的长度工程量。

按设计需要接桩的个数计算接桩工程量。

按设计预应力管桩内径体积计算填心工程量。

1-2-17 路基注浆处理

【名词解释】
将配制好的化学浆液或水泥浆液,通过导管注入土体间隙中,与土体结合发生物化反应,从而提高土体强度,减小其压缩性和渗透性。

【图解工程】(图1-44、图1-45)

a) 路基注浆

b) 路基注浆后检查

图1-44 路基注浆处理

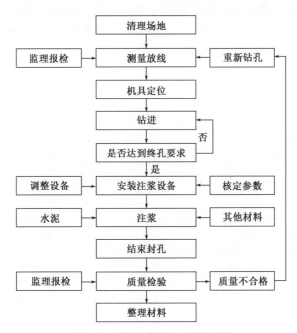

图1-45 路基注浆施工工艺流程图

【定额说明】
定额综合考虑了钻孔、制备水泥浆、清孔、插拔注浆管、压浆等工程内容。
路基注浆处理定额适用于新建工程粗砂、砂砾石、破碎岩石、卵砾石填方路基和地基处理以及改扩建工程路基加宽处理。本定额注浆按水灰比0.6编制。当设计水泥用量与本定额不同时,可按以下公式计算,调整定额水泥用量,但是人工、机械消耗不得调整:

$$M_c = \frac{d_c}{\rho_w + \alpha d_c} \times 10 \times (1 + 5\%) \times (1 + 2\%) \tag{1-12}$$

式中:M_c——水泥用量(kg);

ρ_w——水的密度(kg/m³);

d_c——水泥的相对密度,可取3.0;

α——水灰比。

【工程量计算规则】

按设计需要钻孔的长度计算钻孔工程量。

按设计需要注浆体积计算浆体工程量。

1-2-18 冲击压实

【名词解释】

冲击压路机由曲线为边而构成的正多边形冲击轮在位能落差与行驶动能相结合下对工作面进行静压、搓揉、冲击。其高振幅、低频率的冲击碾压使工作面下深层土石的密实度不断增加,受冲压土体逐渐接近于弹性状态,具有克服路基隐患的技术优势,是土石工程压实技术的新发展。与一般压路机相比,其压实土石的效率提高3~4倍(考虑上料、摊铺、平整的工艺)。冲击碾压主要应用领域:①高路堤、路床、填挖交界路基的冲击增强补压;②湿陷性黄土等软弱地基、路堑的冲击碾压处理;③路堤等的分层填筑冲压;④旧砂石路、旧沥青路的冲击碾压与加宽部分的增强补压;⑤旧水泥混凝土路面的冲击破碎碾压等。

【图解工程】(图1-46、图1-47)

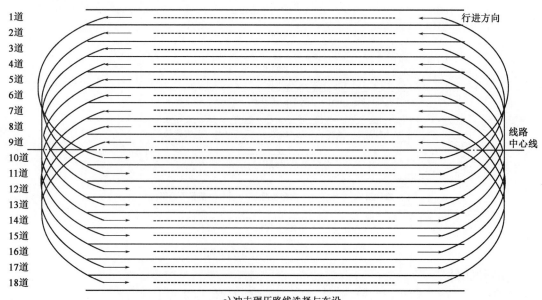

a)冲击碾压路线选择与布设

图 1-46

b)冲击碾压施工

c)碾压后效果

图 1-46 冲击碾压施工

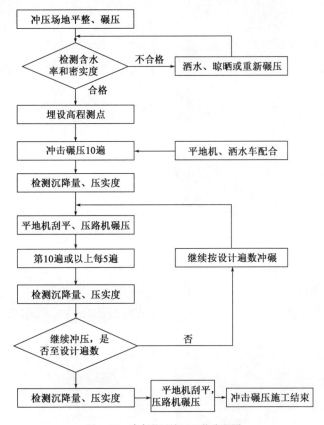

图 1-47 冲击碾压施工工艺流程图

【定额说明】

冲击压实定额是按 25t 以内冲击式压路机冲击、165kW 以内履带式推土机平整、20t 以内振动压路机碾压进行编制的,填料的开挖和运输按相关定额另行计算。

冲击压实定额适用于填方路基基底压实和高填方路基、土石混填路基的分层碾压。本定额不包含碾压洒水费用;压实如需用水,费用另行计算。本定额未包括压实沉陷补偿土方、碾压费用,计算时采用路基相关定额。

【工程量计算规则】

按设计需要压实的面积计算工程量。

第三节 排水工程

排水工程指各种拦截、汇集、拦蓄、输送、排放危及路基、路面强度和稳定性的地表水或地下水的各类设备、设施和构筑物构成的排水系统的总称,主要由路基地表水排水系统、路面表面水排水系统、中央分隔带排水系统、路面内部水排水系统及地下水排水系统等组成(图1-48~图1-49)。

a)边沟   b)排水沟

c)截水沟   d)急流槽

e)盲沟   f)拦水带

图1-48 公路常见排水系统

a) 开挖　　b) 垫层
c) 浇筑　　d) 砌筑
e) 横向排水管　　f) 塑料盲沟

图 1-49　公路排水常见施工工序

1-3-1　开挖沟槽

【定额说明】

开挖沟槽定额综合考虑了土方挖除、石方爆破或破碎,以及清运、整修沟槽等工程内容。

路基土、石方开挖数量已包含了边沟净空断面部分的土、石方,其他沟槽则应统计净空断面的体积与圬工或混凝土体积的合计数量。

【工程量计算规则】

按设计需要开挖沟槽的土、石方的天然密实方体积计算工程量。

1-3-2　路基、中央分隔带盲沟

【名词解释】

盲沟指的是在路基或地基内设置的充填碎、砾石等粗粒材料并铺以倒滤层(有的其中埋设透水管)的排水、截水暗沟。盲沟是一种地下排水渠道,用以排除地下水,降低地下水位。

【定额说明】

路基、中央分隔带盲沟定额是按铺设土工布、埋设 PVC 管、回填碎石、覆盖等工程内容分部分项编制的。

本定额不包括开挖土、石方,外运等工程内容,需要时另行计算;当设计排水管的型号、规格及消耗量与定额不一致时,应进行抽换。

【工程量计算规则】

按设计盲沟的综合长度分别计算土工布、排水管和回填等的工程量。

铺设土工布按设计盲沟土工布的展开面积计算工程量。

排水管按设计盲沟铺设的排水管长度计算工程量。

碎石按设计盲沟回填碎石的压实体积计算工程量。

1-3-3　石砌边沟、排水沟、截水沟、急流槽

【名词解释】

边沟设置于挖方地段和填土高度小于边沟深度的填方路段。其形式可分为 L 形、梯形、碟形、三角形、矩形或 U 形边沟,又分为明沟和加设盖板的暗沟等多种形式,多为石块砌成。边沟可与路缘石结合为一个整体。

排水沟指的是将边沟、截水沟和路基附近、农田、住宅附近低洼处汇集的水引向路基以外的水沟。

截水沟又称天沟,指的是为拦截山坡上流向路基的水,在路堑坡顶以外设置的水沟。当路基挖方上侧山坡汇水面积较大时,应于挖方坡顶 5m 以外设置截水沟。截水沟水流一般不应引入边沟;当必须引入时,应切实做好防护措施。排水沟起着将边沟、截水沟中的地表水引入附近水系的作用。

急流槽指的是在陡坡或深沟地段设置的坡度较陡、水流不离开槽底的沟槽。

【定额说明】

石砌边沟、排水沟、截水沟、急流槽定额是按边沟、排水沟、截水沟、急流槽不同的沟槽断面形式综合后编制的。

本定额不包括沟槽开挖和垫层等的工程内容,根据设计需要按开挖沟槽定额和涵管垫层定额另行计算。M7.5 水泥砂浆为砌筑用砂浆,M10 水泥砂浆为勾缝用砂浆。设计砂浆强度

等级与定额不同时可以调整。

【工程量计算规则】

按设计边沟、排水沟、截水沟、急流槽的石砌圬工体积进行计算工程量,构成砌体的砂浆体积不扣除。

1-3-4 混凝土边沟、排水沟、截水沟、急流槽

【图解工程】(图 1-50、图 1-51)

图 1-50 排水构件设施预制

图 1-51 排水盖板安装

【定额说明】

混凝土边沟、排水沟、截水沟、急流槽定额是按预制和现浇混凝土两种方式进行编制的,综合考虑了混凝土的拌和、伸缩缝等的消耗。

本定额不包括沟槽开挖和垫层等的工程内容,根据设计需要开挖沟槽定额和涵管垫层定额另行计算。M10 水泥砂浆为砌筑和勾缝用砂浆,设计砂浆强度等级与定额不同时可以调整。

【工程量计算规则】

按设计边沟、排水沟、截水沟、急流槽的混凝土体积计算工程量,钢筋和砂浆体积不扣除。钢筋按设计质量计算工程量。

1-3-5 排水管铺设

【名词解释】

排水管主要承担雨水、污水、农田排灌等排水的任务。排水管按材质分为混凝土管(CP)和钢筋混凝土管(RCP)、塑料管(PVC)。

双壁波纹管:管壁截面为双层结构,内壁光滑平整,外壁等距排列着具有梯形中空结构的管材。结构独特,强度高,内壁光滑,摩擦阻力小,流通量大,不需要做混凝土基础,重量轻,搬运安装方便,施工快捷;橡胶圈承插连接,方法可靠,施工质量易保证;柔性接口,抗不均匀沉降能力强;抗泄漏效果好,可耐多种化学介质的侵蚀;管内不结垢,基本不用疏通,埋地使用寿命达 50 年以上。

【图解工程】（图1-52~图1-54）

图1-52 混凝土排水管

图1-53 混凝土排水管施工

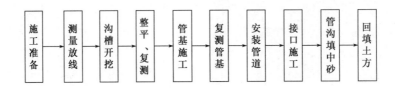

图1-54 排水管施工工艺流程图

【定额说明】

现浇排水管基础混凝土定额是按现场拌制混凝土的方式进行编制的,已综合考虑了基底清理及夯实、混凝土拌和、运输等工程内容。

铺设混凝土排水管和双壁波纹管定额综合考虑了排水管的安放、接头处理等工程内容,未包括挖基和基础垫层的费用,需要时应根据设计需要按有关定额另行计算。

混凝土排水管和双壁波纹管按外购成品构件考虑,应按外购成品构件价格计算其费用。

【工程量计算规则】

排水管按设计需要铺设的排水管长度计算工程量。

现浇排水管基础混凝土按设计的混凝土体积计算工程量。

1-3-6 雨水井、检查井

【名词解释】

雨水井侧面有孔与排水管道相连,底部有向下延伸的渗水管,可将雨水向地下补充并使多余的雨水经排水管道排走,减缓地面沉降及防止暴雨时路面被淹泡,井中尚有篮筐,可拦截污物防止堵塞排水管道,并便于清理。

检查井是为地下基础设施的供电、给水、排水、排污、通信、有线电视、煤气管、路灯线路等维修、安装方便而设置的。一般设在管道交会处、转弯处、管径或坡度改变处,以及直线管段上每隔一定距离处,是便于定期检查附属构筑物。

【图解工程】（图1-55）

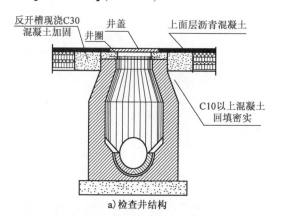

a）检查井结构　　　　　　b）检查井施工

图1-55　检查井

【定额说明】

雨水井、检查井定额是按现浇混凝土井身或砖砌井身、钢筋混凝土井盖制作安装、铸铁箅子安放等分部分项工程内容编制的，已综合考虑了基底清理及夯实、混凝土拌和、运输和钢筋制作等工程内容。

本定额不包括挖基和基础垫层的费用，需要时应根据设计需要按有关定额另行计算。

【工程量计算规则】

雨水井、检查井井身混凝土或砖砌圬工按设计体积计算工程量。

钢筋混凝土井盖制作安装按设计的混凝土体积计算工程量。

铸铁箅子安放按设计个数计算工程量。

1-3-7　轻型井点降水

【名词解释】

轻型井点降水是沿基坑四周每隔一定间距布设井点管，井点管底部设置滤水管插入透水层，上部接软管与集水总管进行连接，集水总管为ϕ150mm钢管，周身设置与井点管间距相同的ϕ40mm吸水管口，然后通过真空吸水泵将集水管内水抽出，从而达到降低基坑四周地下水位的效果，保证了基底的干燥无水。

【图解工程】（图1-56）

施工流程：准备工作→放线定位→成孔→下井管→填滤料→封井→连接排水管→安装真空泵→抽水运行→维护监测→封堵井眼。

【定额说明】

井点安装、拆除定额中已综合考虑了挖排水沟及管槽、井点管和滤管的制作与装配、安装水泵与水箱、灌砂封口、拆除、清洗和整理堆放以及井点管滤网等工程内容。本定额的计价工程量按设计需要设置的井点管的数量进行计算。

井点使用定额中已综合考虑了抽水及井管堵漏等工程内容。

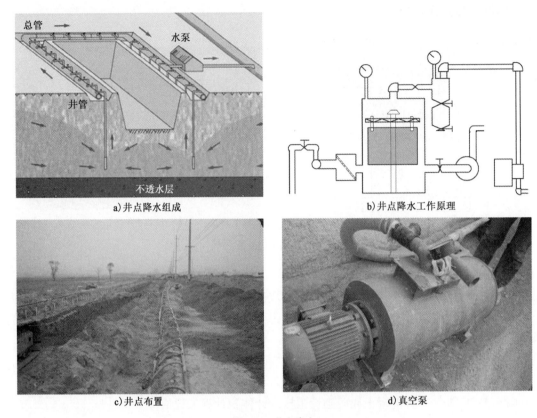

图 1-56 井点降水

本定额适用于地下水位较高的轻亚黏土、砂性土或淤泥质土层地带。定额中已包含了施工用水费用,遇有天然水源可利用时,不计水费。

【工程量计算规则】

井点安装、拆除定额按设计需要设置的井点管的数量计算工程量。

井点使用定额按设计需要使用轻型井点的时间(日历天)与设置的轻型井点套数的乘积计算工程量。

1-3-8 机械铺筑拦水带

【名词解释】

拦水带是指沿硬路肩外侧或路面外侧边缘设置的用来拦截路面和路肩表面水的堤埂。当路面排水采用集中排水方式时,需设置拦水带,将路面表面水汇集在拦水带内,通过间隔一定距离设置的泄水口和急流槽集中排放到路堤坡脚外。拦水带可以采用水泥混凝土或者沥青混凝土铺筑而成。

【定额说明】

定额是按现铺水泥混凝土和沥青混凝土拦水带编制的,已综合考虑了挖槽、基底清理及夯实、混凝土拌和、运输等工程内容。

【工程量计算规则】
按设计水泥混凝土或沥青混凝土的体积计算工程量。

第四节 防护工程

防护工程是指为确保道路全天候使用,使路基不致因地表水流和气候变化而失稳所采取的必要的工程措施。根据防护目的和重点不同,路基防护一般可分为坡面防护和冲刷防护两大类。

坡面防护是指保护路基边坡表面的工程措施。其目的是保护边坡表面免受雨水冲刷,减弱温差及湿度变化的影响,阻止和延缓软弱岩土表面的风化、碎裂、剥蚀演变进程,保护路基边坡、提高边坡的稳定性。一般可分为植物防护和工程防护(圬工防护)。植物防护是成活防护,多用于适宜植物生长的土质边坡,常包括种草、铺草皮植树等;工程防护是用各种工程材料,通过建筑形成的防护,可适应各类土质或石质边坡,常包括抹面、喷浆、勾缝、石砌护面等。

冲刷防护是指防止水流对路基的冲刷和淘刷的工程防护措施。

1-4-1 人工铺草皮

【名词解释】
人工铺草皮就是将活的草皮按一定的方式,通过人工将其铺设在预设的地段,草皮成活形成植物覆盖层,以起到防风固沙、防止水土流失、美化环境的作用。当坡面土质不适宜草皮生长时可加铺种植土提高草皮成活率。人工铺草皮主要有密铺法、间铺法、条铺法和点铺法等方式。

【图解工程】(图1-57)

a) 人工铺草皮　　　　　　　　b) 铺草皮后养护

图1-57　铺草皮施工

【定额说明】
定额是按平铺方式并按满铺和花格两种形式编制的,草皮规格按20cm×25cm×10cm考虑,花格式每条草皮宽20cm,间隔为100cm;综合考虑了钉固草皮的木橛等工程内容。

定额是按一般坡面条件编制的,未考虑不适宜草皮生长时需加铺种植土的情况,需要时,应根据设计要求,另行计算种植土的费用。

边坡高度指边坡坡脚至坡顶的垂直高度。

【工程量计算规则】

按设计需要铺设草皮的路基边坡坡面的面积计算工程量。

1-4-2 植草护坡

【名词解释】

植草护坡指为达到坡面防护的目的,以种植的方式在拟防护坡面形成草皮保护层的路基坡面防护措施,分人工植草和机械喷播植草两种。

三维植被网护坡是指利用活性植物并结合土工合成材料等工程材料,在坡面构建一个具有自身生长能力的防护系统,通过植物的生长对边坡进行加固的一门新技术。根据边坡地形地貌、土质和区域气候的特点,在边坡表面覆盖一层土工合成材料并按一定的组合与间距种植多种植物。通过植物的生长活动达到根系加筋、茎叶防冲蚀的目的,经过生态护坡技术处理,可在坡面形成茂密的植被覆盖,在表土层形成盘根错节的根系,有效抑制暴雨径流对边坡的侵蚀,增加土体的抗剪强度,减小孔隙水压力和土体自重力,从而大幅度提高边坡的稳定性和抗冲刷能力。

喷播植草防护技术是利用液态播种原理,将生命力顽强,且能满足功能的各种绿化植物种子经科学处理后与肥料、防土壤侵蚀剂、内覆纤维材料、保水剂、黏结剂、色素及水按一定比例放入混料罐内,将混合液搅拌至全悬浮状后,利用离心泵将混合液导入消防软管,经喷枪喷播在全风化边坡裸地上,形成均匀覆盖层保护下植物种子层,再铺设无纺布养护,而进行坡面强制绿化的一种施工新技术。

客土喷播是将含有植物生长所需营养的基质材料混合胶结材料喷附在岩基坡面上,在岩基坡面上创造出宜于植物生长的硬度的、牢固且透气、与自然表土相近的土板块,种植出可粗放管理的植物群落,最大限度地恢复自然生态。

【图解工程】

客土喷播施工技术(图1-58、图1-59):

(1)喷播基材是保证喷播成功的重要因素。泥炭土是喷播的好材料,可和木纤维(或纸浆)按一定的配比混合使用,比单用纯木纤维具有更优良的附着和保水性能,可在土壤层较薄且非常贫瘠,甚至风化岩的坡面上进行喷播,一般喷播厚度在10～20cm。

(2)保水剂及黏合剂用量。保水剂可根据各地气候条件及石场特点的不同而做相应的调整;黏合剂可根据石壁的坡度而定,与坡度大小成正比。

(3)挂网。先把锚钉按一定的间距固定在石壁上,然后挂网。

(4)草种选择。所喷播的草种应是根系发达、生长成坪快、抗旱、耐贫瘠的多年生品种;如果当地的冬季寒冷,还应考虑品种的抗冻性。

(5)混播。利用草种的互补性,如深根性和浅根性、豆科和禾本科、外地与本地、发育早与发育晚等特性进行混合喷播。

a) 机械喷播

b) 喷播植草

c) 客土喷播后植草

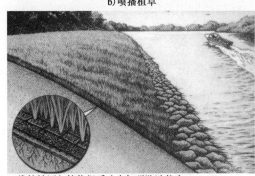
d) 三维植被网

图 1-58　客土喷播

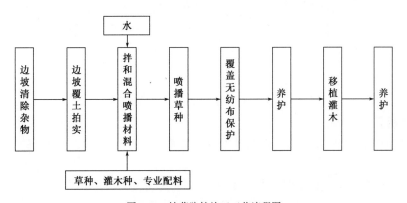

图 1-59　植草防护施工工艺流程图

【定额说明】

植草定额分人工植草和机械喷播植草两种,按挂网与植草分列子目编制,综合考虑了复合肥、种植土和营养土等工程内容,机械喷播定额综合考虑黏结剂、保水剂、覆盖薄膜等工程内容。

土工格栅定额综合考虑了挖埋压沟及回填、土工格栅的纵横向搭接和埋压、搭接处缝合用的聚丙烯土工绳、U 形钉等工程内容。

三维网垫定额综合考虑了挖埋压沟及回填、三维网垫的纵横向搭接和埋压、搭接处缝合用的聚丙烯土工绳、U 形钉等工程内容。

挂铁丝网定额是按挂铁丝网、钢筋框条和锚固筋分列考虑的,挂铁丝网定额综合考虑了铁丝网的纵横向搭接以及与钢筋框条固定等工程内容。

使用本定额可根据设计提供草籽或种子的用量调整植草定额草籽的消耗。

钢筋定额仅适用于计算挂铁丝网时的钢筋框条的费用,未考虑锚固筋;需要时,可按喷射混凝土护坡定额中锚杆定额计算其费用。

【工程量计算规则】

植草按设计需要植草的路基边坡坡面的面积计算工程量。

土工格栅定额按设计需要挂网的路基边坡坡面面积计算工程量。

三维网垫定额按设计需要挂网的路基边坡坡面面积计算工程量。

挂铁丝网定额按设计需要挂网的路基边坡坡面面积计算工程量,钢筋按设计钢筋框条的质量计算工程量。

1-4-3 编篱填石护坡

【名词解释】

编篱填石护坡是护坡的形式之一,即在边坡上设置小木桩,用树枝编制篱笆并固定在小木桩上,在篱笆内填石,进而起到对护坡坡面的保护作用。

【图解工程】(图1-60)

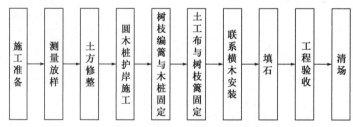

图1-60 编篱填石护坡施工工艺流程图

【定额说明】

编篱填石护坡定额综合考虑了制打小树桩、编篱、填石及边坡坡面铺设砂砾垫层等工程内容。

本定额中单、双层护坡砂砾垫层厚度均按10cm编制,设计厚度不同时可调整材料消耗;本定额不包括坡脚铺填片石,需要时根据设计按有关定额另行计算。

【工程量计算规则】

按设计需要防护的路基边坡坡面面积计算工程量。

1-4-4 木笼、竹笼、铁丝笼填石护坡

【名词解释】

木笼、竹笼、铁丝笼填石护坡是指用木材、竹条、铁丝编织成框架,内填石料,设在坡脚处,以防急流和大风浪破坏堤岸,也可用来加固河床,防止淘刷。笼内填石的粒径,最小不小于

4.0cm,一般为 5~20cm,外层应用大且棱角突出石料,内层可用较小石块填充。

【图解工程】(图 1-61、图 1-62)

a) 竹笼填石护坡

b) 铁丝笼填石护坡

图 1-61　填石护坡

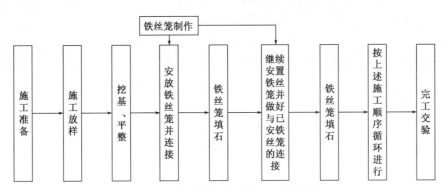

图 1-62　铁丝笼填石护坡施工工艺流程图

【定额说明】

定额综合考虑了制(编)笼、安设、填石等工程内容。

【工程量计算规则】

按设计护坡的填石体积计算工程量。

1-4-5　现浇混凝土护坡

【名词解释】

现浇混凝土护坡分为现浇混凝土满铺式护坡和现浇混凝土框格(架)式护坡。

现浇混凝土满铺式护坡是指将拌制好的水泥混凝土铺设在边坡坡面形成覆盖层来保护路基坡面,达到路基防护目的的一种路基防护措施。

现浇混凝土框格(架)式护坡是一种由水泥混凝土建筑的坡面防护,通常由水泥混凝土建筑格状框架作为骨架,再在其中种草或铺草皮形成。框格沿边坡坡面建筑并嵌入边坡,嵌入深度(即框格的建筑高度)视边坡高度、坡度、土质、密实度等指标而定,按需要设计。

【图解工程】(图 1-63 ~ 图 1-65)

a) 护坡基础开挖及浇筑混凝土

b) 护坡混凝土现浇

c) 现浇混凝土满铺式护坡

d) 现浇混凝土框格式护坡

图 1-63 现浇混凝土护坡施工

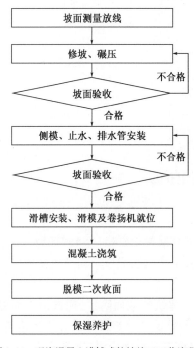

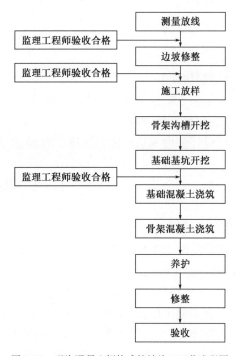

图 1-64 现浇混凝土满铺式护坡施工工艺流程图　　图 1-65 现浇混凝土框格式护坡施工工艺流程图

【定额说明】

定额综合考虑了伸缩缝和混凝土拌和、运输、浇筑等工程内容,满铺式护坡定额综合考虑了垫层的工程内容。

使用本定额注意按照护坡高度选用定额。

【工程量计算规则】

按设计需要防护的路基边坡混凝土体积计算工程量。

1-4-6　预制混凝土护坡

【名词解释】

预制混凝土护坡是以混凝土预制块为主要工程材料砌筑的护坡,多用于石料匮乏地区和水流、波浪冲刷严重地区。

菱形格护坡是一种由水泥混凝土或浆砌片石等圬工材料建筑成菱形格形式的坡面防护。

【图解工程】(图 1-66 ~ 图 1-68)

a) 预制块铺砌

b) 预制块间勾缝

c) 预制混凝土护坡

d) 菱形格护坡

图 1-66　预制混凝土护坡施工

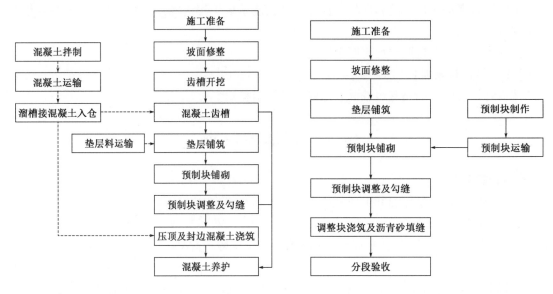

图 1-67　预制混凝土护坡施工工艺流程图　　　　图 1-68　菱形格护坡施工工艺流程图

【定额说明】

预制混凝土定额综合考虑了模板、混凝土拌和、运输、浇筑等工程内容。

铺砌混凝土席块护坡定额综合考虑了串联和固定席块以及垫层等工程内容。

铺砌混凝土预制块护坡定额综合考虑了整平边坡、砌筑砂浆、垫层以及伸缩缝等工程内容。

码砌菱形格护坡定额未包括框格间缝隙填塞的工程内容，需要时应根据设计要求按有关定额另行计算。

【工程量计算规则】

预制、铺砌混凝土定额按设计预制块的混凝土体积或钢筋质量计算工程量。

1-4-7　灰浆抹面护坡

【名词解释】

灰浆抹面护坡指用抹面工艺，将水泥、石灰、砂、炉渣、黏土等材料拌制的混合料涂抹在路基边坡上形成保护层，封闭坡面，防止坡面冲刷、风化、剥蚀的一种路基防护措施。主要用于易风化的岩石（如页岩、泥岩、泥灰岩、千枚岩等软质岩）常受侵蚀而产生剥落的路堑边坡的防护。这种护坡施工简单，造价低廉，但耐久性差，易开裂，易变色。抹面防护使用年限为 8～10 年，高速公路路基边坡防护不宜使用抹面防护。

洒水润湿坡面指为使灰浆与坡面有良好的黏结力，在坡面抹灰浆之前将坡面洒水润湿。洒水量应控制适当，洒水过多不仅浪费水，而且对灰浆与坡面的黏结力有所损失，过少则又达不到预期的效果。洒水量以控制在坡面的水不产生水流为宜。

【图解工程】(图 1-69)

a) 灰浆抹面

b) 搭拆脚手架

图 1-69 灰浆抹面护坡施工

【定额说明】

灰浆抹面护坡定额综合考虑了清理坡面,搭拆简单脚手架,人工配、拌、运混合灰浆,抹平,养护等工程内容。使用本定额,设计抹面厚度与定额不同时,可以调整。

【工程量计算规则】

按设计需要防护的路基边坡坡面面积计算工程量。

1-4-8 喷射混凝土护坡

【名词解释】

喷射混凝土防护是指用压力喷射设备将备制好的水泥混凝土(或水泥砂浆)浆体喷涂到坡面,形成坡面保护层的坡面防护技术。多用于其他防护技术不易实施的工点,如陡峭且坡面不平整的边坡、工程材料受限制的地区等。喷射混凝土有时又与锚杆、钢筋网联合进行坡面防护,称为喷锚防护、锚杆挂网喷浆防护等。

【图解工程】(图 1-70)

a) 混凝土喷射

b) 喷射混凝土后效果

图 1-70

图1-70 喷射混凝土护坡施工

【定额说明】

喷射混凝土护坡定额是按挂网、喷混凝土和锚杆分别编制的。

挂网定额是按钢筋网和铁丝网两种形式编制的,本定额的计价工程量按钢筋网或铁丝网的设计质量进行计算。

喷射混凝土定额综合考虑了脚手架、排水孔、伸缩缝、混凝土的拌和、混凝土外掺剂、运输、养护等工程内容。锚杆埋设定额综合考虑了锚杆定位架、封孔砂浆以及外掺剂等工程内容,适用于锚杆长度在3m以内。

使用本定额,边坡高度指坡脚至坡顶的垂直高度;定额中已包含喷射混凝土损耗数量;本定额中锚杆埋设仅适用于锚喷联合施工时的锚杆。

【工程量计算规则】

挂网定额按钢筋网或铁丝网的设计质量计算工程量。

喷射混凝土定额按设计喷射混凝土的体积计算工程量,不包括混凝土回弹损耗量。

锚杆埋设定额按锚杆的设计质量计算工程量。

1-4-9 预应力锚索护坡

【名词解释】

预应力锚索护坡是利用锚杆技术修建的一种边坡防护,由预应力锚索代替普通锚杆,由挂网喷浆形成护面的一种防护坡面。多用于高边坡及易风化岩石边坡的坡面防护。

【图解工程】(图 1-71、图 1-72)

图 1-71　预应力锚索护坡施工

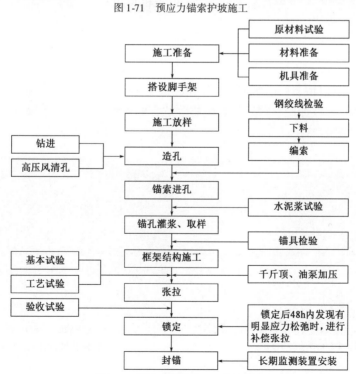

图 1-72　预应力锚索施工工艺流程图

【定额说明】

预应力锚索护坡定额是按脚手架、地梁、锚座、锚索成孔、锚索安装和注浆等分别编制的。

地梁和锚座定额综合考虑了边坡坡面清理和拌和混凝土等工程内容,应将封锚混凝土并入地梁混凝土或锚座混凝土中一同计算。

锚索成孔定额是系按干钻法施工工艺编制的,综合考虑了套管的消耗,同样适用于长锚杆的锚孔成孔费用计算,孔深指每根锚索孔的深度。

预应力锚索安装定额综合考虑了孔口管、定位支架、导向帽、压力套等工程内容。束长指每根锚索的长度。

锚孔注浆定额综合考虑了注浆管的消耗,未包括浆液所需的外掺剂的费用,需要时成根据设计要求另行计算其费用。

【工程量计算规则】

脚手架定额按设计需要进行锚索防护的路基边坡坡面面积计算工程量。

地梁和锚座定额按设计混凝土体积或钢筋质量计算工程量。

锚索成孔定额按预应力锚索的设计长度计算工程量,指锚索锚固段长度与自由段长度之和。

预应力锚索安装定额按锚索钢绞线的设计质量计算工程量。

锚孔注浆定额按锚孔内浆液的体积计算工程量。

1-4-10 边坡柔性防护

【名词解释】

边坡柔性防护系统主要可分为主动防护系统和被动防护系统两种。防护系统是以钢丝绳作为主要构成部分并以覆盖(主动防护)和拦截(被动防护)两大基本类型,来防治各类斜坡坡面地质灾害和雪崩、岸坡冲刷、爆破飞石、坠物等危害的柔性安全防护系统技术。

【图解工程】(图1-73)

a) 边坡柔性防护(主动防护)

b) 防护网(主动防护)铺设

图 1-73

c)边坡柔性防护(被动防护)

d)防护网(被动防护)搭设

图 1-73 边坡柔性防护施工

【定额说明】

定额是按主动防护和被动防护两种方式编制的。主动防护网定额已包含清理坡面危岩,安装纵横支撑绳、预张拉、紧固,铺挂格栅网,铺设钢丝绳网并缝合固定等工程内容。被动防护网定额包含上下支撑绳安装、钢绳网安装、格栅网铺挂等工程内容。锚杆定额包含测量定位及凿槽,钻孔,清孔,移动钻机,安放钢绳锚杆,浆液制作,压浆,养护等工程内容。钢立柱定额包含立柱及拉锚绳安装等工程内容。

【工程量计算规则】

防护网按设计需要防护面积计算工程量。

立柱和锚杆按设计质量计算工程量。

1-4-11 石 砌 护 坡

【名词解释】

石砌护坡是指以砂浆、片石或块石等工程材料,用砌筑的方法构筑的路基防护工程,是护坡常见的一种防护设施。按工艺分为干砌和浆砌两种。

干砌护坡适用于易遭受雨、雪、水流冲刷的土质边坡,风化较重的软质岩石坡。干砌片石护坡厚度不宜小于 250mm。

片石和块石的区别:片石是符合工程要求的岩石,经开采选择所得的形状不规则的、边长一般不小于 15cm 的石块;块石是符合工程要求的岩石,经开采并加工而成的形状大致方正的石块。

【图解工程】(图 1-74、图 1-75)

【定额说明】

定额综合考虑了脚手架、抹面灰浆等工程内容。

使用本定额不得再另计脚手架使用费用。M7.5 水泥砂浆为砌筑用砂浆,M10 水泥砂浆为勾缝用砂浆。设计砂浆强度等级与定额不同时,可以调整。

【工程量计算规则】

按石砌护坡的圬工体积计算工程量,不扣除砂浆所占体积。

图 1-74　石砌护坡施工

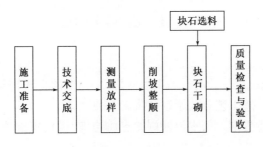

图 1-75　干砌块石护坡施工工艺流程图

1-4-12　木桩填石护岸

【名词解释】

木桩填石护岸是指在岸的坡脚处每隔一定的距离打入一根木桩,并在木桩上设置横木,在木桩的内侧放置石料的一种护岸设施。木桩是防止石料的移动,石料则对岸基起保护作用。

【定额说明】

木桩填石护岸定额包含制桩、打桩、钉横木、填石等工程内容。定额综合考虑了打桩架的消耗。

【工程量计算规则】

按设计打入岸坡坡脚的木桩体积与横木体积之和计算工程量。

1-4-13 抛石防护

【名词解释】

抛石防护指利用砾石、卵石、漂石、开山废方等,在路基坡脚、桥梁墩台周围等处形成抛石垛,防止路基边坡和坡脚、河岸、构造物受水流冲刷和淘刷的一种防护措施。按抛石的地点不同,可分为陆上抛填和水上抛填。

【图解工程】(图 1-76、图 1-77)

a) 陆上抛石防护

b) 水中抛石防护

图 1-76 抛石防护

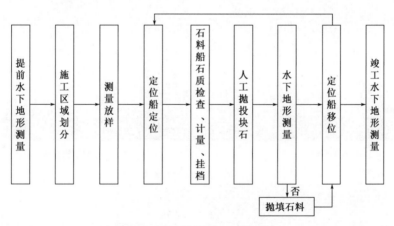

图 1-77 抛石防护施工工艺流程图

【定额说明】

抛石防护定额综合考虑了施工现场操作范围内的石料搬运和石料装船、移船定位、人工抛填,测量检查的工程内容。

使用本定额,如采用其他石料时,可将定额中片石的消耗抽换为设计采用的石料;如采用路基开山废方进行抛填时,其石料价格仅考虑装卸、运输费用。

【工程量计算规则】

按设计抛石体积计算工程量。

1-4-14 防风固沙

【名词解释】

防风固沙是指为稳定沙地表面,抑制流沙活动,而采用的隔绝沙质表面与风的作用,或降低地表风速、削减风沙活动的措施。固沙的途径有两种:一是采用各种覆盖物或化学固结剂,使沙质表面与风的作用完全隔绝;二是在流沙上设置沙障以降低近地表风速、削弱风沙活动。固沙措施分为植物固沙、机械固沙和化学固沙。

植物固沙不仅能降低风速、削弱和抑制风沙活动,而且由于沙生植物具有发达的根系,还能固结其周围的沙粒,因此,在适宜植物生长的地区,应优先选用植物固沙,包括种草、种灌木和乔木。

机械固沙一般用在没有植物生长条件的地段,或作为植物固沙初期的辅助设施。常用的有沙障。设置沙障的目的在于降低近地表的风速,削弱风沙活动强度阻挡部分外来流沙,有草方格沙障、黏土沙障等。

化学固沙是在流动沙地上喷洒各种化学固化剂,使其在沙地表面形成一层有一定强度的防护壳,隔开气流对沙层的直接作用,达到固沙的目标。

【图解工程】(图1-78)

a)植物固沙1

b)植物固沙2

c)草方格沙障黏土沙障1

d)草方格沙障黏土沙障2

图 1-78

e) 黏土沙障化学固沙1

f) 黏土沙障化学固沙2

图 1-78　防风固沙

【定额说明】

黏土、砂砾压盖定额综合考虑了铺料、耙平、压实等工程内容。

草方格沙障定额综合考虑了选点放样、人工栽麦草、撒草籽等工程内容。

黏土埂挡风墙定额综合考虑了放样、堆土成埂、拍实等工程内容。

杂柴挡风墙定额综合考虑了叠铺杂柴、培土夯实等工程内容。

柳条笆防沙栏定额综合考虑了人工编篱笆，熬沥青，加固桩防腐，埋放加固桩，安装篱笆铅丝绑扎固定等工程内容。

清运流沙定额综合考虑了挖、运，将流沙清除到路基以外等工程内容。

黏土封闭路基定额综合考虑了铺砌、整平、夯实等工程内容。

边坡和平整带卵石铺砌定额综合考虑了挂线、整平、铺砌、灌沙等工程内容。

芦苇、棉秆方格固沙定额综合考虑了放样，挖沟、分捡、切割、摆放、踩（埋）栽芦苇、棉秆，整型，封沙，踩实等工程内容。

土工袋固沙定额综合考虑了放样、装袋、捆扎、摆放、整型等工程内容。

编织方格网固沙定额综合考虑了放样、打桩、挂网、固结等工程内容。

土工格室固沙定额综合考虑了放样、初平压实路面、打桩挂网、铺设土工格室、固定、回填、放线整平、压实等工程内容。

使用本定额，草方格沙障定额中的其他材料费包括麦草 600kg 的费用；柳条笆防沙栏定额中的其他材料费包括柳条 12500kg 的费用；本定额中已均未考虑用水的费用，需要时应根据设计要求另行计算；清除流沙不包括挖掘机的场内支垫费用，如发生，按实际计算；挖掘机挖装流沙如需远运，按土方运输定额另行计算。

【工程量计算规则】

植树定额按设计植树的数量计算工程量。

栽草定额按设计栽草的面积计算工程量。

播草籽定额按设计播草籽的面积计算工程量。

黏土压盖、砂砾压盖和草方格沙障定额按设计固沙面积计算工程量。

黏土埂挡风墙、杂柴挡风墙、保护草方格刺铁丝网、柳条笆防沙网定额按设计需要设置的挡风墙或铁丝网或防沙网的长度计算工程量。

人工清除流沙定额按设计需要消除的流沙体积计算工程量。

黏土封闭路基定额按设计需要封闭沙路基的黏土与砂砾混合料的体积计算工程量。

沙路基边坡和平整带卵石铺砌定额按设计需要铺砌的面积计算工程量。

1-4-15 防雪、防沙设施

【名词解释】

防雪、防沙设施包括防雪（沙）栅栏、防雪（沙）林、防雪（沙）堤（墙）、导风板等。

【图解工程】（图1-79）

a）防沙林　　　　　　　　　　　　　　b）防沙栅栏

图1-79　防沙设施

【定额说明】

防雪、防沙设施定额高立式阻沙栅栏综合考虑了放样、打木桩、拉线固定、挖沟、分拣、切割、排栽芦苇或安装编织网，设肋部芦苇束、绑扎、整形、回填、踩实等工程内容。柳条笆防沙栏综合考虑了人工编篱笆，熬沥青，加固桩防腐，埋放加固桩，安装篱笆铅丝绑扎固定等工程内容。土工阻沙墙（堤）综合考虑了放样、堆土成埂、机械初平、压实、黏土砂砾表面封固。木栅板下导风板（聚风板）综合考虑了挖洞埋入钢管立柱，浇筑柱脚混凝土，安装横撑木、固定螺栓，安装栅板等工程内容。钢丝网下导风板综合考虑了挖洞埋入钢管立柱，立柱防腐，熬沥青，安装铁丝网绑扎固定等工程内容。防雪、防沙墙综合考虑了预制安装混凝土，挖基、回填，立柱墙体预制、安装等工程内容。现浇混凝土墙综合考虑了混凝土及钢筋的全部工序。石砌墙式防雪防沙墙综合考虑了挖基、洗石、挂线、拌运砂浆、铺浆、砌筑、勾缝等工程内容。使用本定额，设计高立式阻沙栅栏每米芦苇、编织网用量与定额不同时，可以调整。

【工程量计算规则】

高立式阻沙栅栏和下导风板安装木栅板按设计需要设置的长度计算工程量。

土工堤及浆砌片（块）石防雪、防沙墙按设计需要设置的体积计算工程量。

防雪、防沙墙立柱、板体混凝土预制、现浇和安装按设计需要设置的体积计算工程量。钢筋定额按设计混凝土构件的钢筋质量计算工程量。

下导风板安装铁丝网按设计需要设置的面积计算工程量。

1-4-16 石砌挡土墙

【名词解释】

挡土墙是支挡路基填土或山坡土体，以及作为减少路基占地措施的结构物。石砌挡土墙是挡土墙类型之一,是用石料砌筑而成的挡土墙。多用于石料产量较丰富的地区。

根据挡土墙设置位置的不同,分为路肩墙、路堤墙、路堑墙和山坡墙等。设置于路堤边坡的挡土墙称为路堤墙;墙顶位于路肩的挡土墙称为路肩墙;设置于路堑边坡的挡土墙称为路堑墙;设置于山坡上,支撑山坡上可能坍滑的覆盖层土体或破碎层的挡土墙称为山坡墙。

根据挡土墙稳定的机理不同,挡土墙主要分为重力式挡土墙、衡重式挡土墙、薄壁式挡土墙、锚碇式挡土墙、锚杆挡土墙、加筋挡土墙等。

【图解工程】(图 1-80、图 1-81)

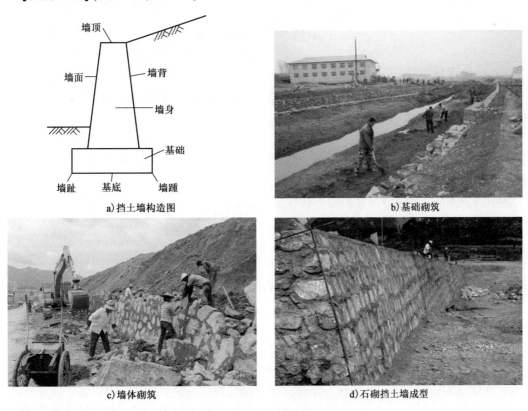

图 1-80 石砌挡土墙

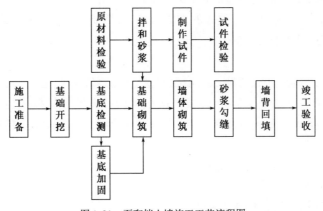

图 1-81 石砌挡土墙施工工艺流程图

【定额说明】

石砌挡土墙定额综合考虑了选修石料,拌、运砂浆,搭、拆脚手架,砌筑、勾缝、养护,沉降缝胶泥制作与填抹,排水孔下的胶泥铺设与孔口填石,安装排水管等工程内容。

定额中未包括挡土墙基础开挖,使用本定额时,应根据设计图纸数量按桥涵工程开挖基坑定额另行计算其费用。

【工程量计算规则】

按挡土墙的设计圬工体积计算工程量。

1-4-17　石砌护脚

【名词解释】

石砌护脚是为了防止路基病害和保证路基稳固,而在路堤坡脚处设置的保护性设施。它与护坡构成了一个整体,强化了对路基的保护。

【定额说明】

石砌护脚定额综合考虑了挖基础台阶,拌、运砂浆,砌筑、勾缝、养护,踏步安拆等工程内容。

使用本定额时,不应再计算护脚基础开挖的费用。

【工程量计算规则】

按护脚的设计圬工体积计算工程量。

1-4-18　石砌护面墙

【名词解释】

护面墙是指用浆砌片石砌筑而成的用以防护路基边坡的一种常用设施。其断面的形状多为梯形,能适应的边坡坡度和防护高度较石砌护坡大。

护面墙有实体式和窗口式两种。实体式护面墙的构造与护坡相同。窗口式护面墙是在实体式护面墙的基础上,在坡面上挖出不同形状的窗口,并在窗口内进行植物防护或绿化而构成的护面墙结构,其窗口形式常用的有圆形、菱形和方圆形等。

适用于封闭各种软质岩层和较破碎的挖方边坡,只承受自重,不承受墙背土侧压力。

【图解工程】(图1-82、图1-83)

【定额说明】

石砌护面墙定额综合考虑了脚手架、墙面勾缝、伸缩缝和排水孔等工程内容。

本定额未包括护面墙的垫层消耗,需要时应根据设计图纸数量按桥涵工程有关定额另行计算;窗口式护面墙定额中未包括植物防护或绿化的费用,应根据设计要求按有关定额另行计算。

本定额墙高指墙脚至墙顶的垂直距离。

【工程量计算规则】

按护面墙的设计圬工体积计算工程量。

图 1-82 石砌护面墙施工

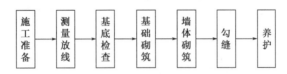

图 1-83 石砌护面墙施工工艺流程图

1-4-19 现浇混凝土挡土墙

【名词解释】
现浇混凝土挡土墙是指在现场用水泥混凝土(或片石混凝土)浇筑而成的重力式挡土墙。
【图解工程】(图 1-84、图 1-85)
【定额说明】
现浇混凝土挡土墙定额综合考虑了混凝土的拌和、脚手架、沉降缝和泄水孔等工程内容。
本定额未包括挡土墙的垫层和基础开挖的工程内容,需要时应根据设计图纸数量按桥涵工程有关定额另行计算。
【工程量计算规则】
按挡土墙的设计圬工体积和钢筋的质量计算工程量。

a) 基础浇筑混凝土

b) 墙身模板安装

c) 泄水孔

d) 现浇混凝土挡墙

图1-84 现浇混凝土挡土墙施工

图1-85 现浇混凝土挡土墙施工工艺流程图

1-4-20 加筋土挡土墙

【名词解释】

加筋土挡土墙是一种新型的支撑结构物。其基本构造包括混凝土墙面板、拉筋和填料三部分。在垂直于墙面的方向,按一定间隔和高度水平地放置拉筋材料,然后填土压实,通过填土与拉筋间的摩擦作用,把上侧的压力传给拉筋,从而稳定土体。

【图解工程】(图1-86、图1-87)

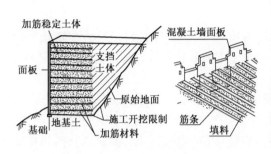
a) 加筋土挡土墙示意图

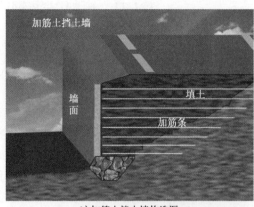
b) 加筋土挡土墙构造图

c) 加筋布设

d) 加筋土挡土墙

图1-86 加筋土挡土墙施工

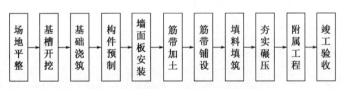

图1-87 加筋土挡土墙施工工艺流程图

【定额说明】

加筋土挡土墙定额中预制综合考虑了模板安装、拆除、修理、涂脱模剂、堆放,混凝土配运料、拌和、运输、浇筑、捣固、养护,钢筋综合考虑了钢筋除锈、制作、绑扎等工程内容。安装综合考虑了修整构件,人力安装、就位,拌、运砂浆,砌筑、勾缝、加筋带配料、防腐处理、铺设等工程内容。本定额混凝土构件预制是按现场地底模的方法编制的,综合考虑了混凝土的拌和、地底模等工程内容,未包括挡土墙基础开挖的消耗,需要时应根据设计图纸数量按桥涵工程有关定额另行计算。预制构件需要远运时,按有关定额另行计算。

【工程量计算规则】

预制和安装混凝结构件定额按设计混凝土的体积计算工程量。

钢筋定额按设计混凝土构件的钢筋质量计算工程量。

拉筋带定额按设计拉筋带的质量计算工程量。

1-4-21 预制、安装钢筋混凝土锚定板式挡土墙

【名词解释】

锚定板式挡土墙是利用锚定板技术修建的一种支挡结构物,由拉杆、墙面、锚定板和填筑于墙面和锚定板之间的填土部分四部分组成。靠填土本身和拉杆锚定板达到整体稳定。

【定额说明】

预制、安装钢筋混凝土锚定板式挡土墙定额中预制综合考虑了模板安装、拆除、修理、涂脱模剂、堆放,混凝土配运料、拌和、运输、浇筑、捣固、养护,钢筋综合考虑了钢筋除锈、制作、绑扎、电焊等工程内容。安装综合考虑了修整构件,安装就位,拌、运砂浆,砌筑,勾缝,拉杆防锈处理及安装的全部操作等工程内容。本定额混凝土构件预制是按现场地底模的方法编制的,综合考虑了混凝土的拌和、地底模等工程内容,未包括挡土墙基础开挖的消耗,需要时应根据设计图纸数量按桥涵工程有关定额另行计算。预制构件需要远运时,按有关定额另行计算。

【工程量计算规则】

预制和安装混凝土构件定额按设计混凝土的体积计算工程量。

钢筋定额按设计混凝土构件的钢筋质量计算工程量。

拉杆定额按设计拉杆的质量计算工程量。

1-4-22 现浇钢筋混凝土锚定板式挡土墙

【图解工程】(图 1-88)

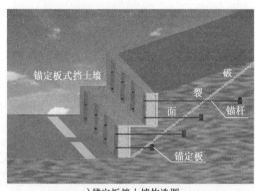 

a) 锚定板挡土墙构造图　　　　　　b) 现浇钢筋混凝土锚定板式挡土墙

图 1-88 现浇钢筋混凝土锚定板式挡土墙

【定额说明】

现浇钢筋混凝土锚定板式挡土墙定额综合考虑了模板安装、拆除、修理、涂脱模剂、堆放,混凝土配运料、拌和、运输、浇筑、捣固、养护,钢筋综合考虑了钢筋除锈、制作、绑扎、电焊等工程内容。拉杆制作及拉杆、锚定板安装综合考虑了拉杆制作、防腐、焊接,挖槽埋设拉杆及锚定板等工程内容。本定额混凝土构件是按现场现浇施工的方式编制的,其中锚定板采用地底模,综合考虑了混凝土的拌和、地底模等工程内容,未包括挡土墙基础开挖的消耗,需要时应根据

设计图纸数量按桥涵工程有关定额另行计算。

本定额锚定板现浇按使用木模计算,如采用钢模,按"预制、安装钢筋混凝土锚定板式挡土墙定额"计算。

【工程量计算规则】

现浇混凝土构件定额按设计混凝土的体积计算工程量。

钢筋定额按设计混凝土构件的钢筋质量计算工程量。

拉杆定额按设计拉杆的质量计算工程量。

1-4-23 钢筋混凝土桩板式挡土墙

【名词解释】

桩板式挡土墙是指由间隔设置的桩与桩间的挡土板构成的钢筋混凝土支挡结构,利用桩深埋部分的锚固段的锚固作用和被动土抗力维护挡土墙的稳定。此种结构可大量减少挡土墙基础开挖的费用。

桩板式挡土墙适宜于土压力大,墙高超过一般挡土墙限制的情况,地基强度的不足可由桩的埋深得到补偿。桩板式挡土墙可作为路堑、路肩和路堤挡土墙使用,也可用于治理中小型滑坡,多用于表土及强风化层较薄的均匀岩石地基上,其基岩的饱水无侧限抗压强度须大于20MPa,岩石完整系数应大于0.6。

【图解工程】(图1-89)

a)　　　　　　　　　　　　　　b)

图1-89　桩板式挡土墙

【定额说明】

钢筋混凝土桩板式挡土墙定额现浇桩柱混凝土综合考虑了模板安装、拆除、修理、涂脱模剂、堆放,混凝土配运料、拌和、运输、浇筑、捣固、养护,脚手架的搭拆等工程内容。预制、安装混凝土挡土板综合考虑了模板安装、拆除、修理、涂脱模剂、堆放,混凝土配运料、拌和、运输、浇筑、捣固、养护,挡土板吊装定位等工程内容。钢筋综合考虑了除锈、制作、绑扎、安放等工程内容。本定额混凝土构件预制是按现场地底模预制的方式编制的,综合考虑了混凝土拌和、地底模等工程内容,未包括地下部分桩(或柱)开挖的工程内容,可根据设计图纸数量按抗滑桩开挖定额另行计算。

【工程量计算规则】

现浇和预制安装混凝土构件定额按设计混凝土的体积计算工程量。

钢筋定额按设计混凝土构件的钢筋质量计算工程量。

1-4-24 锚杆挡土墙

【名词解释】

锚杆挡土墙是指利用锚杆技术建筑的挡土墙,由钢筋混凝土墙面和锚杆组成,依靠固定在岩层内的锚杆的水平拉力以承受土体侧压力。

按墙面构造的不同,分为柱板式和壁板式两种。柱板式是指挡土墙的墙面由肋柱和挡土板组成,挡土板直接承受墙面后填料产生的土压力,挡土板支撑于肋柱,肋柱与锚杆相连;薄壁式则不设立柱,墙面仅有墙面板构成,墙面板直接与锚杆相连。锚杆挡土墙适用于边坡高度较大、石料匮乏、挖基困难且具备锚固条件的地区,多用于路堑墙。

【图解工程】(图1-90、图1-91)

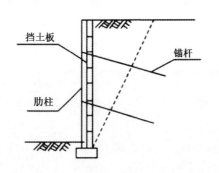
a) 锚杆挡土墙剖面图

b) 锚杆挡土墙钢筋布设

c) 锚杆挡土墙1

d) 锚杆挡土墙2

图1-90 锚杆挡土墙

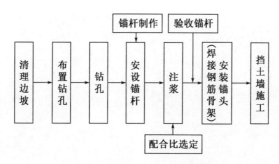

图 1-91 锚杆挡土墙施工工艺流程图

【定额说明】

锚杆挡土墙定额现浇、预制混凝土综合考虑了模板安装、拆除、修理、涂脱模剂、堆放,混凝土配运料、拌和、运输、浇筑、捣固、养护等工程内容。安装肋柱、墙面板综合考虑了肋柱、墙面板吊装定位等工程内容。钢筋综合考虑了除锈、制作、绑扎、安放等工程内容。钻孔及压浆综合考虑了脚手架搭拆、坡面清理、定位、钻孔、浆液制作、压浆等工程内容。锚杆综合考虑了制作、安装、锚固、锚头处理等工程内容。

本定额混凝土构件预制按现场地底模预制的方式编制的,综合考虑了混凝土的拌和、地底模等工程内容,未包括挡土墙基础开挖的工程内容,需要时应根据设计图纸数量按桥涵工程有关定额另行计算。

【工程量计算规则】

现浇和预制安装混凝土构件定额按设计混凝土的体积计算工程量。

钢筋定额按设计混凝土构件的钢筋质量计算工程量。

钻孔及注浆定额按设计锚杆长度计算工程量。

锚杆定额按设计锚杆质量计算工程量。

1-4-25 钢筋混凝土扶壁式、悬臂式挡土墙

【名词解释】

钢筋混凝土扶壁式挡土墙和悬臂式挡土墙均属于薄壁式挡土墙。

扶壁式挡土墙由墙面板(立壁)、墙趾板、墙踵板及扶肋(扶壁)组成。

悬臂式挡土墙由立壁(墙面板)、墙趾板、墙踵板三个钢筋混凝土悬臂式构件组成。

【图解工程】(图 1-92、图 1-93)

【定额说明】

钢筋混凝土扶壁式、悬臂式挡土墙定额现浇墙身混凝土综合考虑了模板安装、拆除、修理、涂脱模剂、堆放,混凝土配运料、拌和、运输、浇筑、捣固、养护,脚手架的搭拆等工程内容。钢筋综合考虑了除锈、制作、绑扎、安放等工程内容。定额综合考虑了混凝土拌和、地底模等工程内容,未包括挡土墙基础开挖的工程内容,可根据设计图纸数量按按桥涵工程定额另行计算。

【工程量计算规则】

现浇混凝土构件定额按设计混凝土的体积计算工程量。

a) 钢筋混凝土扶壁式挡土墙

b) 钢筋混凝土悬臂式挡土墙施工

图 1-92 钢筋混凝土扶壁式、悬臂式挡土墙

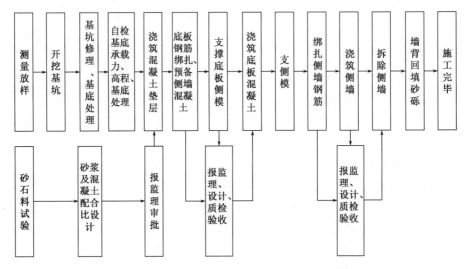

图 1-93 钢筋混凝土悬臂式挡土墙施工工艺流程图

钢筋定额按设计混凝土构件的钢筋质量计算工程量。

1-4-26 加筋挡土墙防渗层、泄水层及填内心

【名词解释】

挡土墙防渗层是指用沥青油毡等防水卷材或各种胶结材料（如沥青、水泥等）拌制的混合料在挡土墙背后铺设的用以防止水流渗透的结构层。

挡土墙泄水层是指在挡土墙背后，顺墙背设置的整层排水构造，通常由砂石料组成，目的是增强墙后的排水能力。

挡土墙填内心是在挡土墙背与路堤或山坡之间的空间用土或砂砾等材料回填密实的施工作业。

【定额说明】

加筋挡土墙防渗层、泄水层及填内心定额铺筑沥青防渗层综合考虑了清扫基层，安锅设灶、熬油、人工拌和、摊铺、整型、碾压、初期养护等工程内容。铺筑砂砾泄水层综合考虑了装卸

砂砾石、捡平、夯实等工程内容。填内心综合考虑了人工铺料、找平、洒水、碾压、夯实等工程内容。挡土墙防渗层定额是按沥青混合料铺设的防渗层编制的。泄水层定额是按砂砾泄水层编制的。挡土墙填内心定额中未包括填心材料的费用,需要时应另行计算。填内心所需填料的挖运,按路基土方定额计算。

【工程量计算规则】

挡土墙防渗层定额按设计需要铺设的防渗层的面积计算工程量。

泄水层定额按设计需要设置的泄水的体积计算工程量。

挡土墙填内心定额按设计需要的填心材料的体积计算工程量。

1-4-27 抗 滑 桩

【名词解释】

抗滑桩是设置于土体内以阻止路基边坡或山体滑动的水泥混凝土或钢筋混凝土桩体。一般适用于非素性层和中厚度滑坡前缘,以及使用重力式支撑建筑物土方量过大、施工困难的工点。抗滑桩按制作材料分,有混凝土桩、钢筋混凝土桩和钢桩;按断面形式分,有圆桩、方桩、管桩及H形桩;按施工方法分,有打入桩、钻孔桩、挖孔桩等。

【图解工程】(图1-94、图1-95)

a) 抗滑桩基础施工

b) 抗滑桩浇筑成型1

c) 抗滑桩浇筑成型2

d) 抗滑桩

图1-94 抗滑桩施工

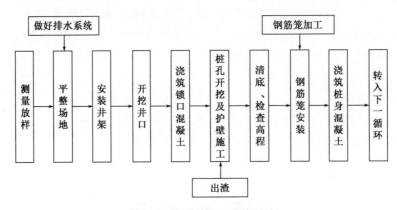

图 1-95　抗滑桩施工工艺流程图

【定额说明】

抗滑桩定额综合考虑了挖孔抗滑桩挖(石方包括打眼爆破,清理解小)、装、运、卸、空回,并包括临时支撑及警戒防护等工程内容。护壁、桩身混凝土抗滑桩准备工作,模板及支撑的制作、安装、拆除、涂脱模剂,混凝土配料、拌和、运输、浇筑、捣固、养护等工程内容。钢筋抗滑桩除锈、绑扎、制作、焊接、吊装钢筋笼等工程内容。定额中土、石开挖是按人工配合卷扬机提升出渣的施工方法行编制的,综合考虑了施工过程中的井孔通风、临时支撑及警戒防护、修整孔壁和基底等工程内容,未考虑施工排水等费用,如需要排水时应根据渗(涌)水量,合理确定排水措施并计算其相应的费用。

采用钢轨作骨架时,应尽可能利用废旧钢轨。

【工程量计算规则】

按设计护壁(护筒)外缘所包围的面积乘以设计孔深的统计计算挖孔工程量。

护壁定额按设计护壁的混凝土体积进行计算,超挖部分的混凝土用量已在定额中综合考虑,不应再计算超挖数量。

钢筋定额按设计混凝土构件的钢筋质量计算工程量。

钢轨定额按设计钢轨质量计算工程量。

第二章 路面工程

路面是指用各种筑路材料分层铺筑在路基顶面,供车辆直接在其表面行驶的层状结构物。路面不仅直接承受行车荷载的作用,而且要经受自然因素和其他人为因素的作用。因此,路面应具有足够的强度和刚度、良好的稳定性(包括水稳定性、干稳定性和温度稳定性等)、足够的耐久性、较高的平整度和良好的表面抗滑性以及低噪声等性能。按面层所用材料的不同,路面可分为沥青路面、水泥混凝土路面、块料路面和粒料路面四类。通常按照各个层次功能的不同,路面结构可分为面层、基层、底基层和垫层四个层次(图2-1)。

图2-1 路面分层示意图

第一节 路面基层及垫层

1. 基层

基层是指设置在面层之下,与面层一起承受行车荷载的反复作用,并将荷载传递到底基层、垫层和土基,起主要承重作用的路面结构层次。基层应具有足够的强度、刚度、水稳性和抗冻性。另外,基层应收缩性小、有足够的抗冲刷性和良好的平整度、与面层有良好的结合能力。基层根据公路等级和交通量大小可设置一层或两层,上层称为上基层,下层称为下基层。基层可分为无机结合料稳定类(整体型)和粒料类(嵌锁型、级配型)。对高速公路、一级公路,应采用水泥稳定粒料、石灰粉煤灰(二灰)稳定粒料、沥青混合料以及级配碎砾石等材料铺筑。高速公路、一级公路的底基层和二级及二级以下公路的基层和底基层,除上述类型材料外,也可采用水泥稳定土、石灰稳定土、石灰粉煤灰稳定土、石灰工业废渣、填隙碎石等或其他适宜的当地材料铺筑。有机结合料稳定类和粒料类统称为柔性基层;无机结合料稳定类则称为半刚性基层。

2. 底基层

底基层是指设置在基层之下,与面层、基层一起承受行车荷载的反复作用,并将荷载传递到垫层和土基,起次要承重作用的路面结构层次。对底基层材料的强度指标要求比基层材料略低。根据公路等级和交通量大小底基层可设置一层或两层,上层称为上底基层,下层称为下底基层。设置底基层的目的在于分担承重作用以减薄基层厚度,并充分利用当地材料,以达到降低工程造价的目的。底基层可分为无机结合料稳定类和无结合料的粒料类。

3. 垫层

垫层是指为改善土基的湿度和温度状况,以保证面层和基层的强度、刚度和稳定性不受土基水温状况变化所造成的不良影响,而在基层(或底基层)和土基之间采用水稳性和隔热性好的材料修筑而成的路面结构层次。在排水不良和有冰冻翻浆的路段通常应设置垫层,起排水、隔水、防冻、防污等作用。另外,垫层还起扩散行车荷载、减小土基的应力和变形,阻止路基土挤入基层影响基层等结构性能的作用。对垫层材料强度的要求不一定高,但水稳性和隔温性一定要好。常用垫层材料有两类:一类是用松散材料,如粗砂、砂砾、砾石、炉渣、片石等修筑的透水性垫层;另一类是用整体性材料,如水泥或石灰煤渣稳定粗粒土、石灰粉煤灰稳定粗粒土等修筑的稳定性垫层。

4. 柔性基层

柔性基层是指采用热拌或冷拌沥青混合料、沥青贯入式碎石,以及不加任何结合料的粒料类等材料铺筑的基层。粒料类材料,包括级配碎石、级配砾石、符合级配的天然砂砾、部分砾石经轧制掺配而成的级配碎砾石,以及泥结碎石、泥灰结碎石、填隙碎石等基层材料。

5. 刚性基层

刚性基层是指采用普通混凝土、碾压式混凝土、贫混凝土、钢筋混凝土、连续配筋混凝土等材料铺筑的路面基层。

6. 半刚性基层

半刚性基层是指采用水泥、石灰、粉煤灰和土或碎砾石及水硬性结合料的工业废渣修筑的基层,半刚性基层前期具有柔性路面的力学性质,后期的强度和刚度均有大幅增长。

7. 路面结构层宽度

为保护面层的边缘,高速公路、一级公路的基层宽度应如图2-2所示计算。一般公路的基层宽度每侧宜比面层宽25cm,底基层每侧宜比基层宽15cm。在多雨地区,透水性好的粒料底基层宜铺至路基全宽,以利排水。

高速公路及一、二级公路的排水垫层应铺至路基全宽,以利路面结构排水,保持路基稳定。三、四级公路的垫层宽度可比底基层每侧至少宽25cm。

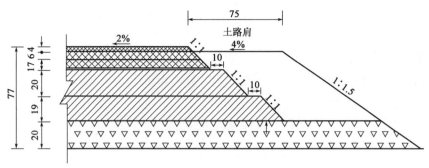

图 2-2 高速公路、一级公路的基层宽度(尺寸单位:cm)

2-1-1 路面垫层

【名词解释】

垫层指的是设于基层以下的结构层。其主要作用是隔水、排水、防冻以改善基层和土基的工作条件,其水稳定性要求较好。

【图解工程】(图 2-3)

a)布料　　　　　　　　　　　　　b)拌和摊铺

c)碾压1　　　　　　　　　　　　d)碾压2

图 2-3 路面垫层施工

【定额说明】

垫层定额是按粗砂、砂砾、煤渣、矿渣和碎石的人工铺料和机械铺料两种施工方法综合编制的,粒料预算价格的运距按垫层粒料用量的加权平均运距计算,分层碾压施工应考虑铺料和压实等工程内容定额消耗的增加。

【工程量计算规则】

按设计需要铺设的路面垫层厚度、顶面面积计算工程量。

2-1-2 路拌法水泥稳定土基层

【名词解释】

路拌法是指采用人工或利用拖拉机(带铧犁)或稳定土拌和机在路上(路槽中)或沿线就地拌和混合料的施工方法。路拌法施工仅适用于二级以下的公路。

水泥稳定类、石灰粉煤灰稳定类材料适用于各级公路的基层和底基层,但水泥或石灰、粉煤灰稳定细粒土不能用作高级路面的基层。

水泥稳定土是指用水泥做结合料所得混合料的一个广义的名称,既包括用水泥稳定各种细粒土,也包括用水泥稳定各种中粒土和粗粒土。在经过粉碎的或原来松散的土中掺入足量的水泥和水,经拌和得到的混合料在压实和养护后,当其抗压强度符合规定的要求时,称为水泥稳定土。

【图解工程】(图2-4、图2-5)

a) 施工放样

b) 摆放和摊铺水泥

c) 碾压

d) 养护

图2-4 路拌法水泥稳定土基层施工

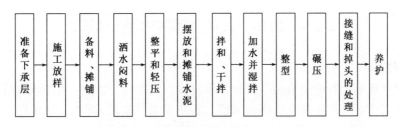

图 2-5　路拌法水泥稳定土基层施工工艺流程图

【定额说明】

定额中水泥用量已综合考虑规范规定的基层分两层施工时,即在铺筑上层前,应在下层顶面先撒薄层水泥或水泥浆的消耗,分层碾压施工应考虑铺料和压实等工程内容定额消耗的增加。拖拉机带铧犁拌和时,铧犁的费用已计入设备摊销费中,混合料各材料的预算价格的运距按混合料用量的加权平均运距计算。

【工程量计算规则】

按设计需要铺设的路面基层(每层)厚度、顶面面积计算工程量。

2-1-3　路拌法石灰稳定土基层

【名词解释】

石灰稳定土基层是指在粉碎的或原来松散的土(包括各种粗、中、细粒土)中,掺入适量的石灰和水,经拌和、压实及养护后得到的符合要求的混合料所修筑的路面基层。用石灰稳定细粒土得到的强度符合要求的混合料所修筑的路面基层,称为石灰土基层。用石灰稳定粗粒土和中粒土得到的强度符合要求的混合料,作为路面基层时,视所用原材料而定,当原材料为天然砂砾土或级配砂砾时,称为石灰稳定砂砾土基层;当原材料为碎石土或级配碎石时,称为石灰稳定碎石土基层。

【图解工程】(图 2-6)

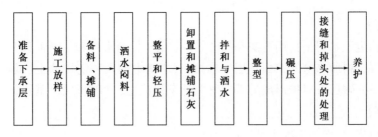

图 2-6　路拌法石灰稳定土基层施工工艺流程图

【定额说明】

拖拉机带铧犁拌和时,铧犁的费用已计入设备摊销费中。

【工程量计算规则】

按设计需要铺设的路面基层(每层)厚度、顶面面积计算工程量。

2-1-4 路拌法石灰、粉煤灰稳定土基层

【名词解释】

石灰粉煤灰稳定土基层是指用石灰和粉煤灰按一定配比,加水拌和、摊铺、碾压及养护后得到的符合要求的混合料所修筑的路面基层。石灰粉煤灰基层,简称二灰基层。在二灰中加入一定量的土(或砂砾、碎石等),经加水拌和、摊铺、碾压及养护形成的基层称为石灰粉煤灰土(砂砾、碎石)基层,简称二灰土(二灰砂砾、二灰碎石)。

石灰工业废渣稳定土适用于各级公路基层和底基层,但二灰、二灰土、二灰砂不应用作二级和二级以上公路基层。

【图解工程】(图 2-7)

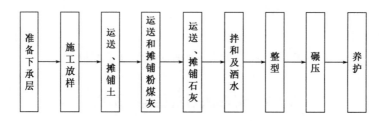

图 2-7 路拌法石灰、粉煤灰稳定土基层施工工艺流程图

【定额说明】

定额中已综合考虑了基层混合料的拌和、摊铺、碾压、养护等工程内容。当采用拖拉机带铧犁拌和时,铧犁的费用已计入设备摊销费中。

【工程量计算规则】

按设计需要铺设的路面基层(每层)厚度、顶面面积计算工程量。

2-1-5 路拌法石灰、煤渣稳定土基层

【名词解释】

石灰煤渣稳定土基层是指用石灰和煤渣按一定配比,加水拌和、摊铺、碾压及养护后得到的符合要求的混合料所修筑的路面基层。在石灰、煤渣中加入一定量的土(或砂砾、碎石等),经加水拌和、摊铺、碾压及养护形成的基层称为石灰煤渣土(砂砾、碎石)基层。

【图解工程】

同路拌法石灰、粉煤灰稳定土基层。

【定额说明】

定额中已综合考虑了基层混合料的拌和、摊铺、碾压、养护等工程内容。当采用拖拉机带铧犁拌和时,铧犁的费用已计入设备摊销费中。

【工程量计算规则】

按设计需要铺设的路面基层(每层)厚度、顶面面积计算工程量。

2-1-6　路拌法水泥、石灰稳定土基层

【名词解释】

水泥石灰稳定土又称综合稳定土,是指用水泥和石灰两种结合料稳定某种集料所得到的强度符合要求的混合料所修筑的路面基层结构。其施工要求和施工工艺同水泥稳定土和石灰稳定土。

【定额说明】

定额中已综合考虑了基层混合料的拌和、摊铺、碾压、养护等工程内容。定额中拖拉机带铧犁拌和时,铧犁的费用已计入设备摊销费中。

【工程量计算规则】

按设计需要铺设的路面基层(每层)的顶面面积计算工程量。

2-1-7　厂拌基层稳定土混合料

【名词解释】

稳定土厂拌是指在固定的拌和工厂或移动式拌和站采用专用设备拌制稳定土混合料的施工方法。

【图解工程】(图2-8、图2-9)

a)混合料拌和

b)运输

c)混合料摊铺

d)测量基准线

图　2-8

e) 碾压

f) 接头处理

g) 养护1

h) 养护2

图 2-8　混合料拌和施工

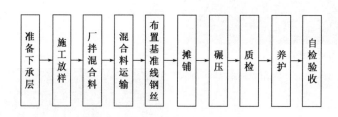

图 2-9　厂拌法基层施工工艺流程图

【定额说明】

定额已综合考虑了稳定土混合料 1% 的损耗率,使用定额时工程量应按设计数量计算,不应再计损耗量。

定额中各种稳定土混合料拌和均按 300t/h 的稳定土厂拌设备进行编制,当采用不同生产能力的拌和设备时,应根据附注给定的人工、机械消耗进行调整。对于高速公路和一级公路,摊铺机宜连续摊铺,拌和机的产量宜大于 400t/h。

【工程量计算规则】

按设计需要铺设的路面基层(每层)的顶面面积计算工程量。

2-1-8 厂拌基层稳定土混合料运输

【图解工程】

详见厂拌基层稳定土混合料。

【定额说明】

定额已综合考虑了自卸汽车的等待装、运、卸、空回等工程内容,施工组织设计应考虑拌和、运输和铺筑等的综合协调,稳定土的运输损耗也综合考虑了,使用定额时其工程量不应再计损耗量。

【工程量计算规则】

按设计路面基层混合料的压实体积计算工程量。

2-1-9 机械铺筑厂拌基层稳定土混合料

【图解工程】

详见厂拌基层稳定土混合料。

【定额说明】

定额是按底基层或基层每层压实厚度为20cm进行编制,若分层铺筑时,铺筑设备及碾压设备消耗量应加倍计算。

【工程量计算规则】

按设计需要铺设的路面基层(每层)的顶面面积计算工程量。

2-1-10 基层稳定土厂拌设备安装、拆除

【名词解释】

稳定土厂拌设备是将土、碎石、砾石、水泥、粉煤灰、石灰和水等材料按照施工配合比在固定地点进行均匀搅拌的专用生产设备,其作为当前高等级公路修筑中的一种高效能稳定土基层修筑机械,具有材料级配精度高、搅拌均匀性好、节省材料、便于自动控制等优点,能更好地保证稳定土材料的质量,因而广泛用于公路和城市道路的基层、底基层施工。

【图解工程】(图2-10)

【定额说明】

定额已综合考虑了厂拌设备的基础、上料台的修建和拆除,未包括拌和厂标准化建设费用。

【工程量计算规则】

按施工组织设计确定的拌和设备的设置数量计算工程量。

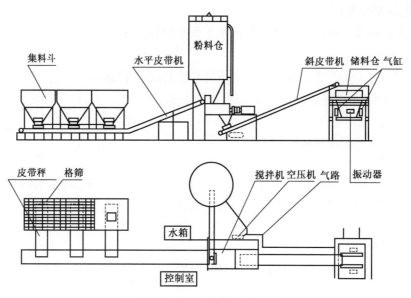

图 2-10 稳定土拌和站组成示意图

2-1-11 泥灰结碎石基层

【名词解释】

泥灰结碎石是以碎石作为集料,用一定数量的石灰和土作为黏结填缝料铺筑的一种路面结构,其厚度一般为 8~12cm。

【定额说明】

定额是按灌浆法施工进行编制的,即调浆时放入一定剂量的石灰,再放清水,待黏土和石灰浸泡化开,再拌和成泥灰浆进行灌浆。

【工程量计算规则】

按设计需要铺设的路面基层(每层)的顶面面积计算工程量。

2-1-12 填隙碎石基层

【名词解释】

填隙碎石基层是用单一尺寸的粗碎石做主集料,形成嵌锁结构,起承受和传递车轮荷载的作用,用石屑做填隙料,填满碎石间的空隙,增加密实度和稳定性,经碾压形成的路面基层。

【定额说明】

定额是按干法施工进行编制的,根据规范规定,在碾压之前,宜在表面先洒少量水,洒水量按洒水 $4kg/m^2$ 计算,填隙料采用石屑撒布车施工。

【工程量计算规则】

按设计需要铺设的路面基层(每层)的顶面面积计算工程量。

2-1-13 沥青路面冷再生基层

【名词解释】

沥青路面就地冷再生基层(底基层)技术是指把旧沥青路面面层、基层掺入一定数量、符合标准要求的水泥(或稳定剂、集料),按照设定的厚度,用冷再生机进行破碎拌和处理后,整型、碾压,并经后期养护,使其达到设计路面基层或底基层技术指标要求的施工工艺。该工艺具有施工简便快速、充分利用旧路面层材料、保护环境、质量可靠、施工进度快、经济效益好等优点。

【图解工程】(图 2-11)

a) 冷再生设备

b) 基层施工

图 2-11 冷再生基层施工

【定额说明】

定额综合考虑了路面铣刨拌和机在原路面上将路面混合料就地铣刨、翻挖、破碎、筛分、加入部分新骨料和水泥稀浆车加水泥浆,就地拌和,再生料的提升,摊铺及碾压成型的工程内容,综合考虑了 7m 和 9m 两种路面宽度和基层厚度 22~35cm。

【工程量计算规则】

按设计需要冷再生铺设的路面基层(每层)的顶面面积计算工程量。

2-1-14 泡沫沥青就地冷再生基层

【名词解释】

泡沫沥青又叫膨胀沥青,是将一定的常温水注入热沥青,使其体积发生膨胀,形成大量的沥青泡沫,经过很短的时间,沥青泡沫破裂。当泡沫沥青与集料接触时,沥青泡沫间化为数以百万计的"小颗粒",散布于细集料(特别是粒径小于 0.075mm)的表面,形成粘有大量沥青的细料填缝料,经过拌和压实这些细料能填充于粗集料之间的空隙,并形成类似砂浆的作用使混合料达到稳定。

【图解工程】（图2-12~图2-14）

图2-12 泡沫沥青现场冷再生

图2-13 泡沫沥青就地冷再生

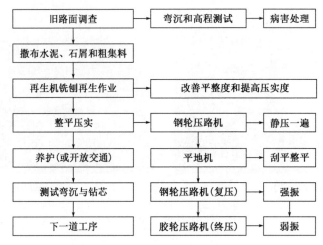

图2-14 泡沫沥青就地冷再生施工工艺流程图

【定额说明】

定额综合考虑了旧路面铣刨,添加粗(细)集料、水泥及泡沫沥青、拌和、整平、碾压养护、废料外运等工程内容,基本配合比为:铣刨料:石屑:碎石:水泥:沥青=66:20:10:1.5:2.5,设计配合比不同时应根据规定调整定额消耗。

【工程量计算规则】

按设计需要泡沫沥青就地冷再生铺设的路面基层(每层)的顶面面积计算工程量。

2-1-15 泡沫沥青厂拌冷再生基层

【名词解释】

泡沫沥青厂拌冷再生技术是指将旧沥青路面经过铣刨、翻挖、回收、破碎和筛分后,加入一定比例的沥青、新集料、水泥和水,经拌和、摊铺和碾压等工艺,形成满足性能要求的路面结构层。

厂拌冷再生就是将回收沥青路面材料运至拌和厂,经破碎、筛分后,以一定的比例与新集料、活性填料、水等进行常温拌和,常温铺筑形成路面结构层的沥青路面再生技术。

【图解工程】(图2-15)

a)冷再生基层拌和站

b)泡沫沥青摊铺

图 2-15　厂拌冷再生施工

【定额说明】

定额综合考虑了泡沫沥青混合料拌和、摊铺、碾压、初期养护等工程内容,旧沥青路面的铣刨、铣刨料及泡沫沥青混合料的运输应根据相关定额另行计算。

【工程量计算规则】

按设计需要泡沫沥青厂拌冷再生铺设的路面基层(每层)的顶面面积计算工程量。

第二节　路 面 面 层

路面常用术语:

AC——密集配沥青混合料。

AC-C——密集配粗型沥青混合料。

AC-F——密集配细型沥青混合料。

SMA——沥青玛蹄脂碎石混合料。

OGFC——开级配沥青磨耗层。

AM——半开级配沥青碎石。

ATB——密集配沥青稳定碎石。

ATPB——开级配沥青稳定碎石。

2-2-1　泥结碎石路面

【名词解释】

泥结碎石路面指的是碎石经碾压后灌泥浆,依靠碎石的嵌锁和黏土的黏结作用形成的路面,其厚度一般为8~20cm。泥结碎石的强度和稳定性不仅有赖于碎石的相互嵌挤作用,同时也有赖于土的黏结作用。

【定额说明】

泥结碎石路面按施工方法不同,有灌浆法泥结碎石、拌和法泥结碎石和层铺法泥结碎石三种。定额是按灌浆法施工进行编制的,即调浆时放入一定剂量的石灰,再放清水,待黏土和石灰浸泡化开,再拌和成泥灰浆。

【工程量计算规则】

按设计需要铺设的路面面层(每层)的顶面面积计算工程量。

2-2-2 级配碎石路面

【名词解释】

级配碎石路面是指按密实级配原理选配的碎石集料,经拌和、摊铺、碾压而成的路面结构层。在级配碎石路面中,不同规格的碎石集料和石屑(砂)按一定比例配合,并用黏土黏结,经压实后形成密实的结构,其强度由摩阻力和黏结力构成,具有一定的强度和水稳性。

【图解工程】(图2-16)

a) 平地机摊铺级配碎石

b) 级配碎石成型后的路面

图2-16 级配碎石路面施工

【定额说明】

级配碎石路面有路拌法和集中厂拌法两种施工方法,定额是按路拌法施工进行编制的。

【工程量计算规则】

按设计需要铺设的路面面层(每层)的顶面面积计算工程量。

2-2-3 级配砾石路面

【名词解释】

级配砾石路面是指按密实级配原理选配的砾石集料,经拌和、摊铺、碾压而成的路面结构层。在级配砾石路面中,不同规格的砾石集料和石屑(砂)按一定比例配合,并用黏土黏结,经压实后形成密实的结构,其强度由摩阻力和黏结力构成,具有一定的强度和水稳性。

【图解工程】

同级配碎石路面。

【定额说明】

定额按路拌法施工进行编制。

【工程量计算规则】
按设计需要铺设的路面面层(每层)的顶面面积计算工程量。

2-2-4 天然砂砾路面

【名词解释】
天然砂砾路面是指用含土少、水稳性好的天然砂砾铺筑而成的路面结构层。其施工的关键是洒水碾压。砂砾摊铺均匀后,先用轻型压路机稳压几遍,接着洒水用中型压路机碾压,边压边洒水,反复碾压至稳定成型。

【图解工程】
同级配碎石路面。

【定额说明】
天然砂砾的压实系数按 1.31 计算。

【工程量计算规则】
按设计需要铺设的路面面层(每层)的顶面面积计算工程量。

2-2-5 粒料改善土壤路面

【名词解释】
粒料改善土壤路面是指在土路面中掺加一定数量的当地材料,如砂石、礓石、碎砾石等,采取一次性铺筑或按设计厚度分几层铺筑而成的路面。一般适用于四级公路,不另设磨耗层。采用拌和法时,粒料含量应在 65% 以上;采用层铺法时,粒料最大粒径应小于 50mm。

【定额说明】
定额按拌和法进行编制的,其材料用量按如下公式计算:

$$材料用量 = \frac{混合料体积 \times 混合料压实干密度 \times 所占配合比}{材料松方干密度} \quad (2\text{-}1)$$

定额中砂、黏土改善的混合料压实干密度按 $1.9 t/m^3$ 计算,砾石改善的混合料压实干密度按 $2.1 t/m^3$ 计算。

【工程量计算规则】
按设计需要铺设的路面面层(每层)的顶面面积计算工程量。

2-2-6 磨耗层及保护层

【名词解释】
磨耗层是指路面面层顶部用坚硬的细粒料或掺加结合料铺筑的薄结构层。沥青路面和碎(砾)石路面应铺筑磨耗层,但沥青路面一般不单独设磨耗层,而是将表面层的最上面一层作为磨耗层使用。磨耗层应具有足够的坚实性和稳定性,通常多采用坚硬、耐磨、抗冻性强的级配粒料来铺筑,其厚度视地区而异,一般为 1～4cm。

保护层是指用粗砂或砂土混合料铺在碎(砾)石等路面上的薄层。保护层用来保护面层或磨耗层,减少车轮对面层或磨耗层的直接磨损。加铺保护层是一项经常性措施,保护层厚度一般不大于1cm。按使用材料和铺设方法的不同,保护层分为稳定保护层和松散保护层两种。稳定保护层又称砂土保护层,是使用含有黏土的混合料,借行车碾压,形成稳定的硬壳,黏结在磨耗层上;松散保护层又称砂砾保护层,是用粗砂或小砾石而不用黏土,在磨耗层上呈松散状态。稳定保护层又分为砂土混合料和土砂封面两种。土砂封面是指用黏土封面后,再撒一层砂,在湿润条件下借行车碾压形成密实的表层。土、砂体积比大致为1∶1。

【工程量计算规则】

按设计需要铺设的磨耗层或保护层的顶面面积计算工程量。

2-2-7 沥青表面处置路面

【名词解释】

沥青表面处置路面是指用沥青和细粒矿料按层铺法或拌和法铺筑而成的厚度不超过3cm的沥青结构层。沥青表面处置面层一般不具备提高强度的作用,其主要作用是抵抗行车的磨耗,增强防水性,提高平整度,改善路面的行车条件。其厚度一般为1.5~3.0cm。层铺法沥青表面处置按洒布沥青和撒铺矿料的层次多少,可分为单层、双层和三层。单层表面处置厚度为1.0~1.5cm,双层表面处置厚度为1.5~2.5cm,三层采面处置厚度为2.5~3.0cm。沥青表面处置主要适用于三级、四级公路的面层、旧沥青面层上加铺罩面或抗滑层、磨耗层等。

【定额说明】

定额是按层铺法进行编制的,沥青采用沥青洒布车施工,集料采用人工或石料撒布机施工,已综合考虑了熬油设备、熬油、运油等工程内容,使用定额时不应再另行计算。

【工程量计算规则】

按设计需要铺设的路面面层的顶面面积计算工程量。

2-2-8 沥青贯入式路面

【名词解释】

沥青贯入式路面是指在初步碾压并已稳定的矿料层上洒布沥青,再铺撒嵌缝料并碾压,借助行车压实而成的一种沥青路面结构层。厚度一般为4~8cm,但乳化沥青的厚度不宜超过5cm。与沥青表面处置路面相比,沥青贯入式路面由于矿料的嵌挤作用和沥青的黏结力,使其具有较高的强度和稳定性。其最大优点是施工比较简单、易操作、工期短等。但由于沥青贯入式路面是一种多空隙结构,地表水容易渗入面层内部甚至基层,造成水稳性降低,沥青贯入式路面的水稳性是该路面需要解决的主要问题。

贯入式路面需要2~3周的成型期,在行车碾压与重力作用下,沥青逐渐下渗包裹石料,填充空隙,形成整体的稳定结构层,温度稳定性好,热天不易出现推移、壅包,冷天不易出现低温裂缝,贯入式路面的最上层应撒布封层料或加铺拌和层。沥青贯入式适用于三、四级公路,也可作为沥青混凝土面层的联结层。

【图解工程】(图 2-17)

a) 洒布主层沥青

b) 撒布矿料

图 2-17 沥青贯入式路面施工

【定额说明】

沥青贯入式路面适用于作三级及三级以下公路的沥青面层,也可作为沥青路面的联结层或基层。

定额是按沥青采用沥青洒布车施工和集料采用石料撒布机施工编制的,已综合考虑了熬油设备、熬油、运油等的消耗,使用定额时不应再另行计算。

【工程量计算规则】

按设计需要铺设的路面面层的顶面面积计算工程量。

2-2-9 沥青上拌下贯式路面

【名词解释】

沥青上拌下贯式路面是指将沥青贯入式碎石作下面层,用拌制的沥青混合料作封层或上面层的路面结构。作为沥青面层的沥青贯入式是一种多空隙结构,为防止地表水的渗入和增强路面的水稳性,其面层的最上层必须加铺封层。当沥青贯入式的上部加铺拌和的沥青混合料时,就称为上拌下贯,此时,拌和层的厚度宜为 3~4cm,其总厚度为 7~10cm。

【定额说明】

定额已综合考虑了熬油设备、熬油、运油等的消耗,使用时不应再另行计算,定额仅包括下贯部分的工、料、机消耗,其上拌部分应按有关定额另行计算。

【工程量计算规则】

按设计需要铺设的路面面层的顶面面积计算工程量。

2-2-10 沥青碎石混合料拌和

【名词解释】

沥青碎石混合料路面是指由一定级配的集料与适量的沥青均匀拌和,经摊铺碾压而成的路面结构层。其主要特点是材料的级配组成比较简单,矿粉含量较少,沥青混合料的剩余空隙率较大(大于10%),其高温稳定性好,路面不易产生波浪,冬季不易产生冻缩裂缝,行车荷载作用下裂缝少;路面较易保持粗糙,有利于高速行车;对石料级配和沥青规格要求较低,材料组成设计比较容易满足要求;沥青用量少,且不用矿粉,造价低。但其孔隙较大,路面容易渗水和老化。热拌沥青碎石适宜用于三、四级公路。中粒式、粗粒式沥青碎石宜用作沥青混凝土面层下层、联结层或整平层。

【图解工程】
同沥青混凝土路面施工。

【定额说明】
定额是按导热介质油加热沥青的方式进行编制,已综合考虑了导热油设备及导热油等的消耗,使用定额时不应再另行计算;按常规的石料性质编制的,若采用酸性石料时,可根据设计提出的掺加料的品种和用量增加相应的费用或将定额中的石油沥青抽换为改性沥青(用量不变)。

【工程量计算规则】
按设计路面混合料的实体体积计算工程量。

2-2-11 沥青混凝土混合料拌和

【名词解释】
沥青混凝土路面是由适当比例的各种不同大小颗粒的集料、矿粉和沥青,加热到一定温度后拌和,经摊铺压实而成的路面面层。采用相当数量的矿粉是沥青混凝土的一个显著特点。较高的黏结力使路面具有很高的强度,可以承受比较繁重的交通车流量。但沥青混凝土路面的允许拉应变值较小,会产生规则的横向裂缝,因而要求强度较高的基层。对高温稳定性与低温稳定性均有要求。较小的空隙率使沥青混凝土路面具有透水性小,水稳性好,耐久性高,有较强的抵抗自然因素的能力,使用年限达 15~20 年。沥青混凝土路面适用于各级公路面层,是高等级公路最为常用的路面面层类型,一般沥青混凝土路面的面层由单层或双层或三层沥青混凝土组成。

【图解工程】(图 2-18 ~ 图 2-20)

a) 混合料拌和

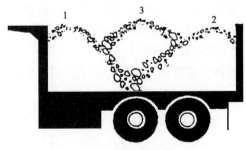
b) 装料(防离析)

图 2-18

c) 覆盖

d) 测温

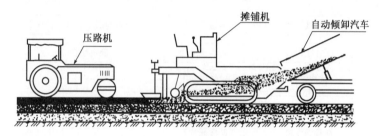
e) 摊铺

f) 摊铺机就位

g) 摊铺机螺旋送料器调整

h) 梯队摊铺

i) 碾压

图 2-18

j) 碾压

k) 接缝处理

图 2-18 沥青混凝土路面施工

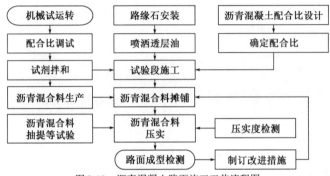

图 2-19 沥青混凝土路面施工工艺流程图

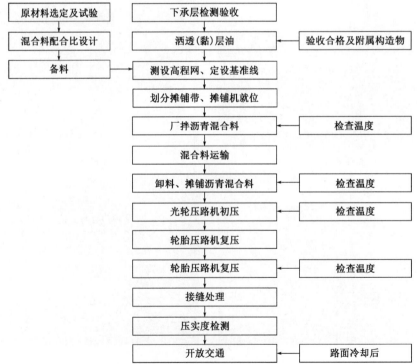

图 2-20 热拌沥青混合料面层施工工艺流程图

【定额说明】

定额是按导热介质油加热沥青的方式进行编制,定额中已综合考虑了导热油设备及导热油等的消耗,使用定额时不应再另行计算;按常规的石料性质编制的,若采用酸性石料时,可根据设计提出的掺加料的品种和用量增加相应的费用或将定额中的石油沥青抽换为改性沥青(用量不变)。

【工程量计算规则】

按设计路面混合料的实体体积计算工程量。

2-2-12 沥青玛蹄脂碎石混合料拌和

【名词解释】

沥青玛蹄脂碎石混合料路面是指用沥青玛蹄脂碎石混合料铺筑的沥青面层。沥青玛蹄脂碎石混合料(简称SMA)是以间断级配矿料为骨架,用沥青、矿粉及纤维稳定剂组成的沥青玛蹄脂为结合料,经拌和、摊铺、碾压而形成的一种构造深度较大的路面结构。它具有抗滑、耐磨、孔隙率小、抗疲劳、高温抗车辙、低温抗开裂的优点,是一种全面提高密级配沥青混凝土质量的新材料,适用于高速公路、一级公路和其他重要公路的表面层。

【图解工程】

同沥青混凝土施工技术。

【定额说明】

沥青玛蹄脂碎石混合料中添加的纤维稳定剂包括木质素纤维、合成纤维、矿物纤维等,定额是按添加木质素纤维进行编制的,其添加量按混合料总质量的3%计算,当设计采用的纤维稳定剂与定额不同时,可按设计采用的品种和用量抽换定额中的纤维稳定剂的消耗,采用的沥青玛蹄脂碎石混合料的压实干密度为 $2.353t/m^3$、油石比为 6.20%。

定额是按导热介质油加热沥青的方式进行编制,定额中已综合考虑了导热油设备及导热油等的消耗,使用定额时不应再另行计算。

【工程量计算规则】

按设计路面混合料的实体体积计算工程量。

2-2-13 沥青混合料运输

【名词解释】

热拌沥青混合料运输宜采用较大吨位的运料车运输,运料车每次使用前后必须清扫干净,在车厢板上涂一薄层防止沥青黏结的隔离剂或防粘剂,但不得有余液积聚在车厢底部。运料车运输沥青混合料宜用苫布覆盖保温、防雨、防污染。

【图解工程】

详见沥青混凝土施工技术。

【定额说明】

已综合考虑沥青混合料的损耗,使用定额时其工程量应按设计数量计算,不应再计损耗量。

【工程量计算规则】

按设计路面混合料的实体体积计算工程量。

2-2-14 沥青混合料路面铺筑

【名词解释】

热拌沥青混合料应采用沥青摊铺机摊铺,在喷洒有黏层油的路面上铺筑改性沥青混合料或沥青玛蹄脂碎石混合料时,宜使用履带式摊铺机。摊铺机的受料斗应涂刷薄层隔离剂或防黏剂。

沥青混凝土的压实层最大厚度不宜大于10cm,沥青碎石混合料的压实层最大厚度不宜大于12cm,但当采用大功率压路机且经试验证明能达到压实度时允许增大到15cm。

【图解工程】

详见沥青混凝土施工技术。

【定额说明】

定额已综合考虑了沥青混合料铺筑时接缝的处理费用,使用本定额时不能再另行计算。

定额按人工摊铺和机械摊铺(摊铺机)两种方法编制,其中人工摊铺定额仅适用于低等级公路或采用机械摊铺时局部需由人工找补或更换混合料。

【工程量计算规则】

按设计路面混合料的实体体积计算工程量。

2-2-15 沥青混合料拌和设备安装、拆除

【名词解释】

沥青混合料拌和设备按工艺流程可分为间歇式和连续式两种,高速公路、一级公路宜采用间歇式拌和设备拌和。

间歇式沥青混合料拌和设备的总体结构包括:冷集料储存及配料装置、冷集料带式输送装置、冷集料烘干和加热装置、热集料提升装置、热集料筛分及储存装置、热集料计量装置、石粉供给及计量装置、沥青供给系统、搅拌器、成品料储存装置、除尘装置等。

连续式沥青混合料拌和设备的总体结构包括:冷集料储存及配料装置、冷集料带式输送装置、干燥滚筒、石粉供给系统、沥青供给系统、除尘装置、成品料输送装置、成品料储存装置、油石比控制仪等。

【图解工程】(图2-21)

【定额说明】

定额综合考虑了沥青混合料拌和设备的基座、上料台的修建和拆除、加热炉、输油管线等工程内容,使用定额时不应再另行计算。定额中不含拌和厂标准化建设费用。

【工程量计算规则】

按施工组织设计确定的拌和设备的设置数量计算工程量。

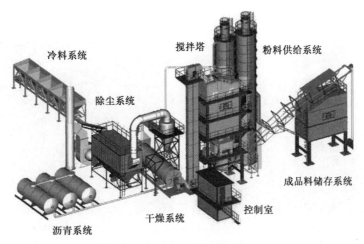

图 2-21　间歇式沥青混合料拌和设备构成

2-2-16　透层、黏层、封层

【名词解释】

透层是指为使沥青面层与非沥青材料基层良好结合,在基层上浇洒低黏度液体沥青而形成的透入基层表面的薄层。其作用是将非沥青结构的基层与沥青下面层黏结成一个整体。表面致密的半刚性基层宜采用渗透性好的较稀的透层沥青,级配砂砾、级配碎石等粒料基层宜采用较稠的透层沥青。高速公路、一级公路的透层沥青应采用沥青洒布车喷洒,二级及二级以下公路也可采用手工沥青洒布机喷洒。

黏层是为加强路面的沥青层与沥青层之间、沥青层与水泥混凝土路面之间的黏结而洒布的沥青材料薄层。其作用在于使上下沥青层或沥青层与构造物完全黏结成整体。主要应用于已被污染的沥青面层下面层、加铺沥青层旧沥青面层上、水泥混凝土路面或桥面上铺筑沥青面层时以及新铺沥青混合料接触的路缘石、雨水进水口、检查井的侧面等。

封层是为封闭表面空隙、防止水分浸入面层或基层而铺筑的沥青薄层。铺筑在面层表面的称为上封层,铺筑在面层下面的称为下封层。在沥青面层上铺筑上封层主要用于:沥青面层的空隙较大,透水严重有裂缝或已修补的旧沥青路面;需加铺磨耗层改善抗滑性能的旧沥青路面;需铺筑磨耗层或保护层的新建沥青路面。而在沥青面层下铺筑下封层是由于该路段位于多雨地区且沥青面层空隙较大,渗水严重或在铺筑基层后,不能及时铺筑沥青面层,且须开放交通。上封层及下封层可采用拌和法或层铺法施工的单层式沥青表面处置,也可采用乳化沥青稀浆封层。新建的高速公路、一级公路的沥青路面上不宜采用稀浆封层铺筑上封层。

稀浆封层用具有一定级配的石屑或砂、填料(水泥、石灰、粉煤灰、石粉等)与乳化沥青、外掺剂和水,按一定比例拌制成流动型混合料,再均匀洒布于路面上的封层。

微表处由聚合物改性乳化沥青、粗细集料、矿物、填料、水及添加剂,按一定比例拌和而成的流动状沥青混合料,然后将其摊铺在路面上形成一定厚度的表面薄层,微表处和超表处是乳化沥青稀浆罩面的最高级形式。

【图解工程】(图2-22、图2-23)

a) 透层油喷洒

b) 微表处施工

c) 黏层施工

d) 稀浆封层施工

图2-22 透层、黏层、封层施工

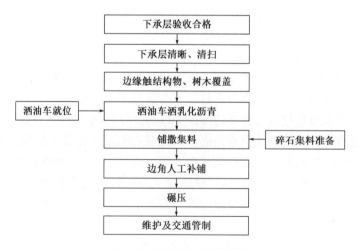

图2-23 下封层施工工艺流程图

【定额说明】

定额中透层沥青和黏层沥青按沥青洒布车喷洒的施工方法进行编制,综合考虑了熬油设备、熬油、运油等的消耗,使用定额时不应再另行计算。

【工程量计算规则】

按设计需要铺设的透层、黏层、封层的面积计算工程量。

2-2-17 水泥混凝土路面

【名词解释】

水泥混凝土路面是指以水泥混凝土面板和基(垫)层所组成的路面。包括普通混凝土、钢筋混凝土、连续配筋混凝土、预应力混凝土、钢纤维混凝土和装配式混凝土等。由于水泥混凝土具有较高的强度和弹性模量,从路面力学特性上称为刚性路面。一般所说的水泥混凝土路面是指无筋混凝土或素混凝土,除路面接缝区和局部范围外不配钢筋。与其他类型路面相比,水泥混凝土路面具有强度高、稳定性好、耐久性好、夜间行车有利等优点,但也有水泥用量大、接缝多、开放交通迟和修复困难等缺点。

【图解工程】(图 2-24、图 2-25)

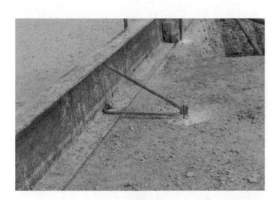

a)模板安装

b)人工摊铺

c)轨道式摊铺机摊铺

d)滑模摊铺机摊铺

图 2-24

图 2-24 水泥钢筋混凝土路面施工

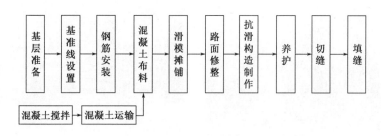

图 2-25 滑模机械铺筑混凝土路面工艺流程图

【定额说明】

人工铺筑是按分散拌和、手推车运输的施工工艺进行编制的;机械铺筑是按集中拌和、汽车运输的施工工艺进行编制的。定额中均已包括混凝土拌和、接缝处理、表面压(刻)纹等工程内容,未包括水泥混凝土拌和站的安拆费用。定额使用时,应根据施工组织设计中拌和站的设置数量按有关定额另行计算。

摊铺机铺筑水泥混凝土路面定额中仅包括水泥混凝土的第 1km 的运输,如需增运时,应根据施工组织确定的综合平均运输距离按桥涵工程章节有关定额另行计算增运费用。

定额已综合考虑了拉杆、传力杆的防锈处理、涂沥青、加装套子以及定位钢筋等,在计算水泥混凝土面板用钢筋的工程量时,不应将传力杆定位支架钢筋计算在内。

【工程量计算规则】

水泥混凝土路面按设计需要铺设的路面面积计算工程量。拉杆、传力杆和钢筋按设计质量计算工程量。

2-2-18 碾压混凝土路面※

【名词解释】

碾压混凝土路面是指水泥和水用量较普通混凝土显著减少的水泥混凝土混合料,经摊铺、振动碾压成型的水泥混凝土路面(简称 RCC)。碾压混凝土是一种坍落度为零的干硬性水泥混凝土,具有以下特点:水灰比和单位用水量少,稠度低,由于 RCC 中要掺加粉煤灰和外加剂,水泥用量大大减少;养护期短,可实现道路交通早期开放;干燥收缩小,可省去接缝和扩大横向接缝的间距;耐久性好,养护费用低;经济性好,与普通水泥混凝土路面相比,可减少工程费用 30% 以上。碾压混凝土路面一般适用于二级及二级以下的公路。

【图解工程】(图 2-26)

【定额说明】

定额是按集中拌和、摊铺机铺筑、振动压路机碾压的施工工艺进行编制的,已综合考虑了混凝土拌和、摊铺、碾压以及接缝处理等的工程内容,未包括水泥混凝土拌和站的安拆费用。定额使用时,应根据施工组织设计中拌和站的设置数量按有关定额另行计算。

【工程量计算规则】

按设计水泥混凝土路面的面积计算工程量。

a) 摊铺　　　　　　　　　　　　　b) 碾压

图 2-26　路面摊铺、碾压施工

2-2-19　自卸汽车运输水泥混凝土

【定额说明】

定额中已综合考虑了水泥混凝土的运输损耗,使用定额时其工程量应按设计数量计算,不应再计损耗量。本定额配合碾压混凝土路面定额使用。

【工程量计算规则】

按设计水泥混凝土路面混合料的实体体积计算工程量。

2-2-20　片石混凝土路面

【名词解释】

片石混凝土是在混凝土中加入一定量的片石,通常也叫毛石混凝土。

【定额说明】

定额中是按分散拌和、手推车运输混凝土和人工铺砌片石及路缘石的施工工艺进行编制的。

【工程量计算规则】

按设计片石混凝土路面面积计算工程量。

2-2-21　预制混凝土整齐块路面

【定额说明】

定额综合考虑了混凝土整齐块的预制、铺砌及铺筑砂垫层等工程内容,预制场建设和预制块的运输应另行计算。

【工程量计算规则】

混凝土整齐块的铺砌和砂垫层按设计混凝土路面面积计算工程量。

混凝土整齐块的预制按设计混凝土路面体积计算工程量。

2-2-22 煤渣、矿渣、石渣路面

【定额说明】

煤渣、矿渣、石渣路面一般使用路拌法施工方法,定额是按路拌法施工进行编制。

【工程量计算规则】

按设计需要铺设的路面面层(每层)的顶面面积计算工程量。

第三节 路面附属工程

2-3-1 全部挖除旧路面

【名词解释】

全部挖除旧路面是指将破损的旧路面按要求挖除,并清理至路基以外。

【定额说明】

全部挖除旧路面定额中已综合考虑了旧路面挖除、将废料清除至路基以外、场地清理、平整等工程内容。

【工程量计算规则】

按设计需要挖除的旧路面的压实体积计算工程量。

2-3-2 挖路槽、培路肩、修筑泄水槽

【名词解释】

路槽是指为铺筑路面而在路基上按路面行车道及硬路肩设计宽度修筑的浅槽。按施工工艺的不同,路槽分为挖槽、培槽和半挖半培槽三种。路槽深度为路面结构层厚度,其表面应设置与路拱一致的横坡。在施工过程中,对已修筑的路槽要注意排水,以免影响路基的强度和稳定性。

路肩是指位于行车道外缘至路基边缘,具有一定宽度的带状结构部分,包括硬路肩与土路肩。

泄水槽是指用来排除雨水或其他积水的浅槽。

【定额说明】

挖路槽定额是按全挖路槽形式进行编制的,综合考虑了不同土质的影响,如设计为半填半挖路槽形式时,人工消耗应乘以 0.8 的系数;挖路槽的土、石方,是按清除至路基以外堆放进行编制的,如需远运时,可按路基土、石方运输定额计算增运费用。

培路肩所需填方数量已在路基填方数量中综合考虑,不应再另计培路肩填方的开挖和运输费用。

【工程量计算规则】

挖路槽按设计所需挖路槽的面积计算工程量。

培路肩按设计所需培路肩的压实体积计算工程量。

修筑泄水槽按设计需要修筑的泄水槽长度进行计算。

2-3-3 人行道及路缘石

【名词解释】

人行道是指用路缘石或护栏及其他类似设施加以分隔的专门供人行走的部分。

路缘石是指路面边缘与其他构造物分界处的标界石,一般用石块或混凝土块砌筑。

【定额说明】

定额中混凝土均按现场预制或现浇的施工方式进行编制,人行道预制块按25cm×25cm×5cm的规格采用地底模的方式进行编制,路缘石预制块按49.5cm×30cm×12cm的规格采用地底模的方式进行编制,已综合考虑了地底模、混凝土拌和、运输、预制块运输等工程内容。

沥青表面处置人行道按厚度1.5cm的单层处置方式进行编制,已综合考虑熬油设备、熬油、运油等工程内容。

人行道定额中综合考虑了石灰土垫层等工程内容。

现浇路缘石定额是按水泥混凝土路缘石铺筑机铺筑的方法进行编制的。

【工程量计算规则】

人行道按设计需要铺设的人行道的面积计算工程量。

路缘石按设计需要铺设的体积计算工程量。

2-3-4 沥青路面镶边

【名词解释】

沥青路面镶边是指为保护沥青路面的边缘不被车辆压坏,而在路面的外边缘采用铺砌一定宽度的混凝土预制块、片石和砖等,主要起保护路面的作用。

【定额说明】

混凝土预制块沥青路面镶边按49.5cm×15cm×8cm规格的预制块采用地底模的方式进行编制,综合考虑了地底模、混凝土拌和、预制块运输等工程内容。

浆砌片(卵)石沥青路面镶边综合考虑了抹面砂浆等工程内容。

【工程量计算规则】

混凝土预制块、干砌片(卵)石、浆砌片(卵)石沥青路面镶边定额按设计需要进行镶边的圬工体积计算工程量。

青(红)砖沥青路面镶边定额按设计需要进行镶边的单边长度计算工程量。

2-3-5 土路肩加固

【名词解释】

土路肩加固是指在土路肩表面浇筑一层混凝土或铺筑混凝土预制块、浆砌片(卵)石等,起到保护土路基不受雨水的冲刷破坏、路基边缘的稳定、提高行车的安全性等作用。

【定额说明】

定额中现浇混凝土的厚度按10cm进行编制,综合考虑了混凝土拌和、运输及变形缝等工程内容;混凝土预制块按25cm×25cm×10cm的规格采用地底模的方式进行编制,综合考虑了混凝土拌和、预制块运输等工程内容;浆砌片(卵)石定额中已综合考虑了抹面等。

【工程量计算规则】

按设计需要进行土路肩加固所需圬工的体积计算工程量。

第三章 隧道工程

第一节 洞身工程

3-1-1 人工开挖

【名词解释】

矿山法的基本原理是,隧道开挖后受爆破影响,造成岩体破裂形成松弛状态,随时都有可能坍落。基于这种松弛荷载理论依据,其施工按分部顺序开挖,并要求边挖边撑,以木或钢构件作为临时支撑,待隧道开挖成型后,逐步将临时支撑撤换下来,代之以整体式厚衬砌作为永久性支护。

矿山法的开挖方法比较多,公路隧道常用上下导洞开挖法和下导洞扩大开挖法两种。

【施工技术】

1. 工艺概述

用矿山法施工时,将整个断面分部开挖至设计轮廓,并随之修筑衬砌。当地层松软时,则可采用简便挖掘机具进行开挖,并根据围岩稳定程度,在需要时应边开挖边支护。分部开挖时,断面上最先开挖导坑,再由导坑向断面设计轮廓进行扩大开挖。分部开挖主要是为了减少对围岩的扰动,分部的大小和多少视地质条件、隧道断面尺寸、支护类型而定。在坚实、整体的岩层中,对中、小断面的隧道,可不分部而将全断面一次开挖。如遇松软、破碎地层,须分部开挖,并配合开挖及时设置临时支撑(木构件支撑或钢木构件支撑),以防止土石坍塌。

2. 图解工程(图 3-1)

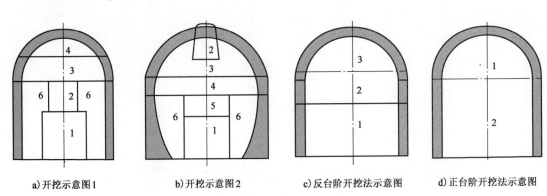

a) 开挖示意图1　　b) 开挖示意图2　　c) 反台阶开挖法示意图　　d) 正台阶开挖法示意图

图 3-1

e)钢木构件支撑1

f)钢木构件支撑2

图 3-1 矿山法开挖

3. 工艺流程

上下导洞开挖法是将开挖断面划分为 6 个部分,按编码由小到大的顺序进行开挖,适用于各类围岩的隧道。

(1)首先开挖下导洞,并从工作面铺设轻便轨道至弃渣处,配以斗车,以人力推运出渣,或用手推车运输出渣。轻便轨道则随洞身的延伸陆续向前接长。

(2)当下导洞开挖到一定深度后,即开始进行上导洞的开挖工作。在上导洞开挖到适当的深度后,则在上下导洞之间开挖 80cm×80cm 的方形漏渣孔,以便出渣,将上导洞开挖出来的石渣通过漏渣孔落入下导洞内铺设的轻便轨道上的斗车内,运弃于洞外。

(3)当上下导洞都开挖到适当的深度后,就开始将拱部扩大部分挖除,其开挖长度宜控制在 20~30m 之内,经检查符合设计要求时,即可进行拱部衬砌。

(4)在拱部衬砌到一定长度之后,才能分段(2~4m)将中槽和马口部分挖掉,随之将边墙衬砌好。

下导洞扩大开挖法系将开挖断面划分为 3 个部分,适用于围岩条件较好的隧道,其工艺流程与上下导洞开挖法相似。

【定额说明】

定额是按照矿山法人工开挖的施工方法进行编制,对公路隧道常用上下导洞开挖法和下导洞扩大开挖法两种方法进行了综合,还综合考虑了爆破、施工通风、照明及临时管线、施工排水、木支撑、出渣等工程内容。

【工程量计算规则】

按设计断面方数量(即成洞断面加衬砌断面)计算工程量,包括洞身与所有洞室(人行横洞、车行横洞除外)的数量,但不可将超挖数量计算在内。

3-1-2 机械开挖轻轨斗车运输

【名词解释】

轻轨斗车运输是铺设轻型轨道,用轨道式运输斗车出渣和进料的运输方法。这种运输方法多采用电瓶车及内燃机车牵引,既适用于大断面开挖的隧道,也适用于小断面开挖的隧道,尤其适用于较长的隧道运输(3km 以上),是一种适应性较强和较为经济的运输方式。

【施工技术】

图解工程(图 3-2)

a) 轻型轨道　　　　　　　　　　　　　　b) 轻轨运输

图 3-2　轻轨斗车运输

【定额说明】

定额是按照矿山法机械开挖的施工方法进行编制,对公路隧道常用上下导洞开挖法和下导洞扩大开挖法两种方法进行了综合,还综合考虑了爆破、施工通风、照明及临时管线、施工排水、木支撑、出渣等工程内容。

【工程量计算规则】

按设计断面方数量(即成洞断面加衬砌断面)计算工程量,包括洞身与所有洞室的数量,但不可将超挖数量计算在内。

3-1-3　正洞机械开挖自卸车运输

【名词解释】

新奥法开挖是应用岩体力学理论,以维护和利用围岩自承能力为基点,采用锚喷为主要支护手段及时进行支护,控制围岩的变形和松弛,使围岩成为支护体系的组成部分,并通过对围岩和支护的监控量测来指导隧道工程施工的方法。

光面爆破是利用岩石抗劈能力低,严控周边眼间距、周边眼方向,同时限制装药量,采用不耦合装药,周边炮眼较开挖区炮眼延时并同时起爆,使爆破面沿周边眼劈裂分开,避免周边眼以外的岩石受到破坏,使得岩体上出现平整开挖轮廓。炮眼的起爆顺序:掏槽眼→辅助眼→周边眼。

【施工技术】

1. 工艺概述

根据隧道洞身围岩情况,洞身埋深和洞身上部地形情况,以及机械设备,合理确定隧道洞身开挖方法。开挖方法主要有:全断面法、正台阶法、环形开挖留核心土法、中隔壁法(CD法)、交叉中隔壁法(CRD法)、双侧壁导坑法等。利用新奥法原理,采用光面爆破,进行洞身开挖。开挖作业时,应尽量减少对围岩的扰动,保护围岩的自承能力。隧道开挖后,应及时喷射混凝土封闭围岩,并及早完成初期支护。

2. 图解工程(图3-3)

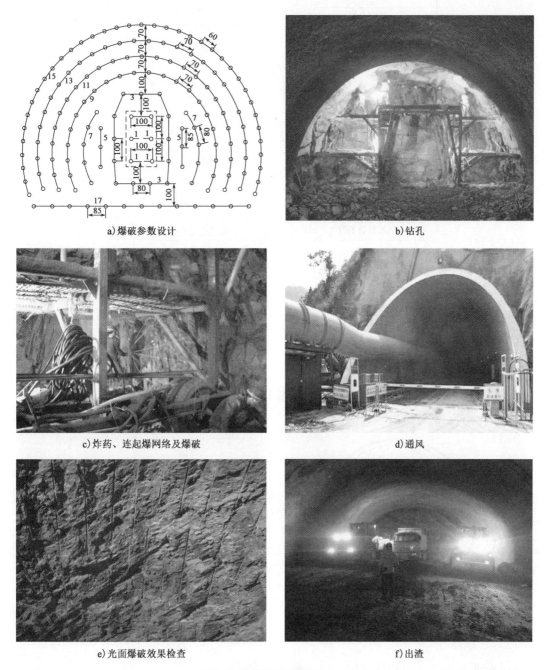

图3-3 爆破开挖(尺寸单位:cm)

3. 工艺流程(图3-4)

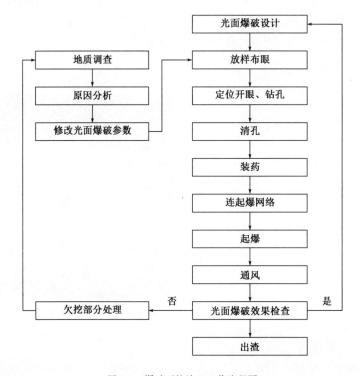

图3-4 爆破开挖施工工艺流程图

一、全断面法

【名词解释】

全断面法是采用全断面一次开挖成型的施工方法(图3-5)。

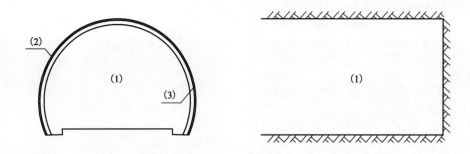

图3-5 全断面法示意图

【施工技术】

1. 工艺概述

(1)全断面开挖;(2)初期支护;(3)全断面二次衬砌。

2. 图解工程(图 3-6)

图 3-6 全断面开挖

3. 工艺流程

循环进尺宜控制在 3~4m。采用大型机械配套作业;超前开挖导洞时,应控制好开挖距离。

二、台阶法

【名词解释】

将设计断面分成上、下断面,先上后下分次开挖成型的施工方法(图 3-7)。

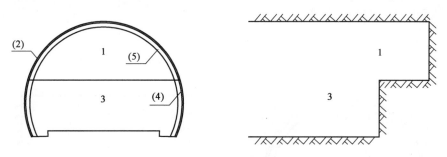

图 3-7 台阶法示意图

【施工技术】

1. 工艺概述

(1)上台阶开挖;(2)上台阶初期支护;(3)下台阶开挖;(4)下台阶初期支护;(5)全断面二次衬砌。

2. 图解工程(图 3-8)

3. 工艺流程

(1)台阶不宜多分层,上下台阶之间的距离尽可能满足机具正常作业,并减少翻渣工作量;当顶部围岩破碎,需支护紧跟时,可适当延长台阶长度。

a) 上下阶法开挖　　　　　　　　　　b) 三台阶法开挖

图 3-8　台阶法开挖

(2) 施工时应先护后挖,宜采用超前锚杆或超前小钢管辅助施工措施。开挖应尽量采用微震光面爆破技术。

(3) 初期支护应紧跟开挖面。上台阶施工时,钢架底脚宜设锁脚锚杆和纵向槽钢托梁以利下台阶开挖安全。下台阶在上台阶喷射混凝土强度达到设计强度的 70% 后开挖。

(4) 隧道两侧的沟槽及铺底部分应和下台阶一次开挖成型。

(5) 台阶分界线不得超过起拱线,上台阶长度不得大于 30m,下台阶马口落底长度不大于 2 榀钢拱架的长度,应一次落底,并尽快封闭成环。

(6) 台阶长度不宜过长,应尽快安排仰拱封闭间,改善初期支护受力条件。

三、环形开挖留核心土法

【名词解释】

先开挖上部环形导坑,并进行支护,再分部开挖中部核心土、两侧边墙的施工方法(图 3-9)。

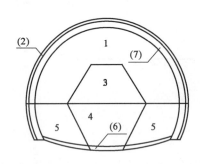
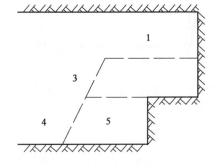

图 3-9　环形开挖留核心土示意图

【施工技术】

1. 工艺概述

(1) 上弧形导坑开挖;(2) 拱部初期支护;(3) 预留核心土开挖;(4) 下台阶中部开挖;(5) 下台阶侧壁部开挖;(6) 仰拱超前浇筑;(7) 全断面二次衬砌。

2. 图解工程(图 3-10)

图 3-10　环形开挖留核心土

3. 工艺流程

(1)环形开挖留核心土法,将开挖断面分为上、中、下及底部 4 个部分,逐级掘进施工,核心土面积应不小于整个断面面积的 50%。上部宜超前中部 3~5m,中部超前下部 3~5m,下部超前底部 10m 左右。为方便机械作业,上部开挖高度控制在 4.5m 左右,中部台阶高度也控制在 4.5m 左右,下部台阶控制在 3.5m 左右。

(2)核心土与下台阶开挖应在上台阶支护完成、喷射混凝土强度达到设计强度的 70% 后进行。为防止上台阶初期支护下沉、变形,其底部宜加设槽钢托梁,托梁与钢架连为一体,钢架底部应按设计要求设置锁脚锚杆,并与纵向槽钢焊接,锚杆布设俯角宜为 45°。

(3)每一台阶开挖完成后,及时喷射 4cm 厚混凝土对围岩进行封闭,设立型钢钢架及锁脚锚杆,分层复喷混凝土到设计厚度,必要时各台阶设临时仰拱加强支护,完成一个开挖循环。

(4)对土质的隧道应以核心土为基础设立 3 根临时钢架竖撑以支撑拱顶和拱腰,核心土应根据围岩量测结果适当滞后开挖。

四、中隔壁法

【名词解释】

先开挖隧道一侧,并施工中隔壁,然后再开挖另一侧的施工方法(图 3-11)。

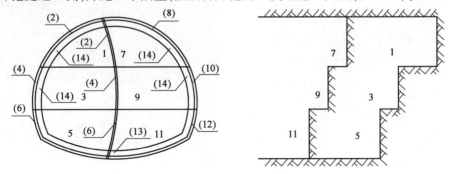

图 3-11　中隔壁法示意图

【施工技术】

1. 工艺概述

(1)先行导坑上部开挖;(2)先行导坑上部初期支护;(3)先行导坑中部开挖;(4)先行导坑中部初期支护;(5)先行导坑下部初期支护;(6)先行导坑下部初期支护;(7)后行导坑上部开挖;(8)后行导坑上部初期支护;(9)后行导坑中部开挖;(10)后行导坑中部初期支护;(11)后行导坑下部开挖;(12)后行导坑下部初期支护;(13)仰拱超前浇筑;(14)全断面二次衬砌。

2. 图解工程(图 3-12)

图 3-12 中隔壁法开挖

3. 工艺流程

(1)上部导坑的开挖循环进尺控制为1榀钢架间距(0.75~0.8m),下部导坑的开挖进尺可依据地质情况适当加大。

(2)初期支护完成后方可进行下一分部开挖,地质较差时,每个台阶底部均应按设计要求设临时钢架或临时仰拱;各部开挖时,周边轮廓应尽量圆顺;应在先开挖侧喷射混凝土,强度达到设计要求后再进行另一侧开挖;左右两侧导坑开挖工作面的纵向间距不宜小于15m;当开挖形成全断面时,应及时完成全断面初期支护闭合。

(3)导坑开挖孔径及台阶高度可根据施工机具、人员等安排进行适当调整。应配备适合导坑开挖的小型机械设备,提高导坑开挖效率。

(4)中隔壁的拆除应滞后于仰拱,并应于围岩变形稳定后才能进行,一次拆除长度应根据量测数据慎重确定,拆除后应立即施作二次衬砌。

五、交叉中隔壁法

【名词解释】

先开挖隧道一侧的一两部分,施工部分中隔壁墙,再开挖隧道另一侧的一两部分,然后再开挖最先施工一侧的最后部分,并延长中隔壁墙,施工临时仰拱,最后开挖剩余部分的施工方法(图3-13)。

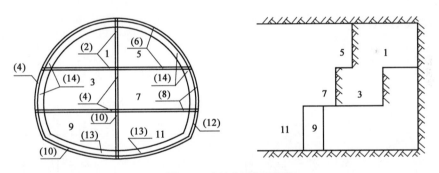

图3-13 交叉中隔壁示意图

【施工技术】

1. 工艺概述

(1)左侧上部开挖;(2)左侧上部初期支护;(3)左侧中部开挖;(4)左侧中部初期支护;(5)右侧上部开挖;(6)右侧上部初期支护;(7)右侧中部开挖;(8)右侧中部初期支护;(9)左侧下部开挖;(10)左侧下部初期支护;(11)右侧下部开挖;(12)右侧下部初期支护;(13)仰拱超前浇筑;(14)全断面二次衬砌。

2. 图解工程(图3-14)

3. 工艺流程

(1)为确保施工安全,上部导坑开挖循环进尺控制为1榀钢架间距(0.6~0.75m),下部开挖可依据地质情况适当加大,仰拱一次开挖长度依据监控量测结果、地质情况综合确定,一般不宜大于6m。

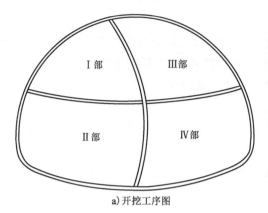 

a) 开挖工序图　　　　　　　　　　　b) 开挖全景

图 3-14　交叉中隔壁法开挖

(2)中间支护系统的拆除时间应考虑其对后续工序的影响,当围岩变形达到设计允许的范围之内,并在严格考证拆除的安全性之后,方可拆除。中隔壁混凝土拆除时,要防止对初期支护系统形成大的振动和扰动。

(3)中隔壁的拆除应滞后于仰拱。

(4)应配备适合导坑开挖的小型机械设备,提高导坑开挖效率。

六、双侧壁导坑法

【名词解释】

先开挖隧道两侧的导坑,并进行初期支护,再分部开挖剩余部分的施工方法(图3-15)。

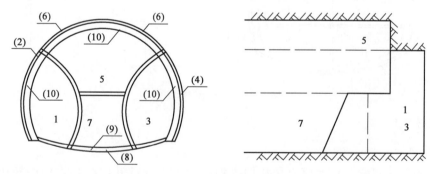

图 3-15　双侧壁导坑法示意图

【施工技术】

1. 工艺概述

(1)左(右)导坑开挖;(2)左(右)导坑初期支护;(3)右(左)导坑开挖;(4)右(左)导坑初期支护;(5)上台阶开挖;(6)上台阶初期支护、导坑隔壁拆除;(7)下台阶开挖;(8)仰拱初期支护;(9)仰拱超前浇筑;(10)全断面二次衬砌。

2. 图解工程（图 3-16）

a) 开挖工序图　　　　　　　　b) 开挖全景

图 3-16　双侧壁导坑法开挖

3. 工艺流程

（1）围岩开挖应尽量采用挖掘机和人工配合无爆破施工，局部需爆破施工时，宜弱爆破施工，以尽量减少对地层的扰动。

（2）开挖应严格按规范做好监控量测工作，随时掌握围岩及支护的变形情况，以便及时修正支护参数，改变施工方法；同时，应有较准确的超前地质预报。

（3）开挖时做好排水工作，在保证排水畅通的同时，重点要对两侧临时排水沟铺砌抹面，防止钢支撑基底软化。

（4）侧壁导坑开挖后，应及时施工初期支护并尽早形成封闭环；侧壁导坑形状应近于椭圆形断面，导坑跨度宜为整个隧道跨度的 1/3；左右导坑施工时，前后拉开距离不宜小于 15m；导坑与中间土体同时施工时，导坑应超前 30～50m。

七、连拱隧道中导洞法

【名词解释】

中导洞全隧道贯通，修筑中隔墙，主洞采用台阶法施工，称为中导洞法（图 3-17）。

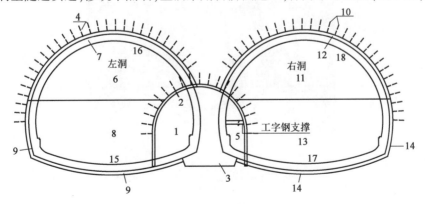

图 3-17　连拱隧道中导洞法示意图

【施工技术】

1. 工艺概述

(1)中导洞开挖;(2)中导洞初期支护;(3)中导洞贯通,中隔墙施工;(4)先行洞超前支护;(5)中导洞回填加固;(6)先行洞上台阶开挖;(7)先行洞上台阶初期支护;后续工序同正洞台阶法。

2. 图解工程(图 3-18)

a)中导洞开挖

b)中导洞初期支护

c)中隔墙施工

d)先行洞台阶法施工

e)三导洞法

图 3-18　连拱隧道中导洞法施工

3. 工艺流程

(1) 连拱隧道一般埋深浅、跨度大、地质条件复杂、受雨季地表水影响大,施工应严格按设计及规范要求采取强有力的超前预支护或预加固措施以保证开挖安全,还应特别注意地形偏压带来的不利影响。

(2) 钻爆法施工应采用微震光面爆破和减轻震动爆破技术,以减轻爆破对围岩的扰动。

(3) 连拱隧道施工应合理安排两侧主洞开挖、初支、二衬等工序的先后顺序及步距,减少先行洞、后行洞施工时相互对围岩及结构的扰动,以确保施工安全。一般情况下,不宜左右两洞齐头并进同时开挖、衬砌,宜先左(右)洞,后右(左)洞,再左(右)洞,继而右(左)洞逐步推进,如此循环进行;先行洞应选择在偏压侧及地质较为软弱的一侧;先行洞开挖超前另侧主洞30~50m,先行洞二次衬砌断面落后后行洞开挖面距离,现场可根据爆破震动监测结果确定,一般不小于2倍洞径。

(4) 为确保施工安全,避免二衬出现开裂,要求左右洞必须至少各配备一台二次衬砌模板台车。

(5) 应严格按设计要求进行中隔墙施工,中隔墙施工时应注意预埋与主洞钢支撑连接钢板。

【定额说明】

定额是按照隧道新奥法开挖原理采用光面爆破进行编制的,连拱隧道中导洞、侧导洞开挖是按连拱隧道的施工方法进行编制,正洞定额分为开挖和出渣两部分,未包括施工通风及临时管线路,应按有关定额另行计算。隧道长度是指隧道进出口(不含与隧道相连的明洞)洞门端墙墙面之间的距离,即两端端墙面与路面的交线同路线中线交点间的距离。双线隧道按上、下行隧道长度的平均值计算。

【工程量计算规则】

按设计断面方数量(即成洞断面加衬砌断面)计算工程量,包括洞身与所有洞室的数量,但不可将超挖数量计算在内。

3-1-5 钢 支 撑

【名词解释】

初期支护中环向的钢拱架叫钢支撑,它是特制环向的工字钢或其他型钢(也有用螺纹钢焊接组成的格栅钢架),一般埋设在喷射混凝土中,起到增强初期支护,稳定围岩的作用。工字钢拱架一般在Ⅴ级围岩等地质较差的部位应用。

【施工技术】

1. 工艺概述

钢支撑应分节段制作,每节段长度应根据设计尺寸及开挖方法确定,不宜大于4m。每片节段应编号,注明安装位置。工字钢在洞外加工平台上按设计加工成型,洞内安装在初喷4cm混凝土岩面封闭后进行,喷射混凝土保护层厚度不小于2cm。钢支撑由拱部、边墙各单元构件拼装而成,各单元用螺栓连接。架立安装时钢拱垂直隧道纵轴线。钢支撑紧跟工作面施工,边墙脚基底承载力大于0.5MPa,当超挖过多或承载力不足时采用喷射混凝土或现浇混凝土加强基础;钢支撑在现场利用特制模具用工字钢冷弯卷曲加工成型。

2. 图解工程(图3-19)

a)工字钢冷弯机

b)工字钢加工

c)加工成型的单元构件

d)钢支撑安装

e)工字钢钢架采用螺栓连接

f)安装质量检查

图3-19 双侧壁导坑法施工

3. 工艺流程(图3-20)

【定额说明】

钢支撑分为型钢钢架和格栅钢架两种,定额按永久性钢架支护编制,若为临时性钢架支护时,应按附注规定的周转次数和回收率等计算回收金额。

【工程量计算规则】

按设计需要的钢支撑和连接钢筋的质量计算工程量。

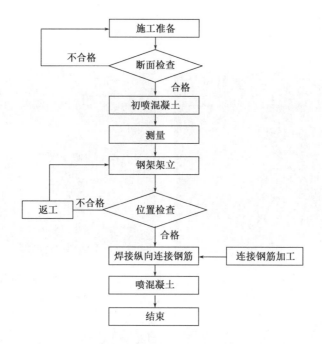

图 3-20 钢支撑施工工艺流程图

3-1-6 锚杆及金属网

【名词解释】

钻凿岩孔,然后在岩孔中灌入水泥砂浆并插入一根钢筋,当砂浆凝结硬化后钢筋便锚固在围岩中,借助于这种锚固在围岩中的钢筋能有效地控制围岩或浅部岩体变形,防止其滑动和坍塌,这种插入岩孔,锚固在围岩中从而使围岩或上部岩体起到支护作用的钢筋称为锚杆。喷射混凝土中配置钢筋网,可以提高喷射混凝土的整体性,防止收缩开裂,使混凝土受力均匀,并提供一定的抗剪强度,有利于抵抗岩石塌落和承受冲击荷载。

【施工技术】

1. 工艺概述

根据地质及岩性,锚杆长度、钢拱架间距、喷射混凝土厚度作相应的调整。喷锚支护紧跟开挖面及时施工,以减少围岩暴露时间,抑制围岩变形,防止围岩在短期内松弛剥落。锚杆呈梅花形沿隧道周边径向设置。

锚杆预先在洞外按设计要求加工制作,钻孔采用凿岩机按设计要求钻凿孔眼,达到要求后用高压风清孔,然后将加工成型并除去油污、铁锈、杂质的锚杆插入孔内,锚杆强度要求 >500MPa,杆体抗拉极限拉力 >180MPa,反循环式注浆,注浆压力 >1.0MPa,水泥砂浆注浆标号≥M20,锚杆工作荷载 >90kN。按规范要求抽样进行锚杆抗拔试验。锚杆抗拔试验采用 ZD4-500 锚杆抗拔仪,按锚杆数 1%(且不少于 3 根)抽检,其 28d 抗拔力平均值应不小于设计值,最小抗拔力不小于设计值的 90%。

2. 图解工程(图 3-21)

a) 钻机就位钻孔1

b) 钻机就位钻孔2

c) 锚杆安装1

d) 锚杆安装2

e) 清孔

f) 锚杆注浆

图 3-21

g) 安装锚垫板和螺母　　　　　　h) 锚杆施工质量检测

图 3-21　锚杆施工

3. 工艺流程(图 3-22)

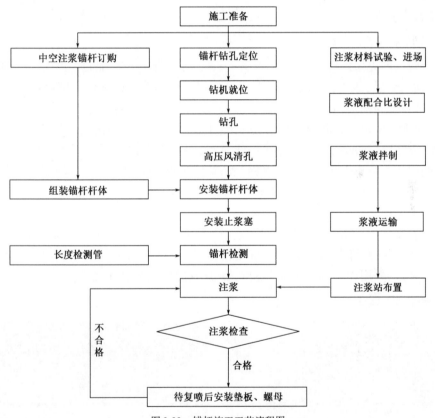

图 3-22　锚杆施工工艺流程图

【定额说明】

定额是按锚杆为全长黏结型锚杆、填充黏结料为水泥砂浆进行编制的,中空注浆锚杆包括:锚杆体、锚头、止浆塞、垫板、螺母、注浆接头等;自钻式注浆锚杆包括:锚杆体、连接套、止浆塞、垫板、螺母、钎尾套、注浆接头、十字合金钻头等。已综合考虑了脚手架、成孔、材料运输以及砂浆锚固等工程内容。

【工程量计算规则】

砂浆锚杆按设计的锚杆、垫板及螺母等的质量之和计算工程量。

中空注浆锚杆、自进式锚杆按设计需要设置的锚杆长度计算工程量。

金属网按设计需要设置的金属网的质量计算工程量。

3-1-7 管棚、小导管

【名词解释】

为防止隧道开挖引起的地表下沉和围岩松动,在掘进前沿开挖工作面的上半断面设计周边打入厚壁钢管,在地层中构筑的临时承载棚防护下,进行开挖的预支护方法。长大管棚超前注浆预支护技术可以改善松散破碎岩层的物理力学性质,在开挖段上方形成具有较强承载能力的整体排架式加固拱圈,在第四系坡积层、残积层、软弱破碎岩体、浅埋段等不良地质情况的围岩中得到了较为广泛的应用。

【施工技术】

1. 工艺概述

大管棚施工前先做好机具、材料的准备、调试及水泥浆配合比配制。首先进行钢筋混凝土长管棚导向墙(套拱)施工,套拱在明洞外轮廓线以外紧贴掌子面施作。搭设钻进支架及工作平台,支架必须牢固稳定,能够承受钻进过程中钻机的冲击力,确保施工过程中支架不发生移位和变形,准确放出每根管棚的中心位置,并定出轴线方向。采用潜孔凿岩机打眼,管棚采用热轧无缝钢管 $\phi108 \times 6mm$;方向与路线中线平行;钢管施工误差径向不大于 $20cm$,隧道纵向同一横断面内接头数不大于 50%,相邻钢管的接头错开 $2m$,采用 $\phi127 \times 4mm$ 钢管作为孔口导向管。管棚按设计位置施工,钢管上按照梅花形间距 $10cm$ 钻 $\phi6 \sim 8mm$ 的小孔,钻孔按先拱部后两侧的顺序进行,先打有孔钢花管,每钻完一孔便顶进一根钢管,钻进中应经常采用测斜仪量测钢管钻进的偏斜度,发现偏斜超过设计要求,及时纠正,钢管接头采用丝扣连接,丝扣长 $15cm$。打设后在钢管中压注水泥浆,注浆初压 $0.5 \sim 1MPa$,终压 $2 \sim 2.5MPa$,注浆结束后及时清除管内浆液,并用 M30 水泥砂浆紧密充填,增加管棚的刚度和强度。

2. 图解工程(图 3-23)

a) 导向管定位与安装　　　　　　b) 套拱模板安装及混凝土浇筑

图 3-23

c) 钢管的加工制作

d) 大型潜孔钻机进行钻孔及钢管安装

e) 管棚注浆

f) 管棚施工完成开始进洞

图 3-23　管棚施工

3. 工艺流程（图 3-24）

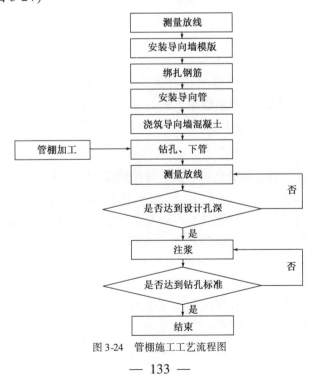

图 3-24　管棚施工工艺流程图

【定额说明】

定额中孔口管采用 $\phi127\times4mm$、每根长 2m 的热轧无缝钢管进行编制,孔口管用 $\phi25$ 钢筋固定在钢架上。

定额中管棚按管径 $80mm\times4mm$ 和 $108mm\times6mm$ 两种规格进行编制,综合考虑脚手架和工作台等工程内容。

定额中超前小导管采用 $\phi42\times3.5mm$、每根长 4m 的热轧无缝钢管进行编制,钢管前端 10cm 呈尖锥状,尾部焊上 $\phi6mm$ 加劲筋,管壁四周钻 8mm 压浆孔,尾部有 1.2m 不设压浆孔,定额已综合考虑脚手架、工作台和加劲筋等工程内容。

孔口管、管棚、超前小导管型号若与设计不同时,可按实际型号调整定额。

定额中注浆按单液浆(水泥浆)和双液浆(水泥水玻璃浆)进行编制,综合考虑了高压胶管和孔口阀门、堵孔等工程内容。

【工程量计算规则】

孔口管、管棚、超前小导管的计价工程量按设计需要设置的长度计算工程量,定额中已综合考虑固定钢筋的消耗,不应再另行计算。

注浆按设计需要注浆的浆液体积计算工程量。

3-1-8 喷射混凝土

【名词解释】

按一定比例将水泥、砂、石、细集料、水及外加剂配合搅拌成混凝土,用泵或压缩空气输送到喷嘴处与液体速凝剂混合,借助高压风(亦可不用)喷射的施工方法。湿喷工艺可以通过对混凝土配合比(特别是水灰比)和速凝剂掺量的有效控制来提高强度质量保证。

湿喷技术使得干喷工艺所造成的回弹量大、粉尘多、强度低、强度离散性大、一次喷层厚度小等长期困扰工程技术人员的问题得到了很好的解决,采用湿喷工艺是保证喷射混凝土质量最有效的手段,2009 年 10 月 1 日开始执行的新版《公路隧道施工技术规范》(JTG F60—2009)8.2.1 条款已经明确规定"喷射混凝土施工不得采用干喷工艺"。

【施工技术】

1. 工艺概述

喷射混凝土配合比应通过试验确定并满足设计强度和喷射工艺的要求。隧道开挖后及时初喷,硬岩地段复喷作业距离掌子面不得大于 50m,软岩地段初期支护应紧跟掌子面。

喷射混凝土分为初喷和复喷二次进行。初喷在开挖(或分部开挖)完成后立即进行,以尽早封闭岩面,防止表面风化剥落。复喷混凝土在锚杆和钢架安装后进行,使初期支护整体受力,以抑制围岩变形。喷射混凝土分段、分片由下而上、先墙后拱顺序分层进行,每段长度不超过 6m。一次喷射厚度控制在 6cm 以下,下层混凝土在前一层混凝土终凝前进行。为了控制喷射厚度,喷射时插入长度比设计厚度大 5cm 的铁丝环,每 2m 安设一根。喷嘴垂直受喷面,均匀顺时针方向螺旋转动喷射,以使喷射混凝土喷射密实,符合设计及规范要求。

2. 图解工程(图 3-25)

a) 湿喷设备选择

b) 混凝土自动拌和

c) 混凝土运输

d) 混凝土喷射作业

e) 喷射混凝土强度检测

f) 喷射混凝土空洞地质雷达检查

图 3-25　喷射混凝土施工

3. 工艺流程(图 3-26)

【定额说明】

定额按湿喷法施工工艺进行编制,综合考虑了混凝土回填、操作运输等损耗以及喷射施工所需的高压胶管、喷浆架、储水包以及混凝土外掺剂等工程内容和消耗。定额中钢纤维用量按喷射混凝土质量的3%进行编制,若设计采用的钢纤维掺量或纤维品种与定额不同时,可按设计用量抽换本定额中钢纤维的消耗量。

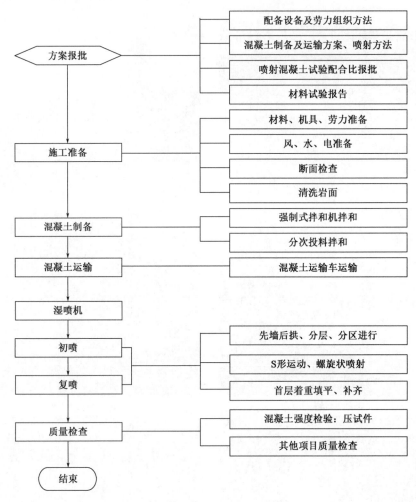

图 3-26 喷射混凝土施工工艺流程图

【工程量计算规则】
按设计喷射混凝土厚度乘以喷射面积计算工程量,喷射面积按设计外轮廓线计算。

3-1-9 现浇混凝土衬砌

【名词解释】
衬砌指的是为控制和防止围岩的变形或坍落,确保围岩的稳定,或为处理涌水和漏水,或为隧道的内空整齐或美观等目的,将隧道的周边围岩被覆起来的结构体。

公路隧道根据隧道围岩地质条件、施工条件和使用要求可分别采用喷锚衬砌、整体式衬砌、复合式衬砌。高速公路、一级公路、二级公路的隧道应采用复合式衬砌。复合式衬砌是由初期支护和二次衬砌及中间夹防水层组合而成的衬砌形式。二次衬砌宜采用模筑混凝土或模筑钢筋混凝土结构,衬砌截面宜采用连接圆顺的等厚衬砌断面,仰拱厚度宜与拱墙厚度相同。

模板台车是指由门架结构、大块模板、调整机构(液压或螺杆)、行走机构等组成的隧道二次衬砌混凝土浇筑用的整体移动设备(图 3-27)。

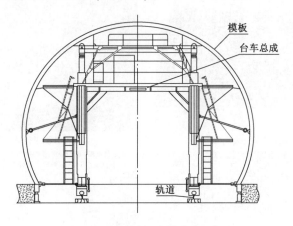

图 3-27　全断面衬砌钢模台车示意图

【施工技术】

1. 工艺概述

混凝土衬砌施工通常在初期喷锚支护进行后,通过量测确认岩体变形稳定后进行。(1)各测试项目所显示的位移率明显减缓并已基本稳定。(2)已产生的各项位移已达预计位移量的 80%～90%。(3)周边位移速率小于 0.1～0.2mm/d,或拱顶下沉速率小于 0.07～0.15mm/d。在满足上述条件后,应尽快进行二次衬砌的施作。

二次衬砌施作前,应做好防排水的施工,当防排水系统经检查符合要求后,方可进行二次衬砌的施工。混凝土的生产采用拌和站集中拌制(拌和站为 4 个料仓,自动计量),运输采用混凝土运输车运输,浇筑采用混凝土输送泵。

2. 图解工程(图 3-28)

a)全断面衬砌钢模台车拼装

b)全断面衬砌钢模台车面板打磨涂油

图　3-28

图 3-28 二衬混凝土施工

3. 工艺流程(图 3-29)

【定额说明】

模筑混凝土衬砌定额中已综合考虑了模板台车及模架等工程内容,定额中现浇混凝土均未包括混凝土的拌和费用,使用定额时应按桥涵工程有关定额另行计算其费用,拱顶及边墙的回填数量已综合在模筑混凝土定额中。

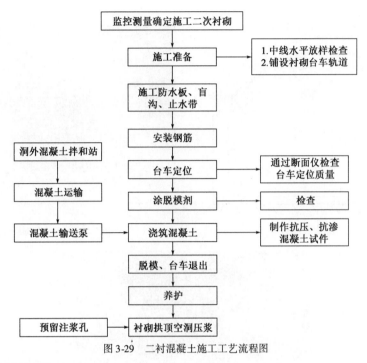

图 3-29 二衬混凝土施工工艺流程图

【工程量计算规则】

现浇混凝土按设计断面衬砌混凝土的体积计算工程量,包括所有洞室的衬砌混凝土数量。定额中已综合因超挖及预留变形需回填的混凝土数量,不得将上述因素的工程量计入计价工程量中。

钢筋定额的计价工程量按设计衬砌所需的钢筋质量进行计算。

3-1-10 石料、混凝土预制块衬砌

【名词解释】

石料、混凝土预制块衬砌与就地灌筑的整体混凝土衬砌比较,在砌筑后能立即承受围岩压力,并易于就地取材,但衬砌的整体性差,且砌缝容易漏水,防水性能较差。石料及混凝土预制块目前在公路隧道工程施工中已较少采用。

【施工技术】

1. 工艺概述

石料、混凝土预制块衬砌用强度等级不低于 M10 水泥砂浆砌筑衬砌。石料的强度等级不应低于 MU60,并且有裂隙和易风化的石料不应采用。混凝土预制块的强度等级不应低于 MU60。

2. 图解工程(图 3-30)

3. 工艺流程

(1)衬砌用的石料及砌块,应采用车辆运送,装卸车或安装砌块时宜使用小型机械提升。当砌筑高度在 1.5m 以下时,允许使用跳板抬运,但跳板应架到与隧道平行的位置。

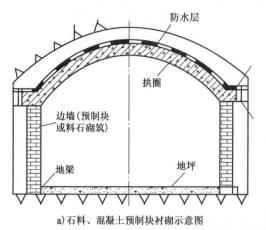
a) 石料、混凝土预制块衬砌示意图

b) 石料、混凝土预制块衬砌1

c) 石料、混凝土预制块衬砌2

图 3-30　石料、混凝土预制块衬砌

(2) 用石料砌筑边墙时,应间歇进行。当砌筑高度至 2~3m 时,应停止 4h 后方能继续砌筑。若墙后超挖过大,回填层就逐层用干(浆)砌料填塞,以免坍塌。

【定额说明】

定额综合考虑了踏步、脚手架、拱架、混凝土预制块运输等工程内容,未包括混凝土拌和的工程内容,使用定额时应按桥涵工程有关定额另行计算,注意混凝土预制块预制工程量与砌筑工程量之间的差异。

【工程量计算规则】

按设计需要的衬砌圬工体积计算工程量。

3-1-11　防水板与止水带(条)

【名词解释】

防水板:以高分子聚合物为基本原料制成的一种防渗材料。防水板采用易于焊接的防水卷材,厚度不少于 1.0mm,接缝搭接长度不小于 100mm。

橡胶止水带(条):采用天然橡胶与各种合成橡胶为主要原料,掺加各种助剂及填充料,经塑炼、混炼、压制成型的一种防渗材料。

【施工技术】

1. 工艺概述

防水板:防水板采用环向铺设,从拱部向两侧边墙展铺,下部防水板应压住上部防水板,松紧应适度并留有余量,保证防水板全部面积均能抵到初喷面,幅间搭接10cm,采用爬焊机焊接。

止水带:在混凝土浇筑过程中,止水带部分或全部浇埋在混凝土中,在压力荷载作用下产生弹性变形,起到密封,防止结构物出现渗漏水。

2. 图解工程(图3-31)

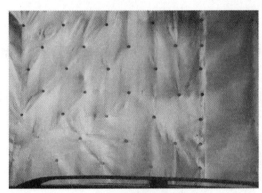
a)土工布铺设

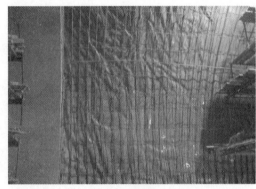
b)防水板铺设

c)仰拱背贴式止水带安装

d)仰拱中埋式止水带安装

图3-31　防水板与止水带施工

3. 工艺流程

防水板施工工艺流程:铺设台车就位→初期支护表面检查与修整→安装环向排水盲管→铺设土工布→铺设防水板→防水板爬焊→防水板充气试验→合格后进入下道工序。

止水带施工工艺流程:挡头模板钻钢筋孔→穿钢筋卡→放置止水带→下一环节止水带定

位→浇筑混凝土→拆挡头板→下一环止水带定位。

【定额说明】

防水板定额中复合式防水板按无纺布 350g/m², 厚 1.2mmEVA 防水板进行编制,复合后的单位重为 1.488kg/m², 综合考虑了复合式防水板的铺设、焊接、固定以及工作台等工程内容。本定额的计价工程量按设计需要敷设的防水板面积进行计算。

止水带、止水条定额考虑了止水带或止水条的铺设、固定以及工作台等工程内容。

【工程量计算规则】

防水板按设计需要敷设的防水板的面积计算工程量。

止水带、止水条定额按设计需要敷设的止水带或止水条的长度计算工程量。

3-1-12　塑料排水管沟

【名词解释】

纵向排水管是指初期支护后,铺设复合防水板前,沿隧道两侧边墙墙角铺设的软式透水管。

横向排水管应尽量设在环向盲沟处,以便环向盲沟里的水能迅速流入纵向排水管,纵横向排水管用三通连接,接头处应外缠无纺布。

在围岩有股水或较大淌水地段,铺设复合式防水板前应设置环向排水管。

为防止砂土流入双壁打孔波纹管内,侧式及纵向双壁打孔波纹管外应裹一层无纺土工布。

【施工技术】

1. 工艺概述

在初期支护中根据地下水量大小、按照规定间距设置环向排水管将水引入隧道两侧边墙墙脚设置的纵向打孔双壁波纹管;纵向排水管通过横向排水管引入隧道中心排水管。

2. 图解工程(图 3-32)

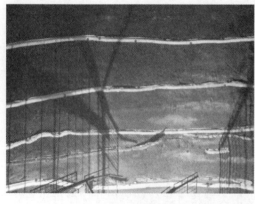 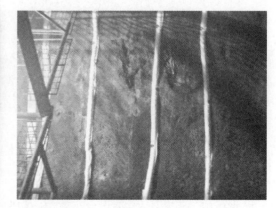

a) 环向排水管1　　　　　　　　　　　　b) 环向排水管2

图 3-32

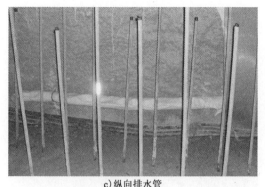

c) 纵向排水管　　　　　　　　d) 环纵向排水管

图 3-32　塑料排水管沟施工

3. 工艺流程

塑料排水管沟施工工艺流程：基面处理→钻孔定位→安装定位卡→铺设盲管→捆扎盲管→盲管纵环向连接。

【定额说明】

定额综合考虑了排水管、无纺布、塑料管沟的敷设、固定以及工作台等工程内容，侧式排水沟定额中还综合考虑了基座混凝土、填碎石等工程内容。定额中纵向排水管、环向弹簧排水管和侧式打孔波纹管均按 1 根设置，当设计采用 2 根或 3 根时，其人工分别乘以 1.3 或 1.8 的系数，排水管的数量按设计数量（含损耗）调整定额用量；环向盲沟定额中未考虑快凝防水砂浆，当设计需要时，可根据设计要求按有关定额另行计算。

【工程量计算规则】

横向、纵向排水管和侧式排水沟按设计隧道单洞每侧需要铺设的长度计算工程量。

环向排水管按设计隧道横断面需要敷设的长度计算工程量。

3-1-13　混凝土沟槽

【名词解释】

路面两侧应设置纵向排水沟，路侧边沟可设置为明沟或暗沟。当为暗沟时，应设沉沙池、滤水箅，其间距宜为 25～30m。

【施工技术】

1. 工艺概述

隧道混凝土沟槽采用分段施工，分段施工不宜过短且要保证线形顺直。考虑沟槽在温度作用下的伸缩变形影响，每 30m 设置变形缝，模板采用组合钢模板，一次性浇筑成型。沟槽盖板采用工厂化集中预制运输至现场。

2. 图解工程（图 3-33）

3. 工艺流程

混凝土沟槽施工工艺流程：施工准备→测量放样→边墙和基底处理→沟墙钢筋、预埋件安装→模板安装→浇筑混凝土→养护。

a) 清理槽底和边墙　　b) 混凝土浇筑1
c) 混凝土浇筑2　　d) 沟槽预埋钢筋
e) 混凝土沟槽1　　f) 混凝土沟槽2

图 3-33　混凝土沟槽施工

【定额说明】

定额是按明沟进行编制的,综合考虑了混凝土预制块件的运输、砂浆砌筑等工程内容,未包括混凝土的拌和,应按桥涵工程的有关定额另行计算,并应根据施工组织设计确定的混凝土拌和方式考虑是否增加现浇混凝土的运输费用。

【工程量计算规则】

现浇或预制混凝土沟槽及盖板按设计的混凝土体积计算工程量。

钢筋按设计钢筋质量计算工程量。

3-1-14 拱顶压浆

【名词解释】

在二次衬砌混凝土施工过程中,由于受空间和工艺的限制,拱顶混凝土捣固困难,密实度不易达到要求,通过在隧道背后回填注浆,充填由于混凝土浇筑不饱满形成的剩余空间,使初期支护与二次衬砌密贴共同受力,同时填塞由于混凝土不密实或开裂形成的裂缝,封堵地下水,起到防水的作用。注浆材料为单液水泥类浆液,采用 P·O 42.5 水泥。

【施工技术】

1. 工艺概述

通常注浆管按设计要求位置预留,钢管与注浆管路相连,注浆前应先对注浆管路进行吸水试验,检查注浆管路能否耐压,有无漏水,设备是否正常。回填注浆施工自较低的一端开始,向较高的一端推进。回填注浆方式一般采用逐渐加压式,注浆过程中要严格控制压力,一般不大于 0.5MPa,并时刻观察注浆压力和流量的变化,以免扰动衬砌混凝土。

2. 图解工程(图 3-34)

a) 配制水泥浆液

b) 注浆机压力表

c) 拱顶压浆1

d) 拱顶压浆2

图 3-34　拱顶压浆施工

3. 工艺流程

拱顶压浆施工工艺流程：检查预留注浆孔是否堵塞→注浆塑料管与预留注浆管试接→吸水试验检验管路密封及设备是否正常→配制水泥浆液→逐渐加压注浆→效果检查→二次补压。

【定额说明】

定额是按浆液为普通水泥砂浆进行编制的，若采用其他浆液时，可按设计要求抽换定额中浆液的消耗。定额综合考虑了脚手架、钻孔等工程内容。

【工程量计算规则】

按设计需要压注的浆液体积计算工程量。

3-1-15　正洞通风

【名词解释】

在隧道施工中，凿岩、爆破、出渣、喷射混凝土等作业过程经常会产生大量的粉尘和有害气体，严重危害作业人员的身体健康，也不利于施工作业的正常进行。因此，施工通风是隧道施工中不可或缺的环节，也是制约隧道快速施工的一个重要因素。施工通风的目的是供给洞内足够新鲜空气，稀释并排除有害气体和降低粉尘浓度，以改善劳动条件，保障作业人员的身心健康。

【施工技术】

1. 工艺概述

施工通风有管道通风和巷道通风两种。在隧道施工中，采取何种通风方式应根据隧道的施工方法、坑道特点和污染源的特性以及设备条件等因素加以确定，一般以管道居多。管道通风按送风方式不同可分为压入式、抽(排)出式和混合式三种。

2. 图解工程(图 3-35)

a) 洞口通风机

b) 掌子面通风

图　3-35

c) 正洞通风1　　　　　　　　　　　d) 正洞通风2

图 3-35　正洞通风施工

(1)压入式通风是将轴流风机安设在距离洞口 30m 以外新鲜风区(上风向),通过管道将新鲜空气压送到开挖工作面,稀释有害气体,并将受污染的空气沿隧道排出洞外。此方式基本不受施工条件限制,在目前施工生产中应用很广泛。

(2)抽(排)出式通风分为抽出式和排出式,抽出式通风将通风机安设在距离洞口 30m 以外的下风向,通过刚性负压管道将开挖工作面产生的受污空气抽出洞外;排出式通风将通风机安设在开挖工作面污染源附近,通过通风管道将受污空气排出洞外,洞外通风管道出风口也需在距离洞口 30m 以外的下风向,新鲜空气沿隧道进入开挖工作面。

(3)混合式通风将压入式与抽(排)出式联合布置。压入式通风机安设在洞口到抽(排)出式通风进风口之间合适的位置,与抽(排)出式通风进风口保持 10m 以上的距离,抽(排)出式通风的出风口应设置在距离洞口 30m 以外的下风向,新鲜空气有压入式通风机通过管道送到开挖工作面,受污空气到达抽(排)出式通风进风口处被吸入排出洞外。

【定额说明】

定额是按压入式的管道通风方式进行编制的,综合考虑了风机和风管的安装与拆除、通风、管道等工程内容。

本定额适用于机械开挖自卸汽车运输的隧道施工项目。

【工程量计算规则】

按隧道的设计长度计算工程量,即隧道两端端墙面与路面的交线同路线中线交点间的距离,但应注意当隧道连接有明洞时,应扣除明洞的长度;对于长度在 500m 以内的短隧道工程,则不计算正洞施工通风费用。

3-1-16　正洞高压风水管、照明、电线路

【名词解释】

隧道施工中的通风、供水、供电及照明等辅助作业的实施主要是为了确保隧道开挖、运输、

支护和衬砌等基本作业的顺利进行,是各类隧道不可缺少的附属工作。

(1)通风设备:空压机、高压风管、闸阀、分风器。

(2)供水设备:贮水池、高压水箱、泵水房、水泵、高压水管。

(3)供电、照明设备:变压器、发电机、各类配电开关设备、配电箱、各类照明灯。

【施工技术】

1. 工艺概述

通风:(1)压风站应在洞口旁边选址修建,并宜靠近变电站,应有防水、降温、保温和防雷击设施。(2)压风站供风能力须满足隧道正常施工需要,供风管路布置应尽量避免压力损失,保证工作面使用风压不小于0.5MPa。(3)供风管道前端至开挖面距离不应大于20m。

供水:(1)在实施和维修本工程期间,应确保施工和生活用水设施的提供、安装和保养满足施工及生活需要,并保证施工用水要求和按国家规定的生活饮用水标准持续不断地供水。(2)寻找水源时按施工需要的供水压力(水压不小于0.3MPa)合理选址修建高位水池,安装上、下水管路。(3)对于修建高位水池困难的隧道,宜采用变频高压供水装置满足施工需要。(4)管道前端至开挖面一般不超过20m。

供电:(1)对于短隧道应采用高压至洞口,再低压进洞;长隧道及特长隧道应考虑高、中压进洞,以满足施工需要。(2)隧道施工供电应采用400/230V三相五线供电系统;动力设备应采用三相380V;照明电压一般作业地段不宜大于36V,成洞段和不作业地段可采用220V,瓦斯地段不得超过110V,手提作业灯为12~24V;选用的导线截面应使低压线路末端要点电压降不大于10%;36V及24V线不得大于5%;高压分线部位应设明显危险警告标志;所有配电箱和开关应全部进行责任人和用途标识。(3)洞外变电站应设置防雷击和防风装置,且宜设在靠近负荷集中地点和电源来线一侧;当变电站电源线需跨越施工地区时,其最低点距人行道和运输线路的最小高度应满足:电压35kV时为7.5m,电压6~10kV时为6.5m,电压400V时为6m;变压器容量应按电气设备总用量确定,当单台电动设备容量超过变压器容量1/3时,宜适当增加启动附加容量。洞内变电站应设置在干燥的紧急停车带或不使用的横通道内,变压器与周围及上下洞壁的最小距离,不得小于300mm,同时应按规定设置灯光、轮廓标等安全防护设施;洞内高压变电站之间的距离宜为1000m,由变电站分别向相反两方向供电,每一方供电距离宜采用500m;洞内高压变电站应采用井下高压配电装置或相同电压等级的油开关柜,不应使用跌落式熔断器,应有防尘措施。(4)成洞地段固定的电线路,应采用绝缘良好的胶皮线架设;施工地段的临时电线路应采用橡套电缆;瓦斯地段的输电线必须使用密封电缆,不得使用皮线;涌水隧道的电动排水设备应采用双回路输电,并有可靠的切换装置;动力干线上每一分支线,必须装设开关及保险装置;严禁在动力线路上加挂照明设施。(5)照明和动力线路安装在同一侧时,必须分层架设。电线悬挂高度应满足:110V以下电线离地面距离不应小于2m,400V时应大于2.5m,6~10kV时不应小于3.5m。供电线路架设一般要求高压在上、低压在下,干线在上、支线在下,动力线在上、照明线在下。

2. 图解工程(图 3-36)

图 3-36　正洞高压风水管、照明、电线路施工

3. 工艺流程

通风：计算空压机房所需的通风能力→空压机的选择→空压机房的布置→高压风管的选择→管道的安装。

供水：估算用水量→选取水源→确定供水方式→修筑(安装)供水设施→高压水管的选择和布置→管道的安装。

供电和照明：估算施工总用电量→选择供电方式→供电线路布置和导线选择→施工照明和施工用电。

【定额说明】

定额综合考虑了正洞施工过程中的高压风、水管、施工照明、照明动力电线路和照明器材、通风、除尘等工程内容和因素。

本定额适用于机械开挖自卸汽车运输的隧道施工项目。

【工程量计算规则】

按隧道的设计长度计算工程量，即隧道两端端墙面与路面的交线同路线中线交点间的距离，但应注意当隧道连接有明洞时，应扣除明洞的长度；对于长度在 500m 以内的短隧道工程，则不计正洞高压风水管、照明、电线路。

3-1-17 洞内施工排水

【名词解释】

施工排水即将隧道施工过程中围岩渗(涌)水排到隧道外面,以利于施工作业。

【施工技术】

1. 工艺概述

在隧道施工过程中,掌子面开挖后,形成地下水的人工排泄边界,隧道附近水流坡度加大,导致裂隙张开度增大,形成新裂隙,促使地下水向隧道汇流。围岩渗(涌)水从裂隙、断层中涌入隧道。隧道洞内采用分级分段排水,设置多级泵站和临时积水坑接力抽排至隧道洞外。

2. 图解工程(图3-37)

图3-37 洞内施工排水

3. 工艺流程

洞内施工排水:上台阶临时排水沟和积水坑→下台阶临时积水坑→仰拱临时积水坑和集水箱→洞内集水箱→抽排至洞外。

【定额说明】

定额仅适用于反坡排水的情况,顺坡排水已在洞身开挖定额中综合考虑。

【工程量计算规则】
按设计确定的排水量计算工程量。

3-1-18 明洞修筑

【名词解释】
明洞指采用明挖法施工的隧道,常用于埋深很浅的隧道洞口处及受塌方、落石等危害的路堑地段。

【施工技术】
1. 工艺概述

明洞衬砌采用模板衬砌台车全断面浇筑,利用混凝土输送泵泵送混凝土,附着式振捣器配合插入式捣固。浇筑混凝土必须对称分层浇筑,分层浇筑厚度应根据捣实方式确定。衬砌不留施工平缝,纵向施工缝必须竖直。脱模后及时养护,养护时间不少于14d。

衬砌台车支架要求有足够的强度和稳定性,保证混凝土浇筑过程中不变形、不跑模、不移位。

2. 图解工程(图3-38)

a) 台车就位

b) 明洞立模

c) 浇筑明洞衬砌

d) 明洞衬砌

图3-38 明洞修筑施工

3.工艺流程

明洞修筑施工工艺流程:施工准备→台车移位对位→立模涂脱模剂→拌和站拌制混凝土→混凝土运输车输送混凝土→混凝土输送泵将混凝土压入衬砌台车→脱模养护。

【定额说明】

定额仅为明洞衬砌,明洞开挖应按路基工程有关定额另行计算。已综合考虑了脚手架、工作平台、模架等工程内容,未包括混凝土的拌和及运输费用,应按桥涵工程有关定额另行计算其费用。

【工程量计算规则】

按设计圬工体积或钢筋质量计算工程量。

3-1-19 明 洞 回 填

【名词解释】

明洞回填包括洞顶回填和墙背回填。为防止一般的落石、崩坍危害,明洞拱背回填土的厚度不宜小于2.0m,填土表面应设置一定的排水坡度。不设洞门端墙时,可采用拱背部分裸露、按自然山坡填土,填土表面一般应植草。

【施工技术】

1.工艺概述

隧道工程要求结构具有良好的稳定性、安全性,明洞回填施工直接影响以后隧道行车的安全性。在明洞衬砌、防水施工完毕后,进行明洞逐层回填土施工。

2.图解工程(图3-39)

a)墙背回填土　　　　　　　　　　　　b)洞顶回填土

图 3-39

c) 墙背对称回填土1

d) 墙背对称回填土2

e) 墙背对称回填土3

f) 明洞回填

图 3-39　明洞回填施工

3. 工艺流程

明洞回填施工工艺流程：施工准备→设置纵向盲沟→端墙砌筑→反滤层填筑→土石方填筑、夯实→黏土隔水层施工→浆砌片石封顶。

【定额说明】

明洞回填包括洞顶回填和墙背回填。

【工程量计算规则】

按设计确定的各种填料的回填数量计算工程量。

3-1-20　明洞防水层

【名词解释】

明洞回填土表面宜铺设隔水层，并与边坡搭接良好。衬砌外缘铺设外贴式防水层。

【施工技术】

1. 工艺概述

依据"防排结合、多道设防、综合治理"的原则,结合工程所处的地形地貌、水文地质、工程地质等自然条件,以及结构形式、选用材料、施工工艺等因素,合理确定防水方式。明洞结构面被回填土石掩埋部分均铺设防水层,钢筋混凝土结构外缘与回填土石面接触部分以外依次设置不同类型的防水层。

2. 图解工程(图3-40)

a) 铺设防水层1

b) 铺设防水层2

c) 铺设防水层3

d) 黏土隔水层施工

图3-40 明洞防水层施工

3. 工艺流程

明洞防水层施工工艺流程:防水涂料施工→砂浆找平层施工→防水板施工→结构保护层施工→排水盲管施工→明洞土石方回填→黏土隔水层施工。

【定额说明】

明洞防水层包括黏土隔水层和砂浆防水层。

【工程量计算规则】

按设计确定需要铺设的隔水层的体积或防水层的面积计算工程量。

3-1-21 洞内装饰

【名词解释】

洞内装饰即在隧道衬砌结构表面按规范和设计要求粘贴饰面砖石或喷涂饰面涂料。不仅可起到美化作用,而且还可减少噪声,提高隧道亮度和照明效果。洞内装饰应按照力求安全、经济、美观、实用的原则进行综合确定。

【施工技术】

1. 工艺概述

根据设计文件要求选择合适的装饰施工工艺。为满足隧道洞内防眩降噪要求,涂料施工从打底到有色涂料一般均采用机械喷涂工艺;瓷砖为结合砂浆粘贴施工。

2. 图解工程(图3-41)

图 3-41 隧道洞内装饰

3. 工艺流程

喷涂料施工工艺流程:喷涂基层处理→测量放样→调制涂料浆(涂抹厚度控制,基底打底喷涂,基层喷涂)→基面检查和修整→测量不同颜色涂料分界线→面层喷涂→成品保护。

瓷砖粘贴施工工艺流程:基层处理→抹底子灰→选砖、浸砖→排砖、弹线→粘贴标准点→垫底尺→粘贴瓷砖→勾缝。

【定额说明】

定额是按水磨石、镶贴马赛克、镶贴瓷砖、拱顶喷涂和吊顶五种类型进行编制的,综合考虑了脚手架、砂浆、表面磨光、清洗、打蜡、吊顶骨架及顶棚安装、装饰材料的运输等工程内容。

【工程量计算规则】

按设计需要进行装饰的隧道墙面(含拱顶)的面积或吊顶的面积计算工程量。

第二节 洞门工程

3-2-1 洞门墙砌筑

【名词解释】

隧道洞门墙是隧道洞口用圬工砌筑的支挡结构物,是整个隧道结构的主要组成部分,起着保护洞口、保证边坡及仰坡稳定、美化和诱导作用。

【施工技术】

1. 工艺概述

根据设计图纸要求,结合实际地形,施作完砌体基础后,进行墙体施工放线。现场采用砂浆搅拌机拌制砂浆,砂浆随拌随用。混凝土预制块严格按照"一丁一顺"方式,采用挤浆法进行分层砌筑。各砌层的混凝土预制块应安放稳固,砌块间砂浆饱满,连接牢固,水平砌缝应严格保持水平。砌筑砌体预留2cm深的空缝,随即用砂浆勾缝。墙体砌筑完毕后及时养护。

2. 图解工程(图3-42)

a)砌筑洞门墙1

b)砌筑洞门墙2

图 3-42

c) 洞门墙1

d) 洞门墙2

图 3-42 洞门墙砌筑施工

3. 工艺流程

洞门墙砌筑施工工艺流程：基底处理→墙体放线→制备砂浆→砌块排列→铺砂浆→砌块就位→校正→砌筑预制块→竖缝灌砂浆→勾缝→养护。

【定额说明】

定额综合考虑了脚手架、砂浆、勾缝等的工程内容，未包括洞门墙基础等的开挖，需要时应按路基土石方开挖定额另行计算。

【工程量计算规则】

按设计洞门墙的圬工体积计算工程量，包括构成砌体的砂浆的体积，应注意混凝土预制块预制工程量与砌筑工程量的差异。

3-2-2 现浇混凝土洞门墙

【名词解释】

现浇混凝土洞门墙是指隧道洞口采用混凝土浇筑的支挡结构物，是整个隧道结构的主要组成部分，起着保护洞口、保证边坡和仰坡稳定、美化和诱导的作用。

隧道洞门有翼墙式、端墙式、柱式、环框式、遮光或遮阳式等不同形式。

【施工技术】

1. 工艺概述

根据设计图纸要求，结合实际地形，进行测量放线洞门各部位置，人工配合机械开挖洞门墙基础，浇筑基础混凝土。在此基础上搭设脚手架，安装洞门墙模板，浇筑墙体混凝土，混凝土浇筑完毕和模板拆除后及时养护。

2. 图解工程(图 3-43)

a) 搭设脚手架

b) 墙体模板安装

c) 现浇混凝土

d) 现浇洞门墙

图 3-43 现浇混凝土洞门墙施工

3. 工艺流程

现浇混凝土洞门墙施工工艺流程:测量放样→洞门墙开挖→脚手架搭设→钢筋加工与绑扎→模板安装→测量复查→混凝土洞门墙浇筑→拆模养护。

【定额说明】

定额综合考虑了脚手架等工程内容,未包括洞门墙的开挖和混凝土拌和,需要时应按路基土石方开挖定额和桥涵工程有关定额另行计算。

【工程量计算规则】

按设计洞门墙的混凝土体积或钢筋质量计算工程量。

3-2-3 洞门墙装修

【名词解释】

隧道洞门除具有结构、安全等方面重要作用外,还具有一定的装饰艺术价值,这就决定了其作为建筑物的特殊性。从美学的角度分析,洞门墙装修是设计师对具体的、简单的构筑物与周围环境协调的过程,是通过色彩、材质、体形等方面的变化来诠释道路特征。

【施工技术】

1. 工艺概述

隧道洞门墙装修即在已施作好的洞门墙表面按规范和设计要求粘贴饰面砖石或喷涂饰面涂料,起到美化洞门的作用。涂料施工从打底到有色涂料一般均采用机械喷涂工艺;瓷砖为结合砂浆粘贴施工。

2. 图解工程(图 3-44)

图 3-44 洞门墙装修

3.工艺流程

喷涂料施工工艺流程:搭设脚手架→喷涂基层处理→测量放样→调制涂料浆(涂抹厚度控制,基底打底喷涂,基层喷涂)→基面检查和修整→测量不同颜色涂料分界线→面层喷涂。

饰面砖石粘贴施工工艺流程:搭设脚手架→基层处理→抹底子灰→选砖石→浸砖石→排砖石、弹线→粘贴标准点→垫底尺→粘贴饰面砖石→勾缝。

【定额说明】

定额是按镶水刷石、瓷砖两种类型进行编制,已综合考虑了脚手架、砂浆及装饰材料运输等工程内容。

【工程量计算规则】

按设计需要进行装饰的洞门墙的面积计算工程量。

第三节 辅助坑道

3-3-1 斜井开挖

【名词解释】

斜井是指特长隧道根据需要而设置的、与正洞成一定交角且直通地面的通道,是正洞隧道施工出渣、材料及设备运输的重要出入口,也是特长隧道施工和运营期的重要通风口及紧急救援的重要通道。

【施工技术】

1.工艺概述

斜井施工既可由上向下施工(又称下山施工),也可由下向上施工(又称上山施工),主要视与上下坑口相连工程的贯通情况而定。对于通达地面的斜井,一般均由上向下施工。斜井施工的基本作业程序、方法、设备介于正洞和竖井之间,在出渣、运输、排水、通风和安全等技术措施方面有其自身的特点。当其倾角小于45°时,与正洞开挖较为接近;大于45°时,又具有竖井的某些特征。

我国斜井施工中,目前广泛使用矿车和箕斗提运。矿车有固定车厢式、V形翻斗式、底卸式等,主要视提升货物种类和井口卸载方式而定。

当井筒倾角小于25°、提升距离小于200m时可采用矿车提运。矿车提升方法简单,井口临时设施少,但提升能力低,掘进速度受到限制。

采用箕斗提运,与矿车提运相比,装载高度低,提升能力大,提升连接装置安全可靠,装卸载方便、速度快,同时能省去摘挂钩、甩车等辅助时间。使用大容量箕斗,在掘进断面和长度较大的斜井时效果更为显著。

2.图解工程(图3-45)

3.工艺流程

斜井的开挖、初期支护、二次衬砌、防排水等施工工艺流程与常规隧道基本一致。

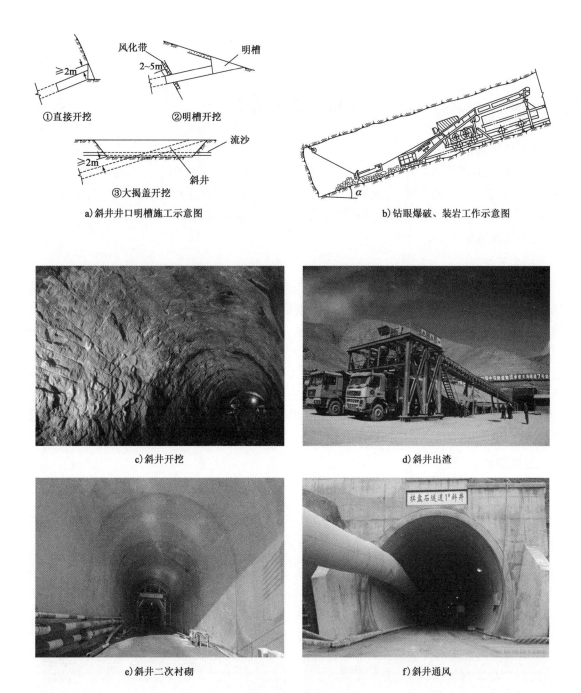

图 3-45 斜井开挖施工

【定额说明】

定额仅为人工手持凿岩机进行钻爆法施工开挖斜井,定额中已综合考虑了脚手架、爆破等工程内容,未包括出渣、施工通风及临时管线路和施工排水等,此部分应按有关定额另行计算。

【工程量计算规则】

按斜井的设计断面方数量(成洞断面加衬砌断面)计算工程量,不可将超挖数量计算在内。

3-3-2 斜井出渣

【名词解释】

斜井出渣是指将斜井开挖的土、石等运出洞外,是隧道施工的关键工序,特别是出渣时间,往往是影响下道工序的关键,也是影响隧道施工工序循环的重要因素。出渣时间与装渣、运渣设备的配置紧密相关,装渣、运渣设备配置是否合理,直接决定出渣时间的快慢。

【施工技术】

1. 工艺概述

斜井出渣运输主要方式有无轨运输(汽车运输)出渣和有轨运输出渣两种。坡度大小是选用斜井出渣运输方式的主要因素。无轨运输是指采用装载机装车,配合自卸汽车运输的出渣方式。其特点是方便、运输灵活、适应能力强,适用于坡度12°以内的斜井。有轨运输是指机车牵引矿车出渣的方式,具有一次性设备投入大、附属设施多、运动能力强、速度快等特点,适用于坡度大于12°的斜井。斜井有轨出渣主要有串车提升和箕斗法提升方式。其中串车提升自动化程度不高,效率低,需要有井下调车场,井上要有较长的运输栈道和有效的卸渣距离,往往需二次倒渣装运,且需多次挂钩、摘钩,易出安全问题;箕斗法提升安全、稳定,且提升速度快,生产能力大,井下无须调车场,井上有效提升距离短,能实现自动倒渣。

2. 图解工程(图3-46)

a)自卸汽车配合挖装机出渣　　　　　　b)有轨运输出渣

图3-46　斜井出渣运输

【定额说明】

定额是按不同的斜井长度综合编制的。

【工程量计算规则】

按斜井的设计断面方数量(成洞断面加衬砌断面)计算工程量,不可将超挖数量计算在内。

3-3-3 斜井衬砌

【名词解释】

衬砌是指为防止围岩变形或坍塌,沿斜井周边采用混凝土等材料修建的永久性支护结构。二次衬砌与初期支护相对而言,指在隧道已经进行初期支护的条件下,用混凝土等材料修建的内层衬砌,以达到加固支护。

【施工技术】

1. 工艺概述

二次衬砌在初期支护进行后,完成防排水施作,经检验符合设计要求后,方可施工。混凝土的运输采用混凝土输送车运输,浇筑采用混凝土输送泵,采用模板台车现浇。

2. 图解工程(图3-47)

a)斜井二次衬砌1

b)斜井二次衬砌2

图3-47 斜井二次衬砌

3. 工艺流程

斜井二次衬砌施工工艺流程:施工准备→台车移位对位→立模涂脱模剂→拌和站拌制混凝土→混凝土运输车输送混凝土→混凝土输送泵将混凝土压入衬砌台车→脱模养护→结束。

【定额说明】

定额是按现浇混凝土衬砌编制的,综合考虑了脚手架、衬砌平台等工程内容,未包括混凝土的拌和费用,应按桥涵工程有关定额另行计算。

【工程量计算规则】

按设计衬砌混凝土的体积或钢筋质量计算工程量。

3-3-4　斜井通风及管线路

【名词解释】

斜井通风及管线路是指为了确保斜井开挖、出渣、支护衬砌等基本作业的顺利进行而临时设置的通风设施和供电、照明及排水管线。

供风设备：空压机、高压风管、闸阀、分风器。

供水设备：移动水箱、泵水房、水泵、高压水管。

供电、照明设备：变压器、发电机、各类配电开关设备、配电箱、各类照明灯。

【施工技术】

1. 工艺概述

同"3-1-16　正洞高压风水管、照明、电线路"。

2. 图解工程（图3-48）

图3-48　斜井通风及管线路布置

3. 工艺流程

通风：计算空压机房所需的通风能力→空压机的选择→空压机房的布置→高压风管的选择→管道的安装。

供水：估算用水量→选取水源→确定供水方式→高压水管的选择和布置→管道的安装。

供电和照明：估算施工总用电量→选择供电方式→供电线路布置和导线选择→施工照明和施工用电。

【定额说明】

定额综合考虑了斜井施工过程中的高压风管、水管、施工照明、照明动力电线路和照明器材、通风、防尘等工程内容和消耗。

【工程量计算规则】

按斜井设计的长度计算工程量。

3-3-5 竖井开挖※

【名词解释】

自上而下施工凿岩爆破一次成型的竖井修建方法，称为正井法（图3-49）。爆破开挖一环，初支紧跟一环，循环采用"一掘一喷"直到井底，同时二衬施工采取翻模形式从下而上浇筑，直至达到设计高程。

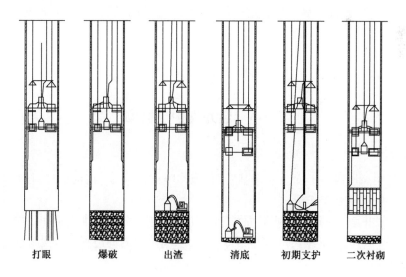

图3-49 正井法开挖示意图

【施工技术】

1. 工艺概述

（1）打眼；（2）爆破；（3）出渣；（4）排险清底；（5）初期支护；（6）二次衬砌。

2. 图解工程(图 3-50)

a)竖井开挖

b)竖井衬砌

图 3-50 竖井开挖施工

3. 工艺流程

(1)井口段施工:竖井井口采用挖掘机开挖,开挖完成后绑扎井口锁口圈钢筋,立模灌注混凝土,锁定井口,然后进行井口段施工。

(2)井身段施工:采用钻爆法施工,光面爆破工艺,锚喷初期支护。工艺流程:钻爆→出渣→初期支护→二次出渣(清底)→进入下一循环。

【定额说明】

定额是按常规的正井法施工工艺进行编制的,综合考虑了爆破、施工通风、防尘、照明、出渣以及有关的管线路等工程内容。

【工程量计算规则】

按竖井设计断面方数量(成洞断面加衬砌断面)计算工程量。

3-3-6 竖井支护与衬砌

【名词解释】

竖井支护:用高压风自上而下吹净基岩面,施作喷射混凝土、结构锚杆、挂设钢筋网、安装钢架,采用锚、网、喷联合支护形式。

竖井衬砌:竖井是一种筒形规则断面薄壁结构,衬砌主要分为初期支护和二次衬砌。竖井衬砌是控制和防止围岩的变形或坍落,确保围岩的稳定,将隧道的周边围岩被覆起来的结构体。

【施工技术】

1. 工艺概述

竖井支护:初期支护施工中,根据地质条件和地下水等采取不同的支护参数,通常采用锚喷支护,或增加钢支撑加强支护。按地下水的情况,辅以结构防排水和施工排水。

竖井衬砌:首先选择竖井衬砌施工的设备,采用自下而上二衬顺序。先施作竖井底板混凝土,按设计要求植入预埋钢筋,然后在底板上拼装衬砌设备,最后按施工放样采用稳车准确定位。二衬混凝土输送采用混凝土输送泵供应,当衬砌高度超过泵送能力时,采用溜灰管、人工辅助将混凝土送入模仓浇筑,利用附着式振捣器将混凝土振捣密实。

2. 图解工程(图 3-51)

a) 锚网喷支护

b) 竖井衬砌

图 3-51 竖井支护与衬砌施工

3. 工艺流程

竖井支护:通风→清理基岩面→处理欠挖→初喷混凝土→打设锚杆→安装钢架→挂钢筋网→喷射混凝土至设计厚度→围岩量测→反馈、调整支护参数。

竖井衬砌:施工准备→切割井壁尖头→排水管安设→挂防水板→二衬模架定位→混凝土制备→混凝土浇筑→脱模提架→下一个循环。

【定额说明】

喷射混凝土定额是按湿喷法施工工艺进行编制的,综合考虑了混凝土回填、操作运输等损耗以及喷射施工所需的高压胶管、喷浆架、储水包以及混凝土外掺剂等工程内容和消耗,未包括混凝土的拌和费用,使用定额时应按桥涵工程有关定额另行计算其费用。

模筑混凝土定额综合考虑了脚手架、衬砌平台等工程内容,未包括混凝土的拌和费用,应按桥涵工程有关定额另行计算。

锚杆定额综合考虑了脚手架、工作台、成孔、构件运输以及砂浆锚固等工程内容。

【工程量计算规则】

喷射混凝土定额按设计喷射混凝土厚度乘以喷射面积计算工程量,喷射面积按设计外轮廓线计算。

模筑混凝土定额按设计衬砌混凝土的体积或钢筋质量计算工程量。

锚杆定额按设计锚杆、垫板及螺母等的质量之和计算工程量。

3-3-7 斜井洞内施工排水

【名词解释】

同正洞施工排水。

【施工技术】

1. 工艺概述

同正洞施工排水。

2. 图解工程(图 3-52)

a) 掌子面抽排1

b) 掌子面抽排2

c) 分段分级抽排

d) 安设分段分级抽排水泵

图 3-52 斜井洞内施工排水

3. 工艺流程

同正洞施工排水。

【定额说明】

定额仅适用于反坡排水的情况,顺坡排水已在洞身开挖定额中综合考虑。

【工程量计算规则】

按设计确定的排水量计算工程量。

3-3-8 人行、车行横洞开挖

【名词解释】

目前,大部分隧道为分离式隧道,且长度超过 1km。人行、车行横洞是指为应对此类隧道洞内火灾等突发事故发生后,方便人员和车辆逃生转移和救援,而在隧道左右幅之间设置的横向联络通道。

【施工技术】

1. 工艺概述

根据地质情况,采用符合隧道实际情况的开挖方法,在开挖过程中,严格控制周边眼的数量和装药量,保证开挖轮廓线的顺直,符合设计图纸尺寸,做到不欠挖和少超挖。

2. 图解工程(图 3-53)

a) 开挖成型的人行横洞1

b) 开挖成型的人行横洞2

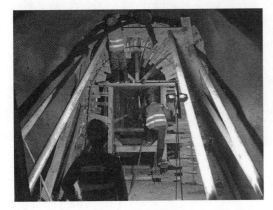

c) 人行横洞立模

d) 人行横洞

图 3-53

e) 开挖成型的车行横洞

f) 车行横洞立模

g) 车行横洞1

h) 车行横洞2

i) 车行横洞3

图 3-53　人行、车行横洞开挖施工

3. 工艺流程

人行、车行横洞开挖施工工艺流程：施工放样→准备钻孔作业的各项工作→爆破→排烟→出渣→初期支护→下一道工序。

【定额说明】

定额仅为人工手持凿岩机进行钻爆法施工开挖人行、车行横洞部分,定额中已综合考虑了脚手架、爆破等工程内容。

【工程量计算规则】

按人行、车行横洞的设计断面方数量(成洞断面加衬砌断面)计算工程量,不可将超挖数量计算在内。

第四章 桥涵工程

第一节 开挖基坑

4-1-1 人工挖基坑土、石方

【名词解释】

以人工配合铁锹、大锤、钢钎、风镐、风钻等简单工具,将基坑内的土松动,或人工打眼、装药、爆破基坑内的岩石,并用手推车等人力方式清运土、石渣出坑外。

【施工技术】

1. 工艺概述

人工开挖基坑土、石方包括:人工挖土或人工打眼、装药、爆破石方,清运土、石渣出坑外;安拆简单脚手架及整修运土、石渣便道;清理、整平、夯实土质基底,检平石质基底;挖排水沟及集水井;取土回填、铺平、洒水、夯实。

2. 图解工程(图4-1)

3. 工艺流程

人工开挖基坑土、石方施工工艺流程:施工准备→场地清理→测量放线→切线分层开挖→排降水→人工挖土、凿石至设计高程→修坡、整平→挖排水沟集水坑→基坑验收。

【定额说明】

定额对不同的土质和不同的基坑深度进行了综合,综合考虑了开挖,清运土、石渣出坑外,简单脚手架,挖排水沟及集水井,基底的清理、铺平、夯实以及基坑回填、夯实,便道等工程内容。

【工程量计算规则】

按设计开挖的基坑容积计算工程量。

4-1-2 人工挖卷扬机吊运基坑土、石方

【名词解释】

以人工配合铁锹、大锤、钢钎、风镐、风钻等简单工具,将基坑内的土松动,或人工打眼、装药、爆破基坑内的岩石,并用卷扬机清运土、石渣出坑外。

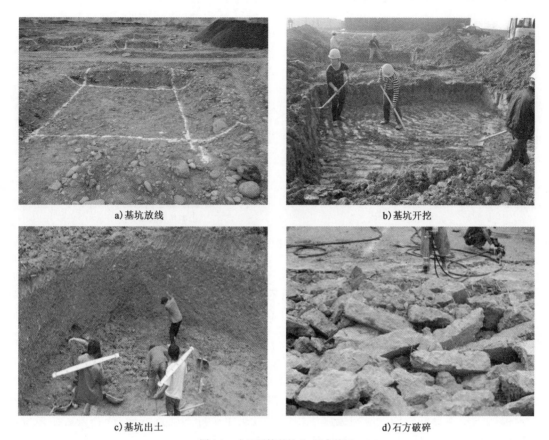

图 4-1 人工开挖基坑土、石方施工

【施工技术】

1. 工艺概述

人工开挖卷扬机吊运基坑土、石方包括：人工挖土或人工打眼开炸石方；装土、石方卷扬机吊运土、石出坑外；清理、整平、夯实土质基底，检平石质基底；挖排水沟及集水井；安拆脚手架、移动摇头扒杆及整修运土、石渣便道；取土回填、铺平、洒水、夯实。

2. 图解工程（图 4-2）

a) 基坑开挖

b) 小型卷扬机出土

图 4-2

c) 基底处理

d) 基坑排水沟开挖

图 4-2 人工开挖卷扬机吊运基坑土、石方施工

3. 工艺流程

人工开挖卷扬机吊运基坑土、石方施工工艺流程：施工准备→场地清理→测量放线→切线分层开挖→排降水→人工挖土、凿石至设计高程→修坡、整平→挖排水沟、集水坑→基坑验收。

【定额说明】

定额对不同的土质和不同的基坑深度进行了综合，综合考虑了开挖，清运土、石渣出坑外，简单脚手架，挖排水沟及集水井，基底的清理、铺平、夯实以及基坑回填、夯实，便道等工程内容，未包括扒杆本身的费用。应根据施工组织设计确定扒杆的配置数量，按有关定额另行计算，但扒杆的移动用工数量已综合在本定额中，不应再另行计算。

【工程量计算规则】

按设计开挖的基坑容积计算工程量。

4-1-3 机械挖基坑土、石方

【名词解释】

利用推土机、挖掘机等大型机械对基坑内的土方松动、挖掘，或小型钻孔机具钻孔、装药，对基坑内的石方破碎、挖掘，用起重机、卷扬机等设备吊运土、石渣至坑外；此外，以人工为辅，清理边坡、基底，安拆简单脚手架及整修运土、石渣便道等。

基坑开挖分放坡开挖和非放坡开挖两种(图 4-3)，其中非放坡开挖需根据基坑土质、地下水位、开挖深度等条件确定是否对坑壁进行支护。

【施工技术】

1. 工艺概述

基坑开挖前根据基坑平面尺寸、开挖深度、支护结构形式、施工方法等因素，确定挖土顺序、支护结构、基坑土体加固、降水等达到设计、施工要求，测量放线，利用大型机械破碎、开挖土、石方，人工配合修整边坡及基底等，根据现场状况设置排水沟、集水坑。

a) 放坡开挖

b) 非放坡开挖

图 4-3 基坑开挖

2. 图解工程(图 4-4)

3. 工艺流程

机械开挖基坑土、石方施工工艺流程：施工准备→场地清理→放线→挖土、挖基坑周边地面截(排)水沟→修边坡→分层分段挖土、运土→基坑支护(降水、排水)→维护坡面→挖土至坑底面设计高程并验槽→挖基底边排水沟、基底找平。

a) 基坑开挖1

b) 基坑开挖2

c) 基坑排水

d) 边坡修整

图 4-4

e) 基坑整平

f) 基坑验收

图 4-4 机械挖基坑土、石方施工

【定额说明】

定额是按锚碇基坑开挖和其他基坑开挖编制的,锚碇是指悬索桥的锚碇,而非其他结构(如缆索吊装等)用的锚碇。

锚碇基坑开挖分为放坡开挖和非放坡开挖两种方式。放坡开挖适用于山坡式锚碇基坑开挖,即在山坡上开挖锚碇基坑,其施工作业方式和要求接近于路基土、石方开挖;非放坡开挖适用于沉井式锚碇基坑开挖,即利用地下连续墙等作为基坑坑壁的支护结构,从地面起向下开挖,其作业方式接近于沉井排水下沉的开挖出渣;除放坡开挖石方外,均已综合了土、石方挖、装的工程内容,放坡开挖石方定额应按路基工程定额另行计算装车费用。

其他基坑开挖根据开挖量的大小又划分为两类,即单个基坑体积≤1500m^3和单个基坑体积>1500m^3,使用时应根据单个基坑开挖量的大小合理选用。

定额综合考虑了挖、装、吊土或石渣至坑外,脚手架、清理、整平、夯实基底,基坑回填,便道等工程内容。

定额对不同的土质和不同的基坑深度进行了综合,综合考虑了开挖、清运土、石渣出坑外、简单脚手架、挖排水沟及集水井,基坑基底的清理、整平、夯实以及基坑回填、夯实,便道等工程内容。但锚碇基坑非放坡开挖定额中未包括塔式起重机的安装与拆卸费用,使用定额时应根据施工组织设计确定的配备数量按有关定额另行计算其费用。

【工程量计算规则】

按设计开挖的基坑容积计算工程量。

4-1-4 基坑挡土板

【名词解释】

为了防止基坑土方坍塌的一种临时性的挡土结构,一般由撑板和横撑组成,常用钢材、木材制作。

【施工技术】

1. 工艺概述

在人力开挖土方、基坑、基槽时,由于有些地区土质松软,按放坡系数开挖工程量特别大,为节约工时,减少工程量,对这些基坑、基槽开挖时在基槽两边支挡土板,防止土塌陷到基槽中,随开挖深度而往下支撑,土方两边垂直开挖,直到基槽底,等做基础时,边做边拆,直到基础完成。

2. 图解工程(图 4-5)

图 4-5　基坑挡土板施工

【定额说明】

定额综合考虑了简单脚手架、挡土板的制作、安装、拆除等工程内容。

【工程量计算规则】

按设计需要设置的挡土板面积计算工程量。

第二节　筑岛、围堰及沉井工程

4-2-1　草土围堰

【名词解释】

草土围堰是一种草土混合体在水中逐渐堆筑形成的挡水结构,为中国传统的河工技术,其下层的草土体靠上层草土体的质量使之逐步下沉并稳定,堰体边坡很小,甚至可以没有边坡(俗称收分),可就地取材,造价低,易于拆除,常采用散草法、捆草法和埽捆法结合施工。

草土围堰的主要材料为稻草和土料的复合体,以及局部高流速地区防冲护坡或湖底的竹笼卵块石。稻草要求质量柔软不腐朽,草秆长 0.5m 以上,晒干的新旧稻草均可,草捆加工要求严格,要使其长度、大小和松紧基本一致。加工草捆时把草料头朝外尾向内互相搭接,搭接处上下用散草包裹,两腰用单股捆紧,注意防火和防腐。一般黄土、粉土、沙壤土和黏土均可使用,土块体要求较小,且宜在水中湿化崩解,含水率适度。

【施工技术】

1. 工艺概述

岸坡必须清除地表的卵石块及杂物,并开挖成 35°左右的斜面,使堰体和基础结合良好。按草捆铺放、铺散草、铺土、人工平整并轻度压实的顺序,完成一层草土体的铺筑,再铺筑第二层,直至一定长度的草土体已落实到河床后,即可用较大吨位的自卸汽车转运黏土和草捆等材料上坝,以及其他机械上坝作业,以加快施工进度,同时对已成堰体进行压实和加高。

2. 图解工程(图 4-6)

a)草土围堰1

b)草土围堰2

图 4-6 草土围堰施工

3. 工艺流程

草土围堰施工工艺流程:施工准备→制作草捆→堰岸结合部位找坡→围堰填筑进占→水上加高填筑。

【定额说明】

定额是按一层厚 20cm 土和一层稻草(或麦秸)夹填编制的,综合考虑了挖运土、铺草、铺土、夯实和拆除清理等工程内容,如设计围堰高度与定额不同,可按内插法进行计算。

【工程量计算规则】

按施工组织设计确定的围堰顶中心长度计算工程量。

4-2-2 编织袋围堰

【名词解释】

用编织袋盛装松散黏性土,袋口用细麻线或铁丝缝合,施工时将土袋平放,上下左右互相错缝堆码整齐所形成的围堰形式(图 4-7)。

图 4-7 编织袋围堰

【施工技术】

1. 工艺概述

投放袋装量为编织袋袋容量的 1/2～2/3，编织袋投放前尽可能清除堰底河床上的杂物、树根、杂草等，以减少渗漏，袋口应用麻绳或绑扎丝绑扎，并进行平整。投放编织袋时不宜采用抛投，应采用顺坡滑落的方式，并要求上下层互相错缝，且尽可能堆码整齐。在水中投放编织袋，可用人机配合，机械送到位，人工下袋。编织袋应顺坡送入水中，以免离析，造成渗漏。

2. 图解工程（图 4-8）

a) 编织袋围堰1

b) 编织袋围堰2

图 4-8　编织袋围堰施工

3. 工艺流程

编织袋围堰施工工艺流程：施工准备→挖运土→装袋→测量定位→堆码外圈围堰→掏挖围堰内侧河床透水层→堆码内圈围堰→填筑内、外圈围堰黏土心墙→基础施工。

【定额说明】

定额综合考虑了挖运土、装袋、堆筑、填土夯实、拆除清理等工程内容，袋装土量按袋容量的 2/3 进行编制，如设计围堰高度与定额不同，可按内插法进行计算。

【工程量计算规则】

按施工组织设计确定的围堰顶中心长度计算工程量。

4-2-3　竹笼围堰

【名词解释】

用内填块石的竹笼（图 4-9）堆叠而成，在迎水面用木板、混凝土面板或填黏土阻水，这是利用当地材料的一种围堰形式，多用于我国南方地区。

【定额说明】

定额综合考虑了编笼、运石、装笼、安放、挖运土、填心夯实、拆除清理及踏步等工程内容，如设计围堰高度与定额不同，可按内插法进行计算。

图 4-9 竹笼围堰

编制定额时,当水深在 1.0m 以内时,围堰宽度按 1.5 倍的水深计算;当水深在 2.0m 以内时,围堰宽度按水深的 1.4 倍计算;当水深在 3.0m 以内时,围堰宽度按水深的 1.3 倍计算;当水深超过 3.0m 时,围堰宽度按水深的 1.2 倍计算。按双层围堰编制,竹笼为圆形断面,直径为 60~100cm。当围堰高度超过 4.0m 时,按四层竹笼考虑。

【工程量计算规则】

按施工组织设计确定的围堰顶中心长度计算工程量。

4-2-4 木笼铁丝围堰

【名词解释】

在河床不能打桩、河水流速较大,同时盛产木材和石料的地区,可用木笼做围堰的堰壁。最常用的形式是用方木做成透空式木笼,迎水面设多层木板防水,木笼就位后,在笼内填石。为减少与河床接触处的漏水,一般用麻袋盛土或混凝土堆置在木笼堰壁外侧。

【定额说明】

定额是按双层围堰编制的,当水深在 1.0m 以内时,围堰宽度按 1.5 倍的水深计算;当水深在 2.0m 以内时,围堰宽度按水深的 1.4 倍计算;当水深在 3.0m 以内时,围堰宽度按水深的 1.3 倍计算;当水深超过 3.0m 时,围堰宽度按水深的 1.2 倍计算;每个木笼长度按 3.0m 计算。

定额综合考虑了制笼、编铁丝网、填石安放、拆除清理及踏步等的工程内容,设计围堰高度与定额不同,可按内插法进行计算。

【工程量计算规则】

按施工组织设计确定的木笼所包围的体积计算工程量。

4-2-5 筑岛填心

【名词解释】

在某些条件适合的浅水水域开展钻孔工作时,采用在孔位附近堆积出高于水面的人工岛屿的方法,分为近岸筑岛填心和船运筑岛填心(图4-10)。此方法把水面转变为陆地,在上面安置设备进行钻孔工程,具有简化水域钻探设备与工艺、降低工程费用的优点。

a)近岸筑岛填心

b)船运筑岛填心

图4-10 筑岛填心

【施工技术】

1. 工艺概述

先清除堰底河床上的树根、石块等,自上游开始填筑至下游合龙。处于岸边的应自岸边开始,填土时应将土倒在已出水面的堰头上再顺坡送入水中。水面以上的填土要分层夯实。待围堰沉降稳定后,进行基坑排水。

根据土质、水流、风浪情况,分无围堰筑岛填心和有围堰筑岛填心。所筑岛面一般应高出最高水位加浪高不少于0.5m。有流水的河流应适当加高。

无围堰筑岛一般应用于水深1.5m以内,流速不大的情况。土岛边坡坡度视所用土质而定,但不陡于1:2。

围堰筑岛是在围堰围成的区域内填充材料(如土、砂等)而围成的水中土岛。套用定额时围堰按相应定额另行计算。

2. 图解工程(图4-11)

a)土方转运

b)填筑土方

图 4-11

c) 堆码编织袋　　　　　　　　　d) 筑岛成型

图 4-11　筑岛施工

3. 工艺流程

筑岛施工工艺流程:现场勘察→材料准备→测量放样→底层筑土压实→边坡防冲刷→顶层土压实→围堰加固。

【定额说明】

定额综合考虑了挖运土、砂,分层填筑、夯实及拆除清理等工程内容。

【工程量计算规则】

按施工组织设计确定的筑岛体积计算工程量。

4-2-6　套箱围堰

【名词解释】

套箱围堰(图 4-12)分有底模套箱和无底模套箱,是为水中承台施工而设计的临时阻水结构,其作用是通过套箱侧板以及底部封底混凝土为水中承台施工提供无水环境,同时可兼作承台施工模板。当围堰兼作承台模板时,套箱围堰周边尺寸和承台一致,也可比承台每个边增加 0.1～0.2m;当围堰仅作阻水结构时,套箱围堰应比基础尺寸增加 1.0～1.5m,同时应满足抽水设备和集水井设置的需要。套箱围堰适用于河床易清淤吸泥、河床覆盖软弱层较薄的水下承台基础施工,主要作用为承台施工挡水结构。

图 4-12　套箱围堰

【施工技术】

1. 工艺概述

套箱围堰作为水中承台施工的阻水结构时,一般按先围堰、后桩基承台的顺序组织施工,主要作业内容有准备、制作、浮运、下沉、清基和灌注水下封底混凝土、套箱拆除等。

2. 图解工程(图4-13)

a) 套箱围堰制作

b) 套箱围堰拼装

c) 套箱围堰运输

d) 套箱围堰下放

图4-13 套箱围堰施工

3. 工艺流程

套箱围堰施工工艺流程:

(1)围堰加工厂内分块制作→岸边或铁驳上拼装成整体→围堰下河→围堰浮运至墩位、初定位→围堰接高(按需要)→围堰下沉、精确定位→灌注封底混凝土→围堰内主体结构施工→围堰拆除。

(2)围堰加工厂内分块制作→墩位平台处拼装成整体→接高钢护筒、设起吊分配梁→围堰临时吊挂→拆除墩位平台、解除临时吊挂→围堰缓慢下沉就位→灌注封底混凝土→围堰内主体结构施工→围堰拆除。

【定额说明】

定额对于桩与套箱底板间的缝隙采用橡胶板塞缝处理,侧板块件与块件之间按加设止水橡胶条处理,还考虑了钢套箱水上拼装所需吊装设备的费用,使用定额时均不应再另行计算。

无底钢套箱定额综合考虑套箱基底的处理和套箱外侧底部加固的费用,使用定额时不应再另行计算。

【工程量计算规则】

按设计的钢套箱本身钢结构的质量计算工程量,套箱悬吊系统、支撑及换柱等钢材已按摊销方式综合在定额中,不应再计算这部分钢材的质量。

4-2-7 沉井制作及拼装

【名词解释】

沉井基础是一种历史悠久的基础形式之一,适用于地基浅层较差而深部较好的地层,既可以用作陆地基础,也可用作较深的水中基础。所谓沉井基础,就是用一个事先筑好的、以后能充当桥梁墩台或结构物基础的井筒状结构物,施工时一边井内挖土,一边靠其自重克服井壁摩阻力后不断下沉到设计高程,经过混凝土封底并填塞井孔,浇筑沉井顶盖,沉井基础制作完成后即可在基础上修建墩身。

沉井根据材料不同分为素混凝土沉井、钢筋混凝土沉井、钢沉井等,其中混凝土沉井适用于下沉深度不大(4~7m)的松软土层中;钢筋混凝土沉井(图4-14)不仅抗压强度较高,抗拉能力也较强,下沉深度可以很大(达数十米以上),当沉井平面尺寸较大时,可做成薄壁结构,沉井外壁采用泥浆滑套、壁后压气等施工辅助措施就地下沉或浮运下沉,此外这种沉井井壁、隔墙可分段预制,工地拼装,做成装配式;钢沉井(图4-15)用钢材制造沉井井壁外壳,井孔内挖土,填充混凝土,这种沉井强度高,刚度大,质量较大,易于拼装,常用于浮运沉井、修建深水基础,但用钢量较大,成本较高。

图4-14 钢筋混凝土沉井

图4-15 钢沉井

【施工技术】

1. 工艺概述

就地制作沉井主要包括:在墩位处筑岛、制作底节沉井、沉井下沉及接高、沉井封底等。

浮式沉井主要包括:底节沉井制造、底节沉井浮运就位、沉井水中下沉及接高、沉井入河床后的下沉及接高、沉井封底等。

2. 图解工程(图4-16)

3. 工艺流程

混凝土沉井施工工艺流程:筑岛→铺垫→装钢刃脚→支排及底装模板→支立井孔模板→

绑扎钢筋→立外模→混凝土浇筑。

钢沉井制作及拼装施工工艺流程：胎架支座→放样→号料、下料→校正、矫正、边缘加工、分类堆码→片单元件制作→地基处理→分块组拼→焊接→检测、检验。

a)沉井节段制作1

b)沉井节段制作2

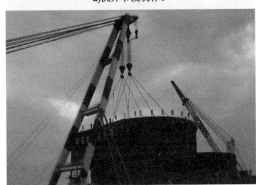
c)沉井接高

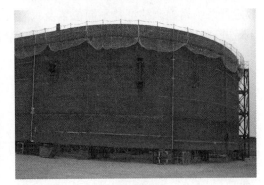
d)沉井成型

图4-16 沉井制作及拼装施工

【定额说明】

沉井制作是指就地浇筑重力式沉井和钢丝网水泥薄壁浮运沉井的现场制作；沉井拼装是指钢壳沉井和双壁钢围堰的现场拼装，若为工厂拼装时，其拼装费用应包含在钢壳沉井的单价中，不应再套用本定额计算其费用。

定额分为沉井刃脚及骨架钢材和沉井制作两个子目，钢筋网和钢丝网的制作、铺设均综合在沉井制作定额中，沉井刃脚及骨架钢材的工程量不应再计算钢筋网和钢丝网的质量。

定额综合考虑了脚手架、刃脚压浆及灌水试验等工程内容，拼装船定额中还综合考虑了船舱加固等工程内容，未包括混凝土拌和的费用，应按有关定额另行计算。

【工程量计算规则】

重力式沉井制作定额按设计井壁及隔墙的混凝土体积、钢筋质量计算工程量。

钢丝网水泥薄壁浮运沉井制作定额按设计沉井刃脚外缘所包围的面积计算工程量。

钢丝网水泥薄壁浮运沉井刃脚及骨架钢材定额按钢材的设计质量计算工程量，但不包括铁丝网的质量。

钢壳沉井拼装定额按钢壳沉井钢材的设计总质量计算工程量。

拼装船拼装、拆除定额按施工组织设计确定的拼装船所需拼装与拆除的次数计算工程量。

4-2-8　沉井浮运、定位落床

【名词解释】

沉井通过气囊或滑道、起重机具、潜水驳等方式下水后,利用拖船将沉井拖运至墩位处,通过锚碇系统精确定位后下沉落床。

【施工技术】

1. 工艺概述

拖轮组将钢沉井拖运至墩位处,并将沉井稳定在墩位附近,迅速在沉井与锚墩之间安装临时拉缆,并利用拉缆对沉井进行初步定位,将沉井偏差控制在50cm以内,完成初步定位;通过锚墩定位系统精确调整沉井平面位置及垂直度,满足规范及设计要求后接高钢沉井或钢筋混凝土沉井,吸泥下沉,下沉至稳定深度后即可灌注井壁混凝土,完成沉井落床。

2. 图解工程(图4-17)

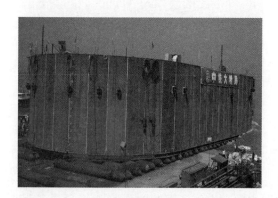
a)沉井气囊法下水

b)沉井起吊接高

c)沉井浮运1

d)沉井浮运2

图　4-17

e)沉井定位1

f)沉井定位2

g)沉井落床1

h)沉井落床2

图 4-17 沉井浮运、定位落床施工

3. 工艺流程

沉井浮运、定位落床施工工艺流程：沉井下水→浮运→初定位→精确定位→沉井接高→沉井落床。

【定额说明】

导向船连接梁定额综合考虑了金属设备拼装，导向船及连接梁支座的布置、拼装、底座焊接加固等工程内容，导向船连接梁的设备摊销费是按施工期 4 个月进行编制的，如实际施工期与定额不同时，可按实际施工期并按金属设备每 t 每月 180 元调整定额中设备摊销费的消耗量。

沉井下水定额仅适用于采用下水轨道下水的工程项目，综合考虑了轨道铺设与拆除以及轨道的基础、围堰等工程内容，未包括轨道基础的开挖费用，需要时应按有关定额另行计算，还综合考虑了拆除制动设备、下滑、下水、浮起等工程内容。

沉井浮运定额仅适用于只有一节的沉井或多节沉井的底节，分节施工的沉井除底节按浮运定额计算外，其余各节的浮运、接高均应按沉井接高定额计算，已综合考虑了沉井注水浮起、浮运到墩位等工程内容。

有导向船浮运定额综合考虑了将沉井套进导向船、固定位置、浮运到墩位等工程内容。

沉井接高定额综合考虑了沉井装船或下水、固定、浮运到墩位、起吊、对接等工程内容，未包括沉井接高所需的吊装设备的费用，应根据施工组织设计确定的吊装设备另行计算，吊装设备一般采用起重船或龙门架。

无导向船定位落床定额综合考虑了地笼、锚碇、沉井定位落床等工程内容；有导向船定位落床定额综合考虑了定位船和导向船设备的安装与拆除、定位船和导向船的定位、沉井定位落床等工程内容,未包括定位船和导向船所需锚碇系统的费用,应按有关定额另行计算。

锚碇系统定额按钢筋混凝土锚和铁锚两种类型进行编制,综合考虑了锚绳、锚链以及抛锚、起锚等工程内容。若设计采用的钢筋混凝土锚碇的自重与定额不同时,可按相近锚体质量的定额进行计算,并按锚体体积比例抽换定额中的水泥、中(粗)砂和碎石的消耗数量,但定额中的其他数量均不可进行调整。铁锚定额是按锚体质量为5000kg的锚碇并按每基础次使用12个月进行编制的,若设计锚碇的实际质量及使用期与定额不同时,可按实际数量对定额中的设备摊销费进行调整。

井壁混凝土浇筑定额是按普通混凝土和水下混凝土两种方式编制的,浇筑水下混凝土定额综合考虑了导管、漏斗等设备的费用,使用定额时不应再另行计算。

【工程量计算规则】

导向船连接梁定额按施工组织设计确定的导向船连接梁金属设备的质量进行计算工程量。

沉井下水定额按设计沉井刃脚外缘所包围的面积计算工程量。

沉井浮运定额按设计沉井刃脚外缘所包围的面积计算工程量。

沉井接高定额按设计沉井刃脚外缘所包围的面积计算工程量,对于分节施工的沉井,其接高工程量应为除底节外其余各节的工程量之和。

定位落床定额按设计沉井刃脚外缘所包围的面积计算工程量。

锚碇系统定额按施工组织设计确定的锚碇数量计算工程量。

井壁混凝土浇筑定额按设计井壁混凝土的体积计算工程量。

4-2-9 沉 井 下 沉

【名词解释】

沉井施工(图4-18)分陆域沉井施工和水域沉井施工,其中陆域沉井分排水下沉和不排水下沉,水域沉井采用吸泥下沉。

图4-18 沉井施工

【施工技术】

1. 图解工程(图4-19)

2. 工艺流程

排水除土下沉、不排水除土下沉。

a)陆域沉井不排水下沉

b)陆域沉井排水下沉

c)水域沉井下沉1

d)水域沉井下沉2

图 4-19 沉井下沉

【定额说明】

定额综合考虑了沉井下沉所需的工作台、三角架、便道、下井工作软梯、井内抽水、挖(或爆破)土(石)并运至井外、清理刃脚以及各种机具的安拆和下沉辅助措施等工程内容。

沉井下沉定额中的软质岩石是指饱和单轴极限抗压强度在 40MPa 以下的各类松软的岩石;硬质岩石是指饱和单轴极限抗压强度在 40MPa 以上的各类较坚硬和坚硬的岩石。

使用本定额时,应注意沉井下沉按土、石所在的不同深度分别采用不同下沉深度的定额,如沉井下沉在 5m 以内的土、石应采用下沉深度 0~5m 的定额;当沉井继续下沉到 10m 以内时,对于超过 5m 的土、石应执行下沉深度 5~10m 的定额,下沉深度是指沉井顶面到除土作业面的高度。

【工程量计算规则】

按设计沉井刃脚外缘所包围的面积乘以沉井刃脚下沉入土深度计算工程量。

4-2-10 沉井填塞

【名词解释】

沉井封底后,井孔内可根据设计需要进行填充,填充可以减小混凝土的合力偏心距,不填充可以节省材料和减小基底的压力。填充材料可选择混凝土、片石混凝土、片石掺砂、砂砾、砂等。

【施工技术】

1. 工艺概述

可参考钻孔灌注桩混凝土。沉井填塞包括封底、填心和封顶。

2. 图解工程(图4-20)

a)沉井填塞　　　　　　　　　　b)顶盖板施工

图4-20　沉井填塞施工

【定额说明】

定额综合考虑了脚手架、浇筑水下混凝土用的导管、漏斗(其构造与灌注桩混凝土相同)等工程内容。

【工程量计算规则】

按设计混凝土圬工体积或填心砂石料的密实体积以及钢筋质量计算工程量。

4-2-11　地下连续墙

【名词解释】

地下连续墙(图4-21)是基础工程在地面上采用的一种挖槽机械,沿着深开挖工程的周边轴线,在泥浆护壁条件下,开挖出一条狭长的深槽,清槽后,在槽内吊放钢筋笼,然后用导管法灌筑水下混凝土筑成一个单元槽段,如此逐段进行,在地下筑成一道连续的钢筋混凝土墙壁,作为截水、防渗、承重、挡水结构。

图4-21　地下连续墙

【施工技术】

1. 工艺概述

地下连续墙施工包括：导沟开挖、导墙施工、槽段开挖、吸泥清底、钢筋笼吊放、混凝土浇筑、成墙检验。

2. 图解工程（图4-22）

a) 测量放线　　　　b) 导墙施工

c) 槽段开挖　　　　d) 泥浆系统

e) 吊装钢筋笼　　　f) 混凝土浇筑

图 4-22

g)地下连续墙检验　　　　　　　h)地下连续墙内衬施工完成

图 4-22　地下连续墙施工

3. 工艺流程

地下连续墙施工工艺流程:测量放线→导沟开挖→导墙施工→槽段开挖→吸泥清底→钢筋笼吊放→混凝土浇筑→成墙检验。

【定额说明】

导墙定额综合考虑了挖土及回填、浇筑混凝土基座、排水、混凝土浇筑等工程内容。

成槽定额综合考虑了跑板导轨、泥浆及其循环系统、成槽以及废渣场内运输、堆土等工程内容。

锁口管吊拔定额综合考虑了锁口管对接组装、入槽就位、浇筑混凝土过程中上下移动以及拔除、拆卸、冲洗堆放等工程内容。

清底置换定额综合考虑了地下墙接缝清刷、空压机吹气搅拌泥浆、清底置换等工程内容。

内衬定额综合考虑了脚手架等工程内容。本定额的计价工程量按设计需要的内衬混凝土体积、钢筋质量进行计算。

连续墙定额综合考虑了混凝土浇捣架、浇筑水下混凝土用的导管、漏斗、吸泥浆入池以及预埋件等工程内容。

施工便道、挡水帷幕、注浆加固等工程内容定额未包括,需要时应根据施工组织设计确定的数量另行计算。挖出的土石方或凿铣的泥渣如需要外运时,应按路基工程中相关定额另行计算。

【工程量计算规则】

导墙定额按设计需要设置导墙的混凝土体积、钢筋质量计算工程量。

成槽定额按地下连续墙设计长度、厚度和深度的乘积计算工程量。

锁口管吊拔定额按地下连续墙的设计槽段数(指槽壁单元槽段)计算工程量。

清底置换定额按地下连续墙的设计槽段数(指槽壁单元槽段)计算工程量。

内衬定额按设计需要的内衬混凝土体积、钢筋质量计算工程量。

连续墙定额按地下连续墙设计长度、厚度和深度的乘积计算混凝土的工程量,按地下连续墙钢筋设计质量计算钢筋的工程量。

第三节 打桩工程

4-3-1 打钢筋混凝土方桩及接头

【名词解释】

利用物理学的动能原理,将柴油打桩机的机械能变为势能,再变为动能的反复转化过程而做功。桩锤作用于钢筋混凝土方桩的瞬间产生压力和振动力,桩在压力和振动力的作用下克服与土的摩擦阻力,而逐步沉至预定位置。

【施工技术】

1. 工艺概述

打钢筋混凝土方桩可分为陆地工作平台打桩和水中工作平台打桩,其中陆上工作平台打桩需在桩位处预先固定好桩架,利用起重机辅助吊装,方桩就位后用柴油打桩机施打;水上工作平台需利用船只设置水上工作平台,拖轮及工程驳船等相关设备辅助打桩。

2. 图解工程(图4-23)

a) 钢筋混凝土方桩制作

b) 钢筋混凝土方桩成品

c) 钢筋混凝土方桩起吊

d) 钢筋混凝土方桩插打

图4-23 打钢筋混凝土方桩施工

3. 工艺流程

打钢筋混凝土方桩施工工艺流程：测定桩位→压桩机就位调平→验桩→吊桩→桩调直、对中→压下桩→接桩→压上接桩→送桩→记录→拔送桩杆。

【定额说明】

定额是按柴油打桩机打桩进行编制的，综合考虑了打桩架、打桩用垫木、钢送桩、缆风绳等辅助设施和打送桩和安装、拆除、移动桩架等工程内容，水中打桩定额还综合了运桩船舶等工程内容。如为射水打桩时，按相应定额人工及机械台班消耗乘以系数 0.98，并按打桩机台班数量增加多级水泵台班。

接头定额是考虑在打桩时接桩，如在场地预先接桩时，应扣除打桩机台班，人工乘以系数 0.5；钢筋混凝土方桩接头定额按法兰盘连接和硫黄胶泥连接两种方式编制，只能根据具体情况选用其中一种。

【工程量计算规则】

按方桩设计断面面积乘以长度的乘积计算工程量，设计中规定凿去的桩头部分的数量，应计入工程量内。

接头定额按设计需要接长的方桩接头数量计算工程量。

4-3-2 打钢筋混凝土管桩、接头及填心

【名词解释】

普通钢筋混凝土管桩：传统的打桩机是利用物理学的动能原理，将机械能变为势能，再变为动能的反复转化过程而做功。桩锤作用于钢筋混凝土管桩的瞬间产生压力和振动力，桩在压力和振动力的作用下客服与土的摩擦阻力，而逐步沉入预定位置。

【施工技术】

1. 工艺概述

桩机就位后将桩吊放入压机内，启动液压夹头压紧桩身对准桩位中心，调直，然后压桩。每位沉桩高度为一个压桩行程，反复往下沉桩，完成一节桩的沉桩过程，然后焊接接桩，再重复第二节、第三节等的沉桩过程，从而成一根桩的施工过程。钢筋混凝土管桩根据设计需要是否采取填心，填心材料可选择混凝土、砂砾等。

2. 图解工程（图 4-24）

3. 工艺流程

打钢筋混凝土管桩施工工艺流程：施工准备→定位放线→桩机就位、调平→桩就位、起吊、插桩→校正垂直度→压下 50~100cm→复核垂直度→正式压桩至地面约 1m→接桩→校正垂直度→送桩，直至设计高程。

【定额说明】

定额按柴油打桩机打桩进行编制，综合考虑了打桩架、打桩用垫木、钢送桩、缆风绳等辅助设施和打送桩安装、拆除、移动桩架等工程内容。水中打桩定额还综合了运桩船舶等工程内

容。如为射水打桩时,按打桩机台班数量增加多级水泵台班。

图 4-24 打钢筋混凝土管桩施工

接头定额是考虑在打桩时接桩,如在场地预先接桩时,应扣除打桩机台班,人工乘以 0.5 系数。钢筋混凝土管桩接头定额按法兰盘连接和硫黄胶泥连接两种方式编制,只能根据具体情况选用其中一种,接桩法兰盘包括在预制钢筋混凝土管桩中。

【工程量计算规则】

按管桩设计断面面积(扣除空心部分)乘以长度的乘积计算工程量,设计中规定凿去的桩头部分的数量,应计入工程量内。

接头定额按设计需要接长的管桩接头数量计算工程量。

4-3-3 打钢管桩、接头

【名词解释】

钢管桩插打(图4-25)可采用卷扬机或振动打桩锤施打,其中后者为目前最常采用的打桩方式。

振动打桩锤是利用振动沉管的原理,当振动锤开启时,其体内偏心重轮高速运转产生高频振动和激振力,高频振动力通过液压钳传递到钢管上,再通过钢管作用到接触的地层,地层在挤压、振动力的作用下液化,产生接触面,振动锤通过液压钳夹持着钢管沿着接触面沉入地层,直至将钢管沉入至设计承载深度。

a)陆上打桩

b)水上打桩

图4-25 钢管桩插打

【施工技术】

1. 工艺概述

利用打桩设备,将用钢板或带钢经过卷曲成型后焊接制成的钢管,打入预定位置,通常采用入土深度和贯入度双控。钢管桩插打广泛用于基坑支护、支架/栈桥基础、钻孔平台等领域。

2. 图解工程(图4-26)

3. 工艺流程

钢管桩插打施工工艺流程:施工准备→测量放线→设备就位→起吊钢管桩→检查桩位→下桩→沉第一节桩→焊接接桩→沉第二节桩→测量偏位→送桩→达到停锤标准→移至下一桩位。

【定额说明】

定额是按电动卷扬机打桩和振动打拔桩锤打桩两种施工方法编制的,综合考虑了打桩架、打桩用垫木、钢送桩、缆风绳等辅助设施和打送桩安装、拆除、移动桩架等工程内容,水中打桩定额还综合了运桩船舶等工程内容。

a)陆上钢管桩插打

b)水上钢管桩插打

c)钢管桩接头

d)钢管桩接长

图4-26　钢管桩插打施工

【工程量计算规则】
按设计需要插打的钢管桩根数计算工程量。
钢管桩接头定额按设计需要接长的钢管桩接头数量计算工程量。

4-3-4　钢管桩填心

【名词解释】
在钢管桩内灌注混凝土、土、砂砾或碎石,形成实心钢管结构,以提高钢管承载力。

【施工技术】

1. 工艺概述

参考灌注桩混凝土。

2. 工艺流程

钢管桩填心施工工艺流程:参考灌注桩混凝土。

【定额说明】
定额考虑了混凝土、土、砂砾、碎石四种填心材料,综合考虑了灌注混凝土用的导管等工程内容,未包括混凝土拌和的费用,应按有关定额另行计算。

【工程量计算规则】

按设计需要进行填心的混凝土体积或土、砂石料的密实体积计算工程量。

4-3-5 打 钢 板 桩

【名词解释】

振动锤与钢板桩呈刚性连接,通过桩锤撞击桩头,依靠锤内偏心块产生上下振动,强迫与之接触的土体发生振动,大大降低土体的沉桩阻力,从而使钢板桩在自重及振动锤的振动作用下,顺利沉入土体。

【施工技术】

1. 工艺概述

打钢板桩主要包括:施工准备、打桩机安装、桩位放线、打桩机就位、吊桩、插桩、沉桩、接桩、送桩、接桩。

2. 图解工程(图 4-27)

a)钢板桩成品

b)水上钢板桩插打

c)陆上钢板桩插打

d)钢板桩合龙

图 4-27 打钢板桩施工

3. 工艺流程

打钢板桩施工工艺流程:钢板桩选用→钢板桩整修→施打定位桩→设置导向框架→振动

锤夹正钢板桩后就位→插打钢板桩。

【定额说明】

定额是按电动卷扬机打桩和振动打拔桩机打桩两种施工方法编制的,钢板桩按拉森式Ⅲa型、Ⅳa型各占50%综合考虑,长度为12m和18m两种,综合考虑了打桩架、打桩用导桩、导框、组桩夹板、桩帽及垫木、锁口涂油及嵌缝、缆风绳及内支撑等辅助设施和打导桩安装、拆除、移动桩架等工程内容,水中打桩定额还综合了运桩船舶等工程内容。

【工程量计算规则】

按设计需要插打的钢板桩质量计算工程量。

钢板桩接头定额按设计需要接长的钢板桩接头数量计算工程量。

4-3-6 拔钢板桩

【名词解释】

基础施工完毕后,利用卷扬机或振动锤将钢板桩从原位拔出,其中振动锤拔桩是利用其产生的强迫振动,扰动土质,破坏钢板桩周围土的黏聚力以克服拔桩阻力,依靠附加起吊力的作用将桩拔除。

【施工技术】

1. 工艺概述

对封闭式钢板桩墙,拔桩起点应离开角桩5根以上。可根据沉桩时的情况确定拔桩起点,必要时也可用跳拔的方法。拔桩的顺序最好与打桩时相反。拔桩时,可先用振动锤将板桩锁口振活以减小土的黏附,然后边振边拔。对于较难拔除的板桩,可先用柴油锤将桩振下100~300mm,再与振动锤交替振打、振拔。

2. 图解工程(图4-28)

a)拔钢板桩1

b)拔钢板桩2

图4-28 拔钢板桩施工

3. 工艺流程

参考插打钢板桩工艺流程。

【定额说明】

拔桩设备一般可用吊船、吊机、打拔桩机、振动打拔桩机、千斤顶、扒杆滑车组及卷扬机等,拔出的钢板桩应清刷干净、修补整理、涂刷防锈油。定额综合考虑了拆除钢板桩支撑、拔桩、运桩、堆放等工程内容。

【工程量计算规则】

按设计需要拔除的钢板桩的质量计算工程量。

4-3-7 打桩工作平台

【名词解释】

在桥梁基础施工中,因桩位处地质条件较差,承载力不满足施工机具站位要求,需搭设相应陆上打桩工作平台,或因无法直接通过水面操作而要搭建水上施工平台、水上作业平台、水上辅助平台来帮助人或机械完成打桩作业的工程项目。

【施工技术】

1. 工艺概述

打桩工作平台施工主要包括:施工准备、测量放样、平台基础施工、平台上部结构安装。

2. 图解工程(图 4-29)

a)打桩工作平台1

b)打桩工作平台2

c)打桩工作平台3

d)打桩工作平台4

图 4-29 打桩工作平台施工

3. 工艺流程

打桩工作平台施工工艺流程:施工准备→测量放样→平台桩基础施工→联结系施工→分配梁安装→平台主梁及面板安装。

【定额说明】

定额综合考虑了工作平台的支撑桩、纵横梁及面板等工程内容。

【工程量计算规则】

按施工组织设计确定的打桩工作平台面积计算工程量。

第四节 灌注桩工程

4-4-1 人工挖孔

【名词解释】

即人工挖孔桩,指采用人工下井以风镐或风钻,辅助适当的爆破开挖成孔,配以简单机具设备,灌注混凝土成桩,适用于无水或少水的较密实的各类土层或岩层。

【施工技术】

1. 工艺概述

挖孔施工应在支护条件下进行,具体支护形式应视土质和渗水情况而定,可间接设置支撑或采用喷射混凝土支护。土质不好则采用框架支撑或混凝土预制井圈支撑,或现灌、喷射混凝土护壁。

2. 图解工程(图 4-30)

3. 工艺流程

人工挖孔施工工艺流程:施工准备→孔口加固处理→开挖掘进→孔壁支撑→成孔检查→钢筋笼安装→混凝土灌注→桩体质量检查。

a) 放线开挖　　　　　　　　b) 周边支护

图 4-30

c)孔壁衬砌

d)下放钢筋笼

图4-30 人工挖孔施工

【定额说明】

定额中土、石开挖是按人工配合卷扬机提升出渣的施工方法进行编制的,综合考虑了施工过程中的井孔通风、临时支撑及警戒防护、修整孔壁和基底等工程内容,未考虑施工排水等费用,如需要排水时应根据渗(涌)水量,合理确定排水措施并计算其相应的费用。

护壁定额综合考虑了支撑、模板等工程内容,未包括混凝土的拌和费用,应按有关定额另行计算。

【工程量计算规则】

按设计护壁(护筒)外缘所包围的面积乘以设计孔深的长度计算挖孔工程量。

护壁定额按设计护壁的混凝土体积进行计算,超挖部分的混凝土用量已在定额中综合考虑,不应再计算超挖数量。

4-4-2 卷扬机带冲击锥冲孔

【名词解释】

冲击锥由锥身、刃脚和转向装置三部分组成,锥身提供冲击锥所必需的重力和冲击动能;刃脚位于冲锥的底部,为直接冲击、破碎土、石的部件;转向装置设于锥顶,与起吊钢丝绳连接,是使冲击锥能冲击成圆孔的关键部件。

【施工技术】

1. 工艺概述

钻进时,卷扬机吊起冲击锥的钢丝绳,在悬重作用下,顺钢丝捻扭的相反方向转动,带动冲锥转动一个角度;冲锥下落置于孔底,钢丝绳松弛后不受力,又因钢丝绳的弹性,带动转向装置扭转过来。当再提起冲击锥时,又沿上述方向转动一个角度,这样就能冲成完整的圆桩孔。

2. 工艺流程

卷扬机带冲击锥冲孔施工工艺流程:场地处理→桩位放样→钻机就位→冲击钻进出渣→清孔→量孔。

【定额说明】

定额是按人工投放黏土利用钻锥冲击制造泥浆护壁的方式编制的,不考虑泥浆的循环利用,钻机的跨墩移动按载重汽车运输考虑,钻机横移按垫辊子绞运考虑,综合考虑了钻架、冲击锥、出渣筒、滑轮组、钻进、出渣、钻具移位等工程内容。

【工程量计算规则】

按设计入土深度计算工程量。

4-4-3 冲击钻机冲孔

【名词解释】

冲击式钻机是灌注桩基础施工的一种重要钻孔机械,能适应各种不同地质情况,特别是在卵石层中钻孔,冲击式钻机较之其他钻机适应性强。同时,用冲击式钻机钻孔,成孔后孔壁四周形成一层密实的土层,对稳定孔壁和提高桩基承载能力,均有一定作用。

目前常用的冲击钻机有 CZ 系列,其所有部件装在拖车上,包括电动机、传动机、卷扬机和桅杆等,整体牵引。冲击钻机钻孔是利用钻机的曲柄连杆机构,将动力的回转运动改变为往复运动,通过钢丝绳带动冲锤上下运动。通过冲锤自由下落的冲击作用,将卵石或岩石破碎,钻渣随泥浆(或用掏渣筒)排出。

【施工技术】

1. 工艺概述

冲击钻机冲孔分为冲击正循环成孔和反循环成孔两种。冲击正循环成孔是通过冲击式装置或卷扬机悬吊冲击钻头上下反复冲击,将硬质土或岩层破碎成孔,部分碎渣和泥浆挤入孔壁中,大部分钻渣由泥浆循环带出孔外,或用掏渣筒掏出孔外,这样反复循环,直至钻至设计深度。冲击反循环成孔的成孔原理与冲击正循环成孔原理基本相同,只是钻头中心留有空洞,在上下往返冲击时,其钻头尖刀将孔底冲碎,已冲碎的钻渣可以从钻头中心空洞用吸泥管排出孔外。

2. 图解工程(图 4-31)

a)冲击钻机冲孔1

b)冲击钻机冲孔2

图 4-31

c)冲击钻机钻头

d)冲击钻机掏渣筒

图4-31 冲击钻机冲孔施工

3. 工艺流程

冲击钻机冲孔施工工艺流程:施工准备→桩位测定→钻机安放→冲孔→清孔→成孔检查。

【定额说明】

定额综合考虑了钻架、冲击锥、出渣筒、滑轮组、钻进、出渣、钻具移位等工程内容。

【工程量计算规则】

按设计入土深度计算工程量。

4-4-4 回旋钻机钻孔

【名词解释】

回旋钻机钻孔施工按泥浆循环类型可分为正循环回旋钻和反循环回旋钻。正循环回旋钻孔:泥浆通过钻机的空心钻杆,从钻杆底部射出,底部的钻头在回旋时将土层搅成钻渣,钻渣被泥浆悬浮,随着泥浆上升而流到孔外,泥浆经过净化后,再循环使用。反循环回旋钻孔:同正循环相反,泥浆由钻杆外流(注)入井孔,用泵吸(泵举)或气举将泥浆钻渣混合物从钻杆吸出,泥浆净化后再循环使用。若是护筒嵌入岩层可采用清水钻孔。

【施工技术】

1. 工艺概述

回旋钻机钻孔主要包括:场地平整或钻孔平台搭设、设备安装、泥浆调制、钻进施工、泥浆循环处理及清孔、钢筋笼加工及安装、混凝土灌注。

2. 图解工程(图4-32)

3. 工艺流程

回旋钻机钻孔施工工艺流程:平台搭设→孔位放样→护筒施工→钻机安装→钻孔→成孔检查→清孔→钢筋笼吊放→混凝土灌注。

【定额说明】

定额是按正循环回旋法成孔的施工方法编制的,陆地上施工的钻机跨墩移动按载重汽车运输考虑,水中施工的钻机跨墩移动按驳船运输考虑,钻机横移按垫辊子绞运考虑;泥浆循环系统包括制浆池、储浆池、沉淀池和泥浆槽,泥浆循环系统的开挖按挖掘机开挖考虑,泥浆按泥浆搅拌机造浆编制;水中平台上施工时,泥浆循环系统按制浆池设在岸上,储浆池、沉淀池和泥浆槽均设在船上进行编制;综合考虑了泥浆循环系统造浆、钻架、钻杆及钻头、钻进、清理泥浆池沉渣、钻具移位等工程内容。

a)钻机准备

b)钻孔桩护筒

c)制备泥浆

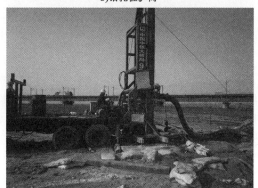
d)回旋钻机钻孔

图 4-32　回旋钻机钻孔施工

【工程量计算规则】

按设计入土深度计算工程量。

4-4-5　潜水钻机钻孔

【名词解释】

潜水钻机的旋转动力装置直接安装在钻头上,随钻头潜入水中,放入孔底,由孔底钻头上旋转动力装置带动钻头钻进;钻杆不转只起连接传递抗扭输送泥浆的作用。采用泵举反循环或正循环方式将钻渣从孔内通过胶管或钻杆排出孔外。

【施工技术】

1. 工艺概述

潜水钻机钻孔主要包括:场地平整或钻孔平台搭设、设备安装、泥浆调制、钻进施工、泥浆循环处理及清孔、钢筋笼加工及安装、混凝土灌注。

2. 工艺流程

潜水钻机钻孔施工工艺流程：平整场地→桩位放样→钻机安装→钻孔→清孔→成孔检查。

【定额说明】

定额是按泵吸反循环成孔的施工方法编制的，陆地上施工的钻机跨墩移动按载重汽车运输考虑，水中施工的钻机跨墩移动按驳船运输考虑，钻机横移按垫辊子绞运考虑；泥浆循环系统包括制浆池、储浆池、沉淀池和泥浆槽，泥浆循环系统的开挖按挖掘机开挖考虑，泥浆按泥浆搅拌机造浆编制；水中平台上施工时，泥浆循环系统按制浆池设在岸上，储浆池、沉淀池和泥浆槽均设在船上进行编制；综合考虑了泥浆循环系统造浆、钻架、钻杆及钻头、钻进、清理泥浆池沉渣、钻具移位等工程内容。

【工程量计算规则】

按设计入土深度计算工程量。

4-4-6 旋挖钻机钻孔

【名词解释】

旋挖钻机是一种多功能、高效率的灌注桩桩孔的成孔设备，可以实现桅杆垂直的自动调节和钻孔深度的计量；旋挖钻孔施工（图4-33、图4-34）是利用钻杆和钻头的旋转，以钻头自重并加液压作为钻进压力，使渣土装满钻斗后提升钻斗出土石，通过钻斗的旋转、钻进、提升、卸渣，反复循环而成孔，主要适用于砂土、黏性土、粉质土等土层施工。

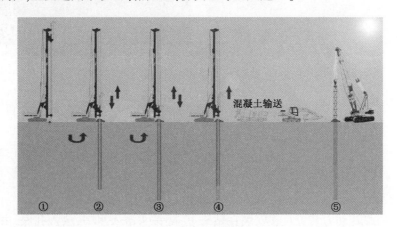

图4-33 旋挖钻机陆上施工

【施工技术】

1. 工艺概述

旋挖钻机钻孔主要包括：场地平整或钻孔平台搭设、设备安装、泥浆调制、钻进施工、泥浆循环处理及清孔、钢筋笼加工及安装、混凝土灌注等。

第四章 桥涵工程

图 4-34 旋挖钻机水上施工

2. 图解工程(图 4-35)

a)旋挖钻机就位

b)旋挖钻机钻孔

c)土砂料提升出孔外

d)旋挖钻机钻头

图 4-35 旋挖钻机钻孔施工

3. 工艺流程

旋挖钻机钻孔施工工艺流程:旋挖钻机就位→钻头轻着地后旋转开钻,当钻头内装满土砂

— 207 —

料时提升出孔外→旋挖钻机旋回,将其内的土砂料倾倒在土方车或地上→关上钻头活门,旋挖钻机旋回到原位,锁上钻机旋转体→放下钻头→钻孔完成,清孔并测定深度。

【定额说明】

定额是按干法钻孔和静浆护壁法钻孔两种施工方法编制的,静浆护壁法钻孔选浆按一般黏土造浆编制。如实际采用膨润土造浆时,其膨润土用量可按定额中黏土用量乘以系数按式(4-1)计算。

$$Q = 0.095 \times V \tag{4-1}$$

式中:Q——膨润土用量(t);

V——黏土用量(m^3)。

静浆护壁法施工时,钢护筒的埋设直接利用旋挖钻机下压埋设定额,深度按3m计算。

【工程量计算规则】

按设计入土深度计算工程量。

4-4-7 全套管钻机钻孔

【定额说明】

全套管钻机钻孔定额是按全套管钻机(又称磨桩机)钻孔即贝诺特法的施工方法编制的,综合考虑了桩位场地清理、安拆钻机、压入和连接套管、磨桩、抓土、抽拔套管、清孔等工程内容。

【工程量计算规则】

按设计入土深度计算工程量。

4-4-8 灌注桩混凝土

【名词解释】

现场桩位成孔后,利用导管在孔内浇筑混凝土,或安放钢筋笼后再浇筑混凝土,最后再凿除混凝土桩头。灌注混凝土可采用卷扬机配吊斗、起重机配吊斗或输送泵等。

【施工技术】

1. 工艺概述

灌注桩混凝土工艺主要包括:钢筋笼就位、导管下放、清孔、混凝土灌注和桩头凿除。

2. 图解工程(图4-36)

3. 工艺流程

灌注桩混凝土施工工艺流程:成孔→第一次清孔→安装钢筋笼→下放导管→二次清孔→混凝土灌注→凿除桩头。

【定额说明】

人工挖孔是按灌注普通混凝土编制的,其他成孔方法均按灌注水下混凝土进行编制,综合考虑了混凝土的扩孔数量、超灌数量(包括超灌部分及钻孔超钻部分)和混凝土灌注时需要的导管、漏斗、储料斗、隔水栓等设备以及凿除混凝土桩头等工程内容。

a)钢筋笼下放

b)导管下放

c)灌注混凝土1

d)灌注混凝土2

图 4-36　灌注桩混凝土施工

灌注桩钢筋笼是按焊接接长和套筒接长两种方法编制的。

灌注桩检测管用于超声波检测法检验桩身质量,检测管采用无缝钢管制成,捆绑于钢筋笼内侧随钢筋笼一起下到孔内。检测管的预埋数量根据桩径大小而异,测管数量多则覆盖面积大,具体设计数量应由设计提供,一般每根桩设置 3 根检测管。

检测管定额综合考虑了检测管封头、套管、安装、固定、临时支撑保护等工程内容。

【工程量计算规则】

混凝土按设计桩长乘以设计桩径的体积计算工程量,扩孔数量和超灌数量不应再计算在内。

灌注桩钢筋按设计灌注桩中钢筋的质量计算工程量,包括施工现场搭接接长部分钢筋的质量。

检测管定额按设计需要安装的检测管的质量计算工程量。

4-4-9　护筒制作、埋设、拆除

【名词解释】

在钻孔灌注桩中,为防止孔口土层和颗粒坍塌、坠落,常埋设钢护筒(图 4-37、图 4-38)来定位需要钻的桩位。护筒材料可选择钢材或钢筋混凝土。

图4-37 陆上护筒

图4-38 水上护筒

【施工技术】

1. 工艺概述

定位时先以桩位中心为圆心,根据护筒半径在土上定出护筒位置,护筒就位后,施加压力将护筒埋入。如下压困难,可先将孔位处的土体挖出一部分,然后安放护筒埋入地下。陆上护筒埋放就位后,将护筒外侧用黏土回填压实,以防止护筒四周出现漏水现象,回填厚度约40～45cm,护筒顶端高出地面0.5m,筒位距孔心偏差不得大于50mm。

2. 图解工程(图4-39)

a) 护筒卷制

b) 护筒接长

c) 护筒埋设

d) 护筒插打

图4-39 护筒制作、埋设施工

3. 工艺流程

护筒制作、埋设施工工艺流程:护筒卷制→孔位放样→吊机起吊护筒,人工配合调整→振动沉桩→护筒就位。

【定额说明】

干处埋设护筒按埋深1.8m计算,钢筋混凝土护筒采用卷扬机吊埋,钢护筒采用起重机吊埋;水中埋设护筒均采用振动打桩锤配高压水泵射水振动沉埋。干处埋设定额综合了挖坑、护筒底部换填及护筒四周回填夯实的工程内容,水中埋设定额综合了护筒导向架、护筒接头等工程内容。

对于在旱地或岸滩处采用振动沉埋较长的护筒时,可按水深5m以内埋护筒定额扣除型钢、钢板、工程船舶的定额消耗并适当考虑护筒的周转次数进行计算。

【工程量计算规则】

钢护筒按设计需要的钢护筒的质量计算工程量。

钢筋混凝土护筒预制按设计需要的护筒的混凝土体积计算工程量,埋设按设计需要的护筒长度计算工程量。

4-4-10 灌注桩工作平台

【名词解释】

在桥梁基础施工中因无法直接通过水面操作而要搭建水上施工平台、水上作业平台或者水上辅助平台(图4-40~图4-42)来帮助人或者机械完成灌注桩作业的工程项目。

图4-40 双壁钢围堰工作平台

图4-41 水上固定工作平台

【施工技术】

1. 工艺概述

灌注桩工作平台施工主要包括:施工准备、测量放样、平台基础施工、平台上部结构安装。

2. 图解工程(图4-43)

3. 工艺流程

灌注桩工作平台施工工艺流程:施工准备→测量放样→平台桩基础施工→联结系施工→

分配梁安装→平台主梁及面板安装。

图 4-42　水上浮式工作平台

【定额说明】

定额是按桩基工作平台、双壁钢围堰上工作平台、浮箱工作平台三种形式编制的。桩基工作平台综合了支架支承桩、桩与桩之间的连接、纵梁、横梁和面板以及构件水上运输等工程内容；双壁钢围堰上工作平台综合了支撑件、纵梁、横梁和面板以及构件水上运输等工程内容；浮箱工作平台综合了浮箱、浮箱之间的连接件、纵梁、横梁、面板、锚碇、锚绳、锚链以及构件水上运输等工程内容。

a)平台下部结构施工

b)搭设平台上部结构

c)平台与护筒连接

d)平台施工完成

图　4-43

e)灌注桩工作平台俯视

f)平台远景

图 4-43 灌注桩工作平台施工

【工程量计算规则】

按施工组织设计确定的工作平台的面积计算工程量,工作平台的类型和面积应根据采用的钻孔方法、桩基数量、设备规格等要求综合确定。

第五节 砌 筑 工 程

砌筑是指用砂浆将各种砌筑块体材料(砖、石、石切块、混凝土预制块等)黏结为整体的施工过程。

砂浆又称灰浆,是由胶凝材料、细集料、掺和料、外加剂和水按适当比例混合搅拌均匀而成的一种胶结材料。砂浆的种类很多,根据所选用原材料的不同,可配置成不同品种、不同性能和不同用途的砂浆,如水泥砂浆、石灰砂浆、混合砂浆、沥青砂浆等。

4-5-1 干砌片石、块石

【名词解释】

片石是桥梁建筑用石料制品,由爆破采得的石料形状不受限制,但薄片状不得使用,一般片石中部尺寸不小于150mm,体积不小于$0.01m^3$,每块质量在30kg以上。用于圬工工程主体的片石,其极限抗压强度不小于30MPa;用于附属圬工工程的片石,其极限抗压强度不小于20MPa。

块石是桥梁建筑用石料制品,由成层的岩石经打眼放炮开采获得,或用钢楔子打入岩层的明缝或暗缝中劈出的块状石料。其形状大体方正,无尖角,有两个较大的平行面,边角可不加工,厚度不应小于200mm,宽度为厚度的1.5~2.0倍,长度为厚度的1.5~3.0倍,极限抗压强度视工程要求而定。

【施工技术】(图4-44)

【定额说明】

定额综合考虑了脚手架(宽度按2.5m计算)及踏步等工程内容。

【工程量计算规则】

按设计砌筑的圬工体积计算工程量。

　　　　a)干砌片石

　　　　b)干砌块石

图 4-44　干砌片石、块石施工

4-5-2　浆砌片石

【名词解释】

　　浆砌片石是指用砂浆将片石砌成整体,用于防水、挡土或支撑等。片石应分层砌筑,宜以 2～3 层砌块组成一工作层,每一工作层的水平缝应大致找平。各工作层竖缝应相互错开,不得贯通。外圈定位行列和转角石,应选择形状较为方正及尺寸较大的片石,并长短相间地与里层砌块咬接;砌缝宽度一般不应大于 4cm,用小石子混凝土砌筑时,可为 3～7cm。较大的砌块应使用于下层,安砌时应选取形状及尺寸较为合适的砌块,尖锐突出部分应敲除。竖缝较宽时,应在砂浆中塞以小石块,不得在石块下面用高于砂浆砌缝的小石片支垫。

　　勾缝是指用砂浆将相邻两块砌筑块体材料之间的缝隙填充饱满,其作用是有效的让上下左右砌筑块体材料之间的连接更为牢固,防止风雨侵入墙体内部,并使墙面清洁、整齐美观。勾缝的方法有两种:一种是原浆勾缝,即利用砌墙的砂浆随砌随勾缝;另一种是加浆勾缝,清水墙砌完后,另拌砂浆勾缝。原浆勾缝一般用于内墙面或要求不太高的外墙面。北方地区墙体较厚,原浆勾缝较困难,或墙面美观要求较高时,多采用加浆勾缝。

　　勾缝的形式主要有下列 4 种:

　　(1)平缝:操作简便,勾缝后墙面平整,不易剥落和积污,防雨水渗透好,但墙面较为单调,平缝一般有深、浅两种做法,深的约凹进墙面 3～5mm。

　　(2)凹缝:凹缝凹进墙面 5～8mm,凹面可做成平圆形,勾凹缝的墙面有立体感。

　　(3)斜缝:是把灰缝的上口压进墙面 3～4mm,下口与墙面平,使其成为斜向上的缝,斜缝泄水方便。

　　(4)凸缝:凸缝是在灰缝面做成一个半圆形的凸线,凸出墙面约 5mm,凸缝墙面线条明显、清晰、外表美观但操作过程较复杂。

　　公路工程中砌体勾缝一般采用凸缝或平缝,浆砌较规则块材时,可采用凹缝,勾缝砂浆的强度不应低于砌体砂浆的强度,一般主体工程不低于 M10,附属工程不低于 M7.5。

【施工技术】（图 4-45）

a）浆砌片石

b）浆砌片石勾缝

图 4-45　浆砌片石施工

【定额说明】
定额中已综合考虑了脚手架、踏步、井字架、勾缝以及垂直运输等工程内容。

【工程量计算规则】
按设计砌筑的圬工体积计算工程量，包括构成砌体的砂浆体积。

4-5-3　浆砌块石

【名词解释】
浆砌块石是指将形状大致方正、上下面大致平整、厚度为 20～30cm、宽度约为厚度的 1.0～1.5 倍的块石用砂浆砌成用以挡水、挡土、支撑等的墙体结构。块石用作镶面时，应由外露面四周向内稍加修凿；后部可不修凿，但应略小于修凿部分。

冲洗石料：建筑物中，粗、细集料（石子）或水刷石放置时间过长或储存不当而使其中混有一些杂质，如果不处理，将会影响结构的强度和耐久性，因此可以通过流水冲洗石料，以减少杂质的影响。

【施工技术】（图 4-46）

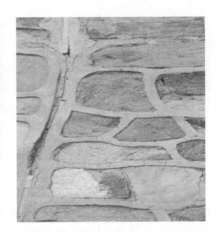

图 4-46　浆砌块石施工

【定额说明】

定额中已综合考虑了脚手架、踏步、井字架、勾缝以及垂直运输等工程内容。

【工程量计算规则】

按设计砌筑的圬工体积计算工程量,包括构成砌体的砂浆体积。

4-5-4 浆砌料石

【名词解释】

料石是指按要求凿琢加工而成的形状规则的石块,分粗料石和细料石两种。粗料石为桥梁建筑用石料制品,由层岩或大块石经粗凿而成,外形方正,成六面体,厚度为 20~300mm,宽度为厚度的 1.5~4.0 倍,表面凹凸深度不大于 20mm;细料石为桥梁建筑用石料制品,由层岩或大块石经开采粗轧加工后,再经精修细凿而成,外形规则,表面平整,凿痕整齐划一,其表面凹凸深度不大于 5mm,主要用于护栏、台阶或外观有特殊要求的工程部位,形状尺寸及极限抗压强度,应符合设计文件的规定。

其他同浆砌片石。

【施工技术】(图 4-47)

a) 浆砌料石

b) 料石

图 4-47 浆砌料石施工

【定额说明】

定额中已综合考虑了脚手架、踏步、井字架、勾缝以及垂直运输等工程内容。

【工程量计算规则】

按设计砌筑的圬工体积计算工程量,包括构成砌体的砂浆体积。

4-5-5 浆砌混凝土预制块

【名词解释】

混凝土预制块是指按设计要求用水泥混凝土浇筑而成的预制块件。其形状、尺寸应统一,其规格应与粗料石相同,砌体表面应整齐美观。

其他同浆砌片石。
【施工技术】(图4-48)

图4-48 混凝土预制块施工

【定额说明】
定额中已综合考虑了脚手架、踏步、井字架、勾缝以及垂直运输等工程内容,未包括预制块的预制工作,应按有关定额另行计算。

【工程量计算规则】
按设计砌筑的圬工体积计算工程量,包括构成砌体的砂浆体积。

4-5-6 干、浆砌盖板石

【名词解释】
盖板石为桥梁建筑用石料制品,由层岩或大块石经加工而成,有6个互相垂直的表面,两侧面及底面搭头部分应加以凿清,其他各面应平整,外形尺寸及极限抗压强度,应符合设计文件的规定。

【定额说明】
定额中已综合考虑了脚手架、踏步、井字架、勾缝以及垂直运输等工程内容。

【工程量计算规则】
按设计砌筑的圬工体积计算工程量,包括构成砌体的砂浆体积。

4-5-7 浆砌青(红)砖

【名词解释】
黏土中含杂质铁(以氧化物或离子形态存在),如果砖窑后期不密封,空气流通,燃烧充分,砖坯在氧化环境中烧制,黏土中的铁充分氧化成红色的氧化铁(Fe_2O_3),产品便是红砖。如砖窑密封,同时在烧制后期,从窑顶注入水,水蒸气跟灼热的煤(或炭)生成水煤气(H_2和CO)造成室内的还原环境,砖坯中的铁转变成氧化亚铁,此时砖呈青灰色,即为青砖。青砖质地较致密,硬度和强度均优于红砖,但对工艺要求高于红砖,制造成本较高。

【施工技术】(图4-49)

图4-49 浆砌青(红)砖施工

【定额说明】

定额中已综合考虑了脚手架、踏步、井字架、勾缝以及垂直运输等工程内容。

【工程量计算规则】

按设计砌筑的圬工体积计算工程量,包括构成砌体的砂浆体积。

第六节 现浇混凝土及钢筋混凝土

4-6-1 基础、承台及支撑梁

一、基础

【名词解释】

基础(图4-50)是工程结构物地面以下的构件,其作用是将上部结构荷载传递至地基,桥梁基础可分为明挖基础、桩基础、沉井、地下连续墙等,此处指明挖基础。

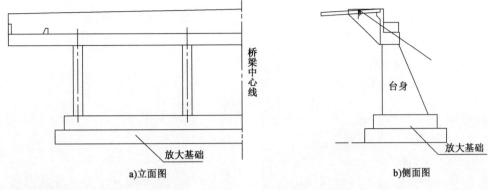

图 4-50 基础示意图

【施工技术】

1. 工艺概述

基础施工包括：基础开挖、基底处理、基础钢筋制作与安装、模板安装、基础混凝土浇筑、养护、基础回填。

2. 工艺流程

基础施工工艺流程：施工放样→基础放坡开挖→基底承载力测定→基底处理→基础钢筋制作安装→模板安装→分层浇筑混凝土→混凝土养护→侧模拆除→隐蔽工程验收→基础回填。

二、承台

【名词解释】

为承受、分布由墩身传递的荷载，在桩基顶部设承台（图 4-51），将桩基连成整体的结构。承台分为低桩承台和高桩承台，低桩承台埋于土中，高桩承台位于地面以上或水中。

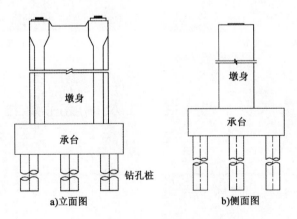

图 4-51 承台示意图

【施工技术】

1. 工艺概述

陆地承台施工包括：承台基础开挖、凿除桩头、承台垫层施工、承台钢筋制作与安装、模板安装、承台混凝土浇筑、养护、回填。

水中承台施工包括：围堰施工、围堰封底、抽水、凿除桩头、基底平整、承台钢筋制作与安装、承台混凝土浇筑、养护、围堰拆除。

2. 图解工程（图 4-52）

a) 基坑开挖　　　　　　　　　　　b) 垫层施工

c) 承台钢筋绑扎　　　　　　　　　d) 承台模板安装

e) 承台混凝土浇筑　　　　　　　　f) 混凝土养护

图 4-52　承台施工

3. 工艺流程

陆地承台施工工艺流程：施工放样→放坡开挖→桩头凿除→基底垫层浇筑→承台钢筋制作安装→模板安装→分层浇筑混凝土→混凝土养护→侧模拆除→隐蔽工程验收→回填。

水中承台施工工艺流程：围堰拼装定位→围堰封底→围堰抽水→桩头凿除→基底平整→承台钢筋制作安装→浇筑承台混凝土→混凝土养护→围堰拆除。

三、支撑梁

【名词解释】

支撑梁(图4-53)一般用在基础的上方，放在两轻型桥台(墩)之间的梁，一般是纵向的，防止因填土的推力造成桥台的倾覆向内位移。

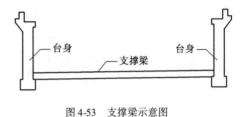

图4-53 支撑梁示意图

【施工技术】

1. 工艺概述

支撑梁施工包括：基础开挖、基底垫层施工、支撑梁钢筋制作与安装、模板安装、支撑梁混凝土浇筑、养护、回填。

2. 工艺流程

基础施工工艺流程：施工放样→支撑梁基础开挖→基底垫层施工→钢筋制作安装→模板安装→混凝土浇筑→模板拆除→养护→回填。

【定额说明】

定额综合考虑了模板、混凝土浇筑、灌注水下混凝土的导管、漏斗等设备以及凿除桩头等工程内容，未包括混凝土拌和的费用，应按有关定额另行计算。应注意轻型墩台基础与实体式墩台基础的区别，一般轻型墩台基础主要用于小桥涵工程，实体式墩台基础则主要用于较大跨径的桥梁工程。当采用套箱围堰进行承台施工时，应按无底模承台计算。

【工程量计算规则】

按设计混凝土体积或钢筋质量计算工程量。

4-6-2 墩、台身

【名词解释】

墩、台身(图4-54)位于基础之上，是桥梁的主要组成部分之一，支撑梁部荷载，并将之传递至基础，按结构形式分圆柱式墩台、方柱式墩台、框架式桥台、肋形埋置桥台、重力式墩台、空心墩、实体式墩台、薄壁墩、异形墩等。

【施工技术】

1. 工艺概述

墩、台身施工包括：施工放样、钢筋制作与安装、模板安装、混凝土浇筑、养护、模板拆除。

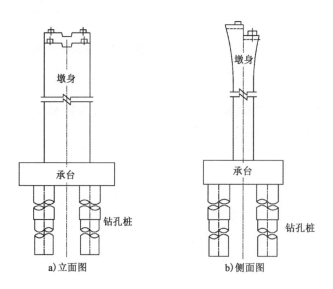

图 4-54 墩、台身示意图

2. 图解工程(图 4-55)

a) 墩身施工、脚手架施工、钢筋绑扎

b) 模板安装

c) 墩身混凝土浇筑

d) 浇筑完成后的墩身

图 4-55 墩、台身施工

3. 工艺流程

墩、台身施工工艺流程：施工放样→墩、台身钢筋制作安装→模板安装→分层浇筑混凝土→混凝土养护→模板拆除→墩、台身成品验收。

【定额说明】

定额中均已综合考虑了模板、混凝土浇筑、脚手架和轻型上下架以及安全围护措施（如防护栏、安全网等）等工程内容，考虑了混凝土的垂直运输（起重机吊运或泵送）。对于模板的安装与拆除，墩台身高度在20m以内的，定额中均已按起重机配合施工考虑，使用定额时不应再计取其他费用；墩身高度大于20m的，应考虑配备提升模架配合施工，提升模架的费用应按有关定额另行计算，定额综合考虑了提升模架的上升和下降的工程内容，对于高度大于40m的高墩，应适当考虑设置必要的施工电梯和塔式起重机配合施工。定额中未包括混凝土拌和的费用，应按有关定额另行计算。

【工程量计算规则】

按设计混凝土体积或钢筋质量计算工程量，对于高墩施工确需现场进行钢筋接长时，其搭接长度部分的钢筋质量应计入设计工程量内。

4-6-3 墩、台帽及拱座

一、墩、台帽

【名词解释】

墩、台帽位于墩身、台身顶部，通过支座承托上部结构荷载，并将荷载传递给墩身、台身。

【施工技术】

1. 工艺概述

墩、台帽施工包括：钢筋制作与安装、模板安装、混凝土泵送或吊斗入模浇筑、养护、模板拆除。

2. 图解工程（图4-56）

a) 墩帽钢筋吊装

b) 墩帽

图4-56 墩、台帽施工

3.工艺流程

墩、台帽施工工艺流程：施工放样→墩、台身端部混凝土凿毛→墩、台帽钢筋制作安装→模板安装→分层浇筑混凝土→混凝土养护→模板拆除→墩、台帽成品验收。

二、拱座

【名词解释】

拱座是在拱圈与墩台及拱圈与空腹式拱上建筑的腹孔墩连接处设置的现浇混凝土构造物，将拱圈及拱上建筑荷载传递至墩、台基础。

【施工技术】

1.工艺概述

拱座施工包括：钢筋制作与安装、劲性骨架制作与安装、模板安装、混凝土浇筑、养护、模板拆除。

2.图解工程（图4-57）

图4-57 拱座施工

3.工艺流程

拱座施工工艺流程：施工放样→劲性骨架预埋→拱座钢筋制作安装→模板安装→分层浇筑混凝土→混凝土养护→模板拆除→拱座成品验收。

【定额说明】

定额综合考虑了模板、混凝土浇筑、模板支撑等工程内容，未包括混凝土拌和的费用，应按有关定额另行计算。

【工程量计算规则】

按设计混凝土体积或钢筋质量计算工程量。

4-6-4 盖梁、系梁、耳背墙及墩顶固结

一、盖梁

【名词解释】

盖梁指的是为支承、分布和传递上部结构的荷载，在排架桩墩顶部设置的横梁，又称为帽梁。

1. 工艺概述

盖梁施工包括：支撑体系安装、钢筋制作与安装、模板安装、混凝土浇筑、养护、模板拆除。

2. 图解工程（图 4-58）

a) 盖梁钢筋预制

b) 盖梁钢筋安装

c) 盖梁模板安装

d) 盖梁浇筑后拆模

图 4-58　盖梁施工

3. 工艺流程

盖梁施工工艺流程：施工放样→抱箍或支架安装→底模安装→盖梁钢筋制作安装→侧模板安装→分层浇筑混凝土→混凝土养护→模板拆除→盖梁成品验收。

二、系梁

【名词解释】

系梁是将墩、柱或桩连接成整体的结构物。地面以下系梁指系梁底面位于地面线以下；地面以上系梁指系梁底面位于地面线以上，即系梁底与地面之间有一定的空间距离。

【施工技术】

1. 工艺概述

系梁施工包括：支撑体系安装、钢筋制作与安装、模板安装、混凝土浇筑、养护、模板拆除。

2. 图解工程(图4-59)

a) 系梁钢筋、模板安装　　　　　　b) 系梁混凝土浇筑

图4-59　系梁施工

3. 工艺流程

系梁施工工艺流程:施工放样→抱箍或支架安装→底模安装→系梁钢筋制作安装→侧模板安装→分层浇筑混凝土→混凝土养护→模板拆除→系梁成品验收。

三、耳背墙

【名词解释】

耳背墙是钢筋混凝土薄壁或桩柱式桥台等轻型桥台上的构件,背墙在台帽上横桥向布置,背墙顶上与桥主梁端形成伸缩缝。耳墙位于钢筋混凝土薄壁或桩柱式桥台背墙两端,形如两只大耳朵。其用途是约束台背土体,防止土体下沉变形导致桥头跳车现象。

【施工技术】

1. 工艺概述

耳背墙施工包括:钢筋制作与安装、模板安装、混凝土浇筑、养护、模板拆除。

2. 图解工程(图4-60)

3. 工艺流程

耳背墙施工工艺流程:施工放样→耳背墙钢筋制作安装→模板安装→分层浇筑混凝土→混凝土养护→模板拆除→成品验收。

四、墩顶固结

【名词解释】

墩顶固结通常用于刚构桥,墩身与梁体固结在一起形成刚性连接,通过墩身变形实现梁体位移。

a) 背墙钢筋绑扎

b) 背墙模板安装

c) 桥台背墙

d) 耳墙

图 4-60　耳背墙施工

【施工技术】

1. 工艺概述

墩顶固结施工包括：钢筋制作与安装、模板安装、混凝土浇筑、养护、模板拆除。

2. 工艺流程

墩顶固结施工工艺流程：墩顶固结钢筋制作安装→模板安装→混凝土浇筑→混凝土养护→模板拆除。

【定额说明】

定额已综合考虑了模板、混凝土浇筑、模板支撑及预埋件等工程内容，未包括混凝土拌和的费用，应按有关定额另行计算。

【工程量计算规则】

按设计混凝土体积或钢筋质量计算工程量。

4-6-5　索　　塔

【名词解释】

索塔(图 4-61)用于悬索桥或斜拉桥，通过缆吊体系或斜拉索将梁部荷载传递到塔身，按类别分钢塔、混凝土塔,按结构形式分门式塔、A形塔、倒Y形塔、独柱式塔等。根据塔身的高度、结构形式及功能所需,塔柱之间可设横梁,塔柱一般为空心结构,塔柱内通常设爬梯,塔顶安装避雷针及航空障碍灯。

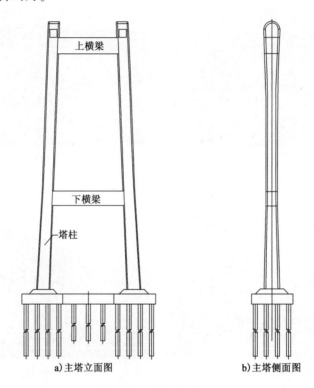

图 4-61 索塔示意图

【施工技术】

1. 工艺概述

悬索桥索塔施工包括:施工放样、劲性骨架制作与安装、钢筋制作与安装、爬模制造安装、混凝土浇筑、养护、脱模、爬模爬升、横梁支架搭设、底模安装、横梁钢筋制作安装、预应力管道安装、侧模安装、浇筑横梁混凝土、养护、张拉横梁预应力、主塔封顶、主索鞍施工、避雷针及航空障碍灯安装等。

斜拉桥索塔施工包括:施工放样、劲性骨架制作与安装、钢筋制作与安装、索道管制造安装、爬模制造安装、混凝土浇筑、养护、脱模、爬模爬升、主塔封顶、避雷针及航空障碍灯安装等。

2. 图解工程(图 4-62)

3. 工艺流程

悬索桥索塔施工工艺流程:施工放样→劲性骨架制作安装→钢筋制作与安装→爬模拼装→混凝土浇筑→混凝土养护→脱模→爬架爬升→下一节段施工→横梁支架搭设→横梁底模安装→横梁钢筋制作安装→预应力管道安装→侧模安装及内模安装→顶板钢筋安装→浇筑横

梁混凝土→养护→张拉预应力束→预应力孔道压浆→主塔施工至主索鞍位置→主索鞍吊装→主塔封顶→避雷针及航空障碍灯安装。

斜拉桥索塔施工工艺流程：施工放样→劲性骨架制作安装→钢筋制作与安装→爬模拼装→混凝土浇筑→混凝土养护→脱模→爬架爬升→依次完成无索区节段施工→劲性骨架安装、钢筋绑扎→索道管安装→爬模爬升合模→浇筑混凝土→养护→主塔封顶→避雷针及航空障碍灯安装。

a) 主塔起始段爬模施工

b) 爬模爬升

c) 横梁支架搭设

d) 横梁底模安装

e) 横梁支架静载预压

f) 横梁侧模安装

图 4-62

g)横梁施工

h)混凝土养护

图 4-62 索塔施工

【定额说明】

定额中的锚固套筒和钢锚箱仅适用于索塔,不适用于梁体上锚固套筒和钢锚箱的安装;索鞍仅适用于钢索吊桥,不适用于悬索桥。

定额综合考虑了模板、混凝土浇筑、提升模架的上升和下降以及安全围护措施(如防护栏、安全网等)等工程内容,未包括索塔立柱的提升模架和横梁的现浇支架以及混凝土拌和等的费用,使用定额时应根据需要按有关定额另行计算,并应适当考虑设置必要的施工电梯和塔式起重机配合施工。

对于塔、墩采用固结形式相连的,其索塔的高度应从基础顶面算起,一直到索塔的顶部,其工程量也应从基础顶面算起;对于塔、墩采用分离形式相连的(吊桥的索塔多建于桥台或岸墩,其墩、台与索塔有明显的分界线),其索塔的高度则应从桥面顶面以上算起,直至索塔的顶部,其工程量也应从桥面顶面以上算起;桥面顶面以下部分的工程量应按墩台定额计算。定额已包含劲性骨架费用,不单独另计。

【工程量计算规则】

按设计混凝土体积或钢筋质量计算工程量,对于索塔施工确需现场进行钢筋接长时,其搭接长度部分的钢筋质量应计入设计工程量内。

锚固套筒、钢锚箱、索鞍、铁梯按设计需要的锚固套筒、钢锚箱、索鞍、铁梯的质量计算工程量。

避雷针按设计需要的数量计算工程量,一般一个塔柱按 1 处计算。

4-6-6 现浇锚块

【名词解释】

现浇锚块用于混凝土斜拉桥、悬索桥或预应力混凝土梁桥,作为斜拉索、悬索索股及预应力钢束的承力锚体,采用在施工现场搭设支架、安装钢筋及骨架、安装模板并浇筑混凝土形成。

【施工技术】

1. 工艺概述

现浇锚块施工包括:施工放样、现浇锚块支架搭设、钢筋制作与安装、劲性骨架及锚固管道安装、模板安装、混凝土浇筑、养护、脱模等。

2. 图解工程(图4-63)

a) 锚块钢筋安装　　　　　　　　b) 锚块

图4-63　现浇锚块施工

3. 工艺流程

现浇锚块施工工艺流程：施工放样→现浇锚块支架搭设→钢筋制作与安装→劲性骨架及锚固管道安装→模板安装→混凝土浇筑→混凝土养护→脱模。

【定额说明】

定额是按重力式结构编制的,不适用于隧道式锚块,综合考虑了脚手架、模板、混凝土浇筑等工程内容,未包括混凝土拌和的费用,应按有关定额另行计算,应适当考虑设置必要的塔式起重机配合施工。

【工程量计算规则】

按设计混凝土体积或钢筋质量计算工程量。

4-6-7　现浇箱涵、拱涵

【名词解释】

现浇箱涵是涵洞的一种形式,位于公路或铁路路基下方,作为水流、人或车辆通过公路、铁路的通道,其结构呈箱形,采用钢筋混凝土现浇成整体,现浇箱涵由底板、侧墙、顶板、沉降缝、洞口挡块及八字墙等组成。

【施工技术】

1. 工艺概述

现浇箱涵施工包括：施工放样、基础开挖、垫层施工、底板钢筋制作与安装、模板安装、分块浇筑底板混凝土、侧墙钢筋制作与安装、侧墙模板安装、浇筑侧墙混凝土、内箱支架搭设、内顶模板安装、顶板钢筋绑扎、顶板混凝土浇筑、养护、脱模、支架拆除、洞口挡块浇筑、八字墙施工、涵台背回填。

2. 图解工程(图4-64)

a) 现浇箱涵钢筋绑扎 b) 箱涵

图4-64 现浇箱涵施工

3. 工艺流程

现浇箱涵施工工艺流程:测量放样→基坑开挖→基坑承载力检测→绑扎基础钢筋及预埋涵身钢筋→安装模板→分块浇筑底板混凝土→绑扎涵身钢筋、安装模板→分段浇筑涵身混凝土→安装内箱支架→箱涵内顶模板安装→绑扎顶板钢筋→浇筑顶板混凝土→洞口挡块及八字墙施工→填塞封闭沉降缝,沥青麻絮填塞及外侧沥青布封闭,涵身外壁及盖板上表面刷沥青防水剂→涵台背回填。

【定额说明】

定额综合考虑了脚手架、模板、混凝土浇筑等工程内容,未包括混凝土拌和的费用,应按有关定额另行计算。

【工程量计算规则】

按设计混凝土体积或钢筋质量计算工程量。

4-6-8 现浇板上部构造

【名词解释】

现浇板通常用于涵洞、通道及小桥等构造物上,与预制板相比,其优点主要有适应各种跨径及角度,整体性好,一次成型,速度快,节省架设及运输设备投入。

【施工技术】

1. 工艺概述

现浇板上部构造施工包括:现浇支架搭设、底模板铺设、现浇板钢筋绑扎、侧模板安装、浇筑混凝土、养护、脱模、支架拆除。

2. 图解工程(图4-65)

3. 工艺流程

现浇板上部构造施工工艺流程:施工放样→现浇板支座安装→现浇支架搭设→现浇板底

模板安装→绑扎现浇板钢筋→侧模板安装→浇筑混凝土→养护→模板拆除→现浇支架拆除。

a)现浇板钢筋绑扎

b)现浇板

图 4-65　现浇板上部构造施工

【定额说明】

板的主要形式有矩形板、实体连续板和空心连续板三种,定额综合考虑了轻型上下架、模板(包括空心连续板的芯模)、混凝土浇筑等工程内容,未包括混凝土拌和的费用,应按有关定额另行计算。

【工程量计算规则】

按设计混凝土体积或钢筋质量计算工程量。

4-6-9　现浇 T 形梁

【名词解释】

现浇 T 形梁通常用于跨度小、跨数少的小桥等构造物上,与预制 T 梁相比,其优点主要有适应各种跨径及角度,投入小,无须建设预制场地,施工速度快,可采用木模或组合钢模,节省架设及运输设备投入。

【施工技术】

1. 工艺概述

现浇 T 形梁施工包括:现浇支架搭设、模板安装、T 形梁钢筋绑扎、浇筑混凝土、养护、脱模、支架拆除。

2. 图解工程(图 4-66)

3. 工艺流程

现浇 T 形梁施工工艺流程:施工放样→现浇 T 形梁支座安装→现浇支架搭设→现浇 T 形梁模板安装→绑扎现浇 T 形梁钢筋→浇筑混凝土→养护→模板拆除→现浇支架拆除。

【定额说明】

综合的模板接触面积为 $66.93 m^2/10 m^3$ 混凝土,定额综合考虑了轻型上下架、模板、混凝土浇筑等工程内容,未包括混凝土拌和的费用,应按有关定额另行计算。

【工程量计算规则】

按设计混凝土体积或钢筋质量计算工程量。

a)现浇板T形梁浇筑　　　　　　　　b)现浇T形梁

图 4-66　现浇 T 形梁施工

4-6-10　现浇混凝土预应力箱梁

【名词解释】

现浇混凝土预应力箱梁通常用于跨度大、工期紧、梁体平面线形变化大、预制架设困难的桥梁结构物中,常用于城市立交、互通、匝道桥等结构施工。现浇混凝土预应力箱梁通常采用现浇支架或移动模架施工,现浇支架通常采用满堂钢管支架、管桩基础结合军用梁、型钢梁支架等。移动模架为箱梁整孔现浇专用设备,分为上行式、下行式两类,主要由支腿机构、承重主梁、钢导梁、走行系统、底模架及内外模板系统等组成。

【施工技术】

1. 工艺概述

现浇混凝土预应力箱梁施工包括:墩顶支座安装、现浇支架搭设、箱梁底模板及外侧模安装、现浇支架堆载预压、底板及腹板钢筋绑扎及预应力管道安装、内模支架搭设、内模安装、顶板钢筋安装、箱梁混凝土浇筑、养护、预应力钢束穿束、侧模及内模拆除、张拉预应力束、预应力孔道压浆、底模拆除、现浇支架拆除。

2. 图解工程

(1)支架法现浇混凝土预应力箱梁施工(图 4-67)。

(2)移动模架法现浇混凝土预应力箱梁施工(图 4-68)。

3. 工艺流程

支架法现浇混凝土预应力箱梁施工工艺流程:施工放样→墩顶支座安装→现浇支架搭设→箱梁底模及外侧模板安装→现浇支架堆载预压→底板及腹板钢筋绑扎及预应力管道安装→内模支架搭设→内模安装→顶板钢筋安装→箱梁混凝土浇筑→养护→预应力钢束穿束→侧模及内模拆除→张拉预应力束→预应力孔道压浆→底模拆除→现浇支架拆除。

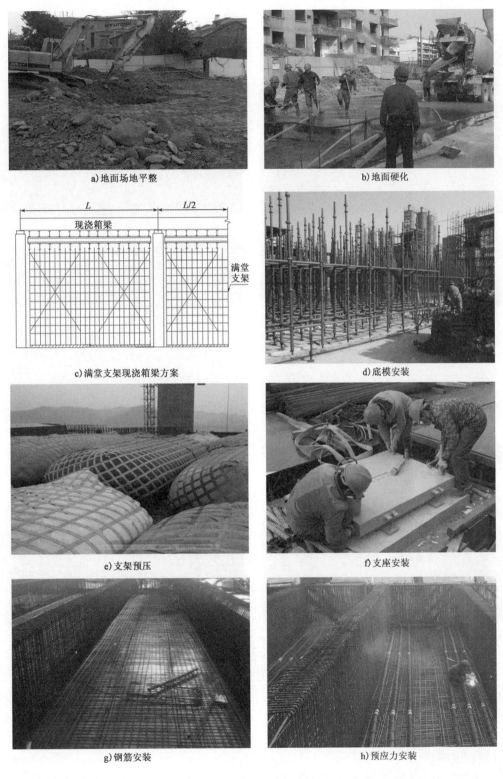

图 4-67

图 4-67 支架法现浇混凝土预应力箱梁施工

移动模架法现浇混凝土预应力箱梁施工工艺流程:移动模架拼装→静载试验,测量模架变形参数→横移底模连接,调整侧模→支座安装→绑扎箱梁底腹板钢筋,安装预应力孔道→安装内模及顶模→顶板钢筋绑扎,预应力孔道安装→箱梁混凝土浇筑→养护→预应力张拉及孔道压浆→模架前移,施工下一孔箱梁。

【定额说明】

定额仅适用于支架上现浇和移动模架现浇箱梁,综合的模板接触面积为:内模 18.41m²/

10m³ 混凝土,外模 22.50m²/10m³ 混凝土。定额综合考虑了轻型上下架、模板、混凝土浇筑等工程内容,未包括混凝土拌和的费用,应按有关定额另行计算。

a)上行式移动模架施工现浇预应力箱梁

b)上行式移动模架系统

c)下行式移动模架施工现浇预应力箱梁

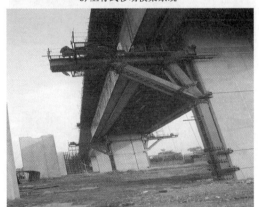
d)下行式移动模架支撑系统

图 4-68 移动模架法现浇混凝土预应力箱梁施工

【工程量计算规则】
按设计混凝土体积或钢筋质量计算工程量。

4-6-11 悬浇预应力箱梁

【名词解释】
悬浇预应力箱梁通常用于跨度大、梁体底部呈抛物线变化的连续箱梁桥中,常用于水中连续箱梁桥、跨既有线连续箱梁桥、预应力混凝土箱梁斜拉桥、T 形刚构桥等桥梁施工中,悬臂预应力箱梁采用挂篮对称施工,墩顶 0 号块采用支架或托架施工。

【施工技术】
1.工艺概述
悬浇预应力箱梁施工包括:墩顶支座安装、0 号块支架安装、墩梁临时固结及 0 号块现浇施工、挂篮拼装、挂篮对称堆载预压、底板及腹板钢筋绑扎及预应力管道安装、内模安装、顶板钢筋安装、对称悬臂浇筑预应力箱梁混凝土、养护、预应力钢束穿束、侧模及内模拆除、张拉预应力束、预应力孔道压浆、底模脱模、挂篮前移、依次完成剩余节段箱梁施工、挂篮拆除、合龙段吊架安装、合龙口钢筋及预应力管道安装、内模安装、合龙口混凝土浇筑、养护、合龙段预应力张拉、拆除合龙段吊架。

2. 图解工程(图4-69)

a)0号块支架拼装

b)0号块支架静载预压

c)0号块底模安装

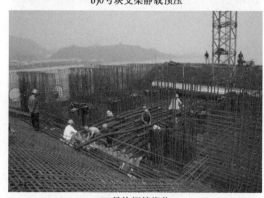
d)0号块钢筋绑扎

e)0号块内模安装

f)0号块混凝土浇筑

图 4-69

g) 挂篮拼装

h) 挂篮静载预压

i) 挂篮悬臂浇筑

j) 合龙段施工

图 4-69　悬浇预应力箱梁施工

3. 工艺流程

悬浇预应力箱梁施工工艺流程：施工放样→墩顶支座安装→0 号现浇支架搭设墩梁临时固结及 0 号块现浇施工→挂篮拼装→挂篮对称堆载预压→底板及腹板钢筋绑扎及预应力管道安装→内模安装、顶板钢筋安装→对称悬臂浇筑预应力箱梁混凝土→养护→预应力钢束穿束→侧模及内模拆除→张拉预应力束→预应力孔道压浆→底模脱模→挂篮前移→依次完成剩余节段箱梁施工→挂篮拆除→合龙段吊架安装→合龙口钢筋及预应力管道安装→内模安装→合龙口混凝土浇筑→养护→合龙段预应力张拉→拆除合龙段吊架。

【定额说明】

悬臂施工法的箱梁分为 0 号块件、悬浇或悬拼块件及合龙段三种，其采用的施工设备也各不相同，定额综合考虑了模板、混凝土浇筑、箱梁内模及翼缘板模板支架、挂篮移位、合龙段劲性骨架等工程内容，未包括混凝土拌和的费用，应按有关定额另行计算，应根据施工需要适当考虑设置必要的施工电梯和塔式起重机配合施工。斜拉索锚固套筒仅适用于混凝土梁体上锚固套筒的安装，悬浇连续梁、斜拉桥箱梁悬臂施工时，墩顶临时固结的费用应按悬臂拼装定额中的相关内容计算其费用。

【工程量计算规则】

按设计混凝土体积或钢筋质量或锚固套筒质量计算工程量。

4-6-12 现浇拱桥

【名词解释】

拱桥是以承受轴向压力为主的拱圈或拱肋作为主要承重构件的桥梁,根据桥面布置在桥跨结构位置可分为上承式、中承式和下承式。

【施工技术】

1. 工艺概述

现浇拱桥施工包括:拱形支架搭设、拱形支架堆载预压、底模安装、钢筋绑扎、劲性骨架安装、侧模及顶模安装、浇筑拱上部构造混凝土、养护、模板拆除、拱架卸落与拆除。

2. 图解工程(图 4-70)

a)现浇拱劲性骨架安装　　　　　　　　　　b)现浇拱

图 4-70　现浇拱桥施工

3. 工艺流程

现浇拱桥施工工艺流程:施工放样→现浇拱形支架搭设→拱形支架堆载预压→底模安装→劲性骨架安装→钢筋绑扎→侧模及顶模安装→浇筑拱上部构造混凝土→养护→模板拆除→拱架卸落与拆除。

【定额说明】

定额综合考虑了脚手架、轻型上下架、井字架、模板、混凝土浇筑等工程内容,未包括混凝土拌和的费用,应按有关定额另行计算。薄壳拱壳体系按拱盔作为底模板进行编制的,应按有关定额另行计算拱盔的费用。

【工程量计算规则】

按设计混凝土体积或钢筋质量计算工程量。

4-6-13 桥面铺装

【名词解释】

桥面铺装是为保护桥面板防止车轮或履带直接磨耗主梁梁面的结构层,保护主梁免受雨水侵蚀,并借以分散车轮的集中荷载。常用的桥面铺装有水泥混凝土、沥青混凝土及防水混凝土铺装。

【施工技术】

1. 工艺概述

桥面铺装施工包括:混凝土桥面凿毛、清理浮浆及杂物处理或钢桥面喷砂除锈、清洗桥面、测量放样、钢筋网片铺设、振捣梁轨道铺设、混凝土浇筑、摊铺、整平、收面及拉毛、覆盖养护、桥面铺装层验收。

2. 图解工程(图 4-71)

a) 混凝土桥面铺装

b) 沥青混凝土桥面铺装

图 4-71 桥面铺装施工

3. 工艺流程

桥面铺装施工工艺流程:清除桥面浮浆、油迹并凿毛→清洗桥面→测量放样→铺设、绑扎钢筋网片→安装振捣梁行走轨道→支垫钢筋网片→混凝土搅拌及运输→混凝土浇筑、摊铺、整平→一次抹面→二次抹面→拉毛→覆盖养护→桥面铺装高程及平整度验收。

【定额说明】

定额综合考虑了模板,水泥混凝土运输、浇筑、表面刻纹,沥青混凝土拌和、运输、摊铺、整平、碾压及撒砂养护等工程内容,未包括混凝土拌和的费用,应按有关定额另行计算。

【工程量计算规则】

按设计混凝土体积或钢筋质量计算工程量。

4-6-14 现浇混凝土桥头搭板

【名词解释】

现浇混凝土桥头搭板是搁置在桥台或悬臂梁板端部和填土之间的板状构造物,随着填土的沉降能够转动,用以减小桥头跳车对桥台或梁体的冲击,枕梁位于搭板后端,搁置在路基之上,将荷载均匀传递到路基上。

【施工技术】

1. 工艺概述

现浇混凝土桥头搭板施工包括:垫层施工、桥头搭板及枕梁钢筋绑扎、侧模安装、搭板及枕梁混凝土浇筑及振捣、覆盖养护、路面层施工。

2. 图解工程(图4-72)

a)桥头搭板钢筋绑扎   b)桥头搭板混凝土养护

图4-72 现浇混凝土桥头搭板施工

3. 工艺流程

现浇混凝土桥头搭板施工工艺流程:桥头搭板下垫层施工→桥头搭板及枕梁钢筋绑扎→侧模安装→桥头搭板及枕梁混凝土浇筑及振捣→混凝土覆盖养护→路面层施工。

【定额说明】

定额综合考虑了模板、混凝土运输、浇筑等工程内容,未包括混凝土拌和、搭板下垫层的费用,应按有关定额另行计算。

【工程量计算规则】

按设计混凝土体积或钢筋质量计算工程量。

4-6-15 转体磨心、磨盖混凝土、钢筋

【名词解释】

磨心混凝土和磨盖混凝土用于桥梁转体施工,磨心与磨盖共同组成桥梁转体的转轴系统。

【施工技术】

1. 工艺概述

磨心、磨盖混凝土施工包括:磨心钢板圈安装、磨心圆形钢筋骨架制作与安装、定位轴制作

与安装、磨心球面钢筋网安装、磨心母线刮板安装、磨心混凝土浇筑、养护及球面打磨、磨盖钢筋制作安装、磨盖模板安装、磨盖混凝土浇筑、养护。

2.工艺流程

磨心、磨盖混凝土施工工艺流程:磨心钢板圈安装→磨心圆形钢筋骨架制作与安装→定位轴制作与安装→磨心球面钢筋网安装→磨心母线刮板安装→磨心混凝土浇筑、养护→球面打磨→磨盖钢筋制作安装→磨盖模板安装→磨盖混凝土浇筑、养护。

【定额说明】

定额综合考虑了定型钢模板,混凝土浇筑、捣固及养护,磨心、磨盖转动磨合等工程内容,未包括混凝土拌和的费用,应按有关定额另行计算。

【工程量计算规则】

按设计混凝土体积或钢筋质量计算工程量。

4-6-16 转体施工

【名词解释】

桥梁转体施工是指因受桥位地形限制或考虑铁路或公路运营安全因素,将桥梁上部结构主梁或拱圈于非设计轴线位置制作成形后,通过转体就位的施工方法,桥梁转体施工可用于拱桥、斜拉桥、连续梁桥等施工,转体方式可分为平转、竖转、平转竖转结合,平转分为平衡平转、非平衡平转。

【施工技术】

1.工艺概述

桥梁转体施工包括:下转盘施工、上转盘施工、临时锁定、异位拼装或浇筑桥梁梁体、安装牵引索、调试千斤顶及油泵等设备、解除临时锁定、试转、桥梁转体就位、浇筑封固混凝土。

2.图解工程(图4-73)

a)下转盘施工　　　　　　　　b)上转盘混凝土浇筑

图 4-73

c) 墩身施工

d) 非桥位轴线位置浇筑梁体

e) 桥梁转体设备安装

f) 桥梁转体

g) 合龙段浇筑

h) 封铰混凝土施工

图 4-73　桥梁转体施工

3. 工艺流程

桥梁转体施工工艺流程：下转盘施工→上转盘施工→临时锁定→异位拼装或浇筑桥梁梁体→安装牵引索→调试千斤顶及油泵等设备→解除临时锁定→试转→桥梁转体就位→浇筑封固混凝土。

【定额说明】

定额综合考虑了清理下盘、试运转、正式运转、调整高程、固定焊接工程内容。

【工程量计算规则】

按设计需要转体施工的质量计算工程量。

第七节　预制、安装混凝土及钢筋混凝土构件

4-7-1　预　制　桩

【名词解释】

预制桩(图 4-74)是在工厂或施工现场制成的各种材料、各种形式的混凝土桩(如木桩、混凝土方桩、预应力混凝土管桩、钢桩等)。混凝土预制桩能承受较大的荷载,坚固耐久,施工速度快。

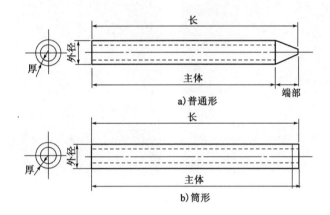

图 4-74　预制桩示意图

【施工技术】

1. 工艺概述

在平整、坚实场地建设预制厂,钢筋整体预扎吊装,浇筑混凝土并养护,最后堆码存放。

2. 图解工程(图 4-75)

3. 工艺流程

预制桩施工工艺流程:预制场地建设→底模修整→钢筋制作安装→安装侧模→浇筑混凝土→养护→拆除外侧模→移至存放场。

【定额说明】

定额综合考虑了模板、混凝土浇筑、射水管件、桩尖、破桩尖等工程内容,未包括混凝土拌和的费用,应按有关定额另行计算。

【工程量计算规则】

按设计预制构件的混凝土体积或钢筋质量计算工程量。

图 4-75 预制桩施工

4-7-2 预制排架立柱

【名词解释】

排架立柱指支承上部荷载的柱子,立柱一般为矩形(图 4-76)。

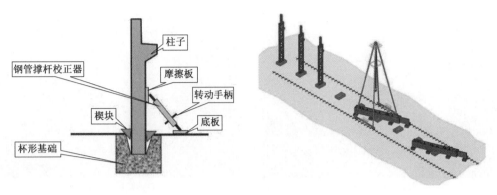

图 4-76 排架立柱示意图

【施工技术】

1. 工艺概述

在平整、坚实场地建设预制厂,钢筋整体预扎吊装,采用工具式钢模板,浇筑混凝土并养护,堆码存放,运输至现场利用起吊设备安装就位。

2. 图解工程(图 4-77)

a) 预制场建设

b) 钢筋制作安装

c) 模板安装

d) 浇筑混凝土

图 4-77

e) 排架立柱运输　　　　　　　　　　　f) 排架立柱安装

图 4-77　预制、安装排架立柱施工

3. 工艺流程

预制、安装排架立柱施工工艺流程:预制场地建设→钢筋制作安装→安装模板→浇筑混凝土→养护→拆除模板→排架立柱运输→测量放线→排架立柱安装→底口混凝土浇筑养护。

【定额说明】

预制混凝土定额编制中综合的模板接触面积为 $94.34m^2/10m^3$ 混凝土,综合考虑了脚手架、地锚、模板、混凝土浇筑、填缝砂浆等工程内容,未包括混凝土拌和的费用,应按有关定额另行计算,未包括扒杆的费用,应根据施工组织设计确定的需要量按有关定额另行计算扒杆的费用。

【工程量计算规则】

按设计预制构件的混凝土体积或钢筋质量计算工程量。

4-7-3　预制、安装柱式墩台管节

【名词解释】

预制柱式墩台管节是在预制厂利用定型模板加工混凝土墩台管节。

【施工技术】

1. 工艺概述

在预制厂利用定型模板进行柱式管节预制,管节达到设计强度后,运至现场进行逐节安装。管节形式应优先采用承插式管。管节吊装时,混凝土强度应符合设计要求。设计无规定时,不得低于强度的 70%。沉陷缝、伸缩缝的位置、形式、止水材料以及管节接头止水材料均应符合设计要求。止水材料应黏结牢固,封堵严密,无渗漏现象。

2. 图解工程(图 4-78)

3. 工艺流程

预制、安装墩台管节施工工艺流程:预制厂模板制作→钢筋绑扎→混凝土浇筑及养护→管

节整修、清理→管节运输→起吊就位,构件接头连接→扒杆纵移,地锚埋设、拆除→管节填心混凝土、钢筋的全部操作。

a)管节吊装

b)起吊就位

c)管节构件整修、洗刷、挂线

图 4-78　预制、安装墩台管节施工

【定额说明】

预制混凝土定额编制中综合的模板接触面积为:内模 76.47m²/10m³ 混凝土、外模 96.86m²/10m³ 混凝土,综合考虑了脚手架、地锚、模板、混凝土浇筑等工程内容,未包括混凝土拌和的费用,应按有关定额另行计算。

安装定额是按扒杆配合安装和起重机配合安装两种方法进行编制的,但扒杆配合安装定额中未包括扒杆的费用,应根据施工组织设计确定的需要量按有关定额另行计算扒杆的费用。

【工程量计算规则】

按设计预制构件的混凝土体积或钢筋质量计算工程量。

4-7-4　预制圆管涵

【名词解释】

管涵是埋在地下的水管,可作为地面高程以下的水道。圆管涵就是由用钢筋混凝土做成的一节一节的圆管形成的涵洞。

【施工技术】

1. 工艺概述

圆管涵钢筋绑扎成型后,放入模具中,将混凝土送入高速旋转的钢模,使混凝土均匀地分布在管模的内壁上,混凝土逐渐干硬密实成型。

2. 图解工程(图4-79)

a) 钢筋绑扎安装

b) 离心法混凝土浇筑

c) 圆管涵拆模

d) 圆管涵验收

图4-79 预制圆管涵施工工艺

3. 工艺流程

预制圆管涵施工工艺流程:预制厂模具制作→钢筋成笼→钢筋笼吊入模具→浇筑混凝土→管涵成型→拆模、养护→管节检验。

【定额说明】

定额是按振动制管法进行编制的,综合考虑了脚手架、模板、混凝土浇筑等工程内容,未包括混凝土拌和的费用。

【工程量计算规则】

按设计预制构件的混凝土体积或钢筋质量计算工程量。

4-7-5　安装圆管涵

【施工技术】

1. 工艺概述

安装圆管涵施工包括：挖基、换填或做地基处理，吊装圆管，分层回填土方。

2. 图解工程（图 4-80）

a) 沟槽开挖

b) 吊装圆管涵

c) 砂浆嵌缝

d) 土方回填

图 4-80　安装圆管涵施工

3. 工艺流程

安装圆管涵施工工艺流程：施工放样→基坑开挖（基底处理）→管涵吊装→管节接头砂浆嵌缝→土方回填。

【定额说明】

定额是按人工安装和起重机安装两种方法进行编制的，综合考虑了嵌缝砂浆等工程内容，使用定额时不应再另行计算。但管座混凝土定额中未包括混凝土拌和的费用，应按有关定额另行计算。

【工程量计算规则】

按设计预制构件的混凝土体积或钢筋质量计算工程量。

4-7-6 顶进圆管涵

【施工技术】

1. 工艺概述

顶进圆管涵施工包括:测量放样、基础开挖、滑板及后背施工、防水施工、顶进施工等。

2. 图解工程(图 4-81)

a)顶进设备安装　　　　b)管涵顶进施工

图 4-81　顶进圆管涵施工

3. 工艺流程

顶进圆管涵施工工艺流程:测量放样→基础开挖→砌筑滑板及后背→圆管运输→防水施工→安装顶进设备→顶进圆管施工→拆除临时设施→竣工验收。

【定额说明】

定额包括圆管涵顶进的下管、接口、测量、挖土、出土、顶进、校测、接长车道、顶进等全部操作,但未包括顶进设备的费用,应按有关定额另行计算顶进设备的费用。

【工程量计算规则】

按设计预制构件的混凝土体积计算工程量。

4-7-7 预制立交箱涵

【名词解释】

预制立交箱涵指同一平面内相互交错的箱涵,或由几层相互叠交的箱涵构成。此种类型的箱涵较为复杂,施工比较困难。

【施工技术】

1. 工艺概述

预制立交箱涵施工包括：预制顶进立交箱涵包括模板组拼、钢筋绑扎、混合料浇筑、拆模养护等。

2. 图解工程（图4-82）

a) 临时脚手架搭设

b) 组合钢模组拼、安装

c) 钢筋除锈、制作绑扎焊接成型

d) 混凝土浇筑

图4-82 预制立交箱涵施工

3. 工艺流程

预制立交箱涵施工工艺流程：门式钢支架、临时脚手架、跳板、扒杆等的搭设→组合钢模组拼、安装→钢筋除锈、制作绑扎焊接成型→混凝土浇筑→养护。

【定额说明】

定额编制中综合的模板接触面积为：内模 11.97m^2/10m^3 混凝土、外模 4.02m^2/10m^3 混凝土，综合考虑了脚手架、模板、混凝土浇筑等工程内容，使用定额时不应再另行计算，未包括混凝土拌和的费用，应按有关定额另行计算。

【工程量计算规则】

按设计预制构件的混凝土体积或钢筋质量计算工程量。

4-7-8 顶进立交箱涵

【名词解释】
指在地基牢固的前提下,把预制好的箱涵顶推到位,这种施工方法对既有线行车影响小。

【施工技术】
1. 工艺概述
顶进立交箱涵施工包括:滑板制作、箱涵制作、后靠制作、油压千斤顶配备、箱涵顶进等。

2. 图解工程(图4-83)

a) 滑板制作　　　　　　　　　　b) 箱涵制作

c) 后靠制作、液压千斤顶的配备　　d) 箱涵顶进、校正

图4-83 顶进立交箱涵施工

3. 工艺流程
顶进立交箱涵施工工艺流程:地基处理→吊管、运管→安装涨圈、填塞麻辫→顶进、校正→拆除涨圈、麻辫→处理接缝。

【定额说明】
箱涵顶进定额是按一次顶入法编制的,包括箱涵顶进的全部操作,但未包括顶进设备的费用,应按有关定额另行计算顶进设备的费用,箱涵自重包括箱涵本身的质量与顶进时必须拖带的设备质量;土方如需远运,按路基土方运输定额另行计算;润滑隔离层定额综合考虑了清扫喷涂面、熬蜡配料、喷涂石蜡、摊铺塑料薄膜等工程内容;定额不包括铁路线加固与防护等工程内容,按相关定额另计。

【工程量计算规则】

箱涵顶进定额按箱涵涵身的设计长度计算工程量。

挖运箱身土方定额按设计需要挖除土方的天然密实体积计算工程量。

润滑隔离层定额按设计需要设置的润滑隔离层面积计算工程量。

4-7-9 预制矩形板、空心板

【名词解释】

由混凝土浇筑而成,将板的横截面做成空心的称为空心板。空心板较同跨径的实心板质量轻,运输安装方便,建筑高度又较同跨径的T梁小,因此小跨径桥梁中使用较多。其中间挖空形式有很多种。

【施工技术】

1. 工艺概述

包括组合模板拼拆,钢筋制作、安装,混凝土浇筑等。

2. 图解工程(图4-84)

a) 地底模制作、修理

b) 组合钢模组拼、涂油

c) 空心板端芯头封固

d) 钢筋制作、绑扎、焊接

图 4-84

e) 混凝土浇筑

f) 养护

图 4-84 预制矩形板、空心板施工

3. 工艺流程

预制矩形板、空心板施工工艺流程:地底模制作、修理、铺塑料薄膜→组合钢模组拼、安装、涂脱模剂→空心板端芯头封固→钢筋制作、绑扎、焊接→混凝土配运料、拌和、运输、浇筑→养护。

【定额说明】

定额综合考虑了模板、混凝土浇筑以及空心板端头封闭混凝土等工程内容,未包括混凝土拌和的费用,应按有关定额另行计算。

【工程量计算规则】

按设计预制构件的混凝土体积或钢筋质量计算工程量,不应将端头封闭混凝土数量计算在空心板工程量内。

4-7-10 安装矩形板、空心板

【施工技术】

1. 工艺概述

包括板的运输、吊装、验收等。

2. 图解工程(图 4-85)

3. 工艺流程

安装矩形板、空心板施工工艺流程:测量放线→支座安装→板的吊装→验收板位→浇筑板件湿接缝。

【定额说明】

定额是按起重机配合安装的施工方法编制的,综合考虑了构件修整、地笼等工程内容,安装矩形板定额中还综合考虑了油毛毡支座的消耗,使用定额时不应再另行计算。

现浇企口混凝土及砂浆插缝可采用桥面铺装定额计算。

a)空心板吊装1

b)空心板吊装2

图4-85 安装空心板施工

【工程量计算规则】

按设计预制安装构件的混凝土体积计算工程量。

4-7-11 预制、安装连续板

【名词解释】

连续板可分为实体连续板和空心连续板,是指支点在3个以上的板。实体连续板的板内无孔洞,即为实体;空心连续板与矩形实体连续板相似,只是板内有孔洞,即空心。

【施工技术】

1. 工艺概述

预制连续板包括:钢筋绑扎、模板安装、混凝土浇筑、混凝土养护等,安装后进行桥面连续段混凝土浇筑。

2. 图解工程(图4-86)

3. 工艺流程

预制、安装连续板施工工艺流程:预制场地建设→地底模制作、修理、铺塑料薄膜→绑扎钢筋→安装模板→浇筑混凝土→养护→拆模→移梁存放→施工场地整平→支座安装→连续板就位放样→连续板运输→连续板吊装→连续板吊装到位。

【定额说明】

预制混凝土定额综合的模板接触面积为:地底模 $28.12m^2/10m^3$ 混凝土、内模 $62.85m^2/10m^3$ 混凝土、外模 $42.24m^2/10m^3$ 混凝土,综合考虑了模板、混凝土浇筑、端头封固混凝土等工程内容,未包括混凝土拌和的费用,应按有关定额另行计算。

安装定额是按起重机和单导梁配合安装的方法编制的,综合考虑了构件整修、地笼、吊装设备移动等工程内容,未包括单导梁等吊装设备的费用,应根据施工组织设计确定的需要量按有关定额另行计算。

图 4-86 预制、安装连续板施工

【工程量计算规则】

按设计预制构件的混凝土体积或钢筋质量计算工程量,不应将端头封固混凝土数量计算在工程量内。

4-7-12 预制、安装 T 形梁、I 形梁

【名词解释】

T 形梁指横截面形式为 T 形的普通混凝土梁。两侧挑出部分称为翼缘,中间部分称为梁

肋。由于T形梁相当于是将矩形梁中对抗弯强度不起作用的受拉区混凝土挖去后形成的,与原有矩形抗弯强度完全相同,既可以节约混凝土,又减轻构件的自重,提高了跨越能力。I形梁指横截面形式为I形的普通混凝土梁。其上面的翼板称为上翼缘,下面的翼板称为下翼缘,连接两翼缘的板称为腹板。

【施工技术】

1. 工艺概述

包括梁肋、翼缘板,预制过程中预埋横隔板、翼缘板、连续段钢筋,安装后现浇横隔板与连续段混凝土。

2. 图解工程(图4-87)

3. 工艺流程

梁体预制施工工艺流程:预制场地建设→底模修整→腹板钢筋制作安装→安装侧模→顶板钢筋制作安装→浇筑混凝土→养护→拆除外侧模→混凝土强度达到规范要求后编号,移梁至存放场。

a) 预制构件底座

b) 钢筋绑扎

c) 模板拆除

d) 梁体存放

图 4-87

e) 梁体架设

图 4-87　梁体预制、安装施工

梁体安装施工工艺流程:施工准备→墩顶横移滑道安装→墩顶支座安装→拼装架桥机→架桥机试吊、走行过孔→待架梁运送、喂梁→架桥机吊梁走行到位→横移梁对位→落梁→完成一孔梁架设→T 梁横隔板焊接→墩顶现浇连续段施工→翼板现浇接缝施工。

【定额说明】

预制混凝土定额是按配合预制底座的施工方法编制的,综合的模板接触面积为:T 形梁 $88.33m^2/10m^3$ 混凝土、I 形梁 $82.68m^2/10m^3$ 混凝土;综合考虑了跳板、模板、混凝土浇筑等工程内容,未包括混凝土拌和和预制底座的费用,应根据施工组织设计的安排合理确定底座数量,并按相关定额计算底座和混凝土拌和的费用。

安装定额综合考虑了构件整修、构件起吊、纵移、横移、落梁、吊装设备移动、地笼、吊脚手架及安全网、接头连接钢板等工程内容,未包括安装用的导梁、龙门架以及预制场的龙门架等吊装设备的费用,应根据施工组织设计的安排合理确定需要量,并按相关定额计算其费用。

安装 T 形梁定额的现浇混凝土部分未考虑,可按照现浇 T 形梁定额计算。

现浇横隔板混凝土定额未包括混凝土拌和的费用,应按有关定额另行计算。

【工程量计算规则】

按设计预制、安装构件的混凝土体积或钢筋质量计算工程量。

4-7-13　预制、安装预应力空心板

【名词解释】

预应力混凝土空心板(图 4-88)是桥梁的承重结构,预应力混凝土空心板梁桥建筑高度小、自重轻、施工方便、施工速度快、装配化程度高、便于架设安装,桥梁纤细美观,结构断面受力合理,钢束分散布置,避免了锚下混凝土应力集中,节省钢筋,经济效益好。适于跨度 10～30m 的单跨板梁或现浇连续板梁。

预应力混凝土空心板利用高强钢材和混凝土,提高抗裂度和刚度,减少构件截面,具有节省材料、耐久性好等特性。

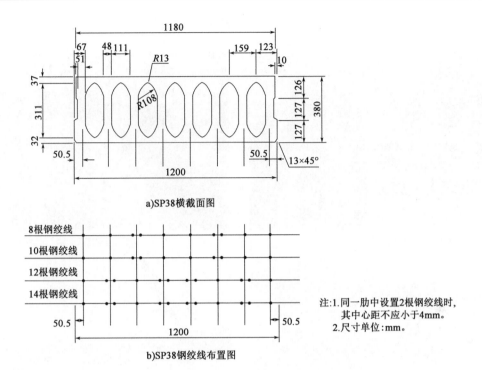

图 4-88 预应力混凝土空心板示意图

【施工技术】

1. 工艺概述

预制空心板包括：钢筋绑扎、模板安装、混凝土浇筑、混凝土养护、预应力施工等。

2. 图解工程（图 4-89）

3. 工艺流程

预制预应力空心板施工工艺流程：预制场地建设→张拉台座及底座施工→刷隔离剂→铺放预应力筋→张拉机具准备→张拉预应力筋→安装侧模、绑扎横向钢筋→浇筑混凝土→养护→脱模→张放预应力筋→出槽→堆放。

安装预应力空心板施工工艺流程：施工场地整平→支座安装和空心板就位线放样→空心板运输→空心板吊装。

【定额说明】

定额是配合台座或底座施工编制的，未考虑空心板预制时底模板的费用，应根据施工组织设计的安排，合理确定先张台座或预制底座的数量，并按相关定额计算其费用。

预制混凝土定额综合的模板接触面积为：内模 55.76m^2/10m^3 混凝土、外模 48.24m^2/10m^3 混凝土；综合考虑了模板、混凝土浇筑以及端头封闭混凝土等工程内容，未包括混凝土拌和的费用，应按有关定额另行计算。

安装定额是按起重机和单导梁配合安装编制的，综合考虑了整修构件、横移、就位、地锚、吊装设备移动等工程内容，未包括单导梁的费用，应根据施工组织设计确定的需要量按相关定额另行计算扒杆和单导梁的费用,现浇企口混凝土及砂浆插缝可采用桥面铺装定额计算。

图 4-89 预制、安装预应力空心板施工

【工程量计算规则】

按设计预制构件的混凝土体积或钢筋质量计算工程量,不应将端头封闭混凝土数量计算在空心板工程量内。

4-7-14 预制、安装预应力 T 形梁、I 形梁

【名词解释】

预应力 T 形梁指横截面形式为 T 形的预应力混凝土梁(图 4-90)。两侧挑出部分称为翼缘,中间部分称为梁肋。由于预应力 T 形梁相当于是将矩形梁中对抗弯强度不起作用的受拉区混凝土挖去后形成的,与原有矩形抗弯强度完全相同,既可以节约混凝土又减轻构件的自重,提高了跨越能力。预应力 I 形梁指横截面形式为 I 形的预应力混凝土梁,其上面的翼板称为上翼缘,下面的翼板称为下翼缘,连接两翼缘的板称为腹板。

【施工技术】

1. 工艺概述

预制 T 形梁包括:梁肋、翼缘板,预制过程中预埋横隔板、翼缘板、连续段钢筋,安装后现浇横隔板与连续段混凝土。

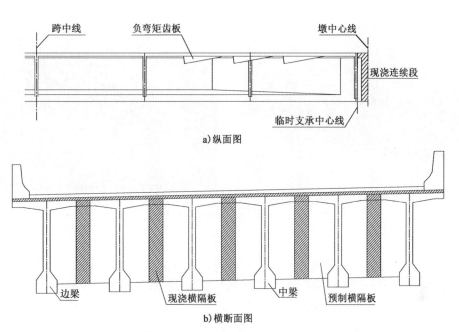

a) 纵面图

b) 横断面图

图 4-90 预应力混凝土梁示意图

2. 图解工程(图 4-91)

a) 预制构件底座

b) 钢筋骨架与孔道

c) 预制完成的预应力混凝土T形梁

d) 预制构件出坑与存放

图 4-91

e) T形梁运输

f) 双导梁安装预应力混凝土T形梁

图 4-91　预制、安装预应力 T 形梁施工

3. 工艺流程

预制预应力混凝土 T 形梁施工工艺流程:预制场地建设→底模修整→腹板钢筋及波纹管制作安装→安装侧模→顶板钢筋制作安装→浇筑混凝土→养护→拆除外侧模→预应力穿束→混凝土强度达到规范要求后张拉纵向预应力→孔道压浆、封锚头→编号、移梁至存放场。

安装预应力混凝土 T 形梁施工工艺流程:施工准备→墩顶横移滑道安装→墩顶支座安装→拼装架桥机→架桥机试吊、走行过孔→待架梁运送、喂梁→架桥机吊梁走行到位→横移梁对位→落梁→完成一孔梁架设→T 形梁横隔板焊接→墩顶现浇连续段施工→翼板现浇接缝施工→墩顶负弯矩张拉→压浆→封锚。

【定额说明】

预制混凝土定额是按配合台座和预制底座的施工方法编制的,综合的模板接触面积为:T 形梁 $73.72\,m^2/10\,m^3$ 混凝土、I 形梁 $65.43\,m^2/10\,m^3$ 混凝土;综合考虑了跳板、模板、混凝土浇筑等工程内容,未包括混凝土拌和和预制底座的费用,应根据施工组织设计的安排合理确定底座数量,并按相关定额计算底座和混凝土拌和的费用。

安装定额综合考虑了构件整修、构件起吊、纵移、横移、落梁、吊装设备移动、地笼、吊脚手架及安全网、接头连接钢板等工程内容,未包括安装用的导梁、龙门架以及预制场的龙门架等吊装设备的费用,应根据施工组织设计的安排合理确定需要量,并按相关定额计算其费用。

安装 T 形梁定额的现浇混凝土部分未考虑,可按照现浇 T 形梁定额计算。

现浇 I 形梁横隔板混凝土定额未包括混凝土拌和的费用,应按有关定额另行计算。

【工程量计算规则】

按设计预制、安装构件的混凝土体积或钢筋质量计算工程量,现浇 I 形梁横隔板及桥面板的钢筋应并入预制 I 形梁的钢筋数量内按预制钢筋定额计算工程量。

4-7-15　预制、安装预应力箱梁

【名词解释】

预制预应力混凝土箱梁(图 4-92)内部为空心状,上部两侧有翼缘,类似箱子,分单箱、多箱等。预应力箱梁就是在箱梁施加一个预压应力以抵消箱梁的自重产生的荷载,提高箱梁的

承载能力。在独立场地预制的箱梁结合架桥机可在下部工程完成后进行架设,可加速工程进度,节约工期。

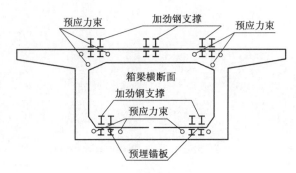

图 4-92　预应力箱梁横断面示意图

【施工技术】

1. 工艺概述

预制钢筋混凝土箱梁包括:预应力箱梁钢筋的加工和制作、模板制作安装、混凝土浇筑(泵送与非泵送)、预应力张拉、封锚等。

2. 图解工程(图 4-93)

a)底模拼装

b)钢筋绑扎

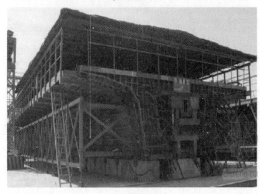

c)内模安装

d)预应力张拉、压浆

图 4-93

e)箱梁运输

f)箱梁架设

图 4-93　预制、安装预应力箱梁施工

3. 工艺流程

预制预应力混凝土箱梁施工工艺流程:预制场地建设→底模铺设→钢筋骨架制作及绑扎→波纹管埋设→侧模、端模安装→内模安装→混凝土浇筑→混凝土养护→模板拆除→清洁孔道→预应力筋穿束→预应力筋张拉→压浆→封锚→编号、出台座存放。

安装预应力箱梁施工工艺流程:施工准备→安设架桥机轨道→拼装架桥机→安装支座→吊梁→移梁就位→落梁→架设全联梁段。

【定额说明】

箱梁是指等截面箱梁,是按配合平面底座预制编制的,预制混凝土定额中综合的模板接触面积为:内模 $34.64m^2/10m^3$ 混凝土、外模 $30.11m^2/10m^3$ 混凝土,综合考虑了模板、混凝土浇筑等工程内容,未包括混凝土拌和和预制底座的费用,应根据施工组织设计的安排合理确定底座数量,并按相关定额计算底座和混凝土拌和的费用。

安装定额是按双导梁配合安装的施工方法编制的,综合考虑了整修构件、横移、就位、吊装设备移动、接头连接钢板、吊脚手及安全网等工程内容,未包括双导梁以及预制场龙门架等的费用,使用定额时应根据施工组织设计确定的需要量按有关定额另行计算吊装设备的费用。现浇接缝混凝土定额中未包括混凝土拌和的费用,应按有关定额另行计算。

【工程量计算规则】

按设计预制构件的混凝土实体体积或钢筋质量计算工程量。

4-7-16　预制、悬拼预应力节段箱梁

【名词解释】

节段箱梁(图 4-94)指将连续梁按"T"构形式划分为若干短节段,考虑混凝土收缩、徐变、预拱度等因素,将成桥整体坐标转换为预制工厂局部坐标后,在预制台座内以固定端模为基准,调整已生产相邻梁段(匹配梁段)的平面位置及高程,在预制台座的固定模板系统内逐榀匹配、流水预制箱梁节段的一种施工工艺。主要通过模板系统的运作来实现,模板的设计应结合短线法施工工艺。模板系统主要由固定端模、活动端模(或匹配节段)、底模(含台车)、侧

模、内模(含台车)几部分组成。

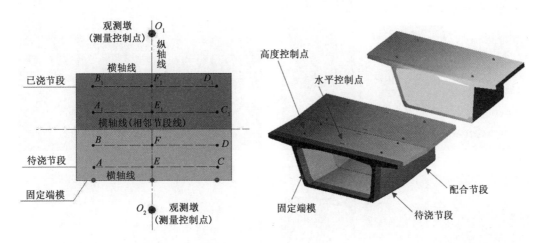

图 4-94 节段箱梁示意图

1. 工艺概述

每个预制梁段需要不断地调整和校正,因后一梁段安装的线形控制是依赖于前一梁段接缝线形控制的,故施工测量必须非常精确,测量的微小差错可能对最后拼装完成的结构产生很大影响。底模设置为可调整形式,以适应桥面竖曲线和预制梁段预拱度变化。

2. 图解工程(图 4-95)

a)钢筋绑扎台座

b)端模固定

c)底模及底模台车

d)侧模安装

图 4-95

e)内模安装

f)钢筋绑扎

g)钢筋入模

h)混凝土浇筑

i)内模拆除

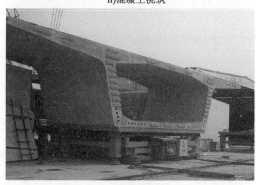
j)节段梁运移

k)节段梁存放

l)节段梁运输

图 4-95

m) 节段吊装

n) 节段拼装

o) 测量平台

p) 空调养护室

图 4-95　预制预应力节段箱梁施工

3. 工艺流程

预制预应力节段箱梁施工工艺流程：

长线法：预制前准备工作→底模调整→立侧模及端模→集中标准化钢筋加工和钢筋笼加工及安装→钢筋笼入模→底、腹板波纹管定位→入内模→顶板波纹管定位→混凝土浇筑→混凝土养护→退内模。

短线法：清洗台座→调整、校正待浇段端模→调整匹配→安装钢筋骨架→安装内模并调整固定→浇筑混凝土→拆除侧模，与匹配段分离→匹配段移至养护台座继续养护。

预制预应力节段箱梁悬拼法施工工艺：预制件端凿毛、清洗→待拼预制件运输就位→起吊、提升→纵移就位、初定位、检查缝宽、管道接头→正式定位、焊接钢筋和预埋定位钢板→安装湿接缝管道、钢筋、模板→浇筑混凝土、养护→穿束、张拉、拆模。

【定额说明】

箱梁预制定额是按短线法台座配合施工编制的，综合的模板接触面积为：内模 26.81m²/10m³ 混凝土、外模 22.74m²/10m³ 混凝土，已综合考虑了模板、内模及翼板支架、踏步、混凝土浇筑等工程内容，未包括混凝土拌和、底座以及预制场龙门架的费用，应根据施工组织设计确定的需要量按有关定额另行计算。箱梁内斜拉索锚固套筒应采用悬浇预应力混凝土箱梁的有关定额进行计算。

定额中未考虑现浇 0 号块件和合龙段（包括跨中合龙段、边跨合龙段和边跨现浇段）箱梁，应采用悬浇预应力混凝土箱梁定额进行计算，并考虑托架和支架的费用。

箱梁悬拼定额是按悬臂吊机进行拼装的施工方法编制的，不适用于其他悬拼施工方法，已综合考虑了构件整修、接触面积的清洗、悬臂吊机移动、接缝黏结材料以及安全网等安全围护的工程内容,未包括悬臂吊机的费用,使用定额时应根据施工组织设计的安排,合理确定悬臂吊机的数量,按有关定额另行计算费用。

临时支座定额综合考虑了模板、钢材及钢筋、混凝土及硫黄砂浆和临时支座拆除并烧割锚筋等工程内容。

【工程量计算规则】

箱梁预制和悬拼定额按设计预制构件的混凝土实体体积或钢筋质量计算工程量。

临时支座定额按设计需要的临时支座中混凝土与砂浆的体积之和计算工程量。

4-7-17 预制、悬拼预应力桁架梁

【名词解释】

由模板浇筑成桁架形式的梁称为桁架梁。它一般用在桁架拱桥上,桁架拱桥是一种具有水平推力的混凝土结构,其下弦杆为拱形,上弦杆一般与桥道结构组合成一整体而共同工作。桁架拱桥的上部结构一般由桁架拱片、横向联系和桥面三部分组成。

预应力桁架梁发挥了高强钢材和高强混凝土的优点,降低了钢材的消耗量,减小了构件截面,从而减轻了构件的自重,推迟了裂缝的出现,提高了构件的抗裂性能和刚度,使建筑新颖美观且结构安全。

【施工技术】

1. 工艺概述

预制预应力桁架梁包括:底模板的安装、钢筋绑扎和波纹管安装、端头和侧模的安装、穿插钢绞线束、混凝土浇筑、张拉压浆后移动安装。

2. 图解工程(图 4-96)

图 4-96 预应力混凝土桁架梁钢筋绑扎

3. 工艺流程

预制预应力混凝土桁架梁施工工艺流程:组合钢模组拼及安装、拆除、修理、涂脱模剂、堆

放→内模及翼板门式钢支架、踏步、井字架搭、拆→钢筋除锈、制作、成型、绑扎、电焊、入模→混凝土配运料、拌和、运输、浇筑、振捣及养护。

安装预应力混凝土桁架梁施工工艺流程:构件整修、起吊、拼装、就位及接头的全部操作→水泥砂浆及环氧树脂的调配、涂刷→安砌上弦杆隔板及安装桥面板→悬臂吊机的纵移过墩。

【定额说明】

预制混凝土定额综合的模板接触面积为:桁架 $78.86m^2/10m^3$ 混凝土、桥面板 $117.89m^2/10m^3$ 混凝土,综合考虑了模板、混凝土浇筑等工程内容,未包括混凝土拌和的费用。混凝土拌和费用应按有关定额另行计算。

安装定额的桁架及桥面板安装是按悬臂吊机配合安装的施工方法编制的,综合考虑了构件整修、拼装、就位及接头处理、吊装设备移动等工程内容,未包括悬臂吊机以及预制场龙门架的费用,使用定额时应根据施工组织设计确定的需要量按有关定额另行计算吊装设备的费用。

【工程量计算规则】

按设计预制构件的混凝土体积或钢筋质量计算工程量。

4-7-18 预制、顶推预应力连续梁

【名词解释】

预应力混凝土连续梁桥具有跨越能力大、预制方法灵活、施工方法灵活、适应性强、结构刚度大、抗地震能力强、通车平顺性好以及造型美观等特点。预应力混凝土连续梁的顶推法施工,实质是钢桥拖拉架设法在预应力混凝土桥中的具体运用和发展,它以千斤顶为顶进动力,采用摩擦系数很小的滑移材料为梁的支垫进行桥梁安装的方法。顶推法的施工原理是沿桥的纵轴方向的桥台后面(不方便时可令设场地),分节段预制混凝土梁身,并用纵向预应力筋连成整体,然后通过水平液压千斤顶施力,借助不锈钢板和聚四氟乙烯模压板特制的滑动装置,将梁段向对岸顶进,就位后落架,更换正式支座完成桥梁施工。

【施工技术】

1. 工艺概述

根据预制场地的不同一般分为两种:一种在桥一端(桥纵轴线上)的引道上(或引桥或刚性好的临时支架)预制梁段;另一种是在桥纵轴线外预制短的梁段,再移运到纵轴线上分段拼装,施加预应力,然后顶推。

2. 图解工程(图 4-97)

3. 工艺流程

预制预应力混凝土连续梁施工工艺流程:预制场准备工作(安装顶推设备)→制作底座→模板工作、钢筋混凝土准备→预制节段→张拉预应力筋及压浆→顶推预制节段→顶推就位→新节段顶推施工→顶推完成→放松部分预应力并拆除辅助设施→张拉后期预应力筋及压浆→更换支座→桥面横向联系→桥面工程。

a) 底模拼装

b) 钢筋绑扎

c) 内模安装

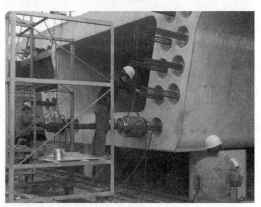
d) 预应力张拉、压浆

e) 连续梁顶推

图 4-97 预制、顶推预应力连续梁施工

【定额说明】

定额综合的模板接触面积为：内模 $22.90m^2/10m^3$ 混凝土、外模 $24.60m^2/10m^3$ 混凝土，箱梁预制定额综合了预制平台及踏步、模板、混凝土浇筑、拉锚器预埋件等工程内容，未包括预制场龙门架和混凝土拌和的费用，使用定额时应根据施工组织设计确定的数量按相关定额另行计算其费用。

箱梁顶推安装定额综合了拉杆(包括连接套、端套)、夹具、拉锚器(包括钢套、垫圈)、高强螺栓、聚四氟乙烯滑块(包括四氟板、钢板、橡胶线、木楔)、千斤顶基座和电器控制室的电缆线、落梁以及操作悬臂支架和安全围护等工程内容,未包括导梁和临时墩,应根据施工组织设计确定的数量按相关定额另行计算其费用。

【工程量计算规则】

预制和顶推安装定额按设计预制构件的混凝土体积或钢筋质量计算工程量。

不锈钢滑道定额按设计需要的滑道面积计算工程量。

4-7-19 预应力钢筋及钢绞线

【名词解释】

对后张法施工的预应力混凝土构件,通常的做法是在构件中预留孔道,待预应力钢筋的应力张拉至控制应力后,用压力灌浆将预留孔道孔隙填实。这种沿预应力钢筋全长均与混凝土接触面之间存在黏结作用的钢筋称为有黏结预应力钢筋。如果预应力钢筋沿其全长与混凝土接触表面之间不存在黏结作用,两者产生相对滑移,则称为无黏结预应力钢筋。钢绞线一般由7股$\phi 3mm$、$\phi 4mm$、$\phi 5mm$的高强度钢丝绞织在一起合成钢绞线,公称直径分别为9mm、12m和15mm,抗拉强度设计值分别为1130N/mm^2、1070N/mm^2、1000N/mm^2,伸长率≥1%。钢绞线在后张法预应力混凝土中结构中采用较多。钢丝束是用平行的钢丝编成束,成为一束齐整的钢丝集,即钢丝束。

【施工技术】

1. 工艺概述

钢丝束制作:预应力钢丝束的制作包括预应力筋下料长度的计算、预应力筋的镦头工艺、下料以及编束等。

钢丝束的张拉:预应力钢绞线可逐根穿入孔道,也可整束穿入孔道,一般长度超过50m宜整束穿入。钢丝宜整束穿入,穿入前应编好束。

钢丝调直:钢丝调直机将成盘的细钢丝通过冷拔或冷拉处理后拉直。

钢筋编束:为保证预应力钢丝束两端钢丝的排列顺序一致,穿束与张拉时不致紊乱,每束钢丝都必须进行编束。随着所用锚具不同,编束方法不同,钢绞线的编束用22号铁丝绑扎,间距1~1.5mm。编束时应将钢绞线理顺,并尽量使各根钢绞线松紧一致。

预应力钢筋的制作:预应力钢筋的下料长度的计算、下料等工序。

预应力钢丝束的张拉:后张法施工进行预应力筋张拉时,要求混凝土符合设计要求,或不得低于设计强度等级的70%。对于块体拼装的预应力混凝土构件,要求混凝土强度应符合设计要求,或不得低于强度等级的70%。立缝处混凝土或砂浆强度不应低于块体混凝土设计强度等级的40%,且不得低于15MPa。

钢丝束防护:常用浇混凝土法防护,也可用其他材料在钢丝束表面敷设,使其不与空中的水及氧反应,从而达到防护要求。

2. 图解工程(图 4-98)

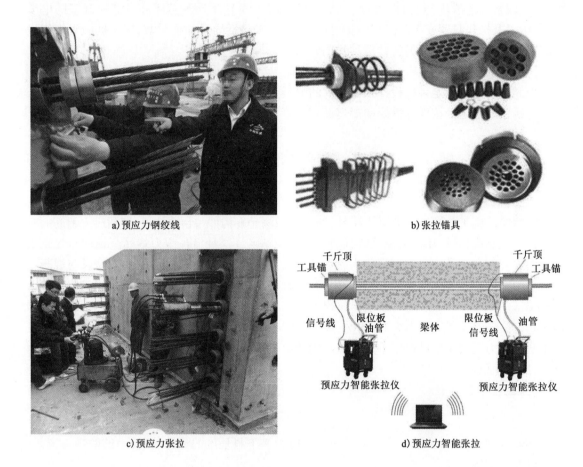

图 4-98 预应力张拉施工

【定额说明】

锥形(弗式)锚和镦头锚定额是按胶管成孔和波纹管成孔两种施工方法编制的,螺栓锚定额是按铁皮管成孔和波纹管成孔两种施工方法编制的,钢绞线群锚定额是按波纹管成孔的施工方法编制的,均按工地现场卷制金属波纹管进行编制,若设计为采用外购波纹管时,可根据设计需要将定额中波纹管钢带及波纹管卷制机的消耗量调整为0,同时增加金属或塑料波纹管的用量,综合了预应力束的制作、穿束、预应力管道、锚具、张拉、压浆、封锚、压浆嘴、排气管以及张拉时的操作平台等工程内容。除横向预应力外,其他均按两端锚固(即张拉端和锚固端均安装有锚具)进行编制,而横向预应力系按张拉端安装锚具,锚固端采用压花锚具(H 形锚具)进行编制,综合了压花锚具的费用。

锚具均按外购成品料计算,即工作夹片、锚垫板和螺旋筋等均应综合在锚具的预算单价中。

【工程量计算规则】

预应力钢绞线、预应力精轧螺纹粗钢筋以及配锥形(弗氏)锚的预应力钢丝按预应力钢束的锚固长度与工作长度的质量之和计算工程量。

配镦头锚的预应力钢丝按预应力钢束的锚固长度的质量计算工程量。

4-7-20 先张法预应力钢筋、钢丝及钢绞线

【名词解释】

先张法是在浇筑混凝土前张拉预应力筋,并将张拉的预应力筋临时锚固在台座或钢模上,然后浇筑混凝土,待混凝土养护达到不低于混凝土设计强度值的75%,保证预应力筋与混凝土有足够的黏结力时,放松预应力筋,借助于混凝土与预应力筋的黏结,对混凝土施加预应力的施工工艺。

【施工技术】

1. 工艺概述

预应力筋在浇筑混凝土前张拉,预应力的传递依靠预应力筋与混凝土之间的黏结力。为了获得良好质量的构件,在整个生产过程中,除确保混凝土质量以外,还必须确保预应力筋与混凝土之间的良好黏结,使预应力混凝土构件获得符合设计要求的预应力值。

2. 图解工程(图4-99)

a) 支底模、安放钢筋骨架及预应力筋

b) 预应力筋张拉

c) 混凝土浇筑与养护

d) 放松预应力筋

图4-99 先张法施工

3.工艺流程

先张法施工工艺流程：支底模、安放钢筋骨架及预应力筋→预应力筋张拉→混凝土浇筑与养护→放松预应力筋。

【定额说明】

定额综合了预应力钢束的制作、张拉、夹具、连接器和张拉反力架、封锚工程内容，施工操作及预制构件间的工作长度及张拉工作长度等的损耗已经在定额中综合考虑了。

【工程量计算规则】

按设计预应力钢束的质量计算工程量。

4-7-21　预制、安装桁架拱桥构件

【名词解释】

桁架拱桥（图4-100）由上、下弦杆，腹杆以及跨中实腹段组成，拱上结构与拱肋融为一体共同受力，整体性好。桁架部分各杆件主要承受轴向力，具有普通桁架受力特点；实腹段具有拱的受力特点，在恒载作用下，主要承受轴向压力，在活载作用下将承受弯矩，成为偏心受压构件。桁架拱综合了桁架和拱的有利因素，以承受轴向力为主，能充分发挥全截面材料的作用。

图4-100　桁架拱桥

【施工技术】

1.工艺概述

桁架拱桥在施工中由于具有整体的钢筋骨架，可整体预制安装和采用分段预制、吊装就位后再连成整体，预制构件规格少、施工工序少、节省工期，与同跨桥梁相比，节省钢材较多。综合上述分析，桁架拱桥具有自重轻、用料少、受力合理、施工工期短等优点。

桁架拱桥的施工程序是先预制拱片及横向联结系，然后按顺序安装拱片、横向联结系、桥面板，最后浇筑桥面混凝土。

2. 图解工程(图 4-101)

a)缆索吊装桁片

b)小跨径桁架拱桥整体吊装

图 4-101　安装桁架施工

3. 工艺流程

预制桁架拱片施工工艺流程:预制场地建设→胎架准备→下料→定位→焊接→验收→试拼。

安装桁架拱片(缆索法)施工工艺流程:施工准备→主索系统设计→主索塔架施工→挂设主缆、跑车、牵引索和超重索→拱片运输→拱片吊装→精确调整、固定→重复吊装作业→合龙→联结系及其他附属构件安装→连接处处理→完成架设。

【定额说明】

预制桁架拱片定额是按现场预制的施工方法编制的,综合的模板接触面积为:桁拱片 $81.58m^2/10m^3$ 混凝土,横向联结系 $170.41m^2/10m^3$ 混凝土,微弯板 $61.36m^2/10m^3$ 混凝土,其中微弯板按配合地底模进行预制,综合的地底模数量 $165.50m^2/10m^3$ 混凝土;综合考虑了模板、混凝土浇筑等工程内容,未包括预制场龙门架和混凝土拌和的费用,需要时应根据施工组织设计确定的数量按有关定额另行计算其费用。

安装桁架拱片(缆索法)定额是按缆索吊装的施工方法编制的,综合考虑了构件整修、安装、固定、接头焊接、吊脚手架及施工安全围护等工程内容,未包括缆索吊装设备和预制场龙门架的费用,应根据施工组织设计确定的数量按有关定额另行计算其费用。

【工程量计算规则】

按设计预制构件的混凝土实体体积或钢筋质量计算工程量。

4-7-22　预制、安装刚架拱桥构件

【名词解释】

刚架拱桥指具有刚架特点的拱桥,也是一种有推力的拱桥。其主结构由拱肋构成主拱,拱上建筑取斜腿刚构的形式,并连接成整体,故名刚架拱桥。

【施工技术】

1. 工艺概述

钢筋混凝土刚架拱桥是在双曲拱桥、桁架拱桥和斜腿刚架拱桥的基础上发展起来的,由主

拱腿、实腹段、腹孔弦杆、斜撑和横系梁等构件拼组而成裸肋,然后在其上安装带有加劲肋的微弯板和悬臂板,并通过现浇混凝土桥面与裸肋结成整体组合结构。该桥具有自重轻、材料省、整体性能好、外形美观、装配化程度高等优点。

2. 图解工程(图4-102)

a) 预制构件底座

b) 钢筋骨架与孔道

图4-102　刚架拱桥施工

3. 工艺流程

预制刚架拱桥施工工艺流程:预制场地建设→拱片放样→拱片模板→钢筋骨架制作与就位→立模→浇筑混凝土→养护→微弯板悬臂板预制→设置槽孔。

安装刚架拱桥(支架法)施工工艺流程:施工准备→杆件起吊→构件运输→构件安装→临时支架搭设→安装拱腿→安装实腹段→安装裸肋部分横系梁→安装斜撑→安装弦杆→安装弦杆部分的横系梁→构件拼接接头施工→干接头施工→湿接头施工→桥面系施工。

安装刚架拱片(缆索法)施工工艺流程:施工准备→主索系统设计→主索塔架施工→挂设主缆、跑车、牵引索和超重索→拱片运输→拱片吊装→精确调整、固定→重复吊装作业→合龙→联结系及其他附属构件安装→连接处处理→完成架设。

【定额说明】

定额是按现场预制的施工方法编制的,综合的模板接触面积为:刚架拱片 $60.12m^2/10m^3$ 混凝土,横向联结系 $110.99m^2/10m^3$ 混凝土,微弯板 $68.07m^2/10m^3$ 混凝土,微弯板是按配合地底模的施工方法预制的,综合的地底模数量为 $132.24m^2/10m^3$ 混凝土;综合考虑了模板、混凝土浇筑等工程内容,未包括预制场龙门架和混凝土拌和的费用,需要时应根据施工组织设计确定的数量按有关定额另行计算其费用。

安装定额是按缆索吊装的施工方法编制的,综合考虑了构件整修、安装、固定、接头焊接、吊脚手及施工安全围护等工程内容,未包括缆索吊装设备和预制场龙门架的费用,应根据施工组织设计确定的数量按有关定额另行计算其费用。

【工程量计算规则】

按设计预制构件的混凝土实体体积或钢筋质量计算工程量。

4-7-23 预制、安装箱形拱桥构件

【名词解释】

箱形拱桥指拱肋采用箱形截面,可以用钢筋混凝土或钢材建造的一种形式的拱桥。钢筋混凝土箱形拱截面挖空率可达50%~70%,与拱板相比可大量减少圬工体积,减轻质量,节省上下部结构的造价。钢箱形拱外形比较简单,一般采用二片箱形拱肋。

【施工技术】

工艺流程

预制箱形拱桥施工工艺流程:预制场地建设→拱片放样→拱片外模板→钢筋骨架制作与就位→内模→浇筑混凝土→养护→拆模→移拱片至存放场。

安装箱形拱桥施工工艺流程:施工准备→支架拼装→边拱箱吊装→拱箱合龙→拱箱纵横向连接→拱箱接头、肋箱间混凝土灌注→拱上部分施工→拆拱支架。

【定额说明】

预制箱形拱桥定额是按现场预制的施工方法编制的,综合的模板接触面积为:拱圈内模 $64.76m^2/10m^3$ 混凝土、外模 $97.14m^2/10m^3$ 混凝土,立柱盖梁 $48.95m^2/10m^3$ 混凝土;综合考虑了模板、混凝土浇筑等工程内容,未包括预制场龙门架和混凝土拌和的费用,需要时应根据施工组织设计确定的数量按有关定额另行计算其费用;主拱圈预制定额未包括预制底座的费用,应根据施工组织设计确定的需要量按有关定额另行计算。

安装箱形拱桥定额是按缆索吊装的施工方法编制的,综合考虑了构件整修、安装、固定、接头焊接、吊脚手及施工安全围护等工程内容,未包括缆索吊装设备和预制场龙门架的费用,应根据施工组织设计确定的数量按有关定额另行计算其费用。

【工程量计算规则】

按设计预制构件的混凝土实体体积或钢筋质量计算工程量。

4-7-24 预制、安装人行道构件

【名词解释】

人行道指构成专供行人通行部分的道路。人行道构件是指铺装人行道的步行板。

【施工技术】

1. 工艺概述

人行道预制块件分为整体式和分块式,根据机械的吊装能力决定预制种类,在预制和现浇人行道板时,要注意预留出安装灯柱、栏杆的位置,预埋好预埋件。

2. 工艺流程

预制人行道构件施工工艺流程:施工准备→底模施工→钢筋及侧模安装→浇筑混凝土→养护→起吊人行道板并运至存放场地。

安装人行道板施工工艺流程:施工准备→材料转运、散布→下承层准备→铺筑砂浆垫层→步行板铺设→步行板调整→栏杆扶手安装→栏杆扶手调整→构件涂装→步行板嵌缝。

【定额说明】

定额是按人行道板和人行道梁综合考虑和预制拼装的施工方法编制的,综合的模板接触面积为 131.38m²/10m³ 混凝土,综合考虑了模板、混凝土浇筑等工程内容,未包括混凝土拌和的费用,应按有关定额另行计算。

人行道构件安装定额是按人工施工编制的,综合考虑了构件整修、安装、固定、接头焊接、施工安全围护等工程内容。

【工程量计算规则】

按设计预制构件的混凝土实体体积或钢筋质量计算工程量。

4-7-25 预制小型构件

【名词解释】

指施工中附属设施,如桥涵缘(帽)石、漫水桥标志、栏杆柱及栏杆扶手、桥头搭板、混凝土块件等,统称小型构件。

【施工技术】

1. 工艺概述

小型块件的混凝土体积较小,工序虽简单但较烦琐,块件数量多,所耗费工时较多,施工产值却不高,在施工中应采取合理的工艺控制方法保证预制块件的质量。

2. 图解工程(图 4-103)

3. 工艺流程

预制小型构件施工工艺流程(混凝土小型构件):预制场地建设→配料→拌和→运输→入模→振捣→脱模→码垛→养护。

a) 钢筋模板

b) 混凝土浇筑

图 4-103

图 4-103 预制小型构件施工

【定额说明】

定额是按人工操作为主的施工方法编制的,综合考虑了模板、混凝土浇筑等工程内容,未包括混凝土拌和的费用,应按有关定额另行计算。

桥头搭板是指人行道部分的搭板。

【工程量计算规则】

按设计预制构件的混凝土实体体积或钢筋质量计算工程量。

4-7-26 安装小型构件

【名词解释】

施工中附属设施,如桥涵缘(帽)石、漫水桥标志、栏杆柱及栏杆扶手、桥头搭板、混凝土块件等小型构件的安装。

【施工技术】

1. 工艺概述

小型构件的施工,不仅要满足桥梁使用功能的要求,对外观质量也应有较高的要求。在施工中,除应采取合理的工艺控制方法保证预制块件的质量外,安装施工的重点是控制好线形和高程两个方面,使其协调一致,平顺美观。

2. 图解工程(图 4-104)

a)人行走道

b)吊装人行走道板

c)铺设人行走道板

d)完成

图 4-104　安装小型构件施工

3. 工艺流程

安装小型构件施工工艺流程:施工准备→材料转运、散布→施工机械准备→构件整修、人工安装就位→铺砂垫层→小型构件铺设→小型构件调整→砌筑灌浆→构件涂装。

【定额说明】

定额是按人工施工的方法编制的,综合考虑了构件整修、安装以及砂浆等工程内容,桥头搭板定额还包括垫层的消耗。

【工程量计算规则】

按设计安装构件的混凝土实体体积计算工程量。

4-7-27 安装支座

【名词解释】

支座指用以支撑容器或设备的质量,并使其固定于一定位置的支承部件。支座设置在桥梁的上部结构和墩台之间,它的作用是:①传递上部结构的支承反力,包括恒载和活载引起的竖向力和水平力;②保证结构在活载、温度变化、混凝土收缩和徐变等因素作用下能自由变形,以使上、下部结构的实际受力情况符合结构的静力图式。

【施工技术】

1. 工艺概述

常见的支座类型主要有石棉板或铅板支座、板式橡胶支座、盆式橡胶支座、球型支座、钢支座和其他特殊形式的支座。支座安装的工程内容主要包括预埋钢板、钢筋的制作、预埋、点焊,支座电焊和支座安装。

2. 图解工程(图4-105)

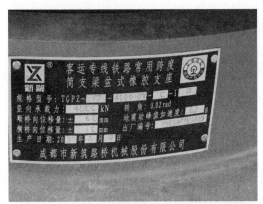
a) 支座型号

b) 支座吊装

c) 支座安装1

d) 支座安装2

图4-105 安装支座施工

3. 工艺流程

板式橡胶支座施工工艺流程：支座验收→垫石顶凿毛清理→测量放线→找平修补→拌制环氧砂浆→支座安装。

盆式橡胶支座(螺栓锚固)施工工艺流程：支座验收→墩台顶及预留孔清理→测量放线→拌制环氧砂浆→安装锚固螺栓→环氧砂浆找平→支座安装。

盆式橡胶支座(钢板焊接)施工工艺流程：支座验收→预留槽凿毛清理→测量放线→钢板就位、浇筑混凝土→支座就位、焊接。

球型支座(螺栓连接)施工工艺流程：支座验收→墩台顶凿毛清理→预留孔清理→拌制砂浆→安装锚固螺栓及支座→模板安装→砂浆浇筑。

球型支座(焊接连接)施工工艺流程：支座验收→预留槽凿毛清理→测量放线→钢板预埋、混凝土浇筑→支座就位、焊接。

【定额说明】

定额综合考虑了需在上部构造梁体以及下部构造墩台中预埋件的消耗和工程内容，未包括支座垫石的费用，应根据设计数量按有关定额计算其费用。

本定额的计价工程量按设计需要设置的支座数量进行计算。

【工程量计算规则】

钢支座按设计需要设置的支座质量计算工程量。

板式橡胶支座按设计需要设置的支座体积立方分米计算工程量。

其他支座按设计需要设置的支座的不同规格的个数计算工程量。

4-7-28 金属结构吊装设备

【名词解释】

金属结构吊装设备指适用于桥梁架设和安装的金属结构，如单导梁、双导梁、跨墩门架、悬臂吊机、悬浇挂篮、提升架、格架人字扒杆、钢管独脚摇头扒杆等。

【施工技术】

1. 工艺概述

金属结构吊装设备施工内容包括：①全套金属设备(包括起吊设备及钢轨)的安装、拆除；②脚手架、轿车平台、张拉工作台、底板工作台、铁梯等附属设备的制作、安装和拆除；③混凝土枕块、平衡重的预制和安装；④安装设备用的扒杆的移动；⑤机械设备的擦拭、保养、堆放。

2. 图解工程(图4-106)

3. 工艺流程

金属结构吊装设备安装和拆除施工工艺流程：金属构件吊装设备选取→进场及验收(自行设计组装)→组装及试验→施工→设备拆除。

a) 独脚摇头扒杆

b) 三角扒杆

c) 人形扒杆

d) 悬浇挂篮

e) 导梁

f) 跨墩门架

g) 提升站

图 4-106　金属结构吊装设备

【定额说明】

定额考虑的金属设备主要是用贝雷桁架或万能杆件等金属构件在施工现场拼装的单(双)导梁、龙门架、跨墩门架、悬臂吊机、悬浇挂篮、提升模架(墩身或索塔)和钢扒杆等吊装设备。

定额只考虑了各种金属结构吊装设备及其附属设备在开始使用前的安装与使用结束后的拆除的工程内容,不包括使用过程中移动的工程内容(如导梁前移、提升模架的提升和下降等),已在各种构件安装定额中考虑。

【工程量计算规则】

按施工组织设计确定的金属设备的质量计算工程量。

4-7-29 移动模架安装、拆除

【名词解释】

移动模架指以移动式桁架为主要支承结构的整体模板支架,可一次完成中小跨径桥一跨梁体混凝土的浇筑,适用于50m以下多跨简支和连续梁桥的就地浇筑,主要由支腿机构、支承主桁梁、内外模板、导梁等组成。按移动模架的主体结构与梁体的相对位置和移动模架的过孔方式不同,移动模架分为上行式、下行式和复合式三种形式。

【施工技术】

1. 工艺概述

移动模架在各国发展中早期主要以建造公路桥为主,随着高速铁路的发展,预应力箱梁因其刚度大、稳定性好等优点广泛应用于铁路桥梁上:①适用于高墩、多跨、中等跨径(30~50m)现浇梁桥;②施工速度快,节省劳力,劳动强度低,占用场地少;③施工中不影响通行、通航;④机械化程度高,模板可多次循环使用;⑤适用于单梁箱、双梁箱、双T梁、槽形梁等各种断面的桥梁施工。

移动模架主要由主桁梁、导梁联结系构成,先安装导梁,再安装主桁梁。导梁可先拼成数节,运到现场后组拼。

2. 图解工程(图4-107)

3. 工艺流程

移动模架安装施工工艺流程:施工设备、机具就位→牛腿的安装→主梁吊装,同步横移合龙→横梁安装→铺设底板,安装模架支架→安装外腹板、翼缘板及底板→绑扎钢筋后安装内模。

移动模架拆除施工工艺流程:搭设施工平台→安装桥后吊梁→在吊梁上安装锚具、过渡环、张拉千斤顶→转换器与精轧螺纹钢和钢绞线连接→钢绞线与千斤顶连接并起顶移动模架→脱离托架→托架拆除→移动模架搁置到托架上→拆除后鼻梁、侧模、底模和横梁(重复)→完成。

【定额说明】

定额只包括移动模架在开始使用前的安装与使用结束后的拆除的工程内容,不包括使用过程中的移动,其移动的工程内容已在构件安装定额中考虑。

【工程量计算规则】

按施工组织设计确定的移动模架的质量(包括托架或牛腿、主梁、鼻梁、横梁、吊架、工作平台及爬梯)计算工程量,不包括液压构件和模板系统的质量。

图 4-107 移动模架安装、拆除施工

4-7-30 缆索吊装设备

【名词解释】

缆索吊装(图 4-108)是桥梁施工的常用方法之一,是大跨度拱桥无支架施工的主要方法。此种吊装方案主要适用于高差较大的垂直及纵向运输,尤其适用于深谷、河流湍急以及受通航限制的河道上的桥梁施工。桥梁施工中常用来运送预制构件进入桥孔安装。

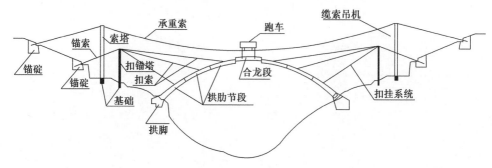

图 4-108　缆索吊装示意图

【施工技术】

1. 工艺概述

缆索吊装设备根据其使用性质可分为吊装梁式桥的缆索吊装系统、吊装拱桥的缆索吊装系统及一般情况下机具材料的运输用缆索吊装系统等三种形式。每种系统均由主缆、跑车、起重索、牵引索及牵引卷扬机、主锚地索、索塔、风缆等主要部件组成。

2. 图解工程（图 4-109）

a) 缆索吊装

b) 缆索吊装合龙

c) 缆索塔架对接

d) 缆索塔架完成

图 4-109　缆索吊装设备施工

3. 工艺流程

缆索吊装设备施工工艺流程：吊装系统设计→建筑塔架基础→搭架安装→地锚设施→布索→安装设备检查→试吊。

【定额说明】

缆索吊装设备分为塔架、地锚和索道三部分。

塔架分木塔架和钢塔架两种，定额综合考虑了缆风及地锚(包括塔架和缆风)的工程内容，其中木塔架中按木地笼进行编制，综合考虑了木地笼的开挖、埋设以及缆风等工程内容；钢塔架按混凝土地笼进行编制，综合考虑了地笼及塔架混凝土基础的开挖、混凝土浇筑和缆风等工程内容。

地锚主要是用于主索(即承重索)的锚固，是缆索吊装系统的重要设施之一，分木地锚和混凝土地锚两种，综合考虑了地锚的开挖与回填、木地锚的埋设或混凝土地锚的浇筑等工程内容。

索道分主索道和运输索道两部分，主索道吊运桥梁预制构件，运输索道则是将在主索之间设置的1~2根类型与起重索相同的钢丝绳作为工作绳，主要用于吊运工具等小型机具设备，综合考虑了主索、起重索、牵引索、扣索及风缆等钢丝绳、滑车组等工程内容，未包括混凝土拌和的费用，应按有关定额另行计算。

【工程量计算规则】

木塔架按施工组织设计确定的塔架数量计算工程量。

钢塔架按施工组织设计确定的塔架质量计算工程量。

缆索地锚按施工组织设计确定的地锚数量计算工程量。

索道按施工组织设计确定的索道长度(即两塔架之间的距离)计算工程量。

4-7-31 顶进设备

【名词解释】

顶进法又称顶管法，即在保证道路或铁路交通安全运行的同时，在线路下方预制的钢筋混凝土箱形框架(箱涵)，用机械力顶入公路或铁路路基内，成为一个铁路刚构架。

【施工技术】

1. 工艺概述

顶管技术是从隧道盾构法施工技术发展而来。顶管法所用的顶管机和管片隧道施工法所采用的隧道掘进机没有本质不同。两种施工技术方法的区别仅在于隧道内衬构筑方法的不同，一个是把整段管片顶进连接安装，另一个是组合管片不断拼接安装。顶进设备为液压传动及传力设备，液压传动系统包括动力机构、操纵机构及辅助装置。

2. 图解工程(图4-110)

3. 工艺流程

顶进法施工工艺流程：一侧设工作坑→坑底做滑板→滑板上预制钢筋混凝土箱涵→安装

顶进设备(刃角、后背安放千斤顶)→顶进。

a)箱涵顶进施工

b)管道顶进施工

c)施工图解

图 4-110 顶进法施工

【定额说明】

定额综合考虑了顶进设备的安装与拆除以及设备基座等工程内容。

【工程量计算规则】

按施工组织设计确定的顶进设备或钢构件的质量计算工程量。

4-7-32 短线匹配法预制、安装节段箱梁

【名词解释】

同"4-7-16 预制、悬拼预应力节段箱梁"。

1. 工艺概述

同"4-7-16 预制、悬拼预应力节段箱梁"。

2. 工艺流程

短线匹配法预制节段箱梁施工工艺流程：台车及模板系统加工→端模、底模、外侧模安装→钢筋骨架吊装→内模就位→顶固定端模复测→浇筑混凝土→养护→拆除模板→匹配梁段转运存放→新浇梁段移至匹配梁位置→下一节段箱梁预制。

4-7-33　平板拖车运输钢筋笼

【名词解释】

钢筋笼运输采用专用平板拖车运输。人工配合简易龙门吊将钢筋笼吊至拖车上，并用紧线器将其固定，运至施工现场。

【施工技术】

1. 工艺概述

钢筋笼加工好验收合格后，用平板拖车运到钻孔桩位置，拖运时需固定，用吊车轻吊轻放，避免滚动发生扭曲变形。加工好的钢筋笼运到施工现场后，用方木垫起防止锈蚀。

2. 图解工程（图4-111）

a) 预制构件底座

b) 钢筋骨架与孔道

图4-111　平板拖车运输钢筋笼

3. 工艺流程

平板拖车运输钢筋笼施工工艺流程：钢筋笼验收合格→门吊起吊→装车并固定→运至施工现场。

【定额说明】

定额综合考虑了挂钩、起吊、装车、固定、运输第一个1km或每增运0.5km、掉头及空回等工程内容。

【工程量计算规则】

按施工组织设计确定需要运输的输钢筋笼的质量计算工程量。

第八节 构 件 运 输

4-8-1 手推车运及垫滚子绞运

【名词解释】

指使用手推车或者垫滚子绞运(图4-112)进行的施工。

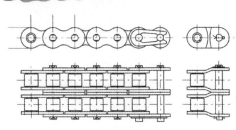

图4-112 垫滚子绞运示意图

【施工技术】

1. 工艺概述

手推车是指使用手推车,利用人力进行运输,通常在无法使用机械设备或者工程量较小时使用。垫滚子是水平移动或滚动重物的工具,常用于装卸车和桥梁构件安装架设。

2. 图解工程(图4-113)

【定额说明】

手推车运输定额综合了构件捆绑所需材料的费用,使用定额时不应再另行计算其费用。

a)手推车1

b)手推车2

c)垫滚子绞运1

d)垫滚子绞运2

图4-113 手推车运及垫滚子绞运

垫滚子绞运定额是按木走板和钢管滚筒的方法编制的,综合了走板、滚子(筒)、运梁托架及绞车地锚、固定构件用的麻绳与索卡、卸甲等附属起重设备、手摇绞车、滑车和顶梁千斤顶等工程内容。

【工程量计算规则】

按设计预制构件的混凝土实体体积计算工程量。

4-8-2 轨道平车运输

【名词解释】

轨道平车运输指施工过程中的一种运输工具。

【施工技术】

1. 工艺概述

轨道平车应设有转盘装置,以便装上构件后能在曲线上安全运行。同时还应设置制动装置,以便发生意外时能制动,保证安全。运输构件时以两辆平车装载构件时,平车应设在构件前后吊点的下边。牵引钢丝绳挂在前面平车上,前后平车间应用钢丝绳连接,或从整个构件的下部缠绕一周后再引向导向滑车至绞车。这样即使构件与平车之间稍有滑动,也不至倾覆。

2. 图解工程(图4-114)

a)　　　　　　　　　　　　b)

图4-114　轨道平车

3. 工艺流程

轨道平车运输施工工艺流程:轨道安装、调试→平车安装、调试→装载货物→运输→货物卸载。

【定额说明】

定额是按卷扬机牵引和轨道拖车斗牵引两种方式编制的,综合了固定构件用的支撑、麻绳以及索卡、卸甲等附属起重设备和轨道平车(包括平车上的转盘装置)、滑车组等小型机具和工程内容,卷扬机牵引定额还综合了卷扬机的地锚以及牵引钢丝绳工程内容,一般适用于预制构件的场内运输,未包括临时轨道的费用,应根据施工组织设计确定的预制场的位置合理确定临时轨道的数量,按有关定额另行计算其费用。

【工程量计算规则】

按设计预制构件的混凝土实体体积计算工程量。

4-8-3　载重汽车运输

【名词解释】

载重汽车运输指施工过程中的一种运输工具。

【施工技术】

1. 工艺概述

受车厢长度、荷载量的限制,一般中小跨度的构件可用汽车运输,构件装卸可视构件质量及施工场地条件采用汽车吊、轮胎吊、履带吊、龙门架或扒杆装卸。若构件较长时,可在汽车上先垫以长的型钢或方木,再搁放预制构件。构件的支点应放在设计规定位置,以避免道路不平、车辆颠簸引起构件开裂。

2. 图解工程(图 4-115)

a)　　　　　　　　　　　　　　b)

图 4-115　载重汽车

【定额说明】

定额是按人工、卷扬机和汽车式起重机三种装卸作业方式编制的,综合了垫木、麻绳以及索卡、卸甲等附属起重设备等工程内容,未包括临时便道的费用,需要时应根据施工组织设计确定的临时便道的数量,按有关定额另行计算其费用。

载重汽车运输一般适用于中小跨径的构件和小型构件进行工厂化集中预制的构件运输。

【工程量计算规则】

按设计预制构件的混凝土实体体积计算工程量。

4-8-4 平板拖车运输

【名词解释】

平板拖车运输指施工过程中的一种运输工具。

【施工技术】

1. 工艺概述

运输长构件时应采用拖挂平板车或特制运梁车运输。自制拖挂车时,应在车架上设置转盘,以使构件在车辆转弯时受力良好。

2. 图解工程(图 4-116)

a)

b)

图 4-116 平板拖车

【定额说明】

定额是按卷扬机牵引和拖轮牵引两种装卸作业方式编制的,综合了支撑、麻绳以及索卡、卸甲等附属起重设备和滑车组等小型机具等工程内容,卷扬机牵引定额还综合了卷扬机地锚的费用,使用定额时不应再另行计算其费用。

平板拖车运输一般适用于大跨径的构件和大型构件进行工厂化集中预制的构件运输,可采用汽车式起重机、轮胎式起重机、履带式起重机、龙门架等进行构件的装卸。

【工程量计算规则】

按设计预制构件的混凝土实体体积计算工程量。

4-8-5 驳船运输

【名词解释】

驳船指本身没有动力装置,依靠其他船舶(拖船、推船)拖带或顶推运行的船舶。以拖船带驳船组成的拖驳船队运送货物和旅客的运行称为拖驳运输;以推船顶推驳船组成的顶推船队运送货物和旅客的行为称为顶推运输。拖驳运输和顶推运输统称为驳船运输。

【施工技术】

1. 工艺概述

由作为船队动力部分的拖船或推船在运输到位后,可以和驳船灵活结解,是可以组合的两个部分。当船队到达目的港或驳船装卸货物时,拖船、推船可以用为拖带、顶推其他驳船或从事其他作业。驳船运输和货船运输相比较,具有运量大、投资少、成本低,在调度组织上机动灵活,既适于运送大宗货物,也适于运送批量小、货种多、港站作业分散的货物等优点,但船队的抗风能力较货船差,因此它最适于在内河、湖泊运输中采用。

2. 图解工程(图 4-117)

a)

b)

图 4-117 驳船运输

3. 工艺流程

驳船运输施工工艺流程:驳船定位→装载货物→拖船或推船就位→运输→驳船定位→货物卸载。

【定额说明】

定额是按卷扬机牵引和拖轮牵引两种装卸作业方式编制的,综合考虑了支撑、麻绳以及索卡、卸甲等附属起重设备和滑车组等小型机具及工程内容,卷扬机牵引定额还综合了卷扬机地锚的费用,使用定额时不应再另行计算其费用。

【工程量计算规则】

按设计预制构件的混凝土实体体积计算工程量。

4-8-6 缆索运输

【名词解释】

缆索运输是指在架设好的缆索吊装设备的主索上设置两个跑车,下面连接起吊滑车组,跑车上安装前后牵引钢丝绳,牵吊预制构件至架设安装孔上空,下落、横移、就位、安装。缆索吊装是桥梁施工的常用方法之一,是大跨度拱桥无支架施工的主要方法。此种吊装方案主要适用于高差较大的垂直及纵向运输,尤其适用于深谷、河流湍急以及受通航限制的河道上的桥梁施工。桥梁施工中常用来运送预制构件进入桥孔安装。

【施工技术】

1. 工艺概述

缆索吊装设备根据其使用性质,可分为吊装梁式桥的缆索吊装系统、吊装拱桥的缆索吊系统及一般情况下的机具材料的运输用缆索吊装系统等三种形式。每种系统均由主缆、跑车、起重索、牵引索及牵引卷扬机、主锚地索、索塔、风缆等主要部件组成。其中,吊装拱桥的缆索设备除了上述各部件之外,还有扣索、扣索排架、扣索地锚、扣索卷扬机等部件。其设备可自行设计,就地制造安装,也可购置工厂生产的缆索架桥设备运往工地安装。

2. 图解工程(图 4-118)

a)拱桥缆索安装

b)缆索吊装

c)悬索桥主缆及猫道

d)牵引系统

e)主缆架设(预制平行索股法)

f)主缆架设(空中纺线法)

图 4-118

图 4-118 缆索吊装设备施工

3. 工艺流程

缆索吊装设备施工工艺流程：吊装系统设计→建筑塔架基础→塔架安装→地锚设施→布索→安装设备检查→试吊。

【定额说明】

定额适用于当采用缆索吊装设备进行预制构件安装时，利用索道来进行的预制构件的高空运输，仅包括构件的运输，不包括索道的费用，索道应按缆索吊装设备另行计算。

【工程量计算规则】

按设计预制构件的混凝土实体体积计算工程量。

4-8-7 运梁车运输

【名词解释】

指桥梁架设中一种预制梁运输机械，是目前桥梁架设过程中最理想的预制构件运输工具。

【施工技术】

1. 工艺概述

运梁车分为轮胎式运梁车和轨道式运梁车,根据预制场地、运输距离及预制梁吨位进行运梁车型号的选取。运梁车可解决预制构件长距离、大吨位的安全运输问题,并可一步完成运梁、喂梁过程。运梁车主要适用于架桥工地、预制梁场,尤其适用于公路、铁路、城际轻轨等桥梁架设和运输。

2. 图解工程(图 4-119)

a)箱梁运输

b)T梁运输

图 4-119　运梁车运输

3. 工艺流程

运梁车运输施工工艺流程:预制梁吊装→运输→预制梁起吊。

【定额说明】

定额是按龙门架装卸作业方式编制的,综合考虑了支撑、麻绳以及索卡、卸甲等附属起重设备和滑车组等小型机具及工程内容。

【工程量计算规则】

按设计预制构件的混凝土实体体积计算工程量。

第九节　拱盔、支架工程

4-9-1　涵洞拱盔、支架

【名词解释】

拱盔就是指拱桥现浇或砌筑所需要的起拱线以上的拉梁、柱、斜撑、夹木、托木、拱弦木及模板组合的支架。盔通俗称为拱架的帽子。涵洞拱盔指涵洞上部拱形结构,所以支架包含拱盔部分,板涵支架则不包含拱盔施工。

【施工技术】

1. 工艺概述

拱盔、支架做好之后才能在上面浇筑或浆砌涵洞拱圈,只有主拱使用的材料有圬工、钢筋混凝土和钢材等时才使用,如果是钢结构的拱就不需要拱圈底模。若是板涵支架则无拱盔部分。满布式木拱架一般可分为上下两部分,上部分为拱盔,支架构造基本上与木桥相同,但在纵横方向均应设置水平撑和斜撑,以使支架稳定。

2. 图解工程(图 4-120)

a)板涵支架

b)拱涵支架

c)拱涵支架

图 4-120　板涵、拱涵支架

3. 工艺流程

涵洞拱盔、支架施工工艺流程:支架基础处理→拱盔、支架杆件预制(拱盔需放样制作)→支架(立柱)安装→拱盔安装→模板安装→预压。

【定额说明】

定额是按木拱架编制的,对不同跨径进行了综合,不分跨径均适用。

【工程量计算规则】

按涵洞的设计长度与净跨径的乘积计算工程量。

4-9-2 桥梁拱盔

【名词解释】
桥梁拱盔是指桥梁施工中拱形结构物的支架。

【施工技术】

1. 工艺概述

拱盔、支架做好之后才能在上面浇筑或浆砌拱圈,只有主拱使用的材料有圬工、钢筋混凝土和钢材等时才使用,如果是钢结构的拱就不需要拱圈底模。满布式木拱架一般可分为上、下两部分,上部分为拱盔,支架构造基本上与木桥相同,但在纵横方向均应设置水平撑和斜撑,以使支架稳定。

桥梁拱盔分为木拱盔和钢拱架。木拱盔根据结构形式又分为满堂式、桁构式和拱上空腹拱盔及支架,拼装方法同涵洞拱盔施工。钢拱架结构类型又分为常备拼装式桁架型拱架、装配式公路钢桥桁架节段拼装式拱架、万能杆件拼装式拱架,拼装方法又分为半拱旋转法、竖立安装法、浮运安装法、悬臂拼装法。

2. 图解工程(图 4-121)

a)   b)

图 4-121 桥梁拱盔支架

3. 工艺流程

桥梁拱盔(木拱盔)施工工艺流程:支架基础处理→拱盔、支架杆件预制(拱盔构件需放样制作)→支架(立柱)安装→拱盔安装→模板安装→预压。

桥梁拱盔(钢拱架)施工工艺流程:拱架拼装→拱盔、支架杆件预制→拱架吊装、调整→框架安装→模板安装→预压。

【定额说明】
桥梁拱盔定额是按木拱盔和钢拱架两种形式编制的。

木拱架定额是按满堂式和桁架式(桁构式)两种形式编制的,桁构式拱盔是按在地面拼装,扒杆配合吊装与拆除编制的,综合考虑了木拱盔的制作、安装、拆除以及缆风、地锚等工程内容。

钢拱架定额综合考虑钢拱架安装、拆除所需的脚手架、工作台、吊装机具、临时吊索等附属设备的工程内容。

【工程量计算规则】

木拱盔定额按起拱线以上的弓形侧面积(即顺桥方向起拱水平线与拱圈底弧线包围的面积)计算工程量。

钢拱架定额按施工组织设计确定的钢拱架与支座金属构件的质量之和计算工程量。

4-9-3 桥梁支架

【名词解释】

指桥梁施工过程中临时承担桥梁荷载的支架(图4-122),根据施工方法可分为木支架(满堂式和桁构式)、钢支架(满堂式轻型支架、拱桥满堂式钢管支架和预埋式型钢托架)。

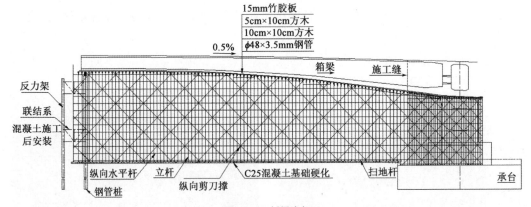

图4-122 桥梁支架

【施工技术】

1. 工艺概述

木支架施工主要包括:①支架制作、安装与拆除;②桁构式包括踏步、工作台的制作、搭设与拆除,地锚埋设、拆除,缆风架设拆除。钢支架施工主要包括:①地梁、轻型门式钢支架、钢管等的安装与拆除;②支架上帽梁的安装、拆除。

2. 图解工程(图4-123)

3. 工艺流程

桥梁支架施工工艺流程:支架基础施工→搭设支架、铺模板→支架预压→模板调整→绑扎钢筋及预应力管道安装→浇筑混凝土→养护→预应力施工→拆除模板、支架。

【定额说明】

支架分木支架和钢支架两种,木支架定额是按满堂式和桁构式两种类型编制的;钢支架定额是按满堂式门式轻型钢支架编制的,梁式和梁柱式钢支架未单独编制定额,可根据施工组织设计确定的搭设形式计算其质量并按金属吊装设备定额计算其费用。

图 4-123 桥梁支架施工

木支架定额综合考虑了支架制作、安装、拆除、地锚和缆风等工程内容。

门式轻型钢支架定额综合考虑了地梁、帽梁、水平撑和剪刀撑等工程内容。

【工程量计算规则】

满堂式木支架按施工组织设计确定的支架的立面积(即桥梁净跨径乘以支架高度)计算工程量,拱桥支架的高度为起拱线以下至地面的高度,梁桥支架高度为墩、台帽顶至地面的高度,地面均指支架地梁的底面。

桁构式木支架定额按施工组织设计确定的需要设置支架孔数计算工程量。

门式轻型钢支架定额按施工组织设计确定的需要设置的支架立面积计算工程量。

4-9-4　桥梁简单支架

【名词解释】

指安装钢筋混凝土双曲拱桥拱肋及其他桥梁需增设的临时支架。

【施工技术】

1. 工艺概述

桥梁简单支架施工主要包括：①支架制作、安装和拆除；②上料踏步搭设、拆除，地锚埋设、拆除；③架设缆风及其拆除。

2. 图解工程（图4-124）

图4-124　桥梁简单支架施工

【定额说明】

桥梁简单支架定额主要用于小桥涵施工，综合考虑支架制作、安装、拆除、缆风及地锚等工程内容。

【工程量计算规则】

按施工组织设计确定的需要设置的支架座数计算工程量。

4-9-5　钢管梁式支架

【名词解释】

指支架下部是采用直径大于30cm的钢管作为立柱，在立柱上采用金属构件搭设水平支撑平台的支架。

【施工技术】

1. 工艺概述

钢管支架施工主要包括：①钢管桩安装、焊接，平台钢板、型钢等加工；②起重机吊装立柱，现场栓接、焊接，包括横向联结系焊接；③平台搭设与拆除。

2. 图解工程（图4-125）

a）扩大基础

b）管桩焊接

c）分配梁安装

d）纵梁（万能杆件）施工

图4-125　钢管支架施工

3. 工艺流程

钢管支架施工工艺流程：施工准备（钢管桩、平台钢板及型钢的下料加工）→支架基础施工→构件排杆、组装→构架组装的地面验收→支架吊装→结构支架的调整、校正及验收→支架预压→桥梁施工→支架拆除。

【定额说明】

定额是按钢管支架下部和上部两部分编制的，下部指钢管柱部分，一般采用 $\phi 50 \sim 120 cm$ 的钢管搭设，上部指钢管柱顶的支架横梁，按拼装贝雷桁架进行编制。

【工程量计算规则】

钢管支架下部定额按钢管柱与横撑和斜撑的质量之和计算工程量。

钢管支架上部定额按横梁所形成的平面面积计算工程量。

4-9-6 支架预压

【名词解释】

支架预压指为了验证计算并分析确定支架的弹性变形和非弹性变形,以根据设计高程准确定出箱梁底模的施工高程和预拱度,保证桥梁施工完成后的底、顶高程和线形符合设计要求,并检查支架压缩量和支架的受力强度、刚度以及均匀性。

【施工技术】

1. 工艺概述

支架预压一方面是检查支架的安全性,保证施工安全;另一方面是消除地基非弹性变形和弹性变形的影响,为支架的合理起拱提供依据。预压的方案有水袋预压和砂袋预压。预压采用分步加载,加载质量级根据实际工程要求设置。

2. 图解工程(图 4-126)

a)　　　　　　　　　　　　　　　　b)

图 4-126　支架预压施工

3. 工艺流程

支架预压施工工艺流程:支架验收→高程测量→砂袋(水袋)就位→加载 60%→沉降变形观测→加载 100%→沉降变形观测→加载 120%→沉降变形观测→表面覆盖→卸载→高程调整。

【定额说明】

定额是按堆载沙袋的方法编制的,包括备料、装袋、堆载、预压、卸载、清理等工程内容。

【工程量计算规则】

按支架上现浇混凝土的实体体积计算工程量。

第十节 钢结构工程

4-10-1 钢 桁 梁※

【名词解释】

钢桁梁拼装施工时构件用高强度螺栓的连接来实现,钢桁梁桥可以看作是实腹的钢板梁桥按照一定规则空腹化的结构形式,结构整体为梁的受力方式,钢桁梁主要由主桁、联结系、桥面系、制动联结系、桥面、支座及桥墩(桥台)组成。高强度螺栓是高强度螺栓和配套螺母、垫圈的合称。

【施工技术】

1. 工艺概述

高强螺栓栓接钢桁梁包含杆件预制运输、预拼、高强度螺栓安装、施拧与检查,摩擦面处理与涂装,临时结构安装与拆卸。钢桁梁拼装方法主要有悬臂拼装、拖拉架设法、浮运架设法等。

2. 图解工程(图4-127)

a)钢桁梁整体　　　　　　　　b)下弦杆件与桥面板

c)腹杆连接　　　　　　　　d)上弦及连接系连接

图 4-127

e) 连续千斤顶及连接平台

f) 连续千斤顶

g) 墩顶滑道

h) 滑道焊接及安全防护

i) 横移反力支座

j) 上墩装置

k) 滑块及滑道纵移

l) 钢桁梁悬臂拼装

图 4-127

m) 钢桁梁悬臂拼装

n) 钢桁梁悬臂拼装

图 4-127 钢桁梁拼装施工

3. 工艺流程

高强螺栓栓接钢桁梁施工工艺流程：预拼场地建设→杆件进场验收预拼→栓接摩擦面的检查→拼装支架、机械设备就位→钢桁梁拼装与验收→高强度螺栓施拧与检查→高强度螺栓除锈喷漆→涂装。

钢桁梁拖拉法施工工艺流程：搭设钢梁拼装支架→支架上安装拼装平台、滑道→拼装钢梁→安装导梁→布置拖拉支架和牵引设备→钢梁拖拉→钢梁就位→钢梁调整落梁→拆除支架、附属工程施工。

【定额说明】

定额综合考虑了钢桁构件的喷砂除锈、运输、组拼以及拼装时的吊脚手、冲钉、扳手等工程内容。

【工程量计算规则】

按钢桁梁的设计质量计算工程量。

4-10-2 钢索吊桥上部结构

钢索吊桥上部结构是指用固定于两岸的缆索悬吊桥节或桥跨节套作为主要承重结构的柔性体系桥梁，由悬索、桥塔、吊杆、锚锭、加劲梁及桥面系组成。

一、索吊部分

【名词解释】

加劲梁：又称为刚性梁，主要起支承和传递荷载的作用，是承受桥面荷载、风载和其他横向水平力的主要构件，大跨径悬索桥的加劲梁一般采用桁架梁和扁平钢箱梁。缆索吊安装加劲梁是采用缆索吊装系统从两岸索塔下方起吊平台垂直及水平运输将待安装构件运输到安装处进行就位、安装的方法。以贵州清水河特大桥（主跨 1130m 钢桁梁悬索桥）缆索吊装系统为例，该系统由索塔、锚碇、承重索、起重索、牵引索、支索器、索鞍、行走天车、吊具、起重及牵引卷扬机、自动化控制系统等主要系统组成，这种吊装方法充分利用悬索桥的锚碇与门式索塔，并将其作为缆索吊装设备的锚碇、索塔,降低了构件的安装费用,在山区大跨径悬索桥施工中使用较为方便和经济。

【施工技术】

1. 工艺概述

加劲梁吊装前,需改吊猫道,将猫道挂到主缆上,随着加劲梁的吊装,适应主缆大变位。首先进行缆索吊装系统安装、试运行及试验,检验总系统和牵引系统、吊装系统等子系统的设计技术性能和可靠性、安全性。将现场组拼(如大桥位于山区,交通不便,则可以在工厂加工单元件、运输到工地后现场组拼)并经检验合格后的加劲梁用滑移装置运至吊点下方,然后用缆索吊设备起吊,先垂直起吊到一定的高度后,再进行水平运输,并使加劲梁保持水平状态,确保4个吊点受力基本一致。到达安装位置时,停止牵引卷扬机,通过不断牵引卷扬机调节,使梁的吊点在吊杆的正下方并将锚杆穿入锚箱。当锚箱的锚板底部高出吊杆标记线5cm左右时停止起重卷扬机,操作人员将吊杆螺母拧至标记线位置,调整至吊杆完全受力并检查加劲梁四角高程,拆除吊钩并将跑车牵回起吊位置(图4-128)。待全桥加劲梁吊装完成后,进行成桥线性调整与焊接施工,最后安装附属结构。

a) 缆索吊起重系统　　　　　　　　　b) 缆索吊卷扬机控制系统

图 4-128　缆索吊起重及卷扬机控制系统

2. 图解工程(图4-129)

a) 加劲梁工地现场拼装　　　　　　　　b) 加劲梁场内运输

图 4-129

图 4-129 缆索吊吊装施工工艺流程

3. 工艺流程

缆索吊吊装施工工艺流程：吊装准备→缆索吊安装、运行及试验→下放吊具并与加劲梁连接→起吊并运输至吊点下→调整加劲梁竖向位置、连接吊杆并与相邻梁段临时连接→拆除吊钩并回归起吊位置→进行下一段梁吊装→桥面板的安装（如为钢桁梁）→缆索吊拆除→线性调整→安装附属设施。

二、桥面部分

【名词解释】

目前,国内大跨径悬索桥加劲梁较多采用跨缆吊机吊装,以智能化全液压提升式跨缆吊机(图4-130)为例,主要由一个主横梁、两个主缆行走模块、两套提升索股千斤顶、液压驱动卷扬机、加劲梁吊具、中央控制系统、动力模块、2套吊机移动索股千斤顶等部分组成,采用的智能化中央自动控制系统,可同步/非同步控制整个设备吊装、行走等全部作业;采用的模块化设计使得吊机仅需更换少量的部件就可以适应不同跨径、不同缆径悬索桥加劲梁的吊装工作,在具备水上运输条件的大跨径悬索桥中使用较多。

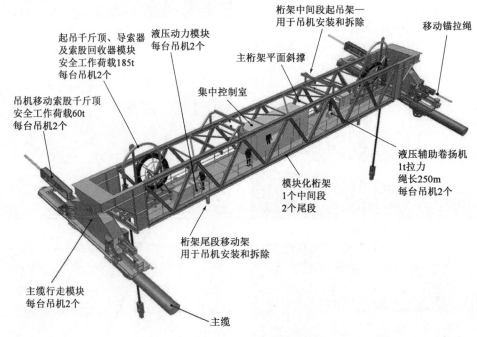

图4-130 智能化全液压提升式跨缆吊机

【施工技术】

1. 工艺概述

以润扬大桥南汊悬索桥钢箱梁吊装为例,首先进行跨缆吊机的组拼试验,检验是否达到设计技术性能和质量要求,以及跨缆吊机的整体可靠性、安全性。加劲梁吊装前,需改吊猫道,将猫道挂到主缆上,随着加劲梁的吊装,适应主缆大变位。跨缆吊机缆上拼装、行走至吊装位置,定位并起吊加劲梁。因水位、河床的限制,无法停靠驳船、将梁段运至吊点正下方时,可将梁段垂直起吊,高、矮支架、纵向牵引系统辅助,荡移吊装梁段就位;合龙段吊装时,可通过牵引荡移系统,使合龙空间大于合龙梁段长度约30cm后,垂直起吊合龙梁段。

2. 图解工程(图4-131)

3. 工艺流程

缆索吊装施工工艺流程:吊装准备→跨缆吊机拼装及行走→下放吊具并与加劲梁连接→

起吊→加劲梁连接吊索并与相邻梁段临时连接→解除吊具并进行下一段梁吊装→特殊梁段安装→跨缆吊机拆除→线性调整及加劲梁焊接→附属设施安装

a)跨缆吊机试验

b)跨缆吊机塔顶拼装

c)吊具安装

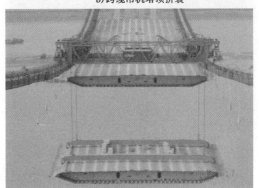
d)跨缆吊机吊装

图 4-131 缆索吊装施工

【定额说明】

定额是按缆索吊装的施工方法编制的,吊装设备的塔架综合考虑利用原吊桥的索塔,定额只按架设一套索道系统来考虑,吊装设备的工程内容均综合在主索安装定额中考虑,钢结构部分均已包括防腐和油漆的工程内容,承托板即钢索吊桥主索的锚固板未包括承托板混凝土的拌和费用,应按有关定额另行计算;未包括主索锚洞开挖、衬砌、护索罩、检查井等的费用,应根据设计要求按有关定额另行计算。

【工程量计算规则】

主索、悬吊系统构件、套筒及拉杆、抗风缆结构、加劲桁拼装、安装钢纵横梁定额按设计钢结构的质量计算工程量。

套筒灌锌定额按设计套筒的数量计算工程量。

木桥面板制作与铺设定额设计桥面板的木材体积计算工程量。

承托板定额按设计混凝土的实体体积或钢筋质量计算工程量。

4-10-3 钢管金属栏杆安装

【名词解释】

钢管金属栏杆指桥梁结构中的附属设施。

【施工技术】

1. 工艺概述

金属钢管栏杆的施工包括：①切割钢管与钢板；②钢管挖眼、调直；③安装、焊接、除锈、油漆；④混凝土配送料、运输、浇筑、养护。

2. 图解工程(图4-132)

图4-132 金属栏杆

3. 工艺流程

安装金属栏杆施工工艺流程：施工准备→切割钢管与钢板→钢管挖眼、调直→安装、焊接、除锈、油漆→混凝土配送料、运输、浇筑、养护。

【定额说明】

定额包括栏杆的油漆、栏杆座钢板等工程内容，刚性桥定额中的混凝土已包括拌和费用，使用定额时不应再另行计算。

【工程量计算规则】

按设计钢管栏杆的钢管质量计算工程量。

4-10-4　悬索桥锚碇锚固系统

【名词解释】

定位钢支架:为了实现主缆锚固系统预应力钢管的精确定位,保证管道不变形、不漏浆,使预应力钢束能顺利通过。其按照"锚体分层浇筑、预应力钢管分节支撑、管道分段接长"的原则设计,由基架、骨架、片架三大部分组成。

预应力锚固系统(图4-133):悬索桥预应力锚固体系由预应力系统和索股连接件系统构成,主缆索股通过连接件与预应力钢绞线相连,该系统用钢量少,布置灵活,对支撑钢框架制作安装要求低,施工方便。

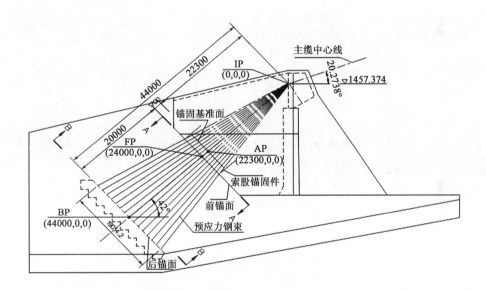

图4-133　锚固系统示意图(尺寸单位:mm)

【施工技术】

1. 工艺概述

定位钢支架及预应力管道施工:定位钢支架系统运输、安装过程中,要避免碰撞变形,同时为避免由于钢桁架自身重力过大而导致变形,应并按照基架、骨架和片架的顺序进行,预应力管道根据定位钢支架分三段安装而分三段接长。

锚固系统预应力施工:当前、后锚面的混凝土施工完成并达到100%设计强度时,方可对称张拉预应力钢束,张拉采用前后锚面两端张拉。

锚固系统施工程序为:施工准备→预应力束与锚固连接器连接→安装预应力束及锚固连接器→预应力束张拉→预应力管道压浆→施工完成。

2. 图解工程(图 4-134)

a) 定位钢支架安装

b) 预应力管道安装

c) 前锚面锚垫板及槽口定位安装

d) 锚固系统预应力施工

图 4-134　悬索桥锚碇锚固系统施工

3. 工艺流程

悬索桥锚碇锚固系统施工工艺流程：定位钢支架及预应力管道安装→前、后锚面锚垫板及槽口的定位安装→锚固系统预应力施工。

【定额说明】

定位钢支架(包含钢绞线的管道)定额是按钢绞线锚固形式编制的,将定位钢支架(包含钢绞线的管道)单列;定位钢支架的安装按塔式起重机配合施工进行编制,未包括塔式起重机的费用,使用定额时应与锚块施工统一考虑塔式起重机的费用,综合考虑锚头防护帽及油脂等工程内容,定额中不单列锚具的消耗,而应将锚具的费用综合在钢绞线的单价中。

锚固拉杆是索股锚头与锚固系统连接器的连接构件,包括拉杆、球面螺母、球面垫圈、锁紧螺母、螺母、垫圈、连接器等已将锚头鞍罩和垫木的消耗综合在定额内,使用定额时不应再另行计算。

【工程量计算规则】

定位钢支架(包含钢绞线的管道)按钢支架型钢、钢板以及钢绞线管道的钢管质量之和计算工程量。

锚固拉杆定额按拉杆、球面螺母、球面垫圈、锁紧螺母、螺母、垫圈、连接器等的质量之和。

4-10-5　悬索桥索鞍

一、门架吊装

【名词解释】

门架分为塔顶门架(图4-135)、锚碇散索鞍墩门架两种,塔顶门架和锚碇门架在上部施工中,不仅承担着索鞍及其附属构件的吊装工作,而且在牵引系统、猫道架设、索股架设、缆索吊系统吊装等工作中发挥着极其重要的作用。根据门架的用途,按照安全、经济、适用、方便的原则,门架均设计成钢桁架形式,各构件之间采用栓焊结合的方式连接以简化施工安装。

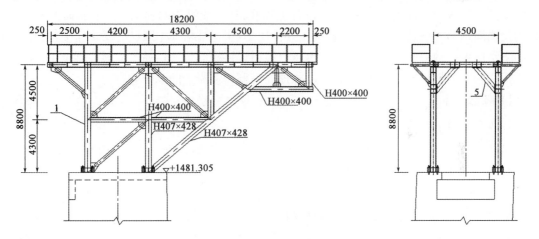

图4-135　塔顶门架示意图(尺寸单位:mm)

【施工技术】

1. 工艺概述

门架拼装主要采用汽车吊、塔吊拼装,片架单元拼装完成后,在门架上弦杆顶面设置轨道、平车等行走系统;布置地面提升卷扬机,安装提升系统;检查整个系统全长范围内有无钢丝绳绞绕或其他设备故障,确保所有机具设备安全、正常工作,然后进行超载提升试验,检查门架及吊装提升系统的安全和运行情况,为正式吊装索鞍做好充足的准备。

2. 图解工程(图4-136)

3. 工艺流程

门架拼装施工工艺流程:门架加工→门架拼装→起吊系统准备→门架加载试验。

a) 锚碇门架安装

b) 塔顶门架安装

图 4-136　门架拼装

二、钢格栅吊装

【名词解释】

格栅的构造形式：格栅要求表面平整，与塔顶构成一体并具有足够的竖向抗弯刚度，故采用纵横向以竖直钢板焊成的格构，上下设各桩顶底板，形成纵横两项均为Ⅰ形断面的网格，网格内设锚固钢筋并浇筑混凝土。格栅的主要作用是：①保证塔顶主索鞍的安装面平整，与主索鞍的下承压板接触良好；②使主缆的垂直压力线通过格栅均匀地传递至塔顶混凝土中；③与顶推千斤顶的反力架相连作为其传力构件；④提高格栅内混凝土的承压能力。

【施工技术】

1. 工艺概述

吊装前，在格栅顶面画出纵横向轴线，并在塔顶预留槽内预埋定位型钢及安装楔形钢垫块，以保证格栅的安装精度。通常情况下，格栅采用 2 台 18t 卷扬机抬吊安装，使用手拉葫芦、小千斤顶、楔形垫块等配合进行位置调整，格栅位置符合设计要求后，利用预埋的定位型钢对格栅进行定位，并立模浇筑混凝土到塔顶高程。

2. 图解工程（图 4-137）

a) 格栅起吊

b) 格栅的定位与调整

图 4-137

c) 格栅混凝土浇筑1

d) 格栅混凝土浇筑2

图 4-137 格栅吊装

3. 工艺流程

格栅吊装工艺流程：格栅定位→格栅起吊→格栅调位→格栅混凝土浇筑。

三、散索鞍吊装

【名词解释】

散索鞍构件由底板、底座、上下承板、鞍体及附属构件组成。散索鞍(即展束鞍)是主缆进入锚碇前的支承，用于索股散开、改变竖向和水平方向，以便与锚碇预埋拉杆相连。在主缆受力锚跨伸长时，散索鞍盆式橡胶支座以纵向变位来适应。

【施工技术】

1. 工艺概述

门架起吊系统安装完成后，吊装底板，浇筑底板内混凝土并振捣密实，待混凝土达到设计强度85%后，门架起吊系统依次吊装底座、散索鞍鞍体，并通过临时固定拉杆调整散索鞍纵向倾斜角度，使其倾角符合设计要求。散索鞍构件也可采用浮吊或吊车直接吊装。

2. 图解工程(图 4-138)

a) 底板吊装1

b) 底板吊装2

图 4-138

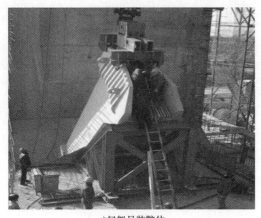
c)门架吊装鞍体

d)浮吊吊装鞍体

图 4-138　散索鞍吊装

3. 工艺流程

散索鞍吊装工艺流程：吊装底板、浇筑混凝土→吊装底座→吊装鞍体→调整散索鞍纵向倾斜角度。

四、主索鞍吊装

【名词解释】

主索鞍是塔顶支承主缆，将主缆的荷载按弧线传布于塔柱的装置，使塔垂直受力，也是主缆在塔顶的固定装置。由于悬索桥主缆的空缆线形与成桥线形有较大差别，因此在主索鞍安装时其位置一般要向边跨侧预偏一个距离，在加劲梁的架设过程中，对主索鞍进行人工的、可控的多次顶推，使成桥时索鞍中心和桥塔中心线重合。

【施工技术】

1. 工艺概述

主索鞍构件吊装采用门架吊装，先吊装格栅及顶推反力架并浇筑格栅混凝土，再依次吊装下承板及上承板，就位后吊装鞍体，鞍体分两部分吊装，再安装隔板拉杆及附属构件，主索鞍全部构件安装完成后进行预偏就位调整。

2. 图解工程（图 4-139）

3. 工艺流程

主索鞍吊装工艺流程：上下承板吊装→鞍体吊装→鞍体连接→预偏就位。

五、鞍罩吊装

【名词解释】

鞍罩为悬索桥缆索系统附属设施，是索鞍的保护结构，在桥面铺装、主缆缠丝及防腐完成后即可进行鞍罩安装。

第四章 桥涵工程

a)承板吊装

b)鞍体吊装

图 4-139　主索鞍吊装

【施工技术】

1. 工艺概述

主缆检修道安装完成后,拆除塔顶门架,塔吊配合安装主索鞍鞍罩。

2. 图解工程(图 4-140)

a)鞍罩塔顶吊装

b)吊装就位

图 4-140　鞍罩吊装

3. 工艺流程

鞍罩吊装工艺流程:安装侧壁与端壁→焊接加劲板及临时拉条→安装罩顶并加焊加劲板,拆除临时拉条及临时连接板→依次安装补板及踏梯。

【定额说明】

散索鞍定额是按龙门架配合安装的施工方法编制的,综合考虑了散索鞍的底座板、临时型钢支架、底座板高强混凝土以及附属机具等工程内容,包括龙门架的费用,使用定额时应与猫道架设、索股安装等内容按施工组织设计的安排统筹考虑龙门架的设置。

主索鞍定额将塔顶门架、钢格栅以及鞍罩三部分单列子目:

塔顶门架定额是按采用型钢拼装龙门架的方法编制的,综合考虑了塔顶预埋件、塔顶高空作业安全围护措施以及附属机具等工程内容;塔顶门架既是主索鞍的吊装设备,又是猫道架

— 321 —

设、索股架设、索夹和吊索安装的支撑和支架,在悬索桥施工中使用周期较长,其质量应根据具体工程情况由施工组织设计确定,也可按定额说明提供的参考质量计算。

钢格栅定额综合考虑了钢格栅与塔冠之间灌注的高强混凝土和水泥砂浆以及割除反力架等工程内容。

主索鞍的吊装定额是按卷扬机作为起重设备编制的,综合考虑了主索鞍场内运输、上下支承板的安装、顶推调整索鞍位置以及附属机具等工程内容。

主索鞍的顶推调整系按 6 次进行编制的,应根据设计确定的顶推调整次数,按每 10 吨次消耗人工 1.8 个工日、顶推设备 0.18 个台班对定额进行调整。

鞍罩定额综合考虑了气密门及相应的水密舱口盖的工程内容,未包括鞍罩的防腐和抽湿系统的费用,需要时应根据设计要求另行计算其费用。

【工程量计算规则】

散索鞍定额按座体、承板、锲块、槽盖、螺杆、压板、隔板、锌质填块的质量之和计算工程量。

塔顶门架定额按施工组织设计确定的质量计算工程量。

钢格栅定额按钢格栅与主索鞍顶推反力架的质量之和计算工程量。

主索鞍定额按承板、鞍体、安装板、挡块、槽盖、拉杆、隔板、锚梁、锌质填块等的质量之和计算工程量。

鞍罩定额以 1 个主索鞍处为 1 套计算工程量。

4-10-6 悬索桥牵引系统

一、悬索桥塔顶平台

【名词解释】

塔顶工作平台:包括变位架安装平台及猫道下拉平台,为安装变位钢架及下拉装置,使猫道线形与主缆线形保持一致。

【施工技术】

1. 工艺概述

塔顶工作平台通过塔吊及葫芦辅助安装。

2. 图解工程(图 4-141)

3. 工艺流程

塔顶工作平台安装工艺流程:准备材料→塔吊辅助拼装片架→横向连接→面网及栏杆安装。

二、牵引系统

【名词解释】

牵引系统(图 4-142):承担着猫道系统架设和主缆架设的重任,是上部结构施工的关键工序之一。它首先由架设先导索开始,通过牵引绳转换形成猫道牵引系统。在主缆架设阶段,一般采用双线往复式牵引系统,以提高主缆架设的速度。

a) 片架安装

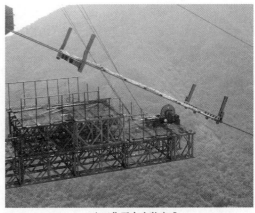
b) 工作平台安装完成

图 4-141　塔顶工作平台安装

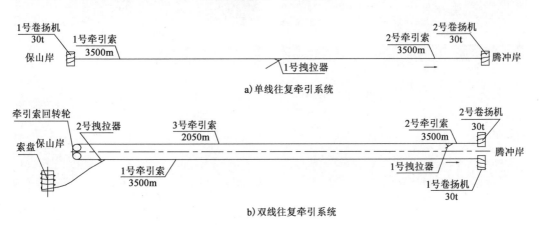

图 4-142　单线/双线往复式牵引系统总体布置图

【施工技术】

1. 工艺概述

根据桥梁跨度、作业环境等综合因素,先导索可采用迪尼玛纤维绳或小直径钢丝绳,前者具有强度高(比同等直径的钢丝绳强度高 1.5 倍左右)、重度小(可自浮于水面,比同等直径的钢丝缆绳轻 87.5% 左右)的特点,比较适合水面作业和山区使用。根据现有施工资料,国内外先导索采用的主要技术有拖船、直升机、遥控飞机、飞艇和火箭炮等技术。

牵引系统是悬索桥上部结构安装施工的重要组成部分,牵引系统的设计将直接影响主缆索股架设的施工质量与施工效率。双线往复式牵引系统结构的组成包括:放索机构、水平转向轮锚碇门架及锚碇门架导轮组、锚索鞍门架导轮组、塔顶导轮组、猫道门架及猫道门架导轮组、25t 卷扬机、牵引索、拽拉器、各部位托滚等,具备以下特点:

(1)双线往复式牵引系统因牵引索往返没有空行程,牵引效率高。

(2)牵引索由一定间距布置的猫道门架导轮组支撑,索股牵引全程范围内,牵引索垂度变化较小,锚头和拽拉器与猫道距离保持一致。

(3)采用门架拽拉式,可实现全程连续牵引,能够快速顺畅通过塔顶、鞍部门架,无须转换。索股架设速度高,特别适合长距离施工。

(4)通过被动放索机构给索盘提供相应反张力,保证放索速度与牵引速度一致,最大限度地减少了索股产生"呼啦圈"等现象。

2. 图解工程(图4-143)

a)拖船牵引先导索　　b)直升机牵引先导索
c)遥控飞机牵引先导索　　d)飞艇牵引先导索
e)火箭炮牵引先导索　　f)被动放索机构
g)数控卷扬机　　h)塔顶门架导轮组

图 4-143

i) 主缆托滚

j) 门架导轮组

k) 猫道架设单线往复循环系统

l) 索股架设双线往复循环系统

图 4-143　牵引系统施工

3. 工艺流程

猫道架设单线往复循环系统：布置相应牵引设备→先导索过江→置换过渡索→置换牵引索→猫道架设单线往复循环系统形成。

索股架设双线往复循环系统：布置相应牵引设备→新增牵引索架设、连接及调整→牵引索置入相应门架导轮组→索股架设双线往复循环系统形成。

【定额说明】

定额是按往复式牵引系统编制的，先导索过海（江、河）是按水下过渡法编制的。

塔顶平台定额综合考虑了平台面板、爬梯和高空作业的安全维护措施等工程内容，同样适用于锚碇处的工作平台。

牵引系统定额综合考虑了先导索、牵引索、拽拉器、锚碇门架滑轮组、塔顶门架滑轮组、猫道门架滑轮组、猫道滚筒、塔顶滚筒、导轮以及架设过程中需要的焊接支架和转向所需的支承架及完工后拆除牵引系统等工程内容，未包括先导索过江时的航道管制费用，需要时应另行计算。

【工程量计算规则】

塔顶平台定额以拼装平台所用的万能杆件或贝雷桁架的质量计算工程量。

牵引系统定额按施工组织设计确定的牵引系统的单侧长度计算工程量。

4-10-7 悬索桥猫道系统

一、猫道架设

【名词解释】

猫道是悬索桥施工时架设在主缆之下、基本平行于主缆线形的临时施工便道。它是施工人员进行施工作业的高空脚手架,是主缆系统乃至悬索桥整个上部结构的施工平台。施工人员在其上完成如索股牵引、调股、整形入鞍、紧缆、索夹及吊索安装、箱梁吊装及连接、主缆缠丝、防护涂装等重要任务。上下游各一条,断面通常呈 U 形,狭长且有一些摇晃,故称"猫道"。它是悬索桥施工中极其重要的临时设施,大桥竣工后将被拆除。

【施工技术】

1. 工艺概述

先导索施工完成后,先导索、过渡索、牵引索置换进行猫道架设单线往复式牵引系统施工,利用牵引系统依次进行托架系统施工、猫道承重索架设,然后进行猫道面层铺设、制振支架及照明系统安装。

2. 图解工程(图 4-144)

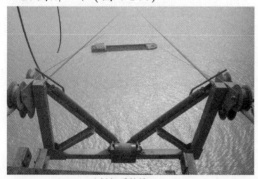
a) 托架系统施工

b) 猫道承重索架设

c) 猫道面层铺设

d) 制振支架及照明系统等安装

图 4-144　猫道架设施工

3. 工艺流程

猫道架设施工工艺流程：猫道架设牵引系统施工→托架系统施工→猫道承重索架设→面层铺设及横向通道安装→制振支架及照明系统安装→猫道线形调整。

二、猫道拆除

【名词解释】

猫道拆除指上部结构施工完成后，作为临时施工平台的猫道需进行拆除。

【施工技术】

1. 工艺概述

（1）横向走道拆除：塔顶卷扬机配合拆除横向走道，缓慢下放至桥面后运走。

（2）扶手索、侧网、扶手索立柱等拆除：中跨扶手索及侧网从塔顶向中跨人工进行拆除，利用缆索吊将其放入桥面后运走，扶手索放松后，利用桥面卷扬机收回。边跨扶手索、侧网等随面层下滑进行拆除，扶手索放松后作为下滑法拆除时的反拉绳。

（3）面层拆除：边跨猫道面层拆除前首先需利用塔顶卷扬机统一进行改吊，使其呈自由悬挂状态，改吊完成后，从塔顶往锚碇处下滑进行拆除，在锚碇支墩的工作平台上拆除面网系统，成堆后用塔吊放到地面运走；中跨面层拆除前需先拆除台车，又由于面层拆除后，承重索会上升，故面层拆除前不需要进行统一解除改吊，在拆除面层的同时用葫芦辅助拆除原改吊绳即可。拆除时从塔顶往跨中拆除，成堆后缆索吊运至跨中，吊机卸下并用挂车运走。

（4）承重索拆除：塔顶10t卷扬机配合进行猫道承重索拆除，承重绳下放到桥面上、卷上收索盘时，为防止承重索牵拉磨损加劲梁，须在加劲梁上间隔30m布设滚筒，使承重绳完全在滚筒上滑引，并用斗车运送承重绳后锚头。

2. 图解工程（图4-145）

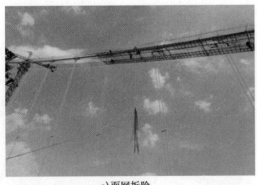
a）面网拆除

b）承重索拆除

图4-145 猫道拆除施工

3. 工艺流程

猫道拆除施工工艺流程：拉杆回收→门架承重绳拆除→猫道面层拆除→承重索拆除→承重索收盘→平台拆除。

【定额说明】

猫道承重索是按钢丝绳考虑的,抗风结构用下压装置、变位刚架、制振结构工艺,综合考虑了猫道承重索的预张拉及灌铸锚头、承重索握索器、承重索及猫道的矢度调整、猫道门架及滚筒、制振阻尼器、横向走道、猫道面层、天车系统以及猫道系统的拆除等工程内容,未包括猫道承重索制作时的加工场地和张拉槽座的费用,应根据实际需要按有关定额另行计算其费用。

【工程量计算规则】

按单侧猫道的设计长度计算工程量。

4-10-8 悬索桥主缆

【名词解释】

主缆是悬索桥的主要承重构件,除自身恒载外,又通过索夹和吊索承受活载、加劲梁(包括桥面)的恒载及一部分横向风载,并将它直接传递到桥塔顶部。

【施工技术】

1. 工艺概述

双线往复牵引系统牵引索股就位后,门架卷扬机、握索器、手拉葫芦配合横移索股,利用六边形夹具整形入鞍。索股入鞍后,卷扬机等辅助牵引将索股与锚固连接器连接,并根据监控计算,用穿心式液压千斤顶调整各索股锚跨张力。

2. 图解工程(图4-146)

3. 工艺流程

主缆架设工艺流程:架设准备→索股牵引→索股横移,整形入鞍→垂度调整→索股入锚。

a) 索股牵引1

b) 索股牵引2

图 4-146

c)索股横移入鞍1

d)索股横移入鞍2

图 4-146 主缆架设

【定额说明】

定额是按预制平行钢丝索股作业方法编制的,综合考虑了锚室平台、锚头连接器、握索器、整形器、缠包带、橡胶滚筒、木锤、尼龙绳、转向轮以及千斤顶等小型机具和临时锚固、入锚、垂度调整、索力调整等工程内容,索股是按成品构件考虑的,其预算价格应包括锚头和索股卷筒的费用。

【工程量计算规则】

按索股平行钢丝的设计质量计算工程量,不包括锚头的质量。

4-10-9 悬索桥主缆紧缆

【名词解释】

紧缆:构成主缆的全部索股垂度调整完成后,各索股之间、索股内部都存在空隙,其表观直径大于要求直径较多,为能够顺利进行索夹安装及缠丝作业,故需进行紧缆,把主缆截面紧固为圆形,并尽可能缩小内部空隙,使空隙率达到设计标准。紧缆分为预紧缆及紧缆机紧缆,预紧缆完成后,开始进行紧缆机紧缆(图 4-147)。

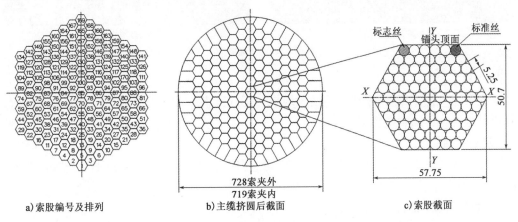

a)索股编号及排列　　b)主缆挤圆后截面　　c)索股截面

图 4-147 主缆紧缆后断面和索股断面(尺寸单位:mm)

【施工技术】

1. 工艺概述

(1)预紧缆:采用"二分法"划分紧缆位置,5t 手拉葫芦配合 φ22mm 钢绳,从跨中方向向索塔方向或锚锭方向向索塔方向进行紧固。

(2)紧缆机紧缆:预紧缆完成后,开始正式紧缆。启动紧缆机,当压力达到规定值或紧固蹄行程达到设定位置时保压,同时用卷尺测量主缆直径,符合要求后,两道镀锌钢带间隔约10cm 捆扎主缆并用钢带扣固定,完成后,千斤顶卸载。

2. 图解工程(图4-148)

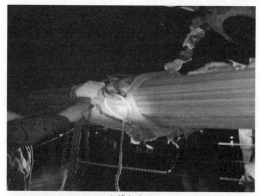
a)主缆打包

b)打包带紧固

c)紧缆机正式紧缆

c)打捆扎钢带

图 4-148 主缆紧缆

3. 工艺流程

主缆紧缆工艺流程:预紧缆→组装紧缆机→正式紧缆→测量孔隙率→合格后固定→下一位置重复进行→拆除紧缆机。

【定额说明】

定额综合考虑了紧缆工作所需的紧缆钢带、打包机、主缆整形夹具、扳手、钢丝钳、木锤、尼龙绳、麻袋等小型机具和辅助材料等工程内容。

【工程量计算规则】

按每根主缆两端锚固面之间的长度扣除锚跨区和塔顶区不需紧缆的长度后的主缆长度计

算工程量。

4-10-10 悬索桥索夹及吊索

【名词解释】

索夹(图4-149)是紧固主缆并连接索股与吊索的构件,既对主缆和吊索起连接作用,又对主缆起紧固定型作用。索夹采用全铸钢结构制造,索塔两侧部位索夹受力最大,索夹最长;跨中索夹受力最小,索夹长度最短。

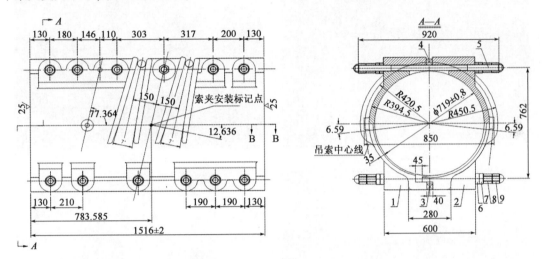

图4-149 索夹构造示意图(尺寸单位:mm)

吊索(图4-150)作为主缆与梁的连接件,直接将梁上的荷载传递给主缆,是悬索桥的主要受力结构件。

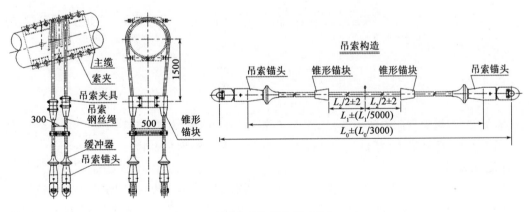

图4-150 吊索构造示意图(尺寸单位:mm)

【施工技术】

1. 工艺概述

索夹位置(天顶线)放样后,缆索吊、手拉葫芦、夹具辅助吊运安装索夹,根据参考标志点调整到设计位置后,千斤顶张拉至规定吨位、锁紧螺母。索夹安装时先由两主跨跨中同时向塔顶方向安装,后由边跨锚碇向塔顶方向安装。

缆索吊机提升安装吊索,就位后穿销并锁紧卡板或螺母;吊索穿过猫道的位置,需剪开面层并将断头向剪口外弯曲,以保证不刮损吊索 PE 套。

2. 图解工程(图 4-151)

a) 索夹放样

b) 索夹安装

c) 索夹张拉

d) 吊索与索夹对接

图 4-151 索夹及吊索安装

3. 工艺流程

索夹安装:索夹吊运安装→调整至设计位置→千斤顶张拉锁紧螺母。

吊索安装:剪开猫道面层→吊索吊运→手拉葫芦配合缆索吊安装。

【定额说明】

定额综合考虑了缆索天车、调整承重索和小型施工机具等工程内容,索夹定额中还综合了密封圈、防水帽、黏结胶、黄油、麻袋等辅助材料,吊索定额中还综合了猫道开孔和锚头间隔保持构件以及减振架、橡胶条、滚筒、黄油、麻袋等辅助材料。索夹和吊索均按成品构件考虑,吊索的锚头、防护材料、销轴和缓冲器的费用应综合在吊索的预算单价中。

【工程量计算规则】

索夹定额按索夹主体、螺母、螺杆、垫圈的质量之和计算工程量。

吊索定额按吊索中平行钢丝或钢丝绳的设计质量计算工程量,不包括锚头、防护材料、销轴和缓冲器的质量。

4-10-11　悬索桥主缆缠丝

【名词解释】

主缆缠丝是用专用的缠丝设备以一定的张力使镀锌软钢丝(圆形或特制的 S 形软钢丝)密匝牢固地缠绕在主缆上的作业。主缆缠丝的主要作用是保持主缆外形并与涂装材料共同组成主缆防护体系,尽可能延长主缆使用寿命。缠丝施工质量主要由缠丝导入拉力和缠丝密匝缠绕圈数两个指标控制。

【施工技术】

1. 工艺概述

缠丝前及时切断紧缆钢带并用干净抹布及丙酮清理主缆表面污渍,完成后,使用专用的缠丝机进行索夹前起始段人工挤压缠丝、索夹间节段机械缠丝(含走行)、缠丝机走行过索夹、缠丝焊接、尾端手动缠丝等操作。在缠丝前,调整改吊绳的位置,缠丝完成后,需进行恢复。

2. 图解工程(图 4-152)

a)储丝轮绕丝

b)紧缆机缠丝

图 4-152　主缆缠丝

3. 工艺流程

主缆缠丝工艺流程:主缆清理→储丝轮绕丝→索夹前起始段人工挤压缠丝→索夹间节段机械缠丝(含走行)→缠丝机过索夹→下一位置重复操作。

【定额说明】

定额仅包括缠丝设备组装和缠丝作业的工程内容,不包括各项涂装防护的操作,综合考虑了钢丝焊接和缠丝作业所需的各项小型机具和辅助材料。

【工程量计算规则】

按每根主缆两端锚固面之间的长度扣除锚跨区、塔顶区、索夹处不需缠丝的长度后的主缆长度计算工程量。

4-10-12 悬索桥主缆附属工程

一、主缆缆套

【名词解释】

主缆缆套是主缆出入索鞍鞍罩和锚室的过渡装置,要求其在对主缆提供保护的同时,具有良好的密闭性能,并在主索鞍鞍罩或锚室前墙之间允许少量的伸缩活动,使主缆钢丝保持一定长度不受缠丝约束。主缆缆套的构造形式为喇叭形管装钢套,缆套沿纵向分为上、下两半,两半之间设置螺栓夹紧装置和拼接调板,用螺栓将两半索套连接安装在锥形索夹和主索鞍(或锚碇前墙)连接件之间,调板连接处及两边接头均设有橡胶层防水构造。

【施工技术】

1. 工艺概述

缆套在主缆防护工作全部结束,塔冠及锚碇护室前墙完成后进行安装。缆套分为上、下两半,分别用塔吊吊放安装,安装完成后,上紧缆套上、下两半的紧固螺栓。当边跨主缆缠丝全部结束后,在安装散索鞍处的缆套,安装方法同主索鞍处的缆套相同。

2. 工艺流程

主缆缆套安装工艺流程:吊装准备→塔吊吊装→防水密封。

二、主缆检修道

【名词解释】

检修道:为方便主缆维护,在每根主缆两侧设有钢芯钢丝绳构成的检修道,钢丝绳上端锚固于塔顶主索鞍锚架上,下端锚固于锚碇处散索架锚架上,中间通过钢板立柱支承在索夹上。主缆检修道在主缆缠丝及防腐完成后,猫道拆除之前进行安装。

【施工技术】

1. 工艺概述

首先需安装索鞍处的支架、部分索夹上的立柱,当主缆缠丝涂装完成后,检修道的立柱基本安装完成;利用塔吊、塔顶卷扬机及猫道面上的简易滚筒辅助,安装扶手钢丝绳、栏杆钢丝绳,就位后用链条葫芦按设计要求张紧扶手钢丝绳、栏杆钢丝绳并锚固密封。

2. 图解工程(图 4-153)

3. 工艺流程

主缆检修道安装工艺流程:安装支架立柱→安装扶手钢丝绳、栏杆钢丝绳→张紧扶手钢丝绳、栏杆钢丝绳→锚固并旋紧立柱螺栓→防水密封。

【定额说明】

缆套定额综合考虑了防水构造以及安装时的小型机具和辅助材料。本定额的计价工程量按缆套本体、锚碇处连接件和紧固件的质量之和计算。

图 4-153　主缆检修道安装

检修道定额综合考虑了扶手绳组件、栏杆绳组件、立柱组件、锚板、钢爬梯、防水套、检修道支架以及安装时的小型机具辅助材料,未包括检修道涂装的工程内容,需要时应根据设计要求另行计算费用。

【工程量计算规则】

缆套定额按缆套本体、锚碇处连接件和紧固件的质量之和计算工程量。

检修道定额按每根主缆两端锚固面之间的长度扣除锚跨区、塔顶区不需设置检修道的长度后的主缆长度计算工程量。

4-10-13　平行钢丝斜拉索

【名词解释】

平行钢丝斜拉索是把斜拉桥主梁及桥面质量直接传递到塔架上的主要承重部材。斜拉桥的拉索材料通常为钢索,其形式按其组成方法不同,可由平行钢丝、平行钢缆、单根钢缆、钢丝绳、封闭式钢索或实体钢筋组成。

【施工技术】

1. 工艺概述

平行钢丝斜拉索由专业缆索生产厂家制成成品斜拉索,经卷盘后运至施工现场挂设、张拉。成品斜拉索一般由索体及其两端的冷铸锚组成,索体由紧密排列并经左旋扭绞的钢丝束、束外缠绕细钢丝或纤维增强聚酯带、外挤聚乙烯护套组成。斜拉索锚固于塔、梁上。为满足斜拉索的锚固和安装要求,塔、梁锚点处需提供一定的安装及操作净空。但有时因结构构造的原因,施工净空受到限制或一端根本无法提供施工操作条件时,则挂索方法就需根据实际情况进行调整,选择合适的挂索设备来满足施工要求,并解决结构尺寸条件的限制,取得尽可能高的使用效率。

2. 图解工程(图 4-154)

3. 工艺流程

斜拉索张拉施工工艺流程:施工平台搭设→施工机具准备→导索管等检查→安装锚具→

外套管安装→斜拉索安装→安装钢绞线两端夹片→安装张拉千斤顶→斜拉索第一次张拉→斜拉索第二、三次张拉→合龙成桥后调索→组装及验收。

a) 斜拉索上桥　　　　　　　　　　　　b) 吊装准备

c) 牵引张拉端　　　　　　　　　　　　d) 平辊

e) 牵引固定端　　　　　　　　　　　　f) 锚固固定端

g) 检测设备安装　　　　　　　　　　　h) 索头保护

图 4-154　斜拉索挂设施工

斜拉索挂设施工工艺流程:安装固定放索系统及转向滑车→放索→安装张拉杆与起吊夹具→塔上起吊设备提升塔端锚头至相应索道管口→塔端利用卷扬机牵引塔端锚头到位锚固→

梁端利用牵引杆牵引梁端锚头到位→利用接长杆将斜拉索与牵索挂篮联结→张拉牵索索力→浇筑主梁混凝土、张拉预应力→进行体系转换→分级、对称张拉至设计索力锚固。

【定额说明】

定额是按桥面上放索的作业方法编制的,综合考虑了滚筒及托架、张拉工作平台及脚手架、牵引系统、张拉杆、抱箍、连接器、钢丝绳以及张拉作业所需的小型机具和辅助材料、索力调整等工程内容,斜拉索按成品构件考虑,其预算单价中应包含锚头和拉索防护料的费用。

减振器主要指油压阻尼器和黏性橡胶阻尼器两种,对于斜拉索表面处理的减振装置一般应在斜拉索加工阶段即完成,属斜拉索成品构件的构成部分,其费用应在斜拉索的价格中综合考虑,不再单独计算。

【工程量计算规则】

斜拉索定额按设计平行钢丝的质量计算工程量,不包括锚头和拉索防护料的质量。

减振器定额按设计需要安装的减振器数量计算工程量。

4-10-14 斜拉索(钢绞线)安装

【名词解释】

斜拉索指把斜拉桥主梁及桥面质量直接传递到塔架上的主要承重部材。斜拉桥的拉索材料通常为钢索,其形式按组成方法不同,可由平行钢丝、平行钢缆、单根钢缆、钢丝绳、封闭式钢索或实体钢筋组成。

【施工技术】

1. 工艺概述

平行钢绞线斜拉索体系由索体及其两端的锚固体组成。因其为散件上桥在现场组装,所需牵引、张拉设备较小,所需张拉净空也较小,特别适应长大斜拉索。不利的是需要现场有较大的作业空间和较多的劳动力。国际上已有多种形式的平行钢绞线斜拉索体系,不同体系之间的组成部分和张拉方式有所区别,安装前应仔细了解各部分之间的组成情况和相互尺寸关系,选择合适的挂设和张拉方式。

2. 图解工程(图 4-155)

3. 工艺流程

斜拉索张拉施工工艺流程:施工平台搭设→施工机具准备→导索管等检查→安装锚具→外套管安装→斜拉索安装→安装钢绞线两端夹片→安装张拉千斤顶→斜拉索第一次张拉→斜拉索第二、三次张拉→合龙成桥后调索→组装及验收。

斜拉索挂设施工工艺流程:安装固定放索系统及转向滑车→放索→安装张拉杆与起吊夹具→塔上起吊设备提升塔端锚头至相应索道管口→塔端利用卷扬机牵引塔端锚头到位锚固→梁端利用牵引杆牵引梁端锚头到位→利用接长杆将斜拉索与牵索挂篮联结→张拉牵索索力→浇筑主梁混凝土、张拉预应力→进行体系转换→分级、对称张拉至设计索力锚固。

【定额说明】

定额综合考虑了展索垫编织布、张拉工作平台及脚手架、牵引系统、连接器、钢丝绳以及张拉作业所需的小型机具和辅助材料、索力调整等工程内容，斜拉索按成品构件考虑，其预算单价中应包含锚头和拉索防护料的费用。

a) 钢绞线斜拉索

b) 穿索

c) 锚固端

图 4-155　斜拉索安装

【工程量计算规则】

按设计钢绞线的质量计算工程量，不包括锚头和拉索防护料的质量。

4-10-15　钢　箱　梁

【名词解释】

钢箱梁指钢板箱形梁，是大跨径桥梁常用的结构形式。外形像一个箱子，一般由顶板、底板、腹板和横隔板、纵隔板及加劲肋等通过全焊接的方式连接而成。其中顶板为由盖板和纵向加劲肋组成的正交异性桥面板。

【施工技术】

1. 工艺概述

钢箱梁施工主要包括钢箱梁的制作、运输、拼装过程。制作过程需要在有工程资质的厂家生产制造，制造过程中需要对材料选取、焊接工艺、螺栓连接、防腐措施等严格控制。在运输过程中避免梁段发生扭曲、翘曲等变形，保证钢箱梁运输过程中的质量及安全。

钢箱梁的安装过程要考虑拱肋间距均匀、对称受力,安装高度、位置及采用的吊具是否满足等。施工类型主要包括 0 号块托架安拆、跨缆吊机吊装、悬臂吊机吊装、起重船吊装、顶推滑移等。

2. 图解工程(图 4-156)

a) 钢箱梁预拼

b) 钢箱梁提升架设

c) 钢箱梁拼装

d) 钢箱梁定位

e) 钢箱梁螺栓施拧及检查

f) 钢箱梁焊接

图 4-156　钢箱梁施工

3. 工艺流程

钢箱梁施工工艺流程:原材料进场复验→原材料抛涂预处理→下料→单件预制→钢箱梁组装、焊接→钢箱梁运输→架设→焊接(栓接)→桥面附属设施安装→最终验收。

【定额说明】

定额是按设置 0 号块托架作为临时支承的施工方法编制的,0 号块托架定额综合考虑了托架与承台连接的预埋件、安全围护措施以及拼装、拆除托架所需的小型机具和辅助材料等工程内容。

钢箱梁吊装按跨缆吊机吊装、悬臂吊机吊装和起重船吊装三种施工方法编制的。

定额是按驳船运输钢箱梁的方法编制的,包括从运梁船到达钢箱梁吊装位置抛锚定位后开始到箱梁节段安装结束止的施工操作等工程内容,钢箱梁运输及运梁船的抛锚定位、工地现场焊接或栓接钢箱梁节段的费用应包含在钢箱梁的预算价格中,但除了现场焊接或栓接钢箱梁施工配合操作的工程内容综合在定额中,还综合考虑了钢箱梁合龙施工时所需的辅助措施(如压重等)的工程内容,未包括钢箱梁吊装时的航道管制费用,需要时应另行计算。

悬臂吊机吊装钢箱梁定额未包括悬臂吊机的费用,使用定额时应根据施工组织设计确定的悬臂吊机的数量的施工周期按有关定额另行计算悬臂吊机的费用。

无索区钢箱梁吊装是按起重船吊装的施工方法编制的,综合考虑了钢箱梁滑移轨道、滑块以及就位所需的小型机具和辅助材料工程内容,应根据工程实际情况,合理确定纵向滑移距离,按滑移定额计算纵向滑移费用。

顶推安装钢箱梁定额是按自锚式悬索桥钢箱梁顶推安装的施工方法编制的,综合考虑了顶推滑道等工程内容,未包括顶推用导梁和工作平台的费用,应根据施工组织设计确定的数量按有关定额另行计算其费用。

【工程量计算规则】

0 号块托架定额按施工组织设计确定的托架钢构件的质量计算工程量,但不包括连接螺栓等连接件的质量。

钢箱梁定额按设计钢箱梁(包括箱梁内横隔板)、桥面板(包括横肋)、横梁、钢锚箱的质量之和计算工程量。

4-10-16 钢 管 拱

【名词解释】

钢管拱指钢管混凝土拱桥,属于钢混组合结构中的一种,是将钢管内填充混凝土,由于钢管的径向约束而限制受压混凝土的膨胀,使混凝土处于三向受压状态,从而显著提高混凝土的抗压强度。同时钢管兼有纵向主筋和横向套箍的作用,同时可作为施工模板,方便混凝土浇筑,施工过程中,钢管可作为劲性承重骨架,其焊接工作简单,吊装质量轻,从而能简化施工工艺,缩短施工工期。

【施工技术】

1. 工艺概述

系杆拱施工内容包括:钢绞线扣索、拱肋安装、拱肋混凝土、吊杆安装、系杆安装、钢桁梁安装、混凝土纵横梁预制、钢筋、混凝土纵横梁安装等。

2. 图解工程(图 4-157)

a)支架基础

b)支架施工

c)系梁分段施工

d)拱脚安装

e)拱脚混凝土浇筑

f)拱段支架及架设

图 4-157

g) 钢管拱合龙

h) 泵送混凝土

图 4-157　钢管拱施工

3. 工艺流程

钢管拱施工工艺流程：系梁支架现浇→钢管拱节段现场预拼→吊装底节钢管拱肋→端横梁及拱脚现浇→安装钢管拱肋直至合龙→用顶升法灌注钢管内混凝土→张拉主梁预应力→吊杆安装及张拉→附属设施施工。

【定额说明】

钢管拱肋、吊索(吊杆)、系杆、钢纵横梁都是按成品构件考虑,定额仅包括其安装费用。

钢构件和混凝土预制构件都是采用缆索吊装的施工方法进行安装,未包括缆索吊装设备的费用,应根据施工组织设计确定的吊装设备的数量按有关定额另行计算其费用。

钢管拱肋安装定额综合考虑了扣索调整、拱肋吊装、拱肋线形调整、吊装作业中的施工操作平台、高空作业安全围护以及吊装作业的小型机具和辅助材料等工程内容。

扣索定额是按钢绞线扣索编制的,综合考虑了扣索的制作、牵挂、固定及张拉、高空作业安全围护以及扣索的拆除等工程内容,未包括扣塔、锚碇以及索鞍的费用,应根据施工组织设计确定的相关数量按有关定额另行计算。

拱肋混凝土是按泵送微膨胀混凝土编制的,综合考虑了进料管、增压管、冒浆管、膨胀剂、泵送剂以及泵送孔、出浆孔、观测孔、压浆孔的开设与焊补,混凝土灌注的小型施工机具和辅助材料、高空作业安全围护等工程内容。

吊索定额综合考虑了吊索的防腐、吊索与拱肋和主梁连接处的防护罩、吊索安装、索力调整、高空作业安全围护以及安装作业时的小型施工机具和辅助材料等工程内容。锚具和防护的费用应在吊索预算价格中考虑。

系杆定额综合考虑了系杆的防腐、高空作业安全围护以及安装作业时的小型施工机具和辅助材料等工程内容。锚具和防护的费用应在系杆预算价格中考虑。

钢纵横梁安装定额综合考虑了钢梁吊装、与吊索下锚头锚固、高空作业安全围护以及安装作业时的小型施工机具和辅助材料等工程内容。

混凝土纵横梁预制定额综合的模板接触面积为 $84.99m^2/10m^3$ 混凝土,综合考虑了接头预埋件、混凝土外掺剂以及预制作业时的小型施工机具和辅助材料等工程内容,未包括混凝土拌和的费用,应按有关定额另行计算。安装定额综合考虑了构件整修、运输、吊装、纵横移、接头连接、高空作业安全围护以及安装作业时的小型施工机具和辅助材料等工程内容。

【工程量计算规则】

钢管拱肋定额按设计拱肋钢管、横撑、腹板、拱脚处外侧钢板、拱脚接头钢板及各种加劲块、加固构件、预埋构件等的质量之和计算工程量。

扣索定额按设计扣索钢绞线的质量计算工程量。

拱肋混凝土定额按设计混凝土的体积计算工程量。

吊索定额按设计吊索中高强钢丝或钢绞线的质量计算工程量,不包括两端锚具和防护材料的质量。

系杆定额按设计系杆中高强钢丝或钢绞线的质量计算工程量,不包括两端锚具和防护材料的质量。

钢纵横梁定额按设计质量计算工程量。

混凝土纵横梁定额按设计混凝土体积或钢筋质量计算工程量。

第十一节 杂项工程

4-11-1 沥青麻絮沉降缝

【名词解释】

为避免因地基不均匀沉陷而引起圬工砌体开裂,需根据地质条件的变异和圬工砌体高度、断面的变化情况等设置沉降缝。同时,为了防止圬工砌体因收缩硬化和温度变化而产生裂缝,应设置伸缩缝。

【施工技术】

1. 工艺概述

沥青麻絮沉降缝(伸缩缝)施工包括:沉降缝(伸缩缝)清理、干燥;熬化沥青,浸制麻丝;填塞油麻丝等。沉降缝与伸缩缝合并设置,每隔10~15m设置一道,缝宽2~3cm,缝内采用沥青麻麻絮等具有弹性的材料填塞。

2. 图解工程(图4-158)

a)挡土墙沉降缝

b)沥青麻絮沉降缝

图4-158 沉降缝

【定额说明】

定额包含熬化沥青、浸制、填塞油麻丝等全部工序。

【工程量计算规则】

按设计圬工砌体的截面面积计算工程量。

4-11-2　锥坡填土、拱上填料、台背排水

一、锥坡填土

【名词解释】

锥坡填土是为保护路堤边坡不受冲刷,在桥涵与路基相接处桥台前方、两侧修筑锥形护坡,锥坡内填土并压实,锥坡表面采用浆砌片石、干砌片石或格框植生防护。

【施工技术】

1. 工艺概述

锥坡填土施工包括:施工放样、锥坡填土、碾压夯实、刷坡整型、锥坡防护。

2. 图解工程(图4-159)

图4-159　锥坡防护

3. 工艺流程

锥坡填土工艺流程:施工放样→锥坡填土→碾压夯实→刷坡整型→锥坡防护。

二、拱上填料

【名词解释】

拱上填料是在拱桥拱腹内填筑砂砾石、碎石、粗砂或卵石夹黏土并加以夯实,其作用是分散车辆荷载并将桥面荷载传递至主拱圈。

【施工技术】

1. 工艺概述

拱上填料施工包括:填料选择及运输、分层摊铺、压实。

2. 工艺流程

拱上填料工艺流程：填料选择及运输→对称分层摊铺→洒水→夯实。

三、台背排水

【名词解释】

台背排水是桥台台背回填前，采取铺设黏土隔离层、铺筑碎（砾）石层、修筑盲沟等措施排除台背渗漏雨水以减小台背沉降，是防止桥头跳车措施之一。

【施工技术】

1. 工艺概述

台背排水施工包括：取运料、铺夯黏土层、铺碎（砾）石层、筑盲沟。

2. 工艺流程

台背排水工艺流程：取运料→夯填黏土层→铺碎（砾）石层→修筑盲沟。

四、台背回填

【名词解释】

台背回填是在路堤与桥梁、涵洞衔接处，桥台后方耳墙之间采用砂性土、沙砾石、灰土等透水性材料或半刚性材料分层回填夯实，是刚性结构物与柔性路面结构的过渡段，做好台背回填可有效减小通车后台后不均匀沉降，减轻桥头跳车。

【施工技术】

1. 工艺概述

台背回填施工包括：施工准备、取运料、填前碾压、分层摊铺、振动压实、压实度检测。

2. 图解工程（图4-160）

图4-160　台背回填

3. 工艺流程

台背回填工艺流程：施工准备→取运料→填前碾压→分层摊铺整平→振动压实辅以小型

机具夯实→压实度检测→下一层施工。

【定额说明】

锥坡填土定额是按人工操作的施工方法编制的。

拱上填料定额按人工操作的施工方法进行编制。

台背排水定额是按泄水盲沟方法编制的。

【工程量计算规则】

按设计需要填筑的密实体积计算工程量。

4-11-3 土牛(拱)胎

【名词解释】

土牛(拱)胎是指拱桥施工中先在拱下方用土或砂、卵石填筑形成"土胎",然后在上面砌筑拱圈或浇筑拱圈混凝土,拱圈形成后再将拱胎填土清除。

【施工技术】

1. 工艺概述

土牛(拱)胎施工包括:挡土墙挖基、挡土墙砌筑、土牛(拱)胎分层填筑、夯实、拱圈施工、土牛(拱)胎拆除。

2. 图解工程(图 4-161)

图 4-161 土牛(拱)胎施工

3. 工艺流程

土牛(拱)胎施工工艺流程:挡墙挖基→挡土墙砌筑→土牛(拱)胎胎体分层填筑→夯实→拱圈施工→拱胎拆除。

【定额说明】

定额综合考虑了土牛(拱)胎两端挡土墙的设置、土牛(拱)胎的填筑、土牛(拱)胎灰土面层以及塑料薄膜等工程内容。

【工程量计算规则】

涵洞按土牛(拱)胎的水平投影面积计算工程量。

桥梁按土牛(拱)胎的立面积计算工程量。

4-11-4 防 水 层

【名词解释】

防水层可分为路基防水层、桥面及结构物防水层,路基防水层位于路基与底基层之间的不透水层,防止雨水侵入路基造成病害,通常由胶泥、石灰土、石灰三合土碾压形成。

桥面防水层是为了防止雨水通过桥面铺装渗入梁体或结构物,在主梁与桥面铺装层之间铺设的防水材料层,按类别分为防水涂料和防水卷材两大类。

【施工技术】

1. 工艺概述

路基防水层施工包括:施工准备、材料运输、拌和均匀、碾压、检测验收。

桥面防水层施工包括:施工准备、梁面浮浆凿毛或抛丸处理、防水涂料洒布、养护、桥面铺装层施工。

2. 图解工程(图4-162)

图4-162 沥青防水层施工

3. 工艺流程

路基防水层施工工艺流程:施工准备→材料运输→拌和均匀→摊铺→碾压→检测验收。

桥面防水层施工工艺流程:施工准备→桥面浮浆凿除或抛丸处理→防水涂料洒布→养护→桥面铺装层施工。

【定额说明】

防水层定额是按胶泥、石灰土、石灰三合土、沥青油毡、涂沥青和涂防水剂6种防水层编制的。

胶泥、石灰土和石灰三合土防水层一般适用于非冰冻地区的中、小拱桥和涵洞,其厚度为10cm左右。

沥青油毡防水层定额是按二毡三油结构编制的,综合考虑了沥青熬制等工程内容,其计价工程量按需要设置的防水层的面积计算。

涂沥青防水层定额是按涂刷两层编制的,综合考虑了沥青熬制等工程内容。

涂防水剂防水层定额是按机械作业的施工方式编制的。

【工程量计算规则】

胶泥、石灰土和石灰三合土防水层按铺设的防水层体积计算工程量。

沥青油毡防水层和涂沥青防水层及涂防水剂防水层按需要设置的防水层面积计算工程量。

4-11-5 涵管基础垫层

【名词解释】

垫层是钢筋混凝土基础与地基土的中间层,主要作用是隔水、排水、防冻以改善基层和土基的工作条件,基础垫层通常采用碎石、砂砾石、片石、砂浆、混凝土、灰土等。

【施工技术】

1. 工艺概述

涵管基础垫层施工包括:施工放样、基础基坑开挖、基底承载力检测与验收、垫层混凝土浇筑与整平、混凝土养护、垫层顶面测量验收。

2. 图解工程(图4-163)

图 4-163 涵管基础垫层施工

3. 工艺流程

涵管基础垫层施工工艺流程:施工放样→基础基坑开挖→基底承载力检测与验收→垫层混凝土浇筑与整平→混凝土养护→垫层顶面测量验收。

【定额说明】

定额综合考虑了垫层材料的运输、夯实等工程内容。混凝土垫层定额中已包括混凝土的拌和费用,使用定额时不应再另行计算。

【工程量计算规则】

按设计垫层的密实体积计算工程量。

4-11-6 水泥砂浆勾缝及抹面

【名词解释】

水泥砂浆勾缝是指用水泥砂浆将相邻两块砌筑块体之间的缝隙填塞饱满,其作用是封闭砌体缝隙,防止风雨侵入砌体内部,造成填充材料流失,同时使砌体形成整体,使墙面清洁、整齐美观。

水泥砂浆抹面是用水泥砂浆对岩体或砌体等结构物表面涂抹,以封闭岩体或结构物表面裂隙,防止风雨渗入造成破坏,增加结构物耐久性。

【施工技术】

1. 工艺概述

水泥砂浆勾缝施工包括:搭设脚手架、刷缝、洗刷湿润、水泥砂浆拌制与运输、勾缝、养护、拆除脚手架。

水泥砂浆抹面施工包括:待抹面结构物表面清扫、洗刷湿润、砂浆拌制与运输、抹面,养护。

2. 图解工程(图 4-164)

a)水泥砂浆勾缝

b)水泥砂浆抹面

图 4-164 水泥砂浆勾缝及抹面

3. 工艺流程

水泥砂浆勾缝工艺流程:搭设脚手架→刷缝→砌缝洗刷湿润→水泥砂浆拌制与运输→勾缝→养护→验收→脚手架拆除。

水泥砂浆抹面工艺流程:待抹面结构物表面清扫→洗刷湿润→水泥砂浆拌制与运输→抹面→养护。

【定额说明】

定额综合考虑砂浆的消耗,使用定额时不应再另行计算。

【工程量计算规则】

按设计需要实施勾缝或抹面的砌体的外表面积计算工程量。

4-11-7 伸缩缝及泄水管

【名词解释】

为满足桥梁梁体在气候气候变化时的胀缩、在风荷载及汽车制动力等作用下的变形,在梁体与桥台之间及每联梁体之间设置伸缩缝。伸缩缝安装要求在平行、垂直于桥梁轴线的两个方向均能自由伸缩、牢固可靠,车辆驶过应平顺、无突跳与噪声,防水及防止杂物渗入阻塞并满足安装、检查、养护、清除污物方便。常用的伸缩缝类型有模数式,钢梳齿板式、沥青、木板填塞型等。

泄水管是为排除桥面积水,在桥梁横坡底与路缘石或防撞墙交接处,沿桥梁纵向每隔几米设置泄水管,泄水管通常由 PVC、铸铁等制成,在桥梁施工时预埋或后安装。

【施工技术】

1. 工艺概述

伸缩缝施工包括:预留槽口放样、切割预留槽、调整伸缩缝预埋钢筋、清除槽口杂物、安放伸缩装置、高程检查、焊接锁定、槽口钢筋绑扎、支模、浇筑槽口混凝土。

泄水管施工包括:泄水孔洞预留、预留孔口清理及凿毛、泄水管定位、泄水管周边砂浆浇筑、养护。

2. 图解工程(图 4-165)

a)伸缩缝安装入槽

b)槽口钢筋绑扎

c)浇筑槽口混凝土

d)槽口混凝土养护

图 4-165 伸缩缝施工

3. 工艺流程

伸缩缝安装工艺流程:预留槽口放样→切割预留槽→调整伸缩缝预埋钢筋→清除槽口杂物→安放伸缩装置→高程检查→伸缩缝锁定并绑扎槽口钢筋→支模→浇筑槽口混凝土。

泄水管安装工艺流程:泄水孔洞预留→预留孔口清理及凿毛→泄水管定位→泄水管周边砂浆浇筑→养护。

【定额说明】

模数式伸缩缝定额是按伸缩缝安装和预留槽混凝土、钢筋分别编制的,模数式伸缩缝是按成品构件考虑的,综合考虑了伸缩缝安装以及安装时的小型施工机具和辅助材料等工程内容。预留槽混凝土是按钢纤维混凝土考虑的,钢纤维用量按水泥用量的1%考虑,如设计用量与定额用量不同时,应按设计用量调整定额中钢纤维的消耗。

拉压板式橡胶伸缩缝定额综合考虑了预埋件和槽口混凝土以及安装时的小型施工机具和辅助材料等工程内容。

橡胶带(条)伸缩缝定额综合考虑了预埋件以及安装时的小型施工机具和辅助材料等工程内容。

梳形钢板伸缩缝定额综合考虑了预埋件和槽口混凝土以及安装时的小型施工机具和辅助材料等工程内容。

滑板式伸缩定额综合考虑了预埋件以及安装时使用的小型施工机具和辅助材料等工程内容。

敞开式伸缩缝定额是按沥青麻絮结构编制的,综合考虑了沥青熬制以及安装时的小型施工机具和辅助材料等工程内容。

镀锌铁皮伸缩缝定额是按梁桥用伸缩缝和拱桥用伸缩缝编制的,综合考虑了填充料、沥青熬制以及安装时的小型施工机具和辅助材料等工程内容。

泄水管定额是按铸铁管编制的,综合考虑了涂沥青、安装泄水管及铸铁箅子和填缝材料等工程内容。本定额的计价工程量按泄水管的设计数量进行计算。

PVC排水管定额综合了排水管切割、埋设卡箍、涂胶合口、找正、安装等工程内容。

【工程量计算规则】

模数式伸缩缝定额按伸缩缝构件的质量计算工程量,预留槽混凝土和钢筋的按设计混凝土体积或钢筋质量计算工程量。

拉压板式橡胶伸缩缝定额按行车道部分伸缩缝的长度计算工程量,人行道或安全带部分的消耗已综合在定额中。

橡胶带(条)伸缩缝定额按行车道部分伸缩缝的长度计算工程量,人行道或安全带部分的消耗已综合在定额中。

梳形钢板伸缩缝定额按行车道部分伸缩缝的长度计算工程量,人行道或安全带部分的消耗已综合在定额中。

滑板式伸缩定额按行车道部分伸缩缝的长度计算工程量,人行道或安全带部分的消耗已综合在定额中。

敞开式伸缩缝定额按伸缩缝的接触面积计算工程量,即桥面中行车道部分伸缩缝的面积。

镀锌铁皮伸缩缝定额按行车道部分伸缩缝的长度计算工程量,人行道或安全带部分的消耗已综合在定额中。

泄水管定额按泄水管的设计数量计算工程量。

PVC 排水管定额按设计排水管的长度计算工程量。

4-11-8 蒸汽养护室建筑及蒸汽养护

【名词解释】

蒸汽养护室建筑是为满足混凝土构件蒸汽养护所建造的临时建筑,由基础、坑壁、坑盖、保温门、蒸汽管道、测温、测湿装置组成。

蒸汽养护是混凝土构件浇筑完成后,利用蒸汽的高温、高湿度条件进行混凝土养护,可使水泥充分水化,减少混凝土内水分过早蒸发形成空洞,提高混凝土早期强度,蒸汽养护通常用于混凝土构件的冬期施工。

【施工技术】

1. 工艺概述

蒸汽养护室建筑施工包括:挖填坑体土方、坑底及坑壁砌筑、勾缝、抹平、养护、蒸汽管道铺设、坑盖安装、保温门安装、测温测湿装置布设。

蒸汽养护施工包括:混凝土构件覆盖静养阶段、通蒸汽升温阶段、恒温阶段、逐步关闭蒸汽降温阶段、温度与湿度测量控制、混凝土构件出坑移运。

2. 图解工程(图 4-166)

图 4-166　蒸汽养护

3. 工艺流程

蒸汽养护室建筑工艺流程:开挖坑体土方→坑底及坑壁砌筑→勾缝→抹平→养护→蒸汽管道铺设→坑盖安装→保温门安装→测温测湿装置布设。

蒸汽养护工艺流程:混凝土构件覆盖静养阶段→通蒸汽升温阶段→恒温阶段→逐步关闭蒸汽降温阶段→混凝土构件出坑移运。

第四章 桥涵工程

【定额说明】

蒸汽养护室建筑定额综合考虑了养护室内的各种管道和锅炉安装、混凝土构件堆放场地等工程内容。

【工程量计算规则】

蒸汽养护室建筑定额按施工组织设计确定的蒸汽养护室建筑面积计算工程量。

蒸汽养护定额按设计需要进行蒸汽养护的混凝土构件实体体积计算工程量。

4-11-9 大型预制构件底座

【名词解释】

大型预制构件底座是大型预制构件的预制台座,分平面底座和曲面底座,平面底座适用于工字形梁、T梁及等截面箱梁,曲面底座适用于梁底为曲面的箱梁或箱型拱桥梁。

【施工技术】

1. 工艺概述

大型预制构件底座施工包括:底座施工放样、基坑开挖、开挖清理排水沟、底座地基承载力测定及基础地基处理、底座砌筑或底座混凝土浇筑、底座预拱度设置、底模板制作安装。

2. 图解工程(图4-167)

图4-167 大型预制构件底座施工

3. 工艺流程

大型预制构件底座施工工艺流程:底座施工放样→底座基础基坑开挖→开挖清理排水沟→底座地基承载力测定与地基处理→底座砌筑或底座混凝土浇筑→底座预拱度设置→底模板制作安装。

【定额说明】

定额综合考虑了底座基础的修筑、底模板系统的制作及安装、底座的拆除等工程内容。

【工程量计算规则】

根据施工组织设计合理确定底座的设置数量计算工程量。

4-11-10 先张法预应力钢筋张拉、冷拉台座

【名词解释】

先张法是在浇筑混凝土前张拉预应力筋，并将张拉的预应力筋临时锚固在台座或钢模上，然后浇筑混凝土，待混凝土强度达到不低于混凝土设计强度值的75%，保证预应力筋与混凝土有足够的黏结时，放松预应力筋，借助于混凝土与预应力筋的黏结，对混凝土施加预应力的施工工艺。先张法预应力钢绞线、钢筋张拉、冷拉台座是先张法施工时，预应力钢绞线、钢筋张拉及冷拉的受力构件，要求具有足够的承载能力、刚度和稳定性，以免因台座的变形、倾覆和滑移而引起预应力的损失或造成事故，台座形式分墩式台座和槽式台座两种，墩式台座一般由承力台墩、横梁、张拉机具和夹具、卸载设备组成。槽式台座由压杆、横梁、张拉机具和夹具等。

【施工技术】

1. 工艺概述

先张法预应力钢绞线、钢筋张拉、冷拉台座施工包括：台座施工放样、基坑开挖、开挖清理排水沟、底座地基承载力测定及基础地基处理、底座砌筑或底座混凝土浇筑、底座预拱度设置、底模板制作安装、横梁制作安装、张拉机具及夹具安装、卸载设备安装。

2. 图解工程（图4-168）

图4-168 先张法预应力张拉台座

3. 工艺流程

先张法预应力张拉台座施工工艺流程：台座施工放样→基坑开挖→开挖清理排水沟→底座地基承载力测定与地基处理→底座砌筑或底座混凝土浇筑→底座预拱度设置→底模板制作安装→横梁制作安装→张拉机具及夹具安装→卸载设备安装。

【定额说明】

定额综合考虑了台座修筑、钢结构制作、安装以及台座拆除等工程内容。

【工程量计算规则】

按施工组织设计确定的台座数量计算工程量。

4-11-11　混凝土拌和及运输

【名词解释】

混凝土搅拌站是用来集中搅拌混凝土的联合装置。它的机械化、自动化程度较高,生产率也很高,能保证混凝土的质量和节省水泥,常用于混凝土工程量大、工期长、工地集中的大及中型水利、电力、桥梁等工程。混凝土搅拌站是由搅拌主机、物料称量系统、物料输送系统、物料储存系统、控制系统五大组成系统和其他附属设施组成。

混凝土运输通常采用混凝土搅拌运输车运送至浇筑地点。

【施工技术】

1. 工艺概述

混凝土搅拌站施工包括:砌筑砂、石料仓隔板、挡墙、围墙及料棚安装、浇筑拌和站基座、物料输送系统基础、拌和设备、物料输送设备安装、水泥及粉料仓基础施工、水泥及粉料仓安装、搅拌站称量系统标定与取证、混凝土拌和站试生产、混凝土搅拌运输车运送至浇筑点。

2. 图解工程(图4-169)

a)混凝土搅拌站

b)混凝土搅拌运输车

图4-169　混凝土拌和及运输

3. 工艺流程

混凝土拌和及运输工艺流程:砌筑砂、石料仓隔板、挡墙、围墙及料棚安装→浇筑拌和站基座及物料输送系统基础→拌和设备、物料输送设备安装→水泥及粉料仓基础施工→水泥及粉料仓安装→搅拌站称量系统标定与取证→混凝土拌和站试生产→混凝土搅拌运输车运送至浇筑点。

【定额说明】

混凝土拌和定额是按搅拌机拌和、搅拌站(楼)拌和、搅拌船拌和三种方式编制的,应注意考虑混凝土的操作损耗。

混凝土运输定额是按机动翻斗车和混凝土搅拌运输车两种运输机械编制的,应注意混凝土的操作损耗的考虑。

混凝土搅拌站安装、拆除定额综合考虑了拌和设备基座、砂和石材料仓、水泥仓或水泥罐基座、水池以及搅拌站围墙的修筑等工程内容,未包括搅拌站场地的处理费用,需要时应根据搅拌站设置地点的具体情况按有关定额另行计算其费用。

【工程量计算规则】

混凝土拌和定额按设计混凝土数量和混凝土施工操作损耗之和计算工程量。

混凝土运输定额按设计混凝土数量和混凝土施工操作损耗之和计算工程量。

混凝土搅拌站安装、拆除定额按施工组织设计确定的搅拌站设置数量计算工程量。

4-11-12 冷却水管

【名词解释】

冷却水管(图4-170)是一种管材,作用是布设在大体积混凝土内部,混凝土浇筑完后,用于通冷却水降低大体积混凝土内部温差,以减少或避免大体积混凝土内部温差较大引起温度裂纹。

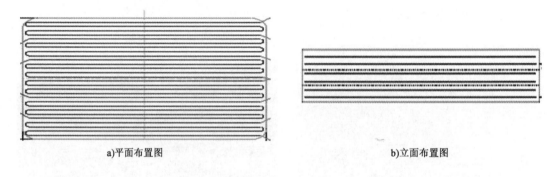

a)平面布置图　　　　　　　　b)立面布置图

图4-170　冷却水管

【施工技术】

1. 工艺概述

冷却水管施工包括:冷却水管下料、冷却水管安装定位、冷却水管通冷却水、测温、冷却水管内灌浆封闭。

2. 图解工程(图4-171)

3. 工艺流程

冷却水管施工工艺流程:冷却水管下料→冷却水管安装定位→混凝土浇筑→通冷却水→测温→冷却水管内灌浆封闭。

【定额说明】

定额综合考虑了冷却水管的支架、通水降温以及管道内灌注砂浆封孔等工程内容。

【工程量计算规则】

按按冷却水管管道的设计质量计算工程量。

图 4-171　冷却水管施工

4-11-13　钢桁架栈桥式码头

【名词解释】

钢桁架栈桥式码头是在岸边利用钢管桩基础、扩大基础或钻孔灌注桩、钢桁架及桥面系形成钢桁架栈桥式码头,配以水上浮吊或固定式吊机,作为桥梁施工物资陆地、水上双向运输码头。

【施工技术】

1. 工艺概述

钢桁架栈桥式码头施工包括:钢管桩、钻孔桩或扩大基础施工、桩顶分配梁安装、钢桁梁拼装场地散拼、钢桁梁现场阶段拼装接长、桥面系安装、靠帮船平台施工。

2. 图解工程(图 4-172)

图 4-172　钢桁架栈桥式码头施工

3. 工艺流程

钢桁架栈桥式码头施工工艺流程:钢管桩、钻孔桩或扩大基础施工→桩顶分配梁安装→钢桁梁拼装场地散拼→钢桁梁现场阶段拼装接长→栈桥桥面系安装→靠帮船平台施工。

【定额说明】

定额是按灌注桩基础、混凝土或浆砌片石墩台、拼装式钢桁架梁结构编制的,综合考虑了栈桥码头基础、下部、上部修筑等工程内容。

【工程量计算规则】

按施工组织设计确定的栈桥码头跨河向的长度计算工程量。

4-11-14　水上泥浆循环系统

【名词解释】

水上泥浆循环系统是水上钻孔桩施工时利用泥浆船或泥浆箱组成的水上泥浆循环系统,该系统由拌浆机、泥浆沉淀净化池、泥浆池、泥浆泵、泥浆输送管道组成,保证水上钻孔桩施工泥浆的循环利用。

【施工技术】

1. 工艺概述

水上泥浆循环系统工作内容包括:拌浆机安装、沉淀池布设、泥浆池布设、泥浆输送泵安装、泥浆管道铺设。

2. 图解工程(图 4-173)

图 4-173　泥浆净化器

3. 工艺流程

水上泥浆循环系统工艺流程:拌浆机安装→沉淀池布设→泥浆池布设→泥浆输送泵安装→泥浆管道铺设→泥浆输送循环→泥浆循环系统拆除。

【定额说明】

定额应与水中平台上钻孔定额配套使用。

【工程量计算规则】

根据施工组织设计确定的需要量计算工程量。

4-11-15 施工电梯

【名词解释】

施工电梯是高墩或高塔施工的载人、载货施工机械,由轿厢、驱动机构、标准节、附墙、底盘、围栏、电气系统等组成,分为单笼电梯和双笼电梯。

【施工技术】

1. 工艺概述

施工电梯安拆包括:电梯基座放样、电梯基座浇筑、清理预埋件、电梯安装、电梯标准节接高、扶臂安装、电梯运行、维修、保养、施工电梯拆除。

2. 图解工程(图 4-174)

a)施工电梯　　　　　　　　　　　b)施工电梯附墙

图 4-174　施工电梯

3. 工艺流程

施工电梯安拆工艺流程:电梯基座放样→电梯基座浇筑→清理预埋件→电梯安装→电梯标准节接高→附墙安装→电梯运行、维修、保养→施工电梯拆除。

【定额说明】

定额综合考虑了施工电梯附墙所需的在塔柱或墩身中设置的预埋件的制作、安装以及电梯安装时的小型施工机具和辅助材料等工程内容。

【工程量计算规则】

根据施工组织设计确定的设置数量和使用时间计算工程量。

4-11-16 施工塔式起重机

【名词解释】

施工塔式起重机(俗称塔吊)是动臂装在高耸塔身上部的旋转起重机。桥梁施工中主要用于高墩、高塔的物料的垂直和水平运输。由金属结构、工作机构和电气系统三部分组成。金属结构包括塔身、动臂和底座等。工作机构有起升、变幅、回转和行走四部分。电气系统包括电动机、控制器、配电柜、连接线路、信号及照明装置等。

【施工技术】

1. 工艺概述

施工塔式起重机安拆包括:塔吊基础施工、塔身底座及标准节安装、动臂安装、电气系统安装、塔吊自升、附墙安装、塔吊试吊取证、使用塔吊拆除。

2. 图解工程(图4-175)

图4-175 塔式起重机

3. 工艺流程

塔吊安拆工艺流程:塔吊基础施工→塔身底座及标准节安装→动臂安装→电气系统安装→塔吊自升→附墙安装→塔吊试吊取证→使用塔吊拆除。

【定额说明】

定额综合考虑了施工塔式起重机基础和附墙件所需预埋件的制作、安装以及塔式起重机安装时的小型施工机具和辅助材料等工程内容。

【工程量计算规则】

根据施工组织设计确定的设置数量和使用时间计算工程量。

4-11-17 旧建筑物拆除

【名词解释】

旧建筑物拆除是采用人工、机械或爆破等方式将旧建筑物拆解,并对现场清理,对可利用材料堆整的过程。

【施工技术】

1. 工艺概述

旧建筑拆除物包括:清除旧建筑物附属构件、撬出圬工、凿除或爆破炸除混凝土、拆除木料及钢筋等铁件、清理现场并清运建筑垃圾、整堆材料。

2. 图解工程(图 4-176)

a)拆除旧建筑物附属结构

b)爆破拆除旧除

图 4-176　旧建筑物拆除

3. 工艺流程

旧建筑物拆除工艺流程：清除旧建筑物附属构件→撬出圬工、凿除或爆破炸除混凝土→拆除木料及钢筋等铁件→清理现场并清运建筑垃圾→整堆材料。

【定额说明】

定额综合考虑了拆除后现场清理以及废弃物的现场清理、场内运输和堆放等工程内容，未包括废弃物的场外运输费用，需要时可按路基工程中土方运输定额另行计算其费用。

【工程量计算规则】

按需要拆除的圬工体积或木桥长度计算工程量。

第五章　交通工程及沿线设施

第一节　安全设施

公路交通安全设施设计内容包括护栏、交通标志、交通标线、隔离栅、桥梁护网、防眩设施、轮廓标和活动护栏等。

公路交通安全设施为满足公路使用者安全行车的需要，应具有四类使用功能：主动引导，被动防护，全时保障，隔离封闭。以上设计内容可以实现上述功能。

交通安全设施设置原则和设计方案应保持一致。交通安全设施之间、交通安全设施与公路主体工程和其他设施之间应互相协调、配合使用。

公路交通安全设施设计应坚持"安全、环保、舒适、和谐"的理念，注重公路出行的安全性、方便性、舒适性、愉悦性，体现"以人为本、安全至上"的指导思想，并应结合交通量的增长、运营需求与技术发展状况等逐步补充、完善。

以下按照《公路工程预算定额》交通工程安全设施定额编排顺序，逐一介绍各种安全设施的形式、作用、图示以及工程费用计算方式。

5-1-1　混凝土、砌体护栏

一、混凝土护栏的形式

1. 路侧混凝土护栏

路侧混凝土护栏按防撞等级可分为 A、SB、SA 和 SS 四级（表5-1），混凝土护栏的混凝土强度等级、配筋量和基础设置应通过设计计算确定。

混凝土护栏所受碰撞荷载的分布　　表 5-1

防撞等级	碰撞荷载标准值(kN/m)	荷载分布长度(m)	力的作用点
A、Am	41	4	距护栏顶面5cm
SB、SBm	72.5	4	
SA、SAm	70	5	
SS	86	5	

常用路侧混凝土护栏按构造可分为 F 型、单坡型、加强型三种，应根据路侧危险情况选用。路侧混凝土护栏基础一般采用座椅方式和桩基方式。

2. 中央分隔带混凝土护栏

中央分隔带混凝土护栏按防撞等级可分为 Am、SBm 和 SAm 三级。

常用中央分隔带混凝土护栏可采用整体式或分离式,可根据中央分隔带的宽度、构造物和管线的分布加以确定。其中,中央分离式混凝土护栏按构造可分为 F 型和单坡型两种,其断面形状应与对应的路侧混凝土护栏相同。混凝土护栏背部应设置支撑块,中间可填充种植土进行绿化。

此外:(1)在中央分隔带混凝土护栏的起、终点和开口处,应进行端头处理。

(2)混凝土护栏可与防眩设施、轮廓标同时设置。

(3)预制混凝土护栏长度宜为 4~6m;现浇混凝土护栏的纵向长度应按横向伸缩缝的要求确定,一般为 15~30m。现浇混凝土护栏每 3~4m 应设置一道假缝。

二、混凝土护栏图示及介绍

1. 路侧混凝土护栏

(1)F 型混凝土护栏

构造要求如图 5-1 所示。

(2)单坡型混凝土护栏

构造要求如图 5-2 所示。

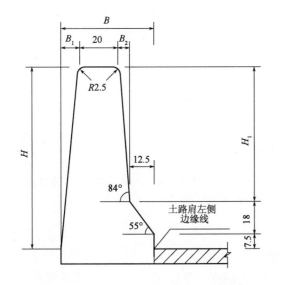

防撞等级	H	H_1	B	B_1	B_2
A	81	55.5	46.4	8.1	5.8
SB	90	64.5	48.3	9	6.8
SA	100	74.5	50.3	10	7.8

图 5-1 F 型混凝土护栏构造要求(尺寸单位:cm)

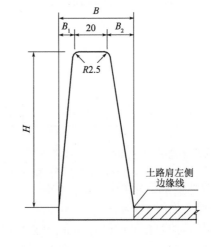

防撞等级	H	B	B_1	B_2
A	81	42.1	8.1	14.0
SB	90	44.5	9	15.5
SA	100	47.2	10	17.2

图 5-2 单坡型混凝土护栏构造要求(尺寸单位:cm)

（3）加强型混凝土护栏

构造要求如图5-3所示。

2. 中央混凝土护栏

（1）F型中央分隔带混凝土护栏

构造要求如图5-4所示。

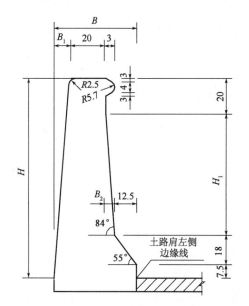

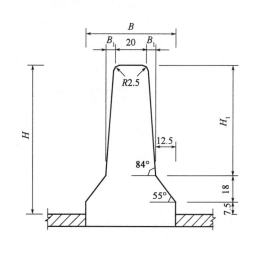

单位：cm

防撞等级	H	H_1	B	B_1	B_2
SA	100	54.5	43.2	5	5.7
SS	110	64.5	44.8	5.5	6.8

单位：cm

防撞等级	H	H_1	B	B_1
Am	81	55.5	56.6	5.8
SBm	90	64.5	58.6	6.8
Sam	100	74.5	60.6	7.8

图5-3 加强型混凝土护栏构造要求（尺寸单位：cm）   图5-4 F型中央分隔带混凝土护栏构造要求（尺寸单位：cm）

（2）单坡型中央分隔带混凝土护栏

构造要求如图5-5所示。

中央分隔带混凝土护栏的基础，可采用以下两种方式：

①整体式混凝土护栏基础可直接支承在土基上，混凝土护栏嵌锁在基础内，埋置深度一般为10~20cm。混凝土护栏两侧应铺筑与车行道相同的路面材料。

②分离式混凝土护栏（图5-6）下设置枕梁，护栏之间应设置支撑块。

三、混凝土护栏设计代号及示例

设置于公路路基上的护栏代号由护栏构造形式代号、防撞等级代号、埋设条件代号三部分组成，混凝土护栏各种代号规定如下。

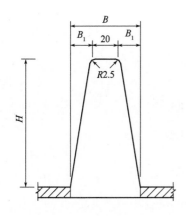

防撞等级	H	B	B_1
Am	81	48	14.0
SBm	90	51	15.5
SAm	100	54.5	17.2

图 5-5 单坡型中央分隔带混凝土护栏构造要求(尺寸单位:cm)

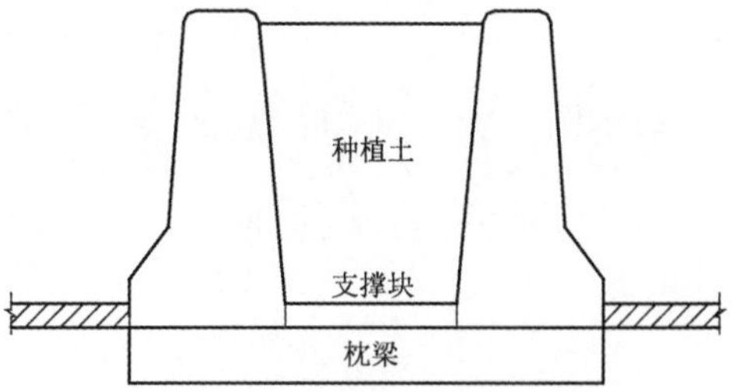

图 5-6 中央分隔带分离式混凝土护栏构造

1. 护栏构造形式代号

RrF——现浇 F 型混凝土护栏

RrS——现浇单坡型混凝土护栏

RrI——现浇加强型混凝土护栏

RpF——预制 F 型混凝土护栏

RpS——预制单坡型混凝土护栏

RpI——预制加强型混凝土护栏

Rcw——钢筋混凝土墙式护栏

2. 防撞等级代号

B——路侧 B 级

A——路侧 A 级

SB——路侧 SB 级

SA——路侧 SA 级

SS——路侧 SS 级

Am——中央分隔带 Am 级

SBm——中央分隔带 SBm 级

SAm——中央分隔带 SAm 级

3. 埋设条件代号

E_1——混凝土护栏,埋置在土中

E_2——混凝土护栏,与下部构造物连接

4.标注方法

1)通式

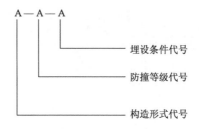

2)示例

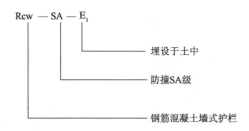

四、定额使用说明

混凝土护栏制作安装定额,包括了预制、现浇两种方式。

1)预制混凝土护栏

包括4项定额:预制混凝土、预制钢筋、安装钢管护栏、护栏钢管栏杆的制作安装。

(1)预制混凝土墙体:根据护栏形式及图纸工程量,计算混凝土用量,以$10m^3$为单位计算。

(2)预制混凝土钢筋:根据护栏形式及图纸工程量,计算护栏钢筋用量,以t为单位计算。定额中已包含钢筋损耗量。

(3)安装混凝土护栏:以计算出的护栏混凝土质量为准,按$10m^3$为单位计算。

(4)制作安装钢管栏杆:按照设计形式计算出质量,以t为单位计算。定额包括制作、安装及刷漆。(如混凝土护栏上安装防眩板,参见防眩设施安装定额。如制作安装铸铁栏杆,参照护栏铸铁栏杆的制作安装定额)

注:预制混凝土护栏上如不安装钢管栏杆或防眩板时,应在钢筋子目中扣除人工4.0工日,钢板0.081t,电焊条7.7kg,32kV·A交流电弧焊机2.3台。

2)现浇混凝土护栏

包括3项定额:现浇混凝土、现浇钢筋、护栏铸铁栏杆的制作安装。

(1)现浇混凝土墙体:根据护栏形式及图纸工程量,计算混凝土用量,以$10m^3$为单位计算。

(2)现浇混凝土钢筋:根据护栏形式及图纸工程量,计算护栏钢筋用量,以t为单位计算。定额中已包含钢筋损耗量。

(3)安装铸铁柱及栏杆(图5-7):按照设计形式计算出质量,以t为单位计算。定额包括安装及刷漆。

3) 柱式护栏与浆砌片石护栏

柱式护栏与浆砌片石护栏多为设置于乡村公路上的护栏。

(1) 浆砌片石、块石护栏(图 5-8)

本着经济、适用的原则,石砌护栏选用 32.5 级矿渣硅酸盐水泥,其砌筑强度为砂浆强度的 2~5 倍。砂的最大粒径不宜超过 5mm,以中砂为好。所用石料材质要求均匀、坚硬、不易风化、无裂痕。片石厚度不应小于 150mm,卵形石、薄片石不得采用。

图 5-7 安装铸铁柱栏杆混凝土护栏

图 5-8 浆砌片石护栏

砌筑完成后,用同强度等级水泥进行抹面,并用草席或土工布盖好,洒水养护 3~4d 后,即可刷漆。

(2) 定额计算

均按 $10m^3$ 实体为单位计算。

5-1-2 钢 护 栏

一、钢护栏的形式

钢护栏按其在公路中的纵向设置位置,可分为路基护栏和桥梁护栏;按其在公路中的横向设置位置,可分为路侧护栏和中央分隔带护栏;根据碰撞后的变形程度,可分为刚性护栏、半刚性护栏和柔性护栏。

根据以上钢护栏包含的各类形式,此节定额包括了公路的波形梁护栏、缆索护栏以及活动护栏。

1. 波形梁护栏(图 5-9)

半刚性护栏是一种连续的梁柱式护栏结构,具有一定的强度和刚度。波形梁护栏是其主要代表形式,由相互拼接的波纹状钢板和立柱构成连续梁柱结构,利用土基、立柱、波纹状钢板的变形来吸收碰撞能量,并迫使失控车辆改变方向。

2. 缆索护栏

柔性护栏是一种具有较大缓冲能力的韧性护栏结构,缆索护栏是其主要代表形式,由数根施加初拉力的缆索固定于端柱上组成钢缆结构,主要依靠缆索的拉应力来抵抗车辆的碰撞荷载、吸收碰撞能量。

图 5-9　波形梁护栏

二、钢护栏图示及介绍

1. 波形梁护栏

常用路侧波形梁护栏按防撞等级可分为 B、A、SB、SA、SS 五级。

常用中央分隔带波形梁护栏按防撞等级可分为 Am、SBm、SAm 三级。

1)路侧波形梁护栏构造

(1)B 级路侧波形梁护栏,由二波波形梁板(310mm×85mm×3mm)、立柱(ϕ114mm×4.5mm)和托架(300mm×70mm×4.5mm)等组成,如图 5-10 所示。

(2)A 级路侧波形梁护栏,由二波波形梁板(310mm×85mm×4mm)、立柱(ϕ140mm×4.5mm)和防阻块(196mm×178mm×200mm×4.5mm)等组成,如图 5-11 所示。

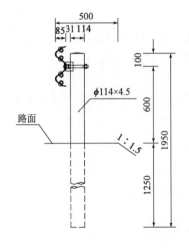
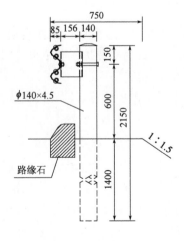

图 5-10　路侧 B 级波形梁护栏构造(尺寸单位:mm)　　图 5-11　路侧 A 级波形梁护栏构造(尺寸单位:mm)

(3)SB级路侧波形梁护栏,由三波波形梁板(506mm×85mm×4mm)、立柱(□130mm×130mm×6mm)和防阻块(300mm×200mm×290mm×4.5mm)等组成,如图5-12所示。

(4)SA级路侧波形梁护栏,由三波波形梁板(506mm×85mm×4mm)、横梁(φ89mm×5.5mm)、立柱(□130mm×130mm×6mm 和 φ102mm×4.5mm)和防阻块(300mm×200mm×290mm×4.5mm)等组成,如图5-13所示。

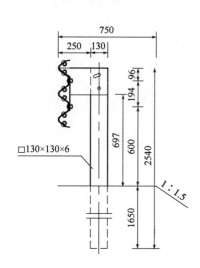

图5-12 路侧SB级波形梁护栏构造(尺寸单位:mm)

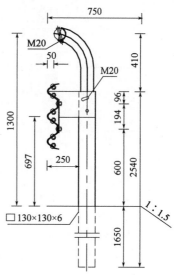

图5-13 路侧SA级波形梁护栏构造(尺寸单位:mm)

(5)SS级路侧波形梁护栏,由三波波形梁板(506mm×85mm×4mm)、横梁(φ89mm×5.5mm)、立柱(□130mm×130mm×6mm 和 φ102mm×4.5mm)和防阻块(350mm×200mm×290mm×4.5mm)等组成,如图5-14所示。

2)中央分隔带波形梁护栏构造

中央分隔带波形梁护栏可采用分设型或组合型,可根据中央分隔带的宽度、构造物和管线的分布加以确定。

(1)Am级中央分隔带波形梁护栏

Am级包括分设型和组合型两种。

①Am级中央分隔带分设型波形梁护栏,由二波波形梁板(310mm×85mm×4mm)、立柱(φ140mm×4.5mm)和防阻块(196mm×178mm×200mm×4.5mm)等组成,如图5-15所示。

②Am级中央分隔带组合型波形梁护栏,由二波波形梁板[2(310mm×85mm×4mm)]、立柱(φ140mm×4.5mm)和横隔梁(480mm×200mm×50mm×4.5mm)等组成,如图5-16所示。

(2)SBm级中央分隔带波形梁护栏由三波波形梁板(506mm×85mm×4mm)、立柱(□130mm×130mm×6mm)和防阻块(300mm×200mm×290mm×4.5mm)等组成,如图5-17所示。

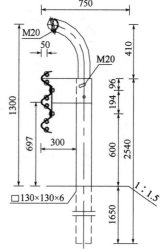

图5-14 路侧SS级波形梁护栏构造
(尺寸单位:mm)

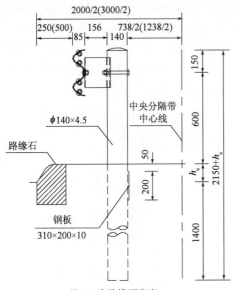
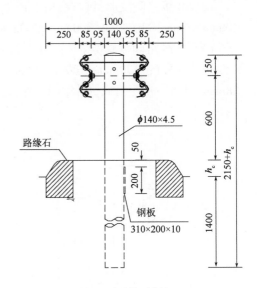

注:h_c为路缘石高度。　　　　　　　　　　注:h_c为路缘石高度。

图 5-15　中央分隔带分设型 Am 级波形梁护栏构造　　　图 5-16　中央分隔带组合型 Am 级波形梁护栏构造
　　　　　（尺寸单位:mm）　　　　　　　　　　　　　　　　（尺寸单位:mm）

（3）SAm 级中央分隔带波形梁护栏由三波波形梁板（506mm×85mm×4mm）、横梁（ϕ89mm×5.5mm）、立柱（□130mm×130mm×6mm 和 ϕ102mm×4.5mm）和防阻块（300mm×200mm×290mm×4.5mm）等组成,如图 5-18 所示。

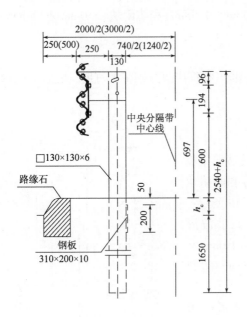
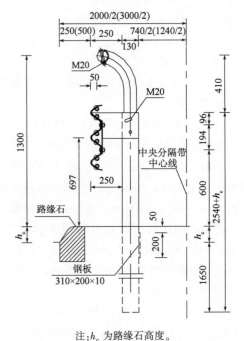

注:h_c为路缘石高度。　　　　　　　　　　注:h_c为路缘石高度。

图 5-17　中央分隔带 SBm 级波形梁护栏构造　　　　图 5-18　中央分隔带 SAm 级波形梁护栏构造
　　　　　（尺寸单位:mm）　　　　　　　　　　　　　　　　（尺寸单位:mm）

3）护栏端头

路侧波形梁护栏的起、终点，交通分流处三角地带，路侧设有紧急电话处，隧道出入口处，以及护栏渐变段，护栏过渡段等，均有不同形式的端头设置。

2.缆索护栏

缆索护栏由端部结构、中间端部结构、中间立柱、托架、缆索和索端锚具等组成（图5-19）。

图5-19　缆索护栏

端部结构可采用埋入式和装配式两类。埋入式端部结构是与混凝土基础连成一体的，端部立柱的埋入深度根据不同的类别从400～500mm不等。

端部结构安装在缆索护栏起、终点位置。为了保持缆索的初张力和简化安装施工时的张拉设备，维持一定的缆索水平度，防止挠度的产生，同时也为方便维修养护，一般把缆索安装长度定为200～300m，也就是说每根缆索长度不超过300m。

缆索护栏的安装长度超过200～300m时，应采用中间端部结构。路侧缆索护栏的中间端部结构为三角形。端部立柱由三角形支架、底板和混凝土基础组成。

缆索护栏分为浸塑B型（普通型），浸塑A型（加强型）；热镀锌B型（普通型），热镀锌A型（加强型）。A级采用6根缆索（图5-20），B级采用5根缆索（图5-21）。

三、钢护栏设计代号及示例

钢护栏的形式多样，设计图纸给付的工程量清单一般以设计代号提交。根据代号即能知道护栏的等级及埋设方式等。

护栏代号由护栏构造形式代号、防撞等级代号、埋设条件代号三部分组成，按照《公路交通安全设施设计规范》，钢护栏各种代号规定如下。

1.护栏构造形式代号

Gr——波形梁护栏

Grd——组合型波形梁护栏

Gc——缆索护栏

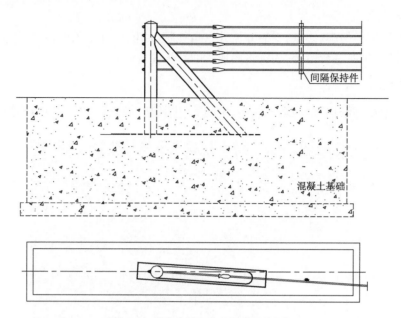

图 5-20　缆索护栏路侧 A 级端部结构图

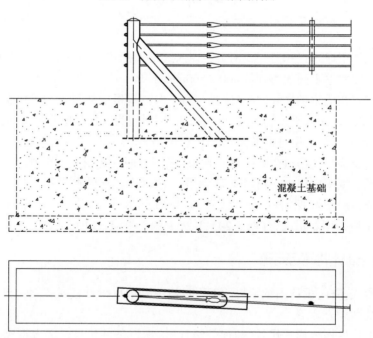

图 5-21　缆索护栏路侧 B 级端部结构图

2. 防撞等级代号

B——路侧 B 级

A——路侧 A 级

SB——路侧 SB 级

SA——路侧 SA 级

SS——路侧 SS 级

Am——中央分隔带 Am 级

SBm——中央分隔带 SBm 级

SAm——中央分隔带 SAm 级

3. 埋设条件代号

nE——埋设于土中,柱距为 nm

nB$_1$——埋设于小桥、通道、明涵结构物中,采用预埋套筒的基础处理方式,柱距为 nm

nB$_2$——埋设于小桥、通道、明涵结构物中,采用预埋地脚螺栓的基础处理方式,柱距为 nm

nC——埋设于独立设置的混凝土基础中,柱距为 nm。

4. 标注方法

1)通式

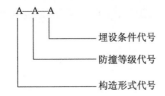

2)示例

5. 护栏端部及过渡处理代号规定

AT1——路侧上游端头。AT1-1 外展地锚式;AT1-2 外展圆头式

AT2——路侧下游圆形端头

BT——波形梁护栏与混凝土护栏过渡结构段。BT-1 端部翼墙式;BT-2 搭接式

CT——中央分隔带护栏开口端部结构

DT——护栏三角端端部结构

ET——紧急电话处护栏端部结构

FT——隧道洞口处端部结构

四、钢护栏材料及工艺要求

钢护栏及其端头、与其他形式护栏的过渡处理宜采用标准化材料,护栏所用材料必须具有足够的强度、耐久性且易于维护管理。

波形梁护栏板、柱、端头等,均为相关工厂定型厂品。单价会随各地钢材市场价格波动起伏。

厂家会根据护栏端头的加工难度对其单独定价,波形梁护栏材料的预算单价要考虑到这个因素。

五、定额使用说明

1. 钢护栏定额内容

(1)护栏基础混凝土。

(2)波形梁护栏立柱分为埋入式和打入式。

(3)波形梁护栏型钢立柱打入式。

(4)单面波形梁钢板和双面波形梁钢板。

(5)护栏端头种类很多,工程量要按照各种形式端头的单位数量,分别计入护栏板和柱的定额计算。

(6)缆索护栏立柱分为埋入式、打入式以及缆索安装。

(7)中央分隔带开口护栏、防撞端头、缓冲防撞垫安装和推拉式护栏安装。如遇到异形推拉式活动护栏,按购入成品计价。

2. 定额分项说明

(1)波形钢板护栏基础混凝土

凡是涉及护栏基础的工程,均采用此定额计算。护栏基础基本采用现浇形式,包括混凝土工作全部工序。如遇基础钢筋,套用金属标志牌基础钢筋定额。

(2)波形钢板护栏立柱钢管柱埋入

此定额用于所有带混凝土基础的波形梁护栏柱的安装。工程量计算包括除去护栏板及与护栏板连接固定螺栓等其余材料用量,(包括防阻块、柱帽、螺栓、基础套筒等所有立柱所属材料)以 t 为单位计取。

(3)波形钢板护栏立柱钢管柱、型钢立柱打入

此定额用于所有用打桩机打入的波形梁护栏柱的安装。工程量计算包括除去护栏板及与护栏板连接固定螺栓等其余材料用量,(包括防阻块、柱帽、螺栓等所有立柱所属材料)以 t 为单位计取。

(4)波形钢板护栏单面、双面波形钢板

此定额用于钢护栏板(单面、双面分别计算套用)安装。工程量计算包括护栏板及其与栏板相关的全部材料(螺栓等),以 t 为单位计取。

(5)关于护栏端头的计算

各种形式的端头,图纸上一般以"处"计取。用途不一,形式不一,长短不一,数量不一。按照属于板、柱的不同用量,不同数量,各套用定额计算。

需要注意的是,各"处"的端头标注的长度与路段护栏长度的关系,不要重复计算,也不要在总长度中忽略它的长度,否则会影响此项工程技术经济指标的准确度。

(6)缆索护栏

《公路交通安全设施设计细则》中缆索护栏构造如表 5-2 所示。

缆索护栏中间立柱的构造和尺寸   表 5-2

防撞等级	中间立柱					最大立柱间距（cm）
	埋置方式	埋入深度（cm）	地面以上高度（cm）	外径（mm）	壁厚（mm）	
B	土中	165	100	φ140	4.5	700
	混凝土中	40	100			400
A	土中	165	113	φ140	4.5	700
	混凝土中	40	113			400

缆索护栏的混凝土基础参考波形钢板护栏基础定额。

埋入式缆索护栏立柱（带基础），内容包括：挖洞，浇筑柱脚混凝土，安装包括了挖洞，浇筑柱脚混凝土与钢板护栏相仿，分为埋入式立柱（带基础）、打入式立柱（打桩机）。

缆索以 t 为单位计入定额。

基础挖填方人工已含在定额内。

路侧缆索护栏的设置长度超过 500m 时，采用机械施工方式。

路侧缆索护栏的设置长度超过 300m 时，采用人工施工方式。

5-1-3 隔 离 栅

一、隔离栅的形式

除特殊路段外，高速公路需要控制的出入沿线两侧，必须连续设置隔离栅，其他公路可根据需要设置。隔离栅的高度应以成人高度为参考值，以距地面高 1.5~1.8m 为宜。

隔离栅按网片形式可分为：钢板网、编织网、电焊网、刺铁丝网、常青绿篱和隔离墙等。

二、隔离栅图示及介绍

1）钢板网隔离栅（图 5-22）

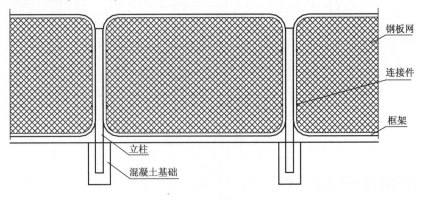

图 5-22 钢板网隔离栅

2）焊接网隔离栅（图 5-23）

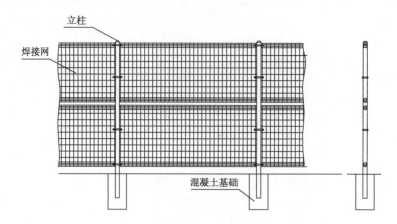

图 5-23　焊接网隔离栅

3）编织网隔离栅（图 5-24）

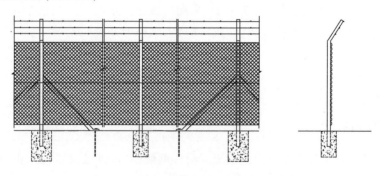

图 5-24　编织网隔离栅

4）刺铁丝隔离栅（图 5-25）

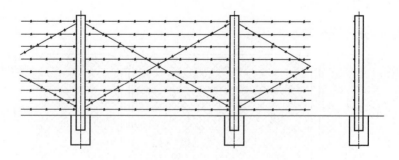

图 5-25　刺铁丝隔离栅

三、隔离栅设计代号及示例

按照《公路交通安全设施设计规范》，隔离设施的代号由隔离栅代号、构造形式代号、埋设代号三部分组成,各种代号规定如下。

1. 隔离栅代号

F——隔离栅

2. 构造形式代号

Em——钢板网

Ww——焊接网

Wn——编织网

Bw——刺钢丝

Wb——砌墙

3. 埋设条件代号

E——埋设于土中

C——埋设于混凝土中

4. 标注方法

1)通式

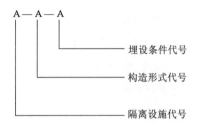

2)示例

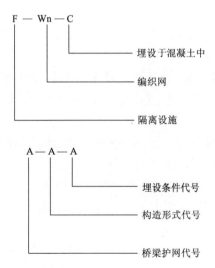

四、隔离栅材料特点及工艺要求

隔离栅表面防腐形式有电镀、热镀、喷塑、浸塑。镀层必须颜色一致,表面光滑,不允许有流挂、滴瘤或多余结块。镀件表面应无漏镀、露铁等缺陷。

隔离栅在实际应用中,综合考虑不利于人为攀越、结构整体的配合要求、网面的强度(绷紧程度)三个因素。金属网格的网孔尺寸一般不宜大于150mm×150mm。

刺钢丝上下两道刺钢丝的间距不宜大于250mm,一般以150~200mm为宜。在保证封闭功能的要求,以及在保证隔离网自身强度和刚度的条件下,网孔应尽量选大值,以减少工程费用,提高隔离栅的性能价格比。

电焊网可选用无边框的结构,在网面设置折弯结构可增加刚度,减小钢丝直径。这种网面可降低电焊网的造价。

(1)造价比较。按单位造价由高到低排列,其顺序依次为:钢板网、电焊片网、电焊卷网、编织片网、编织卷网、刺钢丝网。

(2)后期养护维修的比较。钢板网、电焊网、刺钢丝网在网面及局部破坏后,易修补,维修费用低。编织网在局部破坏后,将影响整张网,不易修补,维修费用高。

五、定额使用说明

1. 隔离栅定额内容

(1)此节定额按照立柱、网面分别计列。

(2)隔离栅立柱分为钢筋混凝土、钢管、型钢三种形式。

(3)隔离栅网面分为钢板网、刺铁丝、铁丝编织网、电焊网四种。

注:隔离栅立柱基础混凝土采用标志基础混凝土定额。

2. 定额分项说明

(1)隔离栅钢筋混凝土立柱,一般用于刺铁丝型隔离栅。内容包括:混凝土、钢筋全部工序,构件运输及安柱。

立柱混凝土、钢筋,分别套用定额,按照图纸工程量分别计算混凝土和钢筋用量。定额单位分别为:$10m^3$和$1t$。

(2)隔离栅钢管立柱、型钢立柱:此两种立柱多用于电焊网、钢板网和电焊网隔离栅形式(刺铁丝也有用到)。立柱材料需采用先热浸镀锌再浸塑的防腐处理措施,并加盖柱帽。立柱斜撑用量要一并计入立柱质量中。

按照图纸工程量,计算立柱全部用量,定额中材料已经包含损耗量。定额单位均为$1t$。

工作内容包括:运输、安装立柱、锚固斜撑等。

(3)隔离栅网面(钢板网、铁丝编织网、电焊网):三种网面套用定额的计算方式基本相同。均以网面所用材料按照m^2计算,连接用卡子已经包含在网面材料报价中(三种网面单价不同)。定额单位为$100m^2$。

工作内容包括:挂网、焊接、钻孔、绑扎等。

(4)刺铁丝隔离栅网面:与上述三种网面计算方式不同,刺铁丝网面安装计算单位按照材料质量计取。要将以m^2计量的工程量换算为以质量为单位。定额单位为$1t$。

工作内容包括:剪丝、挂丝、绑扎等工序。

5-1-4 标志牌

一、标志牌的形式

根据功能,交通标志可分为:

$$
\text{交通标志}\begin{cases}\text{主标志}\begin{cases}\text{指路标志(含旅游标志)}\\\text{警告标志}\\\text{禁令标志}\\\text{指示标志}\end{cases}\\\text{辅助标志}\end{cases}
$$

交通标志的支撑方式可分为柱式(又分为单柱式和双柱式)、悬臂式(又分为单悬臂和双悬臂)、门架式、附着式四种,如图 5-26～图 5-31 所示。

图 5-26 单柱式标志牌

图 5-27 双柱式标志牌

图 5-28 单悬臂标志牌

图 5-29 双悬臂式标志牌

图 5-30 门架式标志牌

交通标志应设置钢筋混凝土基础,位于桥梁段的单柱式交通标志可采用钢结构附着在桥梁上。

交通标志版面形式见表 5-3。

图 5-31 附着式标志

交通标志版面的形状　　　　表 5-3

形 状	适 用 范 围
正等边三角形	警告标志
圆形	禁令标志(减速让行除外);指示标志(大部分)
倒等边三角形	减速让行标志
菱形	分、合流诱导标志
八角形	停车让行标志
矩形(含正方形)	指路标志、旅游区标志、辅助标志、部分指示标志和施工标志

二、标志牌的材料及工艺要求

交通标志板均应采用符合现行《道路交通反光膜》(GB/T 18833)要求的反光膜或其他逆反射材料制作。高速公路、一级公路上宜采用一、二级反光膜,二、三级公路的交通标志宜采用三、四级反光膜,四级公路宜采用四、五级反光膜。门架、悬臂式等悬空类交通标志,宜采用比路侧交通标志等级高的反光膜。

交通标志板可采用铝合金板、挤压成型的铝合金型材、薄钢板、合成树脂类板材等制造。最常用的铝合金标志板,板面采用铝合金板材制作,滑动槽钢采用铝合金型材制作,通过铝合金铆钉连接。

有些地区为减少二次被盗的机会,采用了铝塑板材料。铝塑板与铝合金板相比,强度相对低,必须对芯材外露部分采取有效处理措施。

交通标志立柱、横梁等可采用钢管、H型钢、槽钢及钢筋混凝土等材料制作,具有强度高、加工性能好的优点,但易腐蚀,应进行防腐处理。钢管顶端应设置柱帽。抱箍、抱箍底衬和滑动螺栓及相应的螺母、垫圈均采用45号钢制作。立柱、横梁、法兰盘、抱箍、抱箍底衬、柱帽、加劲肋及连接螺栓、螺母、垫圈等钢铁件,采用热浸镀锌进行防锈处理。

以上所述,预算人员在计算材料单价时均应按实际发生分别酌情考虑。

三、定额使用说明

1. 标志板基础要求

基础采用明挖法施工,基底应先整平、夯实并垫以20cm厚的砂砾层;基础采用C25混凝土现场浇筑,钢筋保护层厚度不小于25mm;基础顶面应预埋Q235钢底座法兰盘,地脚螺栓和钢筋构件采用HRB335螺纹钢,地脚螺栓宜事先进行热浸镀锌处理,镀锌$350g/m^2$。基础施工完毕,外露螺纹部分要加以妥善保护。基坑应分层回填夯实。

2. 标志牌安装流程

施工放样→基础施工→标志标牌加工制作→现场安装立柱→横梁安装→面板安装→验收。

3. 定额分项说明

标志牌基础按照工程量据实计算。混凝土以$10m^3$实体单位计算,钢筋以t为单位计算。

定额中已经包含材料损耗量。

(1)金属标志基础制作,包括基础混凝土和基础钢筋两项定额。各种形式的标志基础均套用此定额。

(2)铝合金标志牌制作安装,包括6种标志形式的11项定额。除了附着式标志外,各种标志均按立柱、面板分别计算。

注:标志牌的基坑挖填人工已包含在此项定额内。

除基础外,各种支撑形式的铝合金标志,都是以立柱和面板分别计算的。

(3)立柱工程量的计算。立柱工程量以10t为单位,包括了除铝合金板面、反光膜、滑动槽钢以外的全部金属材料的质量总和(计算应包括基础法兰盘)。立柱材料(包括铁件)全部要经过镀锌处理。

(4)铝合金标志板工程量的计算及预算单价的确定。铝合金标志板工程量以10t为单位,包括铝板、铝合金槽及滑块、反光膜用量。这项材料单价中主要包括了铝合金板和镀锌铁件两种材料,计价时切忌仅以铝合金价格计取此项预算单价(注意,定额10t中只有7.026t的铝合金),单价要考虑不同材料所占的比例。

注意反光膜的计算要考虑绿底白字的叠加系数和不同反光膜的等级价差(目前基本按照每平方米1:1.6考虑)。

如遇到铝塑板标志或钢板标志时,按照同一方法抽换材料价格即可。

5-1-5 路 面 标 线

一、交通标线设施的形式

1. 交通标线

包括各类路面标线、导向箭头、文字标记、立面标记和突起路标等,以及收费广场设置减速标线、收费岛路面标线、岛头标线等(图5-32、图5-33)。

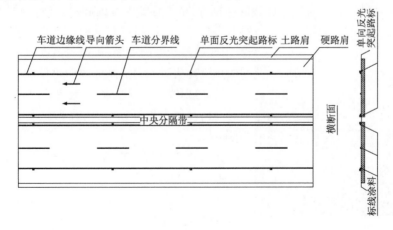

图 5-32 设计速度为100km/h的高速公路一般路段标线设计示例

图 5-33　交通标线实景

交通标线所用材料应具有良好的耐久性、抗滑性、施工方便性和经济性,在白天和晚上均应具有良好的可视性。

标线的颜色包括白色、黄色、橙色、红色和蓝色。

标线的种类分为:热熔标线,常温冷漆标线,彩色防滑标线,振荡防滑反光标线和预成型标线。热熔标线是目前我国道路标线上应用最广的一种标线。

2. 交通标线种类及材料要求

1) 热熔型标线涂料

主要组成为合成树脂、玻璃珠、着色颜料、体质材填料、添加剂等。利用合成树脂热可塑性的特点,使热熔型涂料具有快干性。利用合成树脂的热熔着性,使标线与路面黏结牢固。涂料中加入添加剂可增加涂层塑性,使涂膜抗沉降、抗污染、抗变色。标线涂料的颜色有黄色和白色两种。白色主要是钛白、氧化锌、锌钡白等,黄色主要是耐热黄铅。涂料的充填料,对涂膜的机械强度、耐磨性及色相均有影响。粒径的大小对流动性、沉淀性等有影响,同时对表面加工也有影响。

热熔反光涂料为了提高夜间标线的识别性,增强标线的亮度和耐久性,特加入反光玻璃微珠。玻璃珠是无色、透明的小球,对光线具有折射、聚焦和定向反射的功能。将玻璃珠混入涂料中或撒布于涂膜表面,可以将汽车灯光再反射回驾驶员的眼睛,从而大大提高标线的可见性。

图 5-34　热熔标线车施工

热熔划线施工(图 5-34)流程:

(1)反光热熔标线,采用玻璃微珠底漆,石油树脂热熔涂料。

(2)把涂料放在热熔机内加热,融化后的温度控制在 180～220℃,并充分搅拌 10min 左右后进行涂敷。

(3)标记位置并测量,按设计图标明的位置和图形,然后在标记的图中涂敷涂料底漆。

(4)底漆干后方可进行热熔涂料,在涂标线的同时撒布反光玻璃珠,增加夜间识别性,标线厚度为 1.5~1.8mm。

2)振动突起标线(图 5-35)

外形呈凹凸型,基底加突起部分高度为 5~7mm。振动标线具有抗污染、白度好、耐碱、耐久、耐磨性好、柔韧性好、耐候性强、振感强烈、雨夜照常反光和提示效果极佳的特点,使用寿命一般可达 5~6 年以上,且用途相对集中,总体投资不大。可根据地理情况及交通量选择采用。振荡标线的主要作用是提示驾驶员按车道行驶和必须减速行驶,避免驾驶员疲劳驾驶,并达到强制减速的目的,以提高车辆行驶的安全性。

图 5-35　振动标线施工

选用标线材料时,应根据标线材料的逆反射值、防滑值、抗污性能、环保性能、与路面的附着力、性价比等综合考虑。

3)预成型标线

(1)粘贴式反光标线带,是采用高分子材料制作成形,其材料背面涂胶覆纸,触路表面涂有一层不污染路面且粘贴牢固的胶。

(2)不采用喷涂机械、热熔机械,地面涂胶后直接粘贴,立即可以通车,野外施工简便,经久耐用,标线边缘整齐,作图剪字方便,长期使用的平均造价低于所有标线漆价格。高速公路、一级公路、二级公路、城市道路、停车场、飞机场、港口码头、体育场、球场、工厂、宾馆、停车场均适用。

(3)回归反射性能标带,标带表面撒布玻璃珠,夜间车灯照射扫射回光,通车后数月表层磨耗。基材内微珠,夜间车灯照射反射回光,通车后数月表层磨耗,基材内微珠继续反光。

(4)图案标示施工最适用。标带规格齐全:常用(m)0.4×14(白)、0.15×12(白)、0.10×12(白)、0.15×10(黄色)。

(5)箭头、文字、图案、记号可以在室内箭好,上路立即粘贴可缩短施工时间,通车快,减少交通阻塞。

(6)耐久、防滑、耐溶融、耐磨耗、耐候性、耐冲击性、耐寒、耐热。

(该项施工目前没有安装定额)

交通标线涂料可分为液态溶剂型、固态热熔型、液态双组分、液态水性和抗滑型等。

二级及以上等级的公路应采用反光型涂料。无照明设施的三、四级公路宜采用反光型涂料,有照明设施的三、四级公路可采用非反光型涂料。

标线的厚度应根据其种类、使用位置和施工工艺从表 5-4 中选取。

标线的厚度范围(mm)　　　　　　　　表 5-4

序号	标 线 种 类		标线厚度范围	备　　注
1	溶剂型		0.3~0.8	湿膜
2	热熔型	普通型、反光型	0.7~2.5	干膜
		突起型	3~7	干膜。若有基线,基线的厚度为1~2
3	双组分		0.4~2.5	干膜
4	水性		0.3~0.8	湿膜
5	树脂防滑型		4~5	骨材粒径2.0~3.3
6	预成型标线带标线		0.3~2.5	

选取标线材料时,可考虑下列因素:

(1)高速公路的车行道边缘线、斑马线等处可采用热溶喷涂型(涂层厚度 0.7~1.0mm),能满足反光要求,且性价比最高。

(2)高速公路的车行道分界线可采用耐久性标线涂料,如热熔刮涂型(涂层厚度 1.5~2.5mm)。

(3)普通公路建议采用反光标线。

(4)公路事故多发路段可采用树脂防滑型涂料(图 5-36)和热熔突起型涂料。

(5)水泥路面可采用热熔喷涂型涂料。

(6)双组分涂料施划的标线使用性能满意率最高,这种标线反光性能优良,使用寿命最长,缺点是价格偏高、施工要求严格。

(7)对环保要求高的公路,水性涂料将是最佳选择,同时该种标线性能价格比好、反光性能优良。

图 5-36　树脂防滑型涂料(彩色铺装)

二、突起路标

突起路标也称作反光道钉,是安装于路面上用于标示车道分界、边缘、分合流、弯道、危险路段、路宽变化、路面障碍物位置的反光和不反光体,其种类很多,如图 5-37 所示。当车辆偏离车行道时,突起路标可给车辆驾驶人员以振动提示,以避免交通事故的发生。反光突起路标在夜间能起到视线诱导的作用。

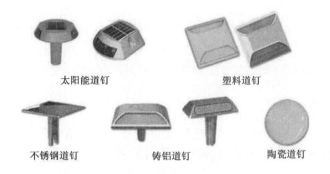

图 5-37　突起路标

突起路标可单独设置成车行道边缘线和车行道分界线。

突起路标与涂料标线配合使用时,应选用定向反光型,其颜色应与标线颜色一致。

设置于路面中心线、隧道内的突起路标,应选用双面反光型。

目前,有一种新型突起路标,也称作玻璃反光道钉(图 5-38)。与传统道钉相比优势明显。

图 5-38　玻璃反光道钉

传统道钉使用粘合剂粘贴于路面,经车辆碾压容易脱落,连带容易使道路防水层被破坏,导致积水,容易发生交通事故。玻璃道钉埋入路面,即使破裂也是呈粉末状,不影响路面的使用性能。

传统道钉有棱有角,容易对轮胎造成损坏。玻璃道钉呈圆形,没有此危害。相比于传统道钉,玻璃道钉360°反光无死角,反射光更强。

玻璃道钉在施工安装方面与传统道钉略有不同,针对此类道钉补充增加了安装定额。

三、橡胶减速带

橡胶减速带(图5-39),也叫橡胶减速垄,是根据车行驶中轮胎与地面特殊橡胶的角度原理设计,材质为橡胶材料,外形为坡面,颜色往往黄黑相间,用膨胀螺钉固定到道路路口,是起到车辆减速作用的安全设施。该产品与原来的水泥垄、钢管相比,具有减振性,抗压性极好,寿命长,对车磨损少,噪声少的优点。其色彩分明,无须每年再涂漆,是交通安全的新型专用设施。

减速带单元宽、高方向截面应为近似梯形或弧形。其宽度尺寸应在(300mm±5mm)~(400mm±5mm)范围内,高度尺寸应在(25mm±2mm)~(70mm±2mm)范围内,在公路和城市道路上使用的橡胶减速垄高度与宽度尺寸之比应不大于0.7。

图5-39 橡胶减速带

四、定额使用说明

此节定额包括普通标线、热熔标线、振动标线、彩色铺装标线、双组分标线、突起路标和橡胶减速带等。

普通标线,按照施工方式的不同,分别列出人工划线,路面喷线机,路面汽车划线。工作内容为:清扫路面,放样,划线。定额单位均为100m²。

热熔标线,按照施工路面的不同,分为沥青路面标线和水泥混凝土路面标线两种。工作内容为:清扫路面,放样,加热熔化热塑型标线涂料,划线。定额单位均为100m²。

振动标线,即热熔突起型涂料,为近年来较新材料。此标线多用于公路事故多发路段和公路车道边缘处。施工工艺、材料价格均比热熔标线高。工作内容为:清扫路面,放样,铺设。定额单位为100m²。

彩色铺装标线,即树脂防滑型涂料,为近年来较新材料。此标线多用于公路事故多发路段和公路车道边缘及拐弯处。施工工艺、材料价格均比热熔标线高。定额单位为100m²。

双组分标线,近年来较新标线种类,亮度强度都比普通标线高。但是价格昂贵,一般用在有特殊需求的路段。工作内容为:清扫路面,放样,划线。定额单位为100m²。

突起路标,即路面反光路钮,分为单面和双面两种,两者安装方式相同。计算时可按照单双面路钮不同价格抽换各自计算。定额中已包括材料损耗和附属材料费用。

橡胶减速带:强制车辆减速装置。一般设置在车道入口处、加油站入口处等需要车辆减速的地段,也有钢制减速带。定额中只包括了安装费用,没有包含减速带本身费用。

5-1-6　里程牌、百米桩、界碑

一、里程牌、百米桩、界碑描述

公路里程牌、百米桩、界碑的安装与道路线形相协调(图5-40),不仅起到警示、提示作用,而且对整条道路起到装饰作用。目前,高速公路里程牌、百米牌基本为铝合金附反光膜制作(图5-41)。

图5-40　公路界碑安装

图5-41　里程碑和百米碑

二、定额使用说明

(1)定额中保留了混凝土里程牌、百米桩和公路界碑。定额单位均为100块。如设计中采用形式如与定额不同,材料数量可做相应调整。

(2)目前,高速公路采用铝合金里程牌比较普遍,形式为小型立柱附铝合金面板。定额采用与铝合金标志板类似计算方式,立柱、面板分别计算。定额单位均为100块。

(3)铝合金百米牌,一般为附着在中央、路侧护栏上,形式较统一。定额单位为100块。

5-1-7　轮　廓　标

一、轮廓标的形式

轮廓标是沿道路两侧边缘设置,用于显示道路边界轮廓、指引车辆正常行驶、具有逆反射性能的一种交通安全设施。

虽然轮廓标在交通安全设施中所占的比重较小,其作用却不可忽视。尤其是在高速公路和一级公路上,车辆行驶速度较快,而车辆在夜间行驶过程中,可视距离较短,这样都会大大降低行车的安全度,因此为达到安全行车的目的,公路前方线形指示非常重要。而连续设置轮廓标是有效手段之一,轮廓标可以通过对汽车灯光的反射,使驾驶员提早了解前方路况;道路两侧设置的轮廓标作为道路车行道边界的警示标志,也可起到夜间诱导、警告驾驶员的作用,很好地保证了通行车辆的行车安全。

从功能上说,轮廓标是一种视线诱导设施。根据其设置条件不同可分为独立式轮廓标和附着式轮廓标两类。当路边无构造物时,轮廓标为柱式;当路边有构造物时,轮廓标为附着式,根据构造物的不同,轮廓标可分别附着于波形梁护栏、混凝土护栏、隧道侧墙和缆索护栏之上。

轮廓标反射体的颜色分为白色和黄色。按行车方向,配置白色反射体的轮廓标应安装于公路右侧,配置黄色反射体的轮廓标应安装于公路左侧。

高速公路、一级公路的主线及其互通式立体交叉、服务区、停车区等处的进出匝道,应全线连续设置轮廓标。轮廓标在公路前进方向左、右侧对称设置。

轮廓标按设置条件可分为柱式轮廓标(图5-48)和附着式轮廓标(图5-49)两类。

根据路侧设置的不同护栏形式及结构物的分布,轮廓标可分别附着于波形梁护栏、混凝土护栏、隧道侧墙和缆索护栏上,其他没有设置护栏的路段可设置柱式轮廓标。

双向行驶的公路和隧道两侧设置双向反光轮廓标。

高速公路、一级公路的直线段,轮廓标设置最大间隔不应超过50m。

二、轮廓标的材质、构造要求

设置于土中的柱式轮廓标,由柱体、反射体组成。柱体为白色,反射体规格为4~18cm,可由反光片、反光膜制作,反光等级应为二级以上。其柱体结构为三角形断面立柱。

附着式轮廓标由逆反射体、支架和连接件组成。反射体可由反光片、反光膜制作,反光等级应为二级以上。其逆反射材料形状为梯形,通过支架固定在护栏与连接螺栓中,安装时,逆反射表面与道路中线垂直。

在一些气候条件较恶劣的地区,如经常有雾、风沙、雨、雪天气出现,或线形条件较复杂时,为了使轮廓标更加醒目,可以采用反光性能更高、更大的反射体。

(1)柱式轮廓标(图5-42)

(2)附着式轮廓标(图5-43)

目前,轮廓标还有一些新型材料产品:LED轮廓标、太阳能发光轮廓标、隧道光电轮廓标等。

三、轮廓标安装定额使用说明

(1)钢板柱轮廓标,包括挖洞、埋设、回填夯实。此定额包括轮廓标的制作、刷漆、剪贴反光膜及柱脚混凝土全部工序等。定额单位为100根。

第五章 交通工程及沿线设施

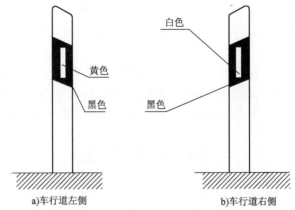

a)车行道左侧　　　　b)车行道右侧

图 5-42　柱式轮廓标

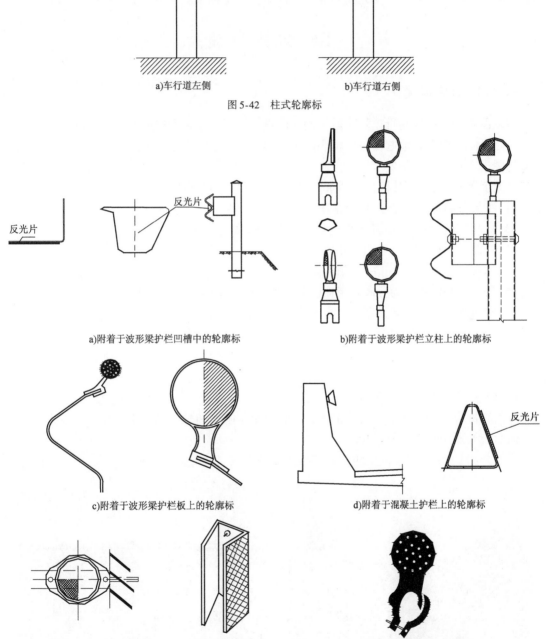

a)附着于波形梁护栏凹槽中的轮廓标　　　b)附着于波形梁护栏立柱上的轮廓标

c)附着于波形梁护栏板上的轮廓标　　　d)附着于混凝土护栏上的轮廓标

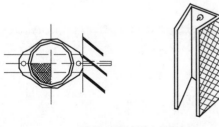　　　

e)附着于隧道侧墙上的轮廓标　　　f)附着于缆索护栏上的轮廓标

图 5-43　附着式轮廓标

— 389 —

(2)玻璃钢柱轮廓标,包括挖洞、埋设、回填夯实及柱脚混凝土全部工序。此定额不含轮廓标柱体制作,材料为购买成品。如采用的玻璃钢轮廓标已配有反射体,则定额中的反光膜用量取消。定额单位为100根。

(3)栏式轮廓标,此为自制钢板轮廓标定额,包括制作、贴反光膜、固定等工序。如安装在波形钢板护栏上时,应扣减定额中镀锌铁件数量。目前,栏式轮廓标种类较多,如购买成品安装,应扣减定额中镀锌钢板、反光膜和镀锌铁件用量。定额单位为100块。

5-1-8 防眩设施

一、防眩设施描述

防眩设施为避免夜间行车受对向车辆射出强光而影响视觉所造成的交通事故而设置。

防眩设施既要有效地遮挡对向车辆前照灯的眩光,也应满足横向通视好、能看到斜前方,并对驾驶员心理影响小的要求。

高速公路、一级公路凡符合下列条件之一者,应设置防眩设施:

(1)中央分隔带宽度小于9m的路段;

(2)夜间交通量较大,服务水平达到二级以上的路段;

(3)圆曲线半径小于一般值的路段;

(4)凹形竖曲线半径小于一般值的路段;

(5)公路路基横断面为分离式断面,上下车行道高差小于或等于2m时;

(6)与相邻公路或交叉公路有严重眩光影响的路段;

(7)连拱隧道进出口附近。

防眩设施主要包括防眩板(扇面式的防眩扇板)、防眩网(有网格状的防眩网、栅样式的防眩网)和植树防眩三种形式,如图5-44~图5-46所示。

制造材料方面,有金属、塑料等合成材料。

目前在世界各国使用最广泛的主要是防眩板及防眩网两种形式。

防眩设施所用材料不得反光。

高速公路、一级公路宜采用防眩板和植树两种方式交替设置进行防眩。

图5-44 防眩板

图5-45 防眩网

图 5-46　绿化防眩

二、防眩设施设置及工艺要求

防眩板条的间距规定为 50～100cm,主要是为了与护栏的设置间距相吻合,同时也有利于加工制作。

防眩板宽度可采用 8～25cm,间距为 50～100cm,所用材料应符合现行《公路防眩设施技术条件》(JT/T 333)的规定;植树防眩的树丛间距应根据树冠的有效直径经计算确定。

防眩设施与护栏配合设置可利用护栏作为支撑结构,护栏本身可作为防眩的一个组成部分,从而节省投资降低造价;其次,护栏对防眩设施可起到保护的作用,由于防眩设施本身并不具备防撞功能,因而与护栏配合使用时,护栏就起了保护的作用,使防眩设施受冲撞破坏的概率降低,从而可节省大量的维修养护费用。

防眩板固定在混凝土护栏顶部时,可按独立结构段为单位进行安装。

防眩板与中央分隔带护栏配合设置,在结构处理上可以有以下两种办法:

(1)防眩板与混凝土护栏相结合,这主要取决于混凝土护栏顶上的预埋件来实现,一般采用预埋地脚螺栓连接。

(2)防眩板与波形梁护栏相结合,可在分设型护栏立柱上设置型钢横梁(如槽钢),防眩板固定在槽钢上,也可在组合型护栏立柱上固定防眩板。

采用植树防眩时,应根据当地气候条件,选择易成活、根系发达且对埋土深度要求较浅、枝叶茂密、落叶少、养护工作量少的树种。

防眩设施的设置应考虑连续性,避免在两段防眩设施之间留有短距离的间隙。

防眩板应以一定长度的独立结构段为制造和安装单元,这种结构段的长度一般小于12m,视采用材料、工艺情况而定。为减轻损坏的严重程度,方便更换维修,设计时应每隔一定距离使前后相互分离,使各段互不相连。这样做既有利于加工制作和运输安装,而且从防止温度应力破坏的角度来说也是必需的。

防眩设施的设置高度原则上应全线统一。不同防眩结构的连接应注意高度的平滑过渡,不要出现突然的高低变化。

三、定额使用说明

防眩设施制作安装定额包括防眩网、支架式防眩板、立柱式防眩板、玻璃钢防眩板等。

防眩设施所需混凝土基础可按"波形钢板护栏"的有关定额计算。

定额分项说明：

（1）制作、安装隔离墩防眩板，包括钢板防眩板的制作、刷漆、安装等所有工序。定额按照图纸设计钢板质量，以 t 为单位计算。按照实际发生用量计算，定额中已包含材料损耗量。

（2）防眩网钢管立柱，包括立柱及角钢切割、焊接、钻孔、安装等。工程量计算包括除了网面在内的所有材料，以 t 为单位套入定额计算，并要考虑材料的损耗。（因定额中钢板、螺栓、立柱的材料用量相加为 1000kg，未含损耗）

（3）防眩网，一般为购买成品，安装时要考虑线性平整度，需要对立柱、网面进行适度的剪裁、切割和焊接、调整。定额单位为 100m²。（需要注意的是，如果防眩网为购买成品已经包括立柱，则应该在立柱安装定额中减去钢管立柱的费用。另外，网面定额含量中没有包括损耗量，计算工程量时要适当预留余量）

（4）防眩板制作安装，包括支架式和立柱式。防眩板与中央分隔带护栏配合设置时，防眩板支撑形式根据实际需要而设计。支架式包括安装固定托架，连接螺栓。立柱式包括安装立柱固定横梁。支撑铁件的制作、安装、固定等。按照设计图纸给定的金属材料数量计算质量，以 t 为单位计算。

（5）玻璃钢防眩板，以 100 块为定额单位。定额中防眩板为玻璃钢，当材质和规格不同时进行抽换。

第二节　监控、收费系统

一、高速公路机电工程概述

高速公路路段机电工程：包括监控设施（含隧道）、通信设施、收费设施、供配电设施（含隧道）、照明设施（含隧道）、隧道通风设施、隧道消防设施等。

隧道机电工程：包括隧道及隧道出入口区段的监控设施、通信设施、供配电设施、照明设施、通风设施和消防设施等。

机电工程造价控制，要尽可能地了解相关设备的市场信息，平衡全面地了解设备性能及规格质量，尽量准确掌握相关设备报价。

监控、收费系统是高速公路机电工程的重要组成部分。

二、监控、收费系统概述

高速公路监控系统是调整公路系统，以实现安全、高效、节能及环保运行的重要手段。高速公路监控系统的作用是对高速公路网实现实时监控和交通控制。在现有的道路和环境条件下，通过对采集的信息进行实时分析、处理和预测，采取有效的交通控制手段，可以预防可能发生的交通事件、事故和阻塞；当出现突发性交通事故或道路环境发生变化而导致交通阻塞时，通过系统及时发现并采取有效措施对其进行缓解和排除，可以防止对路网交通产生更大的影响，进而提高路网运行的利用效率和安全性。

高速公路监控系统按照功能划分，一般分为收费监控系统和道路监控系统两部分。

收费监控系统主要是对收费站的车道、收费广场、收费亭的收费情况，对收费车道通过的车辆类型、收费员的操作过程以及收费过程中的突发事件和特殊事件进行观察和记录,实施有效的监督。道路监控系统主要是对高速公路干线、互通立交、隧道等高速公路重点路段进行监视,掌握高速公路交通状况,及时发现交通阻塞路段、违章车辆,及时给予引导,保证高速公路的安全通畅。

监控系统和收费系统在实施道路运行监测的过程中,许多设备是共通和兼容使用的。比如计算机系统、软件系统、道路(含广场及车道)电视系统等。

各省份可在当地整体规划的基础上,根据自身建设情况选择各类监控设备,同时,可根据技术发展选择新技术、新产品,但应兼顾统一性、系统性和稳定性,并应保证系统的一致性和互联互通。

(一)监控系统

高速公路监控系统由省级监控中心系统、路段监控(分)中心系统、基层监控单元系统以及监控外场设施构成(图5-47)。

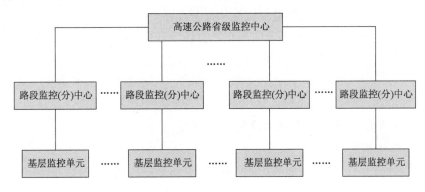

图5-47 监控系统管理架构

1.监控系统设备构成

监控中心(含分中心)主要由监控计算机系统、闭路电视系统、大屏幕显示系统、网络安全与管理系统、交通地理信息系统以及附属设施等构成。

监控系统具备功能:信息采集,数据处理,信息显示,视频图像管理,路网监测协调,公众信息服务,公路基础信息服务,公路气象服务,路况信息服务,路况规划信息等。

监控外场设备具备功能:信息发布(各种情报板),信息采集(各种检测器),视频监控(摄像机),交通诱导(信号灯),环境监测(一氧化碳、风向、气象检测器等),火灾报警等。

2.监控系统常用名词与术语解释

高速公路省级监控中心:是指由交通运输主管部门设立的,负责承担全省(自治区、直辖市)高速公路的监控系统管理的专门部门。

路段监控分中心:各高速公路管理单位为管理其所辖路段的监控业务而成立的专门管理部门。一般每条高速公路设置1处路段监控分中心。

基层监控单元:是指由各路段经营单位确立的业务部门,主要包括隧道管理站、桥梁管理站等。负责本路段区域和业务的日常运行管理,接受上级管理部门的业务调度。

隧道管理站:是监控系统的基层管理单元,主要负责隧道机电设备的日常运营管理、紧急救援、设备维护等工作。

桥梁管理站:是监控系统的基层管理单元,主要负责桥梁机电设备的日常运营管理、紧急救援、设备维护等工作。

监控大厅:设置在各级管理部门内,负责本级管理部门管理范围内的高速公路日常事务管理和紧急救援指挥的场所。一般监控大厅内设置监视墙、综合控制台等设备。

监控系统规模:指监控系统配置设备数量的多少和规格。

全程监控:指高速公路某一路段内,通过沿线加密设置摄像机,基本实现全路段交通状况的直接监视。

联网监控:在一定的高速公路路网区域内,将多个路段监控数据联结,集中到一个管理平台进行管理,实现信息共享、路网管理等功能。

隧道监控系统:包括隧道监测设施、控制和诱导设施。

隧道监测设施:用来监视隧道内交通运行情况和检测隧道内交通和环境参数的设施,包括车辆检测设施、环境检测设施、视频监控设施和报警设施。

隧道控制和诱导设施:用来对隧道内的交通及环境进行控制和诱导的设施,包括紧急呼叫设施、信息发布及控制设施、本地控制设施。

恶劣气象条件频发路段:指因低能见度、公路结冰、大风等恶劣气象条件经常引发公路交通事件(如公路封闭、重特大交通事故等)并造成公路阻断或损毁的路段。

3.监控系统设计文件中常出现的设备名称缩写

  VD 车辆检测器(Vehicle Detector)

车辆检测器检测的内容及实现的功能应包含《公路网运行监测与服务暂行技术要求》(中华人民共和国交通运输部2012年第3号公告)中要求的交通运行监测设施的所有检测内容和功能,避免重复投资。

  RTMS 微波车辆检测器(Romote Traffic Microwave System)
  VI 能见度检测器(Visibility Detector)
  WD 气象检测器(Weather Detector)
  WS 风速风向检测器(Wind Speed Detector)
  CCTV 摄像机(Camera)
  SCMS 立柱式可变信息标志(Small Changeable Message Sign)
  FCMS 悬臂式可变信息标志(F Changeable Message Sign)
  CMS 门架式可变信息标志(Changeable Message Sign)
  TCMS 隧道内可变信息标志(Tunnel Changeable Message Sign)
  CSLS 可变限速标志(Changeable Speed Limit Sign)
  TS 交通信号灯(Traffic Signals)
  LO/LI 光强检测器(Light Intensity Detector)
  FD 火灾自动检测器(Fire Dectector)
  PB 火灾报警按钮(Push-Button)

LS	车道控制标志(Lane Control Sign)
LC	本地(区域)控制器(Local Controller)
PLC	可编程逻辑控制器(Programmable Controller)
ET	紧急电话(Emergent Telephone)
AM	功率放大器(Power Amplifier)
LH	有线广播(Loudhailer)
ELS	电光诱导标志(Electronic Lead Signal)
TPB	洞口栏杆机(Tunnel Portal Balustrade)
SLA	声光报警器(Sound And Light Alarm)
PDX	配电箱
DVOU	数字光端机(Digital Video Optical Unit)
CO/VI	一氧化碳/能见度检测器(Carbon Monoxide/Visibility Detector)
NOx	氮氧化物检测器(Nitrogen Oxide Detector)
QT	查询终端(Query Terminal)
SPD	防雷器(Surge Protective Device)

(二)收费系统

收费公路包括两类:一类是政府还贷公路,即县级以上地方人民政府交通运输主管部门利用贷款或者向企业、个人集资建成的公路;另一类是经营性公路,即国内外经济组织依法投资建成的公路或依法受让政府还贷公路收费权的公路。

1.收费系统设备构成

收费中心、分中心设备构成:与监控系统设备类似。计算机网络系统分为四层,各层之间由路由器或者三层以太网交换机通过通信系统提供的10/100M或2M通道相连,每层以以太网交换机为节点构成星形网络拓扑结构,同时各层配有功能不同的工作站和服务器等设备。

收费车道设备:车道工控机、专用键盘、票据打印机、收费栏杆、车道摄像机、费额显示器、字符叠加器、闪光报警器、雾灯、车牌识别器、车道通行信号灯、雨棚信号灯等。

(监控、收费系统设备供电,收费广场、天棚照明等设施、设备归入供电照明系统中介绍。)

2.公路收费系统与联网收费系统常用名词和术语解释

收费制式:根据收费公路条件划分的不同路段作为收费公路经营管理单位(各路段内按统一原则收费)的制度及相应收费模式称为收费制式。收费制式可分为均一制、开放式、封闭式和混合式等类型。

收费方式:采用不同自动化程度的技术进行收费的方法称为收费方式。收费方式可分为人工收费、半自动收费、全自动机械收费、全自动电子收费等类型。

收费广场:在收费公路的某个位置将公路扩宽用来设置多条收费车道的地方称为收费广场。收费广场分为主线收费广场和互通立交匝道收费广场。

收费车道:在收费广场用收费岛或其他设施隔离出来并用于收费目的的车道称为收费车道。

收费站:收费站是收费业务的基层管理单位,配备有相应的收费设施(包括收费广场、收费站房和收费设备等)。根据所在收费广场类型,可分为主线收费站、互通立交匝道收费站和两者混合收费站。一个收费站可以管理一个或多个收费广场。

收费站机房:收费站为机电设施而配置的机房,一般包括收费站监控室、电源室、通信机房、票据管理室(财务室)。收费站监控室承担对一个站的收费数据信息、图像信息的集中处理和对收费作业监督管理;根据管理需要,可将收费数据信息和图像信息传送至路段收费分中心。

路段收费分中心:各收费公路经营管理单位为管理其所辖路段(各收费站)的收费业务而成立的管理机构。

联网收费:在一定的收费路网范围内,将分属若干收费公路经营单位管理的若干条(路段)高速公路纳入一个统一的封闭式收费系统,对各收费公路经营管理单位实行"统一收费、按比例分成"的收费运营和管理方式。

收费路网:收费路网系指将已建、在建和规划建设的若干高速公路(特大桥、长大隧道)归并成一个路网实施封闭式联网收费的公路路网。收费路网可分为省内区域路网、省域路网、跨省(区、市)国道主干线区域路网和跨省(区、市)区域路网等。

通行券/卡:封闭式收费系统在入口车道向通过车辆(公路使用者)发放的记录有入口收费站名(编号)等入口信息的纸基券或塑料卡。通行券由车辆带到出口收费站后作为缴纳通行费的计费凭证。

3. 目前使用的各种通行券/卡介绍

预编码通行券:预先写入入口收费站编号等入口基本信息的通行券,用于入口车道设备故障等情况下的通行券发放。

磁性通行券:在纸基的磁条上以磁记录形式记录入口信息的通行券。

二维条形码通行券:在纸基上以印刷二维条形码的形式记录入口信息的通行券。

非接触式 IC 通行卡:以封装在塑料卡基内的集成电路芯片(IC)为入口信息载体,并以近距离(10cm 以内)非接触(无线通信)方式进行信息读写的通行卡。

非现金支付卡:在收费系统中具有支付能力的磁卡或集成电路(IC)卡。根据应用和发行方法可分为记账卡、储值卡和银行卡等类型。

记账卡:卡中记有用户 ID 等基本信息,用户可用此卡在收费车道先行记账,其消费金额将从用户预付的账户中扣除(预付方式),或在之后一并结算(后付方式)。

储值卡:用户在账户中预存一定金额,卡中记有用户 ID 和储值信息,用户可用此卡在收费车道直接付款,其消费金额将从卡中扣除,同时从用户预存的账户中扣除。

身份卡:由运营管理单位核发给负责收费系统操作、管理、维护的有关工作人员,用于身份鉴别的卡。

公务卡:由收费公路经营管理者核发给高速公路公务车辆,用于免费使用本收费公路经营管理所辖高速公路的卡。

逻辑加密 IC 卡:具有存储和加密功能的 IC 卡,按通信界面分为接触式逻辑加密 IC 卡、非接触逻辑加密 IC 卡(又称为"非接触式 IC 卡")。逻辑加密 IC 卡可用于通行卡、身份卡和公务卡等。

CPU 卡:含有中央处理单元(CPU)的 IC 卡,按通信界面分为接触式 CPU 卡、非接触式 CPU 卡和双界面 CPU 卡。作为非现金支付的记账卡和储值卡应采用 CPU 卡。

5-2-1 计算机及网络设备安装

此节定额计算比较明确,均以"套""台"为单位。需要注意的是,服务器、工作站、防火墙等设备安装调试,均已包含其设备的软件调试。在"软件调试"中不得再另行计算。

按定额顺序图示介绍如下。

(1)小型服务器(图 5-48)

服务器,也称伺服器,是提供计算服务的设备。服务器的构成包括处理器、硬盘、内存、系统总线等,与通用的计算机架构相类似,但是由于需要提供更可靠的服务,因此在处理能力、稳定性、可靠性、安全性、可扩展性、可管理性等方面要求较高。

小型服务器,指小型机,为机架型服务器,一般用于联网中心或省级监控中心。此类型服务器包括主机、软件、磁盘阵列、光纤通道交换机。如果设备清单中未提及该附属设备,套用定额时要予以补充。

安装流程:准备工作→服务器上架、测试、制作标签、固定电源线和网线,防止电源线、网线脱落→运维信息维护。

图 5-48 小型服务器

(2)普通服务器(图 5-49)

指常用到的双机热备份服务器和单机服务器。

双机热备份服务器包括:服务器、KVM 切换器、磁盘阵列。如果设备清单中未提及该附属设备,套用定额时要予以补充。

图 5-49 普通服务器

要注意的是,双机热备份服务器为两套机器,服务器安装定额需要乘以 2,单机服务器则不必。

(3)工作站

即是普通计算机。

(4)防火墙

指设置在被保护网络和外部网络之间的一道屏障,以实现网络的安全保护,防止发生不可预测的、具有潜在破坏性的侵入。

(5)以太网交换机(图 5-50)

指基于以太网传输数据的交换机。以太网交换机的结构是每个端口都直接与主机相连,并且一般都以全双工方式工作。交换机能同时连通许多对端口,使每一对相互通信的主机都能像独占通信媒体那样,进行无冲突地传输数据。

图 5-50　以太网交换机

安装定额分为 3 档,核心交换机采用 1000M 以太网交换机定额。

计算机及网络设备安装流程见图 5-51。

图 5-51　计算机及网络设备安装流程

5-2-2　软件(包括系统、应用软件)安装

软件安装,包括监控、收费系统的应用软件及联网收费估算中心软件的安装。收费系统分为中心级、分中心级、站级,车道级分为 MTC 和 ETC 两种模式。

注意不包括各个设备的操作软件。设备安装和设备报价里已包含其操作软件费用。

5-2-3　视频控制设备安装

按定额顺序图示介绍如下(此类设备规格型号很多,图示中仅举其中一种示意)。
(1)矩阵切换设备(图5-52)
矩阵切换器是一类切换多路信号的输出设备,将一路或多路视音频信号分别传输给一个或者多个显示设备。

图5-52　矩阵切换设备

定额中此设备安装分为4档,包括16路以内~256路以内的矩阵切换设备。
(2)多画面分割器(图5-53)
为了实现全景监视,即让所有的摄像机信号都能显示在监视器屏幕上,就需要用多画面分割器。这种设备能够把多路视频信号合成为一路输出,输入一台监视器,这样就可在屏幕上同时显示多个画面。

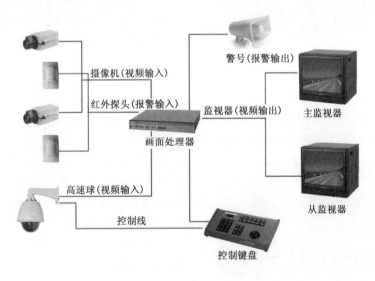

图5-53　多画面分割器工作示意图

定额中此设备安装分为3档,包括4画面、16画面和16画面以上多画面分割器设备。
(3)音频、视频分配器(图5-54)
用来分配信号的部件。它的功能是将一路输入信号均等地分成几路输出,可以将一路高解晰度的音频、视频信号分配到多台显示终端。

图 5-54　音频、视频分配器

(4)图像处理器(图 5-55)

将图像变换为适合计算机处理的数字形式的设备。

(5)控制键盘(图 5-56)

摇杆控制云台上下左右/镜头变倍,摄像机预置位设置/调用,打开/关闭摄像机电源,打开白平衡,调节白平衡模式。

　　　　图 5-55　图像处理器

　　　　图 5-56　控制键盘

(6)数字图像叠加器(图 5-57)

即字符叠加器,用于各类监控系统中监控画面的字符叠加,内置有专门的字符叠加芯片,一般与数据采集装置配套使用,可用于多种监控场所。

图 5-57　数字图像叠加器

(7)彩色监视器

即监控系统的显示部分,是监控系统的终端设备。该产品更新很快,目前液晶(LCD)、等离子(PDP)、发光二极管(LED)等采用先进技术的监视器产品已经广泛应用。

(8)监视器列架(图 5-58)

定额中数量是以 $2 \times 2 = 4$ 为单元计取的。实际中可按设计数量进行对应计算。

(9)调制解调器(图 5-59)

即 Modem。调制,即将各种数字基带信号转换成适合于信道传输的数字调制信号(已调信号或频带信号);解调,即在接收端将收到的数字频带信号还原成数字基带信号。

图 5-58　监视器列架

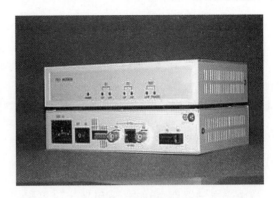
图 5-59　调制解调器

（10）数据光端机（图 5-60）

监控系统用来传输视频、数据、以太网、音频等综合信息，在光通信系统中进行光电转换及传输功用的设备，即将多个 E1（一种中继线路的数据传输标准）信号变成光信号并传输的设备。

光端机根据传输 E1 口数量的多少，价格也不同。一般最小的光端机可以传输 4 个 E1，目前最大的光端机可以传输 4032 个 E1。

（11）视频光端机（图 5-61）

即把一到多路的模拟视频信号通过各种编码转换成光信号通过光纤介质来传输的设备。由于视频信号转换成光信号的过程中会通过模拟转换和数字转换两种技术，所以视频光端机又分为模拟光端机和数字光端机。

图 5-60　数据光端机

图 5-61　视频光端机

视频经过多年的发展，已经成为继音频之后的另一种重要的交流方式。

（12）视频编（解）码器（图 5-62）

即一种能够对数字视频进行压缩或者解压缩的程序或者设备。

（13）光纤收发器（图 5-63）

即一种将短距离的双绞线电信号和长距离的光信号进行互换的以太网传输媒体转换单元，在很多地方也被称之为光电转换器（Fiber Converter）。该产品一般应用在以太网电缆无法覆盖，必须使用光纤来延长传输距离的实际网络环境中。

图 5-62 视频编解码器

图 5-63 光纤收发器

（14）光纤模块（图 5-64）

由光电子器件、功能电路和光接口等组成，光电子器件包括发射和接收两部分。简单地说，光模块的作用就是光电转换，发送端把电信号转换成光信号，通过光纤传送后，接收端再把光信号转换成电信号。

（15）视频补偿器（图 5-65）

即为了减小对信号的衰减，对视频信号进行补偿的器材。

图 5-64 光纤模块

图 5-65 视频补偿器

（16）地图板（图 5-66）

一般监控中心的地图板都是配合监视器墙架制作，目前已经不常使用。定额中的地图板制作，是以 $1m \times 1m = 1m^2$ 为单位进行计算的。设计中地图板的形式大小各异，均按照 $1m^2$ 折算后计入定额工程量。

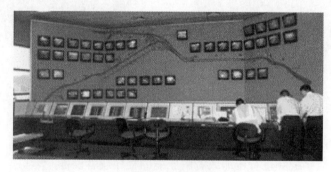
图 5-66 地图板

（17）投影仪一对一单屏（图 5-67）

近些年来迅速发展起来的大屏幕投影机技术，成为解决彩色大画面显示的有效途径。按照投影方式的不同，分为前投式、背投式和组合拼接三种。投影设备的显示屏幕一般远远大于

CRT 显示器,因此在监控系统中常常用作主监视器使用。

目前,市场大屏拼接主要分为等离子大屏拼接(PDP)、液晶大屏拼接(LCD)与背投大屏拼接(DLP)。

(18)投影屏拼接控制器(图 5-68)

大屏幕显示拼接墙由多个背投显示单元拼接而成,并配以图像处理器组成的高亮度、高分辨率、色彩逼真的电视墙,能显示各种计算机(工作站)、网络信号及各种视频信号,画面能任意漫游、开窗、放大缩小和叠加。

图 5-67　投影仪

图 5-68　投影屏拼接墙

根据设计中大屏幕的数量,拼接器的安装定额为 10 屏以内、20 屏以内及 20 屏以上,根据设计设备数量选择定额计算。

(19)LED 显示屏(图 5-69)

一种平板显示器,由一个个小的 LED 模块面板组成。LED,即发光二极管(Light Emitting Diode 的缩写)。一般用来显示文字、图像、视频、录像信号等各种信息。

a)室外LED显示屏

b)室内LED显示屏

图 5-69　LED 显示屏

把红色和绿色的 LED 晶片或灯管放在一起作为一个像素制作的显示屏称为双色屏或双基色屏,把红、绿、蓝三种 LED 晶片或灯管放在一起作为一个像素的显示屏叫三基色屏或全彩屏。无论用 LED 制作单色、双色或三色屏,欲显示图像需要构成像素的每个 LED 的发光亮度都必须能调节,其调节的精细程度即是显示屏的灰度等级。灰度等级越高,显示的图像就越细腻,色彩也越丰富,相应的显示控制系统也越复杂。

定额单位为 $1m^2$。定额使用按照设计尺寸折算。

(20)数字硬盘录像机(图5-70)

硬盘录像机是计算机技术、网络技术、数字视频技术和传统视频、安防技术相结合的设备,是DVD、磁带式录像机的换代产品,可用于电力远程监控、银行保安监控。其基本功能是将模拟的音视频信号转变为MPEG数字信号存储在硬盘(HDD)上,并提供与录制、播放和管理节目相对应的功能。"数字硬盘录像机"中的"数字"是指以数字信号存储于硬盘。"模拟录像机"中的"模拟"是以模拟信号存储于磁带。

用户可以根据录像保存时间选择不同大小的硬盘接上去。可与电视、监视器、计算机显示器等显示设备配合使用。也有的厂家把显示屏与硬盘录像机做成一体化。可用软件管理多个硬盘录像机的视频图像与视频统一存储等。

硬盘录像机通过网络设置,可以实现远程访问、手机访问,使监控在有网络的情况下,实现随时随地查看。

定额中安装硬盘录像机分为4路以内和16路以内两档。

(21)网络编码器(图5-71)

传统的通信网络传送数据的方式是存储转发,即除了数据的发送节点和接收节点以外的节点只负责路由,而不对数据内容做任何处理,中间节点扮演着转发器的角色。

图5-70　数字硬盘录像机　　　　　　图5-71　网络编码器

网络编码是一种融合了路由和编码的信息交换技术,它的核心思想是在网络中的各个节点上对各条信道上收到的信息进行线性或者非线性的处理,然后转发给下游节点,中间节点扮演着编码器或信号处理器的角色。

此节安装定额的工作内容包括:开箱检查,定位,机械安装,缆线连接,电气调试,指标测试,清理现场;搬运,清点,通电检查;设备软件测试与安装;零配件配套,按说明书通电;设备初检,安装调试,试运行。

5-2-4　信息显示设备安装、调试

此节为公路、隧道、停车场等处的固定信息显示设施的设备安装,包括门架式、柱式、悬臂式以及附着式信息发布设备。

如发生交通事故、恶劣气象、突发事件等严重影响道路通行时,应设立移动式交通信息显示设备(移动式信息显示板为车载式或便携式)。

按定额顺序图示介绍如下。

(1)门架式LED可变道路情报板(图5-72)

门架式可变情报板是高速公路主要的信息传播方式之一,因其体积较大,一般采用跨路龙门架作为可变情报板的支架,由主控计算机通过通信网络实行远程控制,传送并显示各种图文信息,向驾驶人及时发布不同路段的不同路面情况及各类交通信息,并进行交通法规、交通知识

的宣传,达到减少高速公路阻塞、减少交通事故、提高行车安全以及高速公路使用效率的目的。

(2)悬臂门架式 LED 可变道路情报板(图 5-73)

图 5-72　门架式 LED 可变道路情报板

图 5-73　悬臂门架式 LED 可变道路情报板

(3)小型立柱式 LED 信息标志板(图 5-74)

(4)小型移动式 LED 信息标志板(图 5-75)

图 5-74　小型立柱式 LED 信息标志板

图 5-75　小型移动式 LED 信息标志板

(5)LED 式可变限速标志(图 5-76)

图 5-76　LED 式可变限速标志

不带立柱和基础,可在隧道入口或者门架上单独设立。
(6)光纤式可变限速标志
发光材料不同,安装方式相同。

5-2-5　视频监控与传输设备安装、调试

此节包括机电工程各类摄像机设备的安装。
按定额顺序图示介绍如下:
(1)收费亭内摄像机(图 5-77)
(2)收费岛上 CCD 彩色摄像机(图 5-78)
(3)高速智能球形摄像机(图 5-79)

高速智能球形摄像机是集内置云台和数字解码器于一体,并配置自带变焦镜头的高性能数字信号处理的摄像机。采用全数码控制,编程灵活,传动系统设计精巧简单,可实现快速定位及多种方式的跟踪扫描,实现真正的智能化、全方位、无盲点监视。

a)　　　　　　　　　　　　　　b)

图 5-77　收费亭内摄像机

a)　　　　　　　　　　　　　　b)

图 5-78　收费岛上 CCD 彩色摄像机

(4)激光夜视摄像机(图 5-80)

图 5-79　高速智能球形摄像机　　　　图 5-80　激光夜视摄像机

激光夜视摄像机是目前唯一能在夜间不用可见光也能像白天一样从监视器上直接观察人和物的夜视摄像产品。激光夜视摄像机采用光斑均匀强化技术、光斑自动聚焦技术、激光镜头电动调焦以及与摄像机镜头同步变焦技术。根据摄像机镜头的远近,自动调节至合适的照射角度,同步照亮图像画面。采用无红暴隐蔽夜视技术,电源启动缓冲、过压、过流、过热保护。以光线或时间控制启动夜视功能等。

注:所有类型道路情报板、摄像机等均不包括基础、钢筋、预埋件工程。基础及附属配套工程另见相关定额。

5-2-6　隧道监控设备安装

(1)可编程控制器(图 5-81)

可编程控制器(Programmable Controller)是为工业控制应用而设计制造的。早期的可编程控制器称作可编程逻辑控制器(Programmable Logic Controller,简称 PLC),主要用来代替继电器实现逻辑控制。随着技术的发展,这种装置的功能已经大大超过了逻辑控制的范围,因此,今天这种装置称作可编程控制器,简称 PC。但是为了避免与个人计算机(Personal Computer)的简称混淆,所以将可编程控制器简称 PLC。

PLC 是一种专门为在工业环境下应用而设计的数字运算操作的电子装置。它采用可以编制程序的存储器,用来在其内部存储执行逻辑运算、顺序运算、定时、计数和算术运算等操作的指令,并能通过数字式或模拟式的输入和输出接口,控制各种类型的机械设备或生产过程。

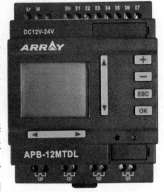

图 5-81　可编程控制器

PLC 的特点:体积小,重量轻,能耗低;可靠性高,抗干扰性能强;编程方便,可在现场修改程序,可将数据直接送入管理计算机。

在安装 PLC 时,要避开下列场所:①环境温度超过 0~50℃的范围。②相对湿度超过85%

或者存在露水凝聚。③太阳光直接照射。④有腐蚀和易燃的气体,如氯化氢、硫化氢等。⑤有大量铁屑及灰尘。⑥频繁或连续的振动,振动频率为10~55Hz、幅度为0.5mm。⑦超过$10g$(重力加速度)的冲击。

为了使控制系统工作可靠,通常把可编程控制器安装在有保护外壳的控制柜中,以防止灰尘、油污、水溅。为了保证其温度保持在规定环境温度范围内,安装机器应有足够的通风空间,基本单元和扩展单元之间要有30mm以上间隔。如果周围环境超过55℃,要安装电风扇,强迫通风。

为了避免其他外围设备的电干扰,可编程控制器应尽可能远离高压电源线和高压设备,可编程控制器与高压设备和电源线之间应留出至少200mm的距离。

本地控制器一般在隧道内,距出入口100~200m处开始以500~800m的间距设置。隧道口或配电房内的本地控制器应设置成主控本地控制器,并应配置触摸屏;A级以上隧道主控本地控制器应采用双电源双CPU冗余结构;其他本地控制器宜采用双电源结构。隧道内的本地控制器安装在隧道外侧壁的预留洞室内;配电房内的本地控制器安装在机箱内。

可编程控制器安装定额按照其作用的大小、控制程序的难易,分为主控可编程控制器安装和区域可编程控制器安装。

(2)环境检测设备安装

隧道由于空间小,具有类似密闭性的特点,行经隧道的车辆又不断排出废气,其通风情况直接关系到行经隧道的车辆驾乘人员和维护工作人员的人身安全。为了对隧道通风情况进行全天候的有效监测以及对风机进行有效合理的控制,自动化的风向、风速检测器(图5-82)在现代化隧道交通中已经成为不可缺少的检测设备。该设备为隧道中控室提供隧道内风向、风速检测值,作为通风和运营的基本依据。

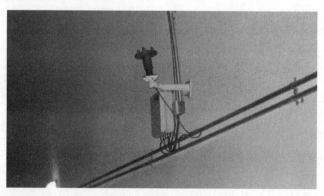

图5-82 风向、风速检测器

隧道风向、风速检测器可根据计算行车速度、隧道长度、设计交通量和实际平均行车速度等情况进行配置,宜设置在每个通风分段上。

该设备宜设置在隧道壁壁面2.5~4m高地位置,应避免设置在风机附近,而应设置在隧道轴线两组风机的中间位置。

(3)一氧化碳检测器(图5-83)

为处理行经隧道的车辆所排放的废气,避免造成一氧化碳和悬浮颗粒物的聚集,对隧道的能见度和一氧化碳浓度情况进行全天候的有效监测,以便及时启动风机进行强制通风和采取其他对应措施,自动化的一氧化碳检测器为在隧道交通中必备的检测设备。

图 5-83　一氧化碳检测器

工作原理:发射/接收器和反射器相对安装,利用支架固定对准后,光学部件发出的高聚焦光束成为一条检测光束,由于尘埃的衰减,接收器得到信号后处理为测量值。根据我国现行《公路隧道照明设计细则》(JTG/T D70/2-01)要求,安装在隧道顶部或者侧壁上。超限时进行声光报警。

能见度检测器和一氧化碳检测器一般放在一处(图 5-84)。

补充:目前定额中没有光强检测器,洞内光强检测器安装可套用此定额,洞外光强检测器可套用气象监测器定额。

(4)气象检测器(图 5-85)

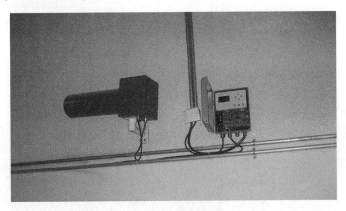

图 5-84　能见度检测器和一氧化碳检测器　　　　图 5-85　气象检测器

在气候恶劣的天气中,交通事故的出现频率较高。因此,在高速公路上周围要结合路线的地形、地物、环境条件设置气象检测器,根据需要可检测风速、风向、温度、湿度、能见度、黑冰、雨雪等气象状况。

气象检测器主要用于检测局部区段的天气状况,可自动化收集气象信息,能为道路的运营管理者和道路使用者及时提供准确的气象信息,从而指导交通部门做出相应的决策。气象检测器是一种高智能的自动检测设施,适用于各种恶劣的野外环境,可无人值守,具有全自动气象数据采集、存储、处理和传送功能,可将各参数信号综合处理通过标准通信设备传送到总站,并备有多个串行通信口可方便地连接智能化的传感器;可采用交、直流供电,也可以对蓄电池智能充电,保证因故断电时,自动气象站可以继续工作。

气象检测器一般包括:能见度检测器,遥感路面状况检测器(嵌入式道路状态传感器),风向、风速检测器,雨量检测器等。当前新型的气象检测器还往往配有气象热普地图。

(5)火灾监测系统(图5-86~图5-90)

隧道火灾主要源于交通事故、车辆电气事故、隧道设备故障和隧道内线缆过流等因素。因此,尽快发现火灾是将火灾事故造成损失降到最小的关键。

隧道火灾报警系统一般由手动报警按钮、火灾检测器和火灾处理器(火灾报警主机)构成。

隧道中常用的火灾探测器按原理分为两类:线型光纤感温火灾探测器和点型红外火焰探测器。目前,隧道内火灾检测器宜选用光纤感温探测器、光纤光栅火灾检测器(线型)或双波长火焰探测器(点型)。

a)

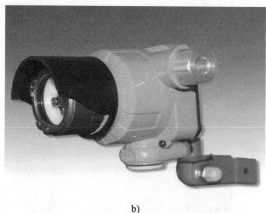
b)

图5-86 双波长火灾检测器

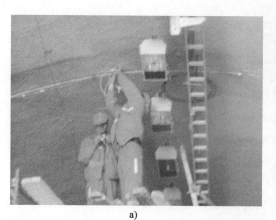
a)

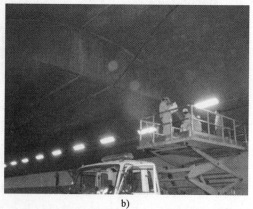
b)

图5-87 光纤感温探测器

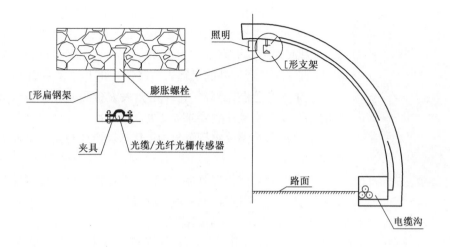

图 5-88　光纤感温探测器施工安装示意图

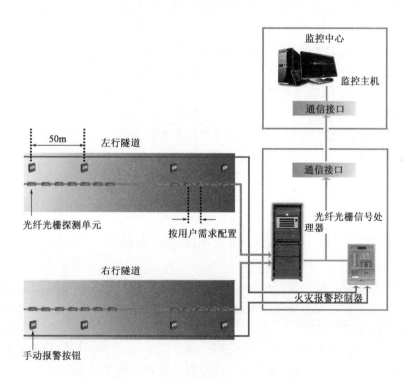

图 5-89　光纤光栅火灾检测器安装示意图

线型火灾检测器宜沿隧道连续布置,宜安装在隧道顶部。

点型火灾检测器宜以 40m 或 50m 间距连续布置,宜安装在隧道外侧壁,安装高度为 1.3 ~ 1.5m。

火灾报警按钮宜按约 40m 或 50m 的间距布置,一般与消防栓同址设置,宜安装在隧道外侧壁,安装高度为 1.3 ~ 1.5m。

图 5-90 手动报警按钮

声光报警器在隧道内宜与火灾报警按钮同址设置。

火灾报警主机设置在隧道口附近的隧道管理站或配电房等的墙上,其底边距地面高度宜为 1.3~1.5m。如无隧道管理站或配电房,则宜安装在隧道外的机箱内或隧道口的预埋洞室内。

关于光纤感温探测器、光纤光栅火灾检测器和双波长火焰探测器的相关安装定额使用要求如下:

①总线制感温火灾探测器,用于安装光纤光栅检测器的信号处理器。

②总线制双波长探测器,用来安装双波长火灾检测设备的火灾报警综合盘(一般间隔 40~50m 设置)。

③总线制探头,用来安装用于室内的火焰探测器探头。

④总线制线型探测器,定额单位 10m,用来安装光纤光栅火灾报警设备的光栅光纤检测器。

⑤火灾报警主机安装,按照火灾监测控制的点数,分别套用火灾报警主机 500~2000 点的定额。光纤感温探测器和双波长火焰探测器的主机均采用此定额。

⑥双波长火灾检测器中的电源转换器和电缆,参照供配电设备和电缆敷设相关定额。

⑦光纤光栅火灾检测器中的光缆、电缆,分别参照光缆敷设和电缆敷设相关定额。光栅协议串口模块、总线问路卡等参照光纤模块安装定额。光缆接续盒参照通信系统相关定额。镀锌钢绞线随检测光缆沿顶部敷设,可参照缆线敷设相关定额,替换主材、辅材数量和单价处理。

目前最常用的还是光纤感温探测器、光纤光栅火灾检测器。

(6)消防系统调试

火灾检测自动报警点数以 500 点以内和 2000 点以内,以 1 系统为定额单位计算。电动防火门、防火卷帘门、消防用阀门装置分别按具体数量进行计算。

5-2-7 收费系统设备安装

收费系统设备安装比较明确,包括除了摄像机和称重系统设备的所有车道设备。

收费广场摄像机在视频监控与传输设备的安装章节里。

(1)车道控制机(图 5-91)

指收费亭内管理收费车道的各类外围设备,由工控机、输入输出模块和设备机箱等组成。

安装流程:控制机箱安装→线缆引入→线缆测量核对→线缆成端制作→开关电源安装→线圈检测器安装→字符叠加器安装→数据信号接入→设备加电调试→线缆标志制作→现场清理恢复。

(2)终端显示器、专用键盘(图 5-92、图 5-93)

(3)电动栏杆(图 5-94)

电动栏杆的选择,要注意 MTC 车道和 ETC 车道的区别。MTC 车道用的是普通电动栏杆,ETC 车道用的是高速自动栏杆,在起落速度、次数、寿命、性能和报价上都有较大的区别。

第五章 交通工程及沿线设施

a) b)

图 5-91 车道控制机

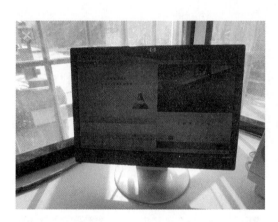 

图 5-92 收费亭终端显示器

图 5-93 专用键盘

图 5-94　电动栏杆

(4)手动栏杆(图 5-95)

安装流程:设备定位→基础清理→立柱安装→栏杆臂安装。

图 5-95　手动栏杆

安装流程:根据施工图纸和土建提供界面划定手动栏杆安装位置→清理手动栏杆基础表面→划定基础打膨胀螺栓的位置、打入膨胀螺栓→手动栏杆立柱安装固定、水平尺校正→手动栏杆臂、支撑臂、禁行牌安装。

注:手动栏杆基础费用计入收费土建工程费用。

(5)费用显示及报价器(图 5-96、图 5-97)

费用显示及报价器基本上分为两种:一种为立柱式,一种为附着式。

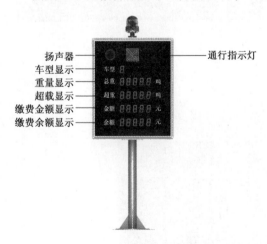

图 5-96　立柱式费用显示器

图 5-97　附着式费用显示器

采用不同款式要注意设备报价的区别(立柱式费用显示器报价应包括立柱费用)。岛上立柱式费用显示器基础费用计入收费土建工程费用中。

(6)拾音器(图5-98)

拾音器,又称监听头。监听拾音器是用来采集现场环境声音再传送到后端设备的一个器件,由麦克风和音频放大电路构成,应用在收费亭中。

(7)收据打印机

收据打印机有多种类型,如穿孔纸针式、热转印快速收据打印机等,根据选用种类报设备价格。安装定额都是一样的。

图5-98 拾音器

(8)纸质磁条通行券发卡机

高速公路自动发卡设备是安装在高速公路入口车道、无人值守的自动发放高速公路通行券的自动化设备。自动发卡系统集车道控制机和发卡机于一体,实现全天候车道无人值守。

自动发卡系统的操作流程:车辆驶入入口车道,车辆到达线圈检测到车辆的驶入,视频捕捉卡捕捉车道图像,车牌识别系统将信息传递到车道控制系统中,同时语音提示驾驶人按键取卡,驾驶人按自动发卡机上的发卡键后取卡,自动栏杆抬起,车辆驶过离开线圈后自动栏杆落下,车道控制机生成入口相关数据,形成发卡过程。

(9)非接触IC卡读写机

非接触式IC卡又称射频卡,由IC芯片、感应天线组成,封装在一个标准的PVC卡片内,芯片及天线无任何外露部分。射频卡与读卡器之间通过无线电波来完成读写操作。

与接触式相比,非接触卡有如下优点:可靠性高,操作方便,防冲突,可以适合于多种应用,加密性能好。由非接触式所形成的读写系统,无论是硬件结构,还是操作过程都得到了很大的简化,同时借助于先进的管理软件,可脱机的操作方式,都使得数据读写过程更为简单。

(10)ETC路侧单元读写控制器(RSU)

又称为电子标签读写器、路侧读写天线、ETC天线、路侧设备。安装在收费车道门架上或收费岛立柱上的用于同过往车辆上的车载设备进行通信的天线及相应的控制设备。

RSU,是Road Side Unit的英文缩写,直译就是路侧单元的意思,是一种ETC系统(图5-99)

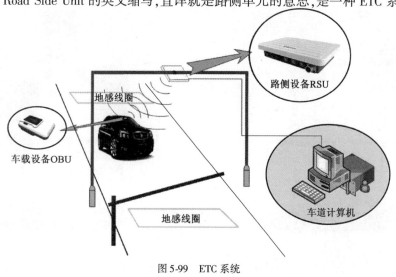

图5-99 ETC系统

中,安装在路侧,采用 DSRC(Dedicated Short Range Communication)技术,与车载单元(OBU,On Board Unit)进行通信,实现车辆身份识别、电子扣分的装置。

RSU 由高增益定向束控读写天线和射频控制器组成。高增益定向束控读写天线是一个微波收发模块,负责信号和数据的发送/接收、调制/解调、编码/解码、加密/解密;射频控制器是控制发射和接收数据以及处理向上位机收发信息的模块。

ETC 系统有一些相关附属工程,如设备基础、引导标志、缆线管道等,尤其是改造工程增添设施,应逐项参照相关定额计取。

(11)路侧单元识别读写器(OBU,图 5-100)

OBU(On Board Unit),直译就是车载单元的意思,是一种采用 DSRC(Dedicated Short Range Communication)技术,与 RSU 进行通信的微波装置。在 ETC 系统中,OBU 放在车上,路边架设路侧单元(RSU),相互之间通过微波进行通信。车辆高速通过 RSU 时,OBU 和 RSU 之间通过微波通信,就像非接触卡一样,只不过距离更远——十几米,频率更高——5.8GHz。车辆通过时,在不停车的情况下,实现车辆身份识别、电子扣费,实现不停车、免取卡,建立无人值守车辆通道。

图 5-100　路侧单元识别读写器

(12)二维条码通行券识读机(图 5-101)

二维码通行券的收费技术,与 IC 卡相比,管理方面得到了简化,实施起来更加容易,能够降低投资及运营成本。迄今为止条码是国外应用最广泛、最经济实用的一种自动识别技术。

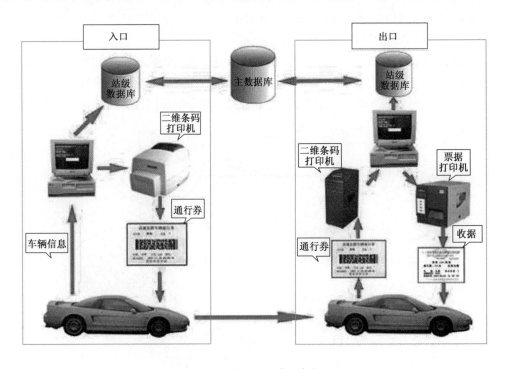

图 5-101　二维条码通行券识读流程图

二维条形码相比于磁卡和非接触 IC 卡有如下特点：一次性，信息容量大，热传印方式记录，光电非接触式，通用设备，可靠性高，保密防伪性能强，纠错能力强，成本低等。

（13）自动发卡读卡机（图 5-102）

图 5-102　自动发卡读卡机

（14）声光报警器、紧急脚踏开关、报警灯

属于收费亭内安全报警系统装置。亭内均配备一个紧急脚踏开关，与报警灯、声光报警器相连接。

（15）雨棚信号灯（图 5-103、图 5-104）

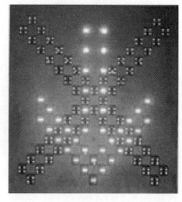

a)　　　　　　　　　　　　　　　　b)

图 5-103　雨棚信号灯

注意：如果信号灯为双面，按 2 个灯计算。

（16）车辆通行信号灯（图 5-105）

注意：这里的信号灯指的是收费岛上的通行信号灯，不是路上的信号灯。（路上信号灯参见信号灯与车辆检测器章节定额）

图 5-104　单相雨棚信号灯　　　　　图 5-105　车辆通行信号灯

灯的形式不一样,有的和费额显示器在一起,有的单独成立。

其基础费用计在收费岛土建工程费用中。

(17)雾灯(图 5-106)

放置在收费岛前方,雾天提醒对面驶来车辆。

注:收费岛上设备基础均见收费岛土建工程定额。

(18)有线对讲主机(图 5-107)

同时与所有对讲分机通拨对讲,分为 8 路以下、16 路以下两档安装。

图 5-106　雾灯　　　　　图 5-107　有线对讲主机

(19)投包机(图 5-108)

投包机,是专用于收费现金存放的,主要适用于银行长时间不能上门收款的地区,一方面防盗防抢,另一方面减少收费现金在收费员手中的时间,提高收费站的现金安全性,简化钱款交接环节。

投包机主要由保险柜体、全自动投包轮毂、操作面板、工业计算机、电源、液晶显示器、读写卡器、金属键盘、打印机等部分组成。

(20)环形线圈车辆检测器单通道

利用检测线圈来检测车速是较为成熟的车辆检测方法。在车道内埋设一组感应线圈,车辆通过状态将被检测到,信号传给车辆检测器,由其进行采集和计算。此方法检测精确,设备稳定,成本廉价。

工作内容包括:画线定位→路面切割→线圈倒角→清洗切缝→风干切缝→垫底层泡沫胶条→电缆下线→压面层泡沫胶条→缠绞馈线→贴防污染胶带→灌胶回填→勾缝抹平→清理恢复车道。

(21)红外线车辆分离器(等同车辆分离器,图 5-109)

红外线车辆检测器的原理是通过线性排列的红外光发射和接收来实现对车辆的同步扫描,并将光信号转换为电信号,从而实现对车辆数据的综合检测。与其他检测技术相比,红外线车辆检测器产品技术成熟,安装简便,高速响应,抗干扰性强,可输出丰富的车辆数据信息,能可靠检测各种特殊车辆。

图 5-108　投包机

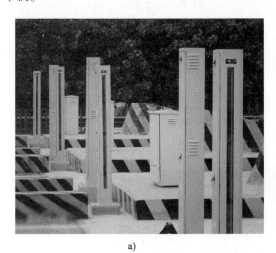
a)

b)

图 5-109　红外线车辆分离器

一套完整的红外车辆分离器包括发射器和接收器。发射器内置线性排列的高能量发光元件,接收器内置与发射器数量相同的接收元件,发射器和接收器的对应光电元件依次按顺序同步触发,检测光路是否导通。当汽车通过扫描区域时,部分或全部光束被遮挡,因而被检测出。

红外线车辆扫描系统主要用于:一般公路收费站、不停车收费系统(ETC)、自动车辆分类系统(AVC)、公路计重收费系统(WIM)、固定式超限检测站等。

(22)视频车辆检测器(图 5-110)

视频车辆检测系统由外场摄像机、视频处理器(MVP)、监控中心、交通管理计算机及外场传输设备组成(图 5-111)。

视频车辆检测器采用了视频图像处理技术和计算机图像识别技术。其工作原理为:实时抓拍道路检测区域的视频图像,进行数字化处理,依据分析检测区域的图像变化,判断车辆目标的进入和驶离,从而获得车辆通过、存在、车长、车速等信息。

视频车辆检测器的主要优点为:检测区域广泛、物体真实再现、检测设置灵活、支持多条车道同时检测。

图 5-110　视频车辆检测器

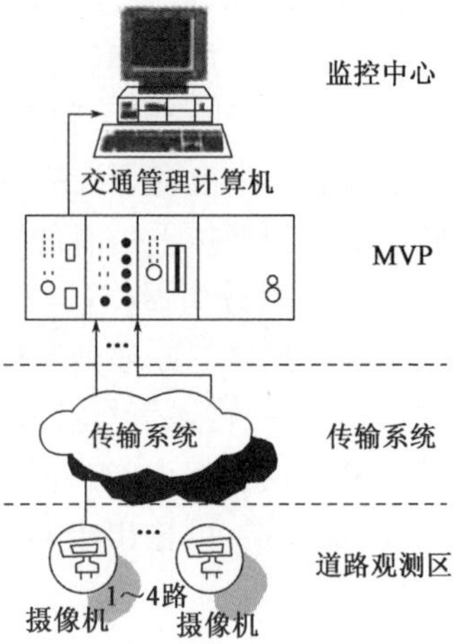

图 5-111　视频车辆检测系统组成

(23) 视频式车型识别装置

同视频车辆检测器。

(24) 车牌识别装置(图 5-112)

车牌识别技术是计算机视频图像识别技术在车辆牌照识别中的一种应用。

图 5-112　车牌识别装置

车牌识别技术要求能够将运动中的汽车牌照从复杂背景中提取并识别出来,通过车牌提取、图像预处理、特征提取、车牌字符识别等技术,识别车辆牌号、颜色等信息。

车牌识别在高速公路车辆管理中得到广泛应用,在电子收费(ETC)系统中,也是结合DSRC 技术识别车辆身份的主要手段。过往车辆通过道口时无须停车,即能够实现车辆身份自动识别、自动收费。

在停车场管理中,车牌识别技术也是识别车辆身份的主要手段。

5-2-8　称重设备安装

目前,称重设备安装定额,不包括整车式称重系统。

计重收费的模式:分车型收费模式:车型、里程(入、出口)。计重收费模式:重量、里程(入、出口)。

计重收费与联网收费相结合,计重收费车道一般设置在出口车道。

计重收费系统如图5-113、图5-114所示。

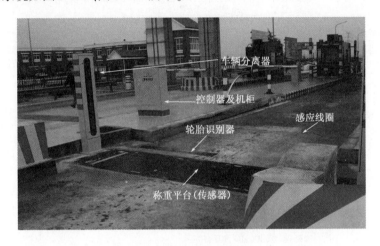

图5-113　计重收费系统

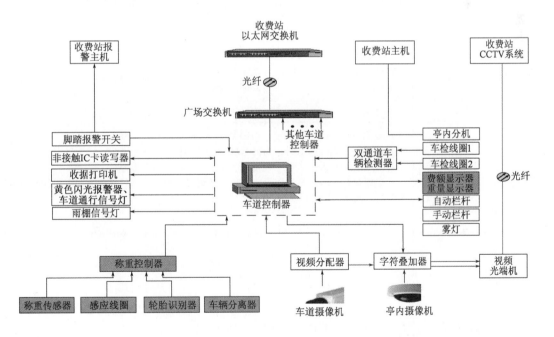

图5-114　计重收费系统构成

称重设备由以下部件组成：
(1)称重传感器——核心部件；
(2)轮胎识别器——车型判别设施；
(3)车辆分离器——车型分离设施；
(4)感应线圈——辅助车辆分离；
(5)控制器系统——系统的心脏。

目前，称重设备基本有三种类型：称台式、弯板式、石英晶体式。各自有不同的适应状况，不同的施工周期，不同的安装成本，不同的设备成本及维护运营成本，见表5-5。

三种称重设备性能特点比较 表5-5

比较内容	设备类型		
	称台式	弯板式	石英晶体式
技术路线比较	从静态称重向低速度范围(0~20km/h)动态称重发展	从车辆高速范围(0~200km/h)的动态称重向低速度范围(0~20km/h)发展	准静态(0.3km/h)到高速(200km/h)均适用
传感器	应变传感器	在应变机体上贴应变片	压电石英传感器
应用速度范围	静态或低速30km/h内，误差为±5%	低速40km/h内，误差为±5%	准静态和动态60km/h内，误差为±5%
精度影响因素	加减速、坡度(JJG 907—2006要求不超过1%)、弯度影响大	加减速、坡度、弯度影响大	加减速、坡度、弯度影响小，速度过低时(车辆排队)精度影响大
寿命	由循环(变形)次数决定，厂家技术指标8年	由循环(变形)次数决定，厂家技术指标10年	取决于路面寿命
影响可靠性和寿命的因素	机械传动的磨损、泥沙、雨水浸泡等	金属疲劳和老化，密封材料老化、接缝处损坏	路面寿命
不适应情况	桥面、弯道	桥面、弯道	
施工方式及周期	开挖较深的基坑(深70~80cm)并加固基础，施工周期长，对路面破坏大。一套称重系统的施工周期需15~20天	切割宽60cm、深6cm左右的基坑，施工周期短，开挖量较小。一套称重系统安装期约为5~7天	切割宽72mm、深55mm左右的槽，施工周期短，开挖量小。一套称重系统安装期约为1天
设备成本	低(单称台6万~10万元)	较高(17万~20万元)	高(20万~22万元)
安装成本	高	较高	低
标定成本	高	较高	低
维护和运营成本	需要定期排水，清除泥沙，传感器需定期校正和更换，维护成本高	主要是弯板的金属疲劳和接缝处密封材料，需定期维护，维护成本较低	免维护

安装定额使用:
(1)车辆分离器:三种称重设备均安装此设备。
(2)弯板式、称台式称重器:安装内容包括称重传感器、检测线圈、车胎识别器等。
(3)石英晶体式称重器:安装简单,设备价格较贵,与以上两种设备安装不同。
(4)控制器及机柜部分参考其他相关定额计取。

注:1. 目前各地用到整车式称重设备较多,目前安装定额不含此项,可参照厂家报价计费。
2. 控制箱安装参照供电系统中落地式控制箱定额计算。
3. 称重系统包含一些相关辅助工程,如土建工程的配套设施等,均参照其相关定额另行计费,此定额中不含。

5-2-9　信号灯及车辆检测器安装

信号灯可分为交通信号灯、隧道内车道指示器、人行道信号灯、通行诱导信息板等。
(1)隧道通行信号灯(图5-115)
隧道标志灯设备安装流程:安装附件制作→搭建施工平台→吊运设备及工器具→隧道信号等灯体安装固定→线缆接续→设备通电调试→恢复现场与成品保护。

a)　　　　　　　　　　　　　　　　b)

图5-115　隧道通行信号灯

(2)信号灯控制机(图5-116)
通过与指挥中心通信机连接,实现数据双向实时传输;信号机可及时上报现场各种交通参数和工作状态;中央控制系统可实时下发控制命令,进行远程同步步进遥控。控制方案及参数也可在现场通过控制面板进行修改,或用手提计算机连接到串行接口上直接输入修改,也可现场手动控制。

(3)机动车道信号灯、人行道信号灯、信号灯倒计时器(图5-117~图5-119)
信号灯报价含灯杆费用。
交通信号灯基础制作:选点放样→基坑开挖→验收→钢筋绑扎(预埋件固定)→验收→装模→验收→混凝土浇筑→混凝土养护。

图 5-116　信号灯控制机

图 5-117　机动车道信号灯

图 5-118　人行道信号灯

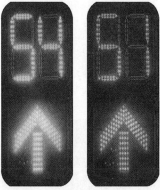
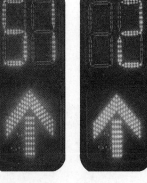

图 5-119　信号灯倒计时器

(4)通行诱导信息板

通行诱导信息板的安装与交通信号灯的安装流程大致相同。

(5)环行线圈车辆检测器(图 5-120)

环形线圈车辆检测器是一种基于电磁感应原理车辆检测器,其传感器是一个埋在路面下、通有一定工作电流的环形线圈。当车辆通过环形地埋线圈或停在环形地埋线圈上时,车辆自

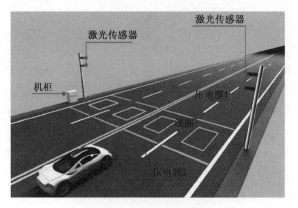

图 5-120　环形线圈车辆检测器

身铁质切割磁通线,引起线圈回路电感量的变化,检测器通过检测该电感量就可以检测出车辆的存在。感应式环形线圈车辆检测器具有性能稳定、性价比高、工程应用方便、免维护、技术不复杂等特点,目前在工程上应用很广泛。

安装流程:画线定位→路面切割→线圈倒角→清洗切缝→风干切缝→垫底层泡沫胶条→电缆下线→压面层泡沫胶条→缠绞馈线→贴防污染胶带→灌胶回填→勾缝抹平→清理恢复车道。

定额分为双通道、四通道、八通道。

(6)微波检测器(图5-121)

微波检测器是一种利用数字雷达波检测技术实时检测交通流量、平均车速、车型及车道占用率等交通数据的产品,广泛应用于高速公路、城市道路、桥梁等进行全天候的交通检测,能够精确地检测高速公路上的任何车辆,包括从摩托车到多轴、高车身的车辆,拖车作为一辆车检测。微波检测器也是线圈式车检的更新换代产品。

图5-121 微波检测器

微波检测器的工作方式(图5-122)是:采用侧挂式,在扇形区域内发射连续的低功率调制微波,并在路面上留下一条长长的投影。RTMS根据被检测目标返回的回波,测算出目标的交通信息,每隔一段时间通过RS-232向控制中心发送。其车速检测原理是:根据特定区域的所有车型假定一个固定的车长,通过感应投影区域内的车辆的进入与离开经历的时间来计算车速。

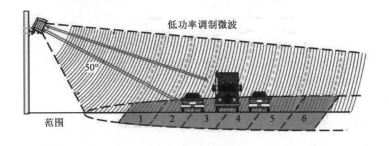

图5-122 微波检测器工作方式

特点:微波检测器的测量方式在车型单一、车流稳定、车速分布均匀的道路上准确度较高,但是在车流拥堵以及大型车较多、车型分布不均匀的路段,由于遮挡,测量精度会受到比较大的影响。另外,微波检测器要求离最近车道有 3m 的空间,如要检测八车道,离最近车道也需要 7~9m 的距离而且安装高度达到要求。因此,在桥梁、立交、高架路的安装会受到限制,安装困难,价格也比较昂贵。

5-2-10　附属配套设备安装

(1)触摸屏显示器(图5-123)

触摸屏根据所用的介质以及工作原理,可分为电阻式、电容式、红外线式和表面声波式、光学式等多种类型。

触摸屏显示器技术采用一种新型的人机交互输入方式,与传统的键盘和鼠标输入方式相比,触摸屏输入更直观。目前已经开发出多点触摸屏显示器,配合识别软件,触摸屏还可以实现手写输入。触摸屏由安装在显示器屏幕前面的检测部件和触摸屏控制器组成。当手指或其他物体触摸安装在显示器前端的触摸屏时,所触摸的位置由触摸屏控制器检测,并通过接口(如 RS-232 串行口)送到主机。

(2)交、直流稳压电源(图5-124)

交、直流稳压电源,是一种电压与电流连续可调,稳压与稳流自动转换的高精度直流线性电源。直流输出电压能从 0V 起连续可调,稳定可靠。输出电流任意选择,并具有限流保护及长时间短路保护。电源工作在稳压状态时,稳流部分即为保护电路;工作在稳流状态时,稳压部分又起到限压作用,两者相互保护,确保用电安全可靠。

图 5-123　触摸屏显示器　　　　图 5-124　交、直流稳压电源

目前,交直流稳压电源安装定额设置了 10kV·A 以内至 45kV·A 以上三档,可根据设备设计规格归类计取安装费用。

(3)不间断电源(图5-125)

不间断电源(或称 UPS,即 Uninterruptible Power Supply)是在电网异常[如停电、欠压、干扰或浪涌(也称涌浪电流)]的情况下,不间断地为电器负载设备提供后备交流电源,维持电器正常运作的设备。

目前，不间断电源安装定额设置了6kV·A以内至50kV·A以内四档，可根据设备设计规格归类计取安装费用。

(4)标准机柜(图5-126)

安装条件：机房、监控室地面、墙体已装修完成，地面材料应平整、耐磨、易除尘、减少眩光等。各种穿墙孔洞、爬线架、线缆井、走线槽等已经施工完毕。室内已充分干燥，市电已引入机房，机房照明已能正常使用；所用线缆等主要材料数量、型号、规格等符合设计要求。

机柜安装流程：机柜安装位置布设→机柜底座安装→机柜安装→恢复现场与成品保护。

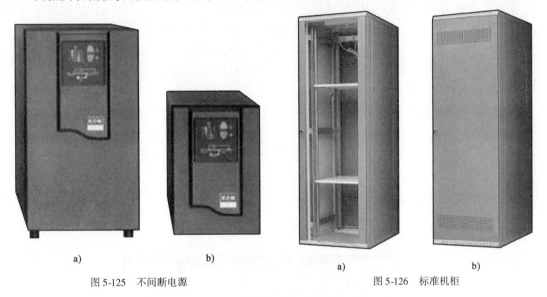

图5-125　不间断电源　　　　　　　图5-126　标准机柜

5-2-11　太阳能电池安装

太阳能电池(图5-127)是一种利用光生伏特效应把光能转换成电能的器件。其可以利用半导体硅、硒等材料将吸收的太阳光能转化成电能，具有可靠性高、寿命长、转换效率高等特点。

图5-127　太阳能电池

一套太阳能电池安装包含以下三项定额:
(1)安装方阵铁架(分基础底座上安装和40m以下铁塔安装)。
(2)安装太阳能电池。
(3)太阳能电池与控制屏联测。

5-2-12 系统互联、调试及试运行

交通工程机电系统互联、调试及试运行分为5个层次。
(1)监控(分)中心:分为5个站以内,10个站以内和每增加一个站。
(2)收费(分)中心:分为5个站以内,10个站以内和每增加一个站。
(3)收费站:分为5车道以内,10车道以内,15车道以内和每增加1车道。
(4)收费系统与监控系统互联。
(5)联网收费结算中心联调(如省中心联调或另类专用中心联调可参照此定额)。

5-2-13 收 费 岛

一、收费岛土建工程基本内容

(1)收费岛头(图5-128)、岛尾混凝土、钢筋。

图5-128 收费岛头

(2)岛缘石混凝土。
(3)岛面铺装。
(4)收费岛上设备基础(摄像机、费额显示器等)。
(5)收费亭防撞柱、防撞栏杆。
(6)收费岛预埋钢管、塑料管等。
(7)收费广场人孔、手孔。
(8)收费广场排水管、积水井。
(9)路肩钢管等。
(10)收费广场地下通道工程。(目前定额中不含此部分)

(11)收费站天棚、房屋归到房建工程。

(12)收费广场照明工程归到供电照明系统。

(13)收费广场涉及的标志、标线工程归到安全设施系统。

(14)收费亭,由厂家提供成品并包括安装。分单向岛亭和双向岛亭,其中包括内部操作台、配电盘、内部装饰等。

二、收费岛设计要求

收费岛设计相关要求见表5-6。

收费岛设计要求 表5-6

收费方式	电子不停车收费				人工半自动收费			
	主线收费站		匝道收费站		主线收费站		匝道收费站	
	标准值	一般值	标准值	一般值	标准值	一般值	标准值	一般值
设计速度	60km/h		40km/h		停车交费		停车交费	
岛长(m)	60	48~60	48	36~48	36	28~36	28	24~28
岛高(m)	0.25~0.30		0.25~0.30		0.25~0.30		0.25~0.30	

(1)计重收费岛应增加收费岛岛头侧的长度,使岛头端部至收费亭中心线的距离为27~30m。

(2)收费岛设计以防撞和美观、整体协调为主。岛头的混凝土强度等级不低于C40。

(3)收费岛内应为收费车道外围设备预埋(留)基础和管线,预埋管的内径不小于50mm,并为穿缆线预留穿线带(或铅线)。

(4)为方便收费车道外围设备的定位、安装和敷设管线,收费岛体不宜采用混凝土整体浇筑。

(5)收费车道外围设备或机箱距收费岛边缘的安全距离标准值为0.5m,极限距离为0.25m(不适用于电子不停车收费)。

(6)收费岛应按GB 5768的要求喷涂立面标记。

(7)当收费站的收费车道数大于或等于8条时,宜设置地下收费员专用人行通道。人行通道净宽宜大于2.0m,净高宜大于2.2m。人行通道应设置有排水、照明和电缆排架等设施。

(8)收费车道数小于8条或不宜设置收费员专用人行通道的收费广场,应预埋(留)横管,横穿管的内径不宜小于90mm。横穿管应为光、电缆预穿子管。

三、定额使用说明

1.收费岛混凝土、钢筋

混凝土定额单位10m³,钢筋定额单位1t。计入此项定额工程包括:收费岛岛头、岛尾浇筑,收费岛缘石浇筑,收费广场预埋钢管下混凝土垫板的浇筑等。

注:收费岛头刷涂标线漆或粘贴反光膜已包含在定额内。

2.设备基础混凝土

定额单位10m³。计入此项定额工程包括收费岛上所有设备基础,如岛上摄像机、费额显示器、信号灯等设备基础,收费亭防撞柱、防撞护栏基础以及手动栏杆基础等。

注:因岛上设备基础工程较小,并加之岛上施工增加难度,故定额消耗量大于收费岛混凝土定额。

3. 收费亭防撞护栏(图 5-129)

定额单位 1t。此项为收费亭侧防护护栏。实际设计中护栏样式有所不同,统一按照具体设计,材料以 t 为单位计取。其基础计入上述设备混凝土定额中。

4. 收费亭防撞柱(图 5-130)

定额单位 1t。此项为收费亭前方为防止进入车辆撞到收费亭设置。除了所用钢管横梁按吨计入定额外,工程内容中已经包括了防撞立柱内填灌混凝土,立柱套管填灌砂浆,立柱粘贴反光膜等项内容。(如是涂刷油漆,则与反光膜材料抽换)

图 5-129　收费亭防撞栏

图 5-130　收费亭防撞柱

5. 收费岛铺砖

定额单位 $100m^2$,此项为岛面铺砖。

四、收费岛土建其他工程套用相关定额

(1)收费岛土建工程发生的挖填方工程套用电缆沟挖填定额。
(2)收费广场排水管工程套用主体工程定额(1-3-5),排水管铺设定额。
(3)收费广场积水井工程套用主体工程定额(1-3-6),雨水井、检查井定额。
(4)人孔、手孔定额参照通信管道相关定额,包括其防水和包封等定额。
(5)岛面铺砂垫层套用主体工程(4-11-5),涵管基础垫层定额。

第三节　通信系统及通信管道

第一部分:通信系统设备安装及缆线工程

一、通信系统总体介绍

交通工程及沿线设施中,通信系统的作用是为高速公路使用者和管理者提供大容量网络

传输平台和高质量语音、数据、图像等信息交换服务。通信系统管理架构设计,应与省、市联网收费系统、监控系统管理架构设计,综合考虑结合设置。

高速公路通信系统由传输网系统、业务网系统、支撑网系统、通信光电缆、通信电源系统、通信管道等构成。

传输网系统由省域干线传输网和路段接入网两层传输系统等组成。

业务网系统由语音业务网、数据传输网、图像传输网、会议电视网、呼叫服务中心、紧急电话系统、有线广播系统、无线通信系统等组成。

支撑网系统由同步网、公共信令网、网络管理网等组成。

通信光、电缆为传输网及业务网等信息传输提供传输介质。

通信电源系统由交流供电系统、直流供电系统、防雷接地系统、电源管理系统等组成。

(通信管道工程在后文中介绍。)

二、通信系统常用名词与术语

公网:是指由主管部门或经主管部门批准的电信运营机构为公众提供电信业务而建立并运行的网络。

高速公路省级通信中心:与省级收费、监控中心同址设置,负责组织调度各路段通信(分)中心与省级中心之间的信息交换。

路段通信(分)中心:与路段收费、监控(分)中心同址设置,负责路段内通信业务的汇集和相邻路段通信业务的交换。

基层无人通信站:与高速公路沿线的收费站、隧道管理站、服务区、养护工区等同址设置,能以无人值守的方式完成路段内基础信息的传输和接入。

干线传输网:在省(自治区、直辖市)内由各路段通信(分)中心与省级中心之间建立起来的通信传输系统,它能有效地覆盖全省(自治区、直辖市)高速公路网,为全路网的语音、数据、图像等综合业务信息提供高速传输通道,是路段通信网上层的省域核心网络。

路段接入网:用于路段内将语音、数据、图像等各种管理业务信息进行传输的实体,是配置在干线通信网下面一层的各路段内部通信传输平台。

三、部分通信设备技术性名词缩写解释及图示

终端复用器(TM):是把多路低速信号复用成一路高速信号,或者反过来把一路高速信号分接成多路低速信号的设备(图5-131)。

数字交叉连接设备(DXC,Digital Cross Connect equipment):类似一个多端口器件,相当于一个交叉矩阵,完成各个信号间的交叉连接(图5-132)。

分插复用器(ADM,Add-Drop Multiplexer):在电信网络的接点上,经常需要把部分信号流从节点上"分"出来,或把某些信号流"插"进网络传输系统。这种可以把信号分出来、插进去的设备叫作"分插复用器",也可以叫作"上下复用器"(图5-133)。

再生中继器(REG):具有放大信号的作用,是一种信号再生放大器(图5-134)。中继器将接收到的弱信号中的数据提出,新的信号与原来的完全相同,但是它的信号强度大大提高了。随着通信的发展,要求传送的信息不仅是话音,还有文字、数据、图像等。

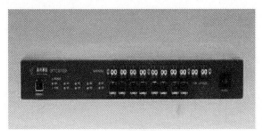
图 5-131　终端复用器

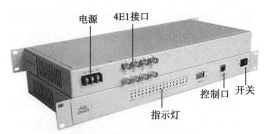
图 5-132　数字交叉连接设备

图 5-133　分插复用器

注：终端复用器（TM）、数字交叉连接设备（DXC）、分插复用器（ADM）、再生中继器（REG）是 SDH 网的主要网络单元。

光线路终端（OLT，Optical Line Terminal）：属于接入网的业务节点侧设备，用于连接光纤干线的终端设备（图 5-135）。

图 5-134　再生中继器

图 5-135　光线路终端

光网络单元（ONU，Optical Network Unit）：属于接入网的用户侧设备，为用户提供电话、数据通信等各种业务接口（图 5-136）。

数字配线架（DDF）：数字复用设备之间、数字复用设备与程控交换设备或非话业务设备之间的配线连接设备（图 5-137）。数字配线架上接收和发送共同构成一个系统，其中的每一个接受支路或每一个发送支路称为一个回线。

图 5-136　光网络单元

图 5-137　数字配线架

光纤配线架(ODF):光缆和光通信设备之间或光通信设备之间的配线连接设备(图5-138)。

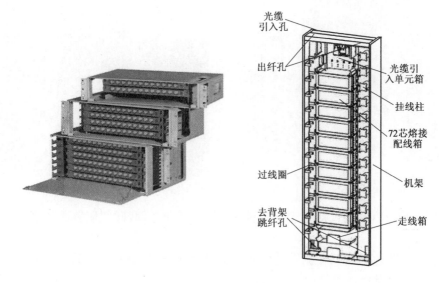

图5-138　光纤配线架

光端机:指光信号传输的终端设备(图5-139)。光端机根据接口分类,又分为视频光端机、音频光端机、数据光端机、以太网光端机、开关量光端机、电话光端机等。

图5-139　光端机

PCM设备:数字信号是对连续变化的模拟信号进行抽样、量化和编码产生的,称为PCM(Pulse Code Modulation),即脉冲编码调制(图5-140)。

紧急电话分机(ET):见图5-141。

四、通信系统安装定额

通信系统具有发展快、专业技术较强的特点。目前,高速公路通信系统设备及缆线安装定额,按照专业与设计层次划分,将以上内容大体分为五类,分别是:光电传输设备、程控交换机设备、通信电源设备、广播会议设备、光缆安装工程。

这五类对应通信系统的技术要求,相互有所交叉和互补,大致如下。

(1)光电传输设备:包括上述干线传输网和路段接入网设备,以及业务网中的数据传输网、图像传输网涉及的设备,还包括支撑网系统的网管系统设备设施等。

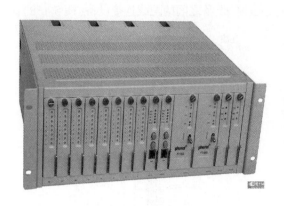
图 5-140　PCM 设备

图 5-141　紧急电话分机

（2）程控交换机设备：包括上述业务网系统的语音业务网、呼叫服务中心、紧急电话系统涉及的设备设施。

（3）通信电源设备：包括交流供电系统、直流供电系统、防雷接地系统、电源管理系统所需要的设备设施以及蓄电池等。

（4）光缆安装工程：包括通信缆线为传输网及业务网等信息传输提供传输介质所有用到的光缆、电缆以及电话线等。

（5）广播会议设备：包括业务系统会议电视网的专用设备和设施。

辅助定额：

通信机房的附属设施：包括防静电地板、配线架、走线架等。

5-3-1　光通信设备

光电传输设备安装的概念不仅仅是干线传输网与路段接入网的设备安装，还包括了数据传输、图像传输和网管设备。可以说，通信系统设备除了程控交换机和电源、会议广播设备以外，涉及的设备安装调试定额，基本都在这一节里。

在省、路段中（分）中心以及基层无人通信站的设备购置清单里，还会有一些工作站（计算机）、服务器、打印机、机柜等机电系统通用的设备。这些设备的安装调试，参见收费、监控系统的"计算机及网络设备安装"一节。

光电传输设备安装定额，大部分是参照国内相关定额制定的，专业性比较强。要注意安装定额名目与实际设备的对应与计算。

设备安装定额比较直观，按照清单配备设备对照定额安装。

下面重点介绍设备的配合测试与定额单位的对应计算。

光电测试中间站配合：按照设计中路段中心（有人站）和无人通信站的数量相加，以站为单位计入。

安装测试光端机、电端机：定额单位为"1 端"，光端机设备数量按"对"提供时，1 对为 2 端。

安装测试 ADM 端机复用设备、再生中继器设备：定额单位为"端"，设备数量对应为"套"。

网管系统站点调测：网管系统担负着通信系统设备、业务的运行状态、性能进行监视、监测和控制,具有性能管理、故障管理、配置管理、统计管理、安全管理等功能。该项测试按照所有站点总和计入。

数字公务系统运行试验:计算方式与网管系统站点调测相同。

5-3-2 程控交换机

程控交换机也称为数字程控交换机。它是以计算机程序控制电话的接续,完成控制、接续等工作的电话交换机(图5-142)。其基本功能主要为:用户线接入、中继接续、计费、设备管理等。

a)

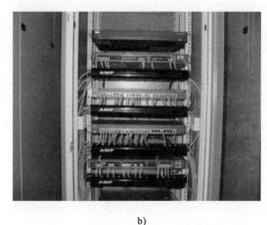
b)

图5-142 程控交换机

高速公路程控交换机主要功能如下:
(1)高速公路通信网内业务电话(BT)、指令电话(CT)和传真机(FAX)等业务。
(2)提供市话和国内长途自动接续业务。
(3)中继汇接、选择路由和号线连选。
(4)提供话务台服务和计算机话务员。
(5)提供用户服务等级分类。
(6)会议电话功能。
(7)指令电话功能。
(8)数字电话功能。
(9)提供自动测试功能。
(10)话务量统计功能。

本章定额包括程控交换机安装、调试,中继线调试,外围设备安装、调试和紧急电话系统设备的安装、调试。

1. 程控交换机安装调试

定额中按照程控交换机的装机容量,从300用户线以内至2000用户线以内,分别按照设计提供的设备容量选择定额进行计算。超出2000用户线部分,按照每增计1000用户线定额计算。

2. 中继线调试

交换机的电话线路多统称为中继线。

3. 模拟中继线测试

模拟中继线就是用普通电话线来传输语音和信息,用于外线对数要求低(一般30对以内)的设备。

4. 数字中继调试(1号信令)

数字中继就是用光纤来传输数字化语音和数据化信号。

信令是在通信网的两个实体之间,传输专门为建立和控制接续的信息。1号信令是我国自主研发的信令,具体适合我国国情的通信标准。目前高速公路通信传输系统中使用该信令的已经不多。

5. 数字中继调试(7号信令)

7号信令是具有独立的信令网络和网内统一的操作规程,用于建立和控制接续的一种共路信令系统,又称为公共信道信令。即以时分方式在一条高速数据链路上传送一群话路信令的信令方式,通常用于局间。与其他信令系统一样,7号信令系统不负责进行具体语音信号的传输,但是它负责协调各种电信设备,使各种电信设备能够准确地建立语音链路,为用户提供服务。7号信令系统采用多功能模块化设计,是一种更加适合数字通信网络的信令系统。目前高速公路通信传输系统中多使用该信令。

6. 数字中继调试(Q号信令)

也称为ISDN-Q信令系统。等效于7号信令系统中的ISUP部分,用于电话交换网络之间的电话接续、综合业务接续、中继链路控制和附加网络功能。Q号信令在高速公路通信传输系统中主要用于对于网管系统的服务。

中继线测试定额单位均为30路。数量的确定,要根据设计的实际设置,咨询具体专业设计人员确定。

7. 外围设备安装、调试

根据设计中配置的程控交换机配备的相应附属设备,逐一安装。

8. 紧急电话设备的安装、调试

紧急电话系统包括紧急电话主控设备、紧急电话分机和传输介质等。

(1)紧急电话主机

紧急电话主控设备设置在路段监控(分)中心或隧道管理站、桥梁管理所。

紧急电话主机有时会与隧道广播主机合并配置。

(2)紧急电话分机

首先隧道段按照监控等级设置紧急电话分机,特大桥主桥段应设置紧急电话,一般避险车道处也应设置紧急电话。

紧急电话分机应设有明显的反光标识。

紧急电话分机在隧道内和隧道口处采用220V供电方式,路侧采用太阳能供电方式。

隧道紧急电话分机宜设置在可容人的预留洞室。预留洞室应配置隔声门,室内应配置照明。

目前,紧急电话采用光缆及无线传输方式,隧道区段宜采用光缆传输。

紧急电话分机应装有避雷元件。紧急电话接地电阻≤10Ω。

5-3-3 通信电源设备

通信系统电源由交流供电系统、直流供电系统、防雷接地系统、电源管理系统等构成。

交流供电系统应采用UPS供电系统对通信网络中的各种网管、维护和计费等终端及其他必要设备提供不间断交流供电。

通信站用直流基础电源电压应为－48V,为传输、接入及程控交换等通信设备提供直流供电。

直流电源由整流配电设备和蓄电池组组成,对通信设备采用集中供电方式供电。整流电源采用高频开关组合电源,应能与蓄电池并联以浮充或均充工作方式向通信设备供电。蓄电池组采用全密封免维护阀控式铅酸蓄电池组。

省级通信中心、路段通信(分)中心、基层无人通信站应配置2组蓄电池,其他基层无人通信站配置1组蓄电池,每组容量应能确保设备正常运行8h以上。

通信电源管理系统应对通信站内通信电源设备集中监控,还可对通信机房的环境等进行智能集中监控,以实现对通信站电源的遥控、遥测、遥信功能,数据处理功能,告警功能,系统查询功能和统计报表功能。

电源管理系统由电源监控模块、电源管理计算机及相关软件等组成(图5-143)。电源管理计算机应设置于路段通信(分)中心,宜与传输系统网管终端结合设置。

本节定额包括直流电源安装和蓄电池安装两部分内容。

图5-143 通信电源设备

(一)电源安装

整流电源由多组同规格整流模块并机工作,根据通信站设备供电负荷的要求计算容量。

高频开关组合电源包括:电源监控板,连接电缆,2.2m 机柜,内置电源模块,高频开关模等。安装工作内容包括:开箱检验,清洁搬运,画线定位,安装固定,调整水平,安装附件,绝缘测试,通电前检查,单机主要电气性能调试,整流器、线路故障检测及各种信号告警特性、并机性能测试等。

具体为:

高频开关电源(ATX):整机安装。

安装组合开关电源基本单元:机内组件安装。

安装高频开关整流模块:按照电源内具体模块数量安装。

开关电源系统调试:安装后的整机调试。

(二)蓄电池安装

所谓蓄电池,即是储存化学能量,于必要时放出电能的一种电气化学设备(图 5-144)。

图 5-144 蓄电池

全密封免维护阀控式铅酸蓄电池组正常使用时,保持气密和液密状态,防燃防爆。充电时,应抑制其内部产生的酸雾向外部泄放。完全充电状态后,应能承受过充电的能力。能够在环境温度 -15~45℃ 条件下使用。蓄电池在使用寿命期间,正常使用情况下无须补加电解液。

安装工作内容:开箱检查,安装加固;支架补刷耐酸漆;电池安放,电池标志,调酸注液,充电放电电流控制,电压测试,自动升压充电和升压充电持续时间的控制;测试记录,清理整理。

具体为:

防振支架(单层、双层、单排、双排、3~4 层):按照电池的数量和排放方式选择定额。定额里不包含支架本身。

安装蓄电池柜:定额中不含电池柜,仅含安装。

铺橡胶绝缘垫:定额单位为 $10m^2$,定额主材按照 kg 计价,如按照 m^2 购入,可抽换材料数量和单价。

蓄电池安放:分为 200A·h 以内和 500A·h 以内两档。按照设计选取的电池容量选取应用定额。注意:定额中已包含电池标志及调酸注液,蓄电池组报价中不必再计入该项费用。

5-3-4 广播、会议设备

此节主要包括有线广播、视频会议设备和会议音频专用设备。

(一)有线广播系统

有线广播系统包括有线广播主控设备、功放设备、扬声器和传输介质等。

有线广播主控设备应设置在路段监控(分)中心或隧道管理站、桥梁管理所,宜与紧急电话主控设备共用一套软硬件平台。

隧道监控等级为 A+、A、B 等级的隧道应设置有线广播系统,隧道监控等级为 C 等级的隧道可设置有线广播系统。隧道段有线广播扬声器设置在隧道洞外入/出口处,洞内宜每隔50m设置一台,遇车行横洞、人行横洞与紧急停车带时应适当加密。

特大桥主桥区段设置有线广播,桥上沿上下行行车方向按照 30~40m 的间距设置 1 对,宜利用上、下行行车方向右侧的路侧灯杆安装。

注:所指的"特大桥"应为一个独立项目进行申报审批的特大桥工程。

在避险车道处宜设置有线广播。

事故多发地段、长下坡区段、气象恶劣区段、交通量大及互通区段等重点区段,可根据需要设置路侧有线广播系统。

各收费站可根据管理需要设置背景音乐广播系统。

(二)视频会议设备和会议音频专用设备

这两项设备组成,属于通信业务网系统中的会议电视网系统。会议电视系统由省级会议电视系统和路段会议电视系统构成(表5-7)。

会议电视系统参考配置表 表 5-7

管理架构	基本配置	可选配置
省级中心	MCU、GK 会议终端 视频音频输入、输出设备 业务和资源管理、网络管理终端	桌面软件终端 VOIP 网关、应用服务器等
路段(分)中心	会议终端 视频音频输入、输出设备	MCU、GK 桌面软件终端 VOIP 网关、应用服务器 业务和资源管理、网络管理终端等
基层单元	—	会议终端 视频音频输入、输出设备等

省级中心设主会场,配置 MCU(多点控制单元)和会议终端设备;路段(分)中心设分会场,配置会议终端设备,各终端通过 10/100M 以太网传输通道接入 MCU,构建省级会议电视系统。

会议的类型应能满足各自需求,可同时召开多组多点会议,且各组会议之间相互独立、互不干扰等。

(1)应具有会议控制功能,包括会场切换、摄像机控制、音量控制等。

(2)应具有混音功能、多画面功能和更加逼真地模拟出在同一会场的会议效果。

(3)应具有多速率适配功能,不同速率的会议终端应能参加同一个会议,并且系统能根据网络的质量来动态调整会议速率,以达到最佳效果,并优先保证音频质量。

(4)应具有网管功能,网管功能包括:故障管理、性能管理、配置管理、安全管理等。

(5)会场设备(包括话筒、扬声器、摄像机、图像显示设备等)应结合会场情况合理布置,达到最佳视听效果。

(三)有线广播设备安装

设备安装分为隧道和大桥上两部分。

有线广播主控设备一般安装于监控室,负责接入外场有线广播设备、管理和配置有线广播系统,具备友好人机界面,具有广播管理、记录管理、系统检测、安全管理等功能。

广播控制主机、分机分级安装:设备机柜组装,设备间输入输出电平配适,设备间连接线费平衡选择,输入输出阻抗配适,输入输出端子插头连接线正负与地的辨别,供给电源等。

注:广播主控机经常与紧急电话主机合并在一起,安装与设备计价不要重复。

功率放大器安装:是一种有线广播系统中,对音频信号进行功率放大,以驱动广播扬声器的设备(图 5-145),具备检测和控制接口,定压输出。安装工作内容同上。

扬声器安装:是一种发声器件,具备强指向性,可接受定压信号驱动(图 5-146)。安装工作内容:开箱检查外观和阻抗,找相位,按设计坐标方位悬挂。大桥广播扬声器安装分室内、室外。

图 5-145 功率放大器

图 5-146 扬声器

视频会议设备和会议音频专用设备安装:均为室内安装设备。结合会场布置,按照设计设备清单,套用定额计算。

5-3-5 跳线架、配线架安装

(一)配线架

配线架用途主要是用以在局端对前端信息点进行管理的模块化的设备(图 5-147)。前端的信息点线缆(超 5 类或者 6 类线)进入设备间后首先进入配线架,将线打在配线架的模块上,然后用跳线(RJ45 接口)连接配线架与交换机。总体来说,配线架是用来管理的设备,假如没有配线架,前端的信息点直接接入到交换机上,那么如果线缆一旦出现问题,就面临重新布线。此外,管理上也比较混乱,多次插拔可能引起交换机端口的损坏。配线架的存在就解决了这个问题,可以通过更换跳线来实现较好的管理。

配线架作为综合布线系统的核心产品,起着传输信号的灵活转接、灵活分配以及综合统一管理的作用。综合布线系统的最大特性,就是利用同一接口和同一种传输介质,让各种不同信息在上面传输,而这一特性的实现主要通过连接不同信息的配线架之间的跳接来完成。

图 5-147　配线架

(二)跳线架

跳线架和配线架的作用是相同的。

跳线架有 25 对、50 对、100 对、200 对、300 对等多种规格。

配线架主要分为 24 口、36 口、48 口、96 口等几种,全部为 19 英寸机架/机柜式安装。

定额分为跳线架安装 100～400 对;配线架安装 12～96 口。

工作内容:安装跳线架、配线架,卡接双绞线缆,卡线,做屏蔽,校对线序,做标记等。

配线架跳线制作、跳线卡接:

跳线制作:量裁线缆、线缆与跳线连接器的安装卡接、做屏蔽、检查测试等。

跳线卡接:编扎固定线缆,校对线序,卡线,做屏蔽,安装固定接线模块(跳线盘),做标记等。

线管理器:指的是整理线缆、拢线的设施。

5-3-6　通信机房附属设施安装

此节包含通信机房(图 5-148)装修环境、安全等需求的三项安装定额。

图 5-148　通信机房

工作内容和要求：

机房之间为保障强、弱电缆走线方便,应在防静电活动地板以下的墙上预留不小于 200mm×100mm 的洞,防静电活动地板下的强、弱电缆应分别放在不小于 200mm×100mm 的镀锌金属槽内。

缆线可布设在机架顶部的上走线架内,也可布设在防静电活动地板下的金属线槽内。当采用上走线方式时,走线架与机房顶的净空距离应大于 300mm,走线架经过梁、柱时,就近与梁、柱加固。在走线架上相邻固定点之间的距离应不大于 2m。

机房地面应采用防静电活动地板或防静电半硬质塑料地板、防静电地板毡等。

当采用防静电半硬质塑料地板、防静电地板毡时,应预留走线槽。

机房严禁使用木板、纤维板、宝丽板、塑料板、聚氨乙烯泡沫塑料等易燃材料装修。

在底部为防静电活动地板的机房安装设备时,必须首先使机架底座与地面牢固加固,然后再进行设备机架与机架底座间的加固。

机架的安装应端正牢固,垂直偏差不应大于机架高度的 1‰。

1. 安装电缆走线架

所用金属线槽及其附件应采用经过镀锌处理的定型产品。线槽内外应光滑平整,无棱刺,不应有扭曲、翘边等变形现象,并应有产品合格证。镀层应均匀完整,表面光洁,无脱落、气泡等缺陷。

工作内容:固定吊挂支架,组装电缆走道,打孔,补漆,调整水平与垂直,安装固定等。

注:安装电缆走线架适用于上走线安装方式。

2. 安装防静电地板

采用支架和横梁连接后架空的防静电地板。活动地板,亦称装配式地板。

防静电地板铺设高度以 25cm 为宜,活动地板必须进行静电连接。活动地板下的地面和四壁装饰应选用不起尘、不易积灰、易于清洁的饰面材料,同时要求地面材料应平整耐磨。

工作内容:活动地板支撑网、横梁、缓冲垫,防静电通道接地,底板调平,洁净处理,涂防静电蜡等。

3. 制作、安装抗震机座

子架与机架的加固应符合设备装配要求。考虑有利于抗震加固,机房设备宜选用 2200mm 或 2000mm 架高的设备,列内机架应相互靠拢,机架间隙应不大于 3mm。

机房设备排列距离见表 5-8。

机房设备排列距离参考值 表 5-8

名　　称	距离(m)	备　　注
主走道	≥1.3	短机列时
	≥1.5	长机列时
次走道	≥0.8	短机列时
	≥1.0	长机列时
相邻机列面与面之间	1.2~1.4	

续上表

名　　称	距离(m)	备　注
相邻机列面与背之间	1.0~1.2	
相邻机列背与背之间	0.7~0.8	
机面与墙之间	0.8~1.0	
机背与墙之间	0.6~0.8	

注：定额内不含基座本身费用。

5-3-7 光缆工程

此节包括光缆线路敷设、光缆接续、光纤测试、子管敷设、布放电话线等内容。

光缆线路：是指通信站内光缆终端设备到相邻通信站的光缆终端设备之间的光缆路由，以及由外场设备至通信站的光缆路由，由光缆、光纤连接及分歧设备构成。

光缆线路用于通信网络（干线网、接入网）和外场图像、数据的传输介质，可分为主干光缆和辅助光缆。

光传输网中应使用单模光纤，短距离通信宜选用1310nm波长，长距离通信宜选用1550nm波长。光缆结构宜采用松套全填充型方式（图5-149）。同一条光缆内应采用同一类型的光纤。

光缆中光纤数量的配置应充分考虑到联网需求、网络冗余要求、未来预期系统制式、传输系统数量、网络可靠性、新业务发展、光缆结构等因素。

光缆一般采用管道敷设方式，特殊情况可采用直埋或架空方式。

本定额中未包含架空光缆。

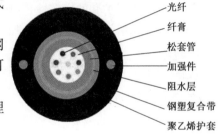

图5-149　光缆构成图

（一）室外管道光缆敷设

定额中包含两种光缆敷设方式：一种适用于塑料管道敷设，另一种适用于硅芯管管道敷设。

光缆护层结构应根据敷设地段环境、敷设方式和保护措施确定。

管道敷设光缆：应选用GYTA、GYTS、GYFTY等结构。管道光缆占用的管孔在管群中的位置应遵从"先左后右""先下后上"的原则。

工作内容：检查光缆，配盘，穿放引线，敷设光缆安装托板，人孔内保护管，盘余长，光缆标记。硅芯管管道光缆采用光缆气流吹缆机敷设。

气吹敷设光缆，是指利用机械推进器把光缆推进管道，同时空气压缩机把强大的气流通过气吹机的密封仓送进管道，形成一种拖拽力促使光缆前行。

（二）室外埋式光缆敷设

埋式光缆与管道光缆不同，应选用铠装光缆；应选用GYTA53、GYTA33、GYTY53等结构。

直埋光缆可以进入管道,管道光缆不可用于直埋。

直埋光缆的施工工序为:测量核定光缆路由走向,开挖缆沟,敷设光缆,回填土,光缆保护,埋设标石。

开挖缆沟:参见电缆敷设中电缆沟挖填定额相关内容。回填土应高出地面10~20cm。如需要铺砂盖砖,参见电缆敷设章节。

敷设直埋光缆:检查测试光缆,配盘,人工抬放光缆,复测光缆,光缆顺序排列,加保护等。接头处预留长度,基站引入时引上光缆要用钢管保护。光缆埋深不足0.5m时,可加以镀锌钢管保护。

(三)室内光缆穿放、连接

室内光缆穿放管槽内,首先要检验管槽是否符合通信行业标准,不得有歪斜、断裂、飞刺等缺陷。管路要采水平垂直方式,不得采取斜穿铺设。槽内不得绑扎接头。

电源线、信号线、光缆不能在同一槽道内穿放。

定额按光缆芯数分为12芯以内、36芯以内和72芯以内三档,定额单位为100m。

1. 布放光缆护套

光缆穿过金属板孔或拐弯处以及其他构造物时,应安装保护套。

要注意光缆保护套的完整性,并按照设计要求留足光缆余量。此外要注意拐弯、管孔、成端等处的光缆预留量。光缆组合外径不应大于钢管有效内径的45%,不应大于塑料管有效内径的75%。

定额中根据光缆护套材质确定材料价格。定额单位为100m,其中已含1%的损耗量。

2. 气流法布放光纤束

即用气体把光纤吹到已铺好的管子里,节省管道资源,加快施工。原理见管道敷设光缆一节。

3. 多模、单模光纤连接

多模光纤传输速度较慢,距离短,但成本较低,多用于局内或地理位置相邻环境下。单模光纤传输频带宽,容量大,传输距离远,但成本较高。这里的光纤连接指的是进入局内光缆与各个设备的连接。光纤通过光纤配线架、光纤连接器引入终接装置。

根据所用光纤模式选用定额,计算出项目中光纤通往各个设备芯数总和计入。定额单位为10芯。

4. 布放尾纤光纤、配线架内跳线(图5-150)

尾纤又叫作尾线,只有一端有连接头,而另一端是一根光缆纤芯的断头,通过熔接与其他光缆纤芯相连,常出现在光纤终端盒内,用于连接光缆与光纤收发器(之间还用到跳线等)。

尾纤分为多模尾纤和单模尾纤。多模尾纤为橙色,波长为850nm,传输距离为5km,用于短距离互联。单模尾纤为黄色,波长有1310nm和1550nm两种,传输距离分别为10km和40km。

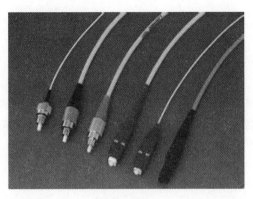 

a)尾纤光纤　　　　　　　　　b)光纤跳线

图 5-150　围纤光纤、光纤跳线

传输系统常用用的尾纤有 SC/PC、FC/PC、LC/PC、E2000/APC、ST/PC 五种接口。

尾纤布放前,要用光源和光功率计测试尾纤的质量。进入配线架前,尾纤要预留弧度。尾纤外部要采用波纹管保护。

采用熔纤机将光纤和光纤或光纤和尾纤连接,将光缆中的裸纤和光纤尾纤熔合在一起变成一个整体,而尾纤则有一个单独的光纤头。通过与光纤收发器连接,将光纤和双绞线连接,接到信息插座。

定额单位为 10 根。

(四)光缆接续

光缆接续:是指两根光缆之间的连接,一般做在野外的接头盒或者交接箱里,即两根光纤用熔接机熔接在一起(图 5-151)。

图 5-151　光缆接续施工

光纤接续的连接点称为光纤接头。光纤接续要求光纤接头的附加损耗小,接头的可靠性高,具有良好的机械性能,保持特性长期稳定;在现场施工又要求操作简单,接续时间短;成本低等。

工作流程:除去套层,包括预涂层和二次涂层;切断光纤,制备端面;轴向校准或调整,对正中心;光纤连接和安装;对接头加以保护;接头的测试和检查。

具体采用的方法有:熔接法、机械法、光缆护套接续法等。

定额中采用的是熔接法。

在实际工程中,光缆接头盒的密封很重要。因为接头盒进水后,光纤表面很容易产生微裂痕,时间长了光纤就会断裂。接头盒的密封,主要是指光缆与接头盒、接头盒上下盖板之间这两部分的密封。

定额按照光缆12芯以内至96芯以内分八档设立,定额单位为10个接头。

1. 光缆成端接头

光缆成端:一般是指光缆到局端后熔接上尾纤,以便与光端机等设备相连接。

工作流程:室外光缆进入机房后,将光缆外护套开剥一定长度,使光纤套管和加强芯裸露出来,进行以下操作:将金属加强芯与ODF架上的接地端子紧固连接,使光缆金属件良好接地,避免雷击;将光纤套管用塑料扎带在ODF机架内绑扎整齐,每个套管对应一个熔纤盘;将光纤套管开剥一定长度,将光纤与尾纤进行熔接,然后将尾纤和光纤在熔纤盘内盘放整齐;将光缆吊牌固定在光缆上面,对光缆进行标识;将光纤各纤芯对应的开放路由填入ODF架上的资料标签,以便维护查找。

定额中光缆成端接头按套计算:从光缆交接箱内放出来几条光缆的芯数之和加上光缆入户成端的(是按设备光纤箱)所需的芯数之和,即为光缆的成端接头的芯数。此数量应由设计人员按照具体图纸设计数量提出。

2. 管道试通

通信管道施工和光缆铺设是两个工程环节。管道施工随道路土建工程进行。通信管道从完工到铺设光缆中间要耽搁一段时间。所以在铺设光缆之前,应对管道的管孔进行清理,以保证管孔的清洁畅通,从而保证光缆敷设的质量。

定额单位以敷设光缆每一管孔的延长千米计。

(五)光纤测试

光纤检测:主要目的是保证系统连接的质量,减少故障因素以及故障时找出光纤的故障点。

光纤链路的现场测试一般可以从这几个方面考虑:设备的连通性、跳线系统是否有效以及通信线路的指标数据等,而通信线路的指标数据一般得借助专业工具进行,目前在工程中常用的是光时域反射损耗测试仪(OTDR)。

定额单位按链路以芯数计算。按照光纤端口至端口计算链路,按照所用到的光缆芯数计算测试总数量。

(六)安装测试光缆终端盒

光缆终端盒(OTB)主要用于光缆终端的固定,光缆与尾纤的熔接及余纤的收容和保护

(图 5-152)。它是在光缆敷设的终端保护光缆和尾纤熔接的盒子,主要用于室内光缆的直通力接和分支接续及光缆终端的固定,起到尾纤盘储和保护接头的作用。

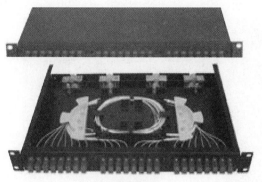
a) 24芯光缆终端盒

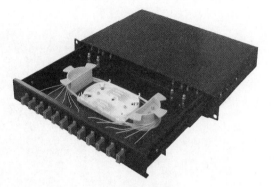
b) 12芯光缆终端盒

图 5-152 光缆终端盒

接头盒的作用是将两段光缆连接起来。终端盒是光缆的端头接入的地方,然后通过光跳线接入光交换机。因此,终端盒通常是安装在 19 英寸机架上的,可以容纳光缆端头的数量比较多。

光缆终端盒不适合于在露天使用,如要使用,应采取保护措施。

光缆终端盒由外壳、内部构件、光纤接头保护件三部分组成。

光缆终端盒所在零件采用的材料应具有防腐性能,如无防腐性能应做防腐处理;其物理、化学性能必须稳定;各种材料之间必须相容,并与光缆护套和配线尾纤护套相容。为防止腐蚀和其他电损害,这些材料还必须与其他设备中所常用的材料相容。

光缆终端盒安装定额分为 20 芯以内至 96 芯以内六档,定额单位按 10 个计入。

5-3-8 人工敷设塑料子管

在塑料管通信管道工程中,一般埋设的塑料套管都在 DN100 以上。由于一根套管内要穿多根光纤,为便于施工,就要在套管内再穿若干根更小的塑料管,以便保护光缆,这些小的塑料管称为塑料子管。

定额中设立敷设 1 根子管和 3 根子管定额;如遇到 2 根子管时,套用 3 根子管定额。

5-3-9 穿放、布放电话线

1. 穿放、布放电话线

分为三档,即 20 对以内、50 对以内和 200 对以内电话线敷设。定额单位为 1000m。

2. 电话组线箱安装

所谓电话组线箱,也叫分接箱,就是集中处理线路接头的箱子(图 5-153)。用法是将多线电缆接入箱内,再以单线的方式接出。

3. 电话出线口

为电话线接入室内的出口,与电话机线相连接(图 5-154)。定额单位为 1 个。

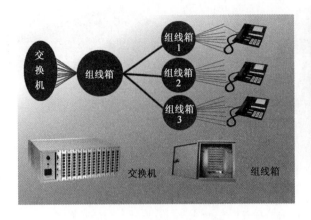

图 5-153 电话组线箱系统图

图 5-154 电话出线口

第二部分:通信管道工程

一、通信管道工程简述

高速公路通信管道的主要用途为高速公路的通信光缆、电缆提供敷设通道,为机电系统联网贯通打下基础。

通信及电力管道工程建设应统筹考虑,做到与公路主体工程相互协调,同步规划、同步设计、同步实施;应与路基、路面、绿化、排水及安全设施等协调配合。

高速公路不得随意挖掘路面和构筑物。因此,在公路工程建设中应掌握好管道施工时机,同步预留预埋通信及电力管道,既能确保公路工程和管道工程质量,又能降低工程造价。

高速公路主干通信管道埋设位置选择依次是:中央分隔带、边坡、护坡道、土路肩或路堑排水沟两侧、硬路肩。

通信管道和电力管道设计和施工中,必须选用符合国家有关技术标准的定型产品和器材。未经国家有关产品质量监督检验机构检验合格的材料,不得在工程中使用。管道材料均应具有相应的国家或行业产品标准,同时具有省部级以上公路水运工程试验检测相关资质的检测机构出具的检测报告。

通信管道工程应积极采用符合国家节能减排的新工艺、新技术、新材料,以保护环境,提高工程质量,延长使用寿命,降低工程造价。

二、通信管道施工及各项定额使用

管道埋深是指管道顶部高程至地面或构筑物表面设计高程之间的距离。地面或构筑物表面可以是中央分隔带、路面、土路肩或护坡道等管道埋设位置处的顶面。

主干通信管道埋设深度应符合表5-9的规定。

主干通信管道埋设深度　　　　　　　　　　　　　　　表5-9

埋 设 位 置		埋设深度(m)
设置排水盲沟的中央分隔带内		排水盲沟之上,但不宜小于0.5
不设置排水盲沟的中央分隔带内	土质	≥0.6
	石质	≥0.4
边坡		≥0.8
护坡道		≥0.8
土路肩或路堑排水沟两侧	土质	≥0.8
	石质	≥0.4
硬路肩	土质	≥0.8
	石质	≥0.6

横穿过路及过中央分隔带开口的通信管道埋设深度应不小于0.8m。

管沟应按设计路由复测后开挖,不得任意改道和偏离。管沟应顺直,沟底应平整,不得呈波浪形。

沟底宽度宜在管群宽度两边各加200mm。石质路段用爆破方法开沟时,沟底宽度一般不宜小于200mm,管沟弯曲半径不应小于10m。

管道沟挖成后必须夯实平整,沟底表面高程应符合设计规定,允许偏差不应大于±10mm。

管沟内杂物清理和通信管道密封性外观检查后,应及时进行回填。回填土应采用普通土,不得含有砾石、碎砖等坚硬物。

中央分隔带管沟应在中央分隔带排水盲沟及防水土工布施工完成、绿化施工之前进行。

5-3-10　塑料波纹管管道敷设

高速公路通信主干管道宜采用塑料管道,以往通常采用的主材主要有高密度聚乙烯(HDPE)管和硬聚氯乙烯(PVC-U)管两种(图5-155)。在高寒地区的特殊环境下,通信主干管道宜采用高密度聚乙烯(HDPE)管;在腐蚀土壤环境下宜采用硬聚氯乙烯(PVC-U)管。在工程中它们也被称作双壁波纹管。

近年来,高速公路塑料管通信管道(图5-156)多采用新的工艺和材料,即多孔管塑料的栅格管和大管中套装的集束管,以及能够直接代替子管密封性能好的硅芯管等。其施工方式与双壁波纹管没有区别,但是节省了敷设塑料子管的工序(塑料子管敷设在"通信系统光缆敷设"章节有介绍)。

其中,硅芯管是一种内壁带有硅胶质固体润滑剂的新型复合管道。具有密封性能好、耐化学腐蚀、耐高低温环境、工程造价低等特点。其工艺优势是可以直接省去大管和子管,采用气吹的方式直接敷设光缆,为目前高速公路较常用的通信管道方式。

a)高密度聚乙烯(HPDE)管

b)硬聚氯乙烯(PVC-U)管

图 5-155　塑料波纹管管道

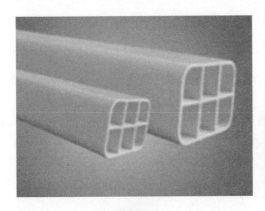
a)格栅管

b)集束管

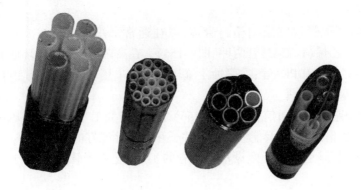
c)硅芯管

图 5-156　高速公路塑料管通信管道

第五章 交通工程及沿线设施

定额使用说明

塑料波纹管管道,包括了从1孔管道到18孔管道的8项定额,基本涵盖了目前高速公路此种管道形式的需求孔数。

无论是高密度聚乙烯(HPDE)管、硬聚氯乙烯(PVC-U)管,还是格栅管和集束管,因为施工方式相同,均可采用此定额计算,只需根据不同材质抽换材料及单价即可。定额单位为1000m,定额材料中包含1%的材料损耗。管材预算单价计算要包括运输至工地现场的运杂费用。施工内容包括:材料检查,管道支架加工,绑扎、锉管内口、铺设、接续,管道试通等。

双壁波纹管接管施工图示如图5-157所示。

图5-157 双壁波纹管接管施工图

注:施工时,双壁波纹管内穿子管,靠人工牵引段长一般不超过160m。栅格管由于管孔已预先做好分格,光缆可不穿子管直接敷设,因此段长可适当增加。根据试验,在高速公路一般靠人力牵引的条件下,段长不超过180m为宜。波纹管及栅格管等接头处应进行包封,接头之间每隔3m绑扎一次。

硅芯管管道,另行采用其他两项定额。以12孔硅芯管为计算基准,每增减1孔管,按照定额5-3-10核增或核减费用。定额单位为1000m,定额材料中包含1%的材料损耗。管材预算单价计算应包括运输至工地现场的运杂费用。施工内容包括:材料运达施工现场应进行外观检测,配盘,封堵端头,沟底平整,埋标石,人孔处防水封口等。

注:硅芯管为气吹工艺穿缆的管道,应进行单盘气闭性能检验。硅芯管在同一地段敷设时,应按色谱顺序排放并分组,并每隔 3~5m 绑扎一次。硅芯布放完后应及时连接。进入人孔的管口应严密封堵。

硅芯管施工如图 5-158 所示。

a) b)

图 5-158 硅芯管施工

5-3-11 钢管管道敷设

钢管管道属于通信管道工程中保护性管道一类,一般用于横穿过路及桥梁、隧道,以及工程条件特殊或地质条件复杂的路段。

高速公路通信及电力管道通常采用的辅材主要有钢管、复合类管道及管箱(桥架)等,材料应根据横穿过路、过桥隧等构筑物情况进行合理选择,隧道内使用的明敷材料均应达到阻燃级别。使用的金属材料,应按工程环境条件、重要性、耐久性和技术经济性等因素,选择适宜的防腐处理方式。

这类管道还包括普通玻璃钢管、玻璃钢加砂管等材料复合类管道和钢塑复合压力管(图 5-159)、孔网钢带聚乙烯复合管、可挠电气导管等结构复合类管道。

镀锌钢管施工如图 5-160 所示。

图 5-159 钢塑复合压力管

第五章 交通工程及沿线设施

图 5-160　镀锌钢管施工

定额使用说明

钢塑复合管敷设定额包括了从 1 孔管道到 18 孔管道的 8 项定额。这种复合类管材有可能出现多种材质，但是安装敷设方式没有区别，均可套用此类定额，只是根据不同材质抽换材料预算单价即可。定额单位为 1000m，定额材料中包含 1% 的材料损耗。管材预算单价计算应包括运输至工地现场的运杂费用。施工内容包括：敷设钢塑复合管，绑扎，试通等。

管道的开挖、回填参考路基土石方相关定额按实计算。钢管需要包封的部分参照本章节有关管道包封及填充的内容，钢管的支撑托架按照配管及铁构件制作安装定额按实计算。

注：钢管接续宜采用套管焊接，两根钢管应分别旋入管箍长度的 1/3 以上，两端管口应锉成坡边，套管长度应为连接管外径的 1.5~3 倍，焊接处应做防腐处理。承插连接处与管道支座边缘的距离应大于 15cm。使用有缝管时，应将管缝置于上方。

5-3-12　管道包封及填充、管箱安装

通信管道的埋设深度达不到要求时，应采用混凝土包封或套管保护。

由于横穿过路及过中央分隔带开口的通信管道存在交叉施工问题，为避免被运输车辆压坏，推荐采用混凝土包封。为使混凝土在管道之间填充形成整体有效的支撑保护形式，提高强度，多孔管道之间的管孔净距不应低于 5cm，包封厚度不应小于 8cm。

暗涵洞、暗通道段通信管道埋设深度小于 0.5m 时，涵洞顶部和渐变段管道应采用混凝土包封，包封厚度不小于 8cm。混凝土包封示意如图 5-161 所示。

桥梁段通信管道，明涵洞、明通道段通信管道，应采用管箱（桥架）或套管等保护方式。通信管道管箱如图 5-162 所示。

管道在桥头路桥结合部易产生不均匀沉降，对管道和光缆的危害比较严重，会引起管道变形等问题，因此该过渡段部分宜加强保护（即接头管箱设置）。

常用的管箱（桥架）类型有：玻璃钢管箱、聚氨酯复合桥架（管箱一种）钢制桥架、铝合金桥架和金属线槽等（表 5-10）。

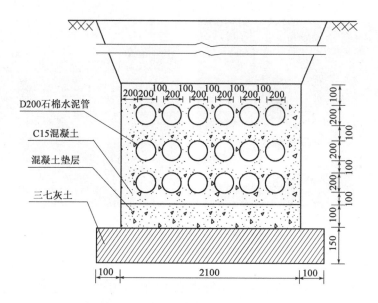

图 5-161　混凝土包封(尺寸单位:mm)

图 5-162　通信管道管箱

桥梁上保护用标准型号管箱(桥架)尺寸　　　　表 5-10

通信管道容量 R(子孔)	横断面：宽×高(mm)
$R \leq 12$	250×150
$12 < R \leq 18$	$306 \times 160 、 310 \times 190$
$R > 18$	根据需要定制

注：通信管道截面积不应超过管箱(桥架)截面积的 50%。

通信管道管箱与桥梁的过渡：桥头搭板段宜采用保护套管或管箱(桥架)进行过渡，并采用混凝土进行包封(图 5-163)。

管箱过桥梁段的另一种方式如图 5-164 所示。管箱与托架如图 5-165 所示(托架的方式有多种，根据实际需要设计)。

图 5-163　管箱与桥梁过渡

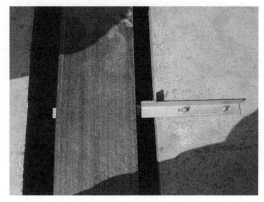

图 5-164　管箱过桥梁段　　　　图 5-165　管箱与托架

定额使用说明

此节定额包括三项:管道填充水泥砂浆、管道混凝土包封和钢管箱安装。

(1)管道填充水泥砂浆:在通信管道工程中一般用于人(手)孔与管孔连接处的空隙密封,或者管孔与其他构造物之间抹缝密封。工作内容包括:拌和、填充水泥砂浆及养护。定额单位为 $10m^3$。交通工程其他工程项目需要用水泥砂浆做密封处理时,也可套用此定额。

(2)管道混凝土包封:通信管道包封为整体四面混凝土,工艺流程为:先铺一层混凝土垫层,再做三面混凝土。工作内容包括:制作、支撑、拆除模板,洗刷管身基础及模板,拌和、浇筑混凝土,养护等。定额单位为 $10m^3$。

(3)钢管箱安装:根据作业面的不同,管箱安装方式有所不同。首先要检验材料的完好性,如是桥梁外挂型管箱,要考虑施工吊篮以及相关安全措施。应做好接头处理、螺栓固定以及接头管箱的处治。定额单位为 10m,材料中考虑了 1% 的损耗量。

钢管箱的安装定额中未包含托架费用。支撑托架按照设计图纸用量,参照金属支架相关定额按实计算。

5-3-13 人(手)孔

人(手)孔的定义:人孔为线路操作人员可进入进行施工、安装及维护的工作空间;手孔为线路操作人员非进入进行施工、安装及维护的工作空间。

人(手)孔应由上覆、四壁、基础及附属配件组成,其尺寸应根据终期管群容量和设置位置等因素确定(表5-11、表5-12)。人(手)孔应为专一管线使用,不得有其他管线穿越。

人(手)孔内部尺寸　　　　　　　　　　　表5-11

名　称	人(手)孔类别	最小净距(m)
长度	人孔	1.5
	手孔	0.6
宽度	人孔	1.0
	手孔	0.6
高度	人孔	1.5
	手孔	0.7

人(手)孔类型　　　　　　　　　　　表5-12

形　式		管道中心线交角	备　注
直通型		<7.5°	适用于直线管道中间设置人孔
三通型		>82.5°	适用于直线管道上有另一方向分支
四通型		—	适用于纵横两路管道交叉点
斜通型	15°	7.5°~22.5°	适用于非直线折点上设置人孔
	30°	22.5°~37.5°	
	45°	37.5°~52.5°	
	60°	52.5°~67.5°	
	75°	67.5°~82.5°	
手孔		—	适用于分支管线且容量较少、走向简单

人(手)孔应具有防水、排水功能,井壁、上覆基础应采用抗渗混凝土或外刷防水材料等方式防水,结合处缝隙、管道预留窗口处应做好抹缝或混凝土封口等防水措施。在具有良好排水条件的地段,应设置排水管,并在排水管入口或出口处设置防鼠装置;在不具有良好排水条件的地段,应设置积水罐,方便检查孔内积水情况,定期抽水排出孔外。

人孔平面宜采用矩形、标准八边形(八边菱形)和转弯形等;手孔的平面宜为方形。

人(手)孔结构要求:①人(手)孔应采用混凝土基础,遇到土壤松软或地下水位较高时,应增设渣石垫层并采用钢筋混凝土基础。②人(手)孔四壁可采用钢筋混凝土、混凝土砌块或砖砌结构。③在纵向和横向建筑场地不允许且易受其他建筑工序干扰和环境损坏的地区,以及地下水位高、土壤冻融严重的地区,人(手)孔应采用钢筋混凝土结构;反之,人(手)孔可采用砖砌结构。④人(手)孔上覆宜采用钢筋混凝土结构。⑤人(手)孔建筑结构所采用的混凝土强度等级不应低于 C20。

施工中的人(手)孔如图 5-166 所示。

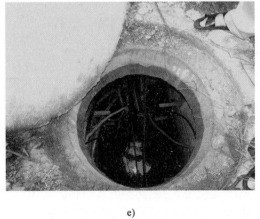

图 5-166 人(手)孔施工

人(手)孔附属配件包含口圈、井盖、积水罐、电缆支架、托板、穿钉、拉力环等,可采用金属材料或复合材料,如图 5-167 所示。

a)铸铁井盖　　　　　　　　b)混凝土井盖　　　　　　　　c)复合材料井盖

图 5-167　人(手)孔附件

定额使用说明

人(手)孔的制作安装内容包括:挖方、填方、夯实、找平、支、拆模板,浇灌混凝土(或砌砖),内部防水,安装上覆、人(手)孔口圈井盖,养护等。

目前,高速公路工程中设置的人(手)孔形式不一,以混凝土浇筑为主,也有砖混和砖砌。体积也会随工程需要有所不同。

人(手)孔制作安装定额,有三种形式:砖砌、砖混和混凝土浇筑,可根据实际工程设计参照计算。定额单位为 1 个。三种形式的人(手)孔各自给定一种规格材料消耗量,如果与设计不符,按照实际发生抽换定额材料数量。

注:1. 砖砌人(手)孔另计混凝土上覆。
　　2. 砖砌手孔中考虑了工程中超小手孔的制作安装。
　　3. 人(手)孔防水工程套用主体工程定额(杂项工程 4-11-4、4-11-5)。
　　4. 人(手)孔的挖填方及夯实套用主体工程挖填定额(1-1-6、1-1-7)。

5-3-14　拆　除　工　程

通信管道工程定额,考虑了近年日益增多的改扩建工程,增加了管道拆除工程定额,包括拆除旧人(手)孔和旧管道。

第四节　通风及消防设施

隧道通风是隧道总体设计的重要组成部分,与隧道长度、纵坡等密切相关。隧道长度增加、纵坡增大会导致通风系统规模增大,运营养护费用相应增加。

隧道通风系统是为减少运营期间汽车排放有害气体和烟雾,还原被污染空气,提高人、车行驶安全的重要设施,并在隧道发生火灾时起到控制烟气流动、保证救援及安全疏散等作用。

5-4-1 射流风机安装

一、射流风机介绍

隧道射流风机有单向射流风机、双向射流风机。双向射流风机有电子式和机械式。对于噪声要求高的场合,可增加消声器,以减少其噪声(图5-168)。

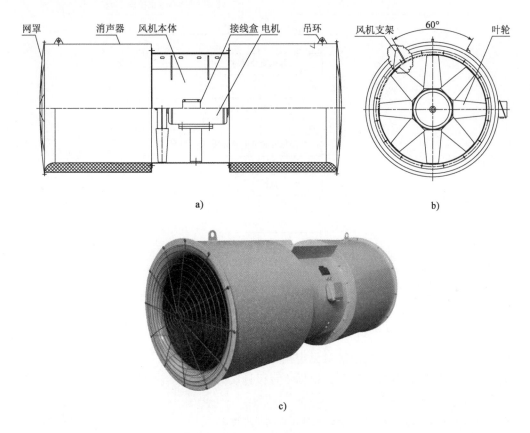

图5-168 射流风机结构图

隧道通风系统的射流风机,通常采用电机直联方式,叶片为铸铝合金机翼型叶片。根据实际应用场合,分为两种系列:SDS单向射流风机和SDS(R)可逆转射流风机,两种风机的叶片均可调节角度。标准的射流风机可根据设计要求及供货厂家产品样本进行选型,也可根据特定的推力要求进行改型设计,通过改变风机轮毂直径、叶片数以及叶片角度等,来满足技术要求。

常见风机的组成部分为:风机段(含机壳、电机/电机支架、叶轮)、外置于机壳上的接线盒、进出口消声器、防护网罩和钟形喇叭口,针对特殊的噪声要求,也可使用消声芯。

射流风机在安装时,支撑位置应处于风机段而非消声器段,消声器与风机采用法兰连接,通常消声器的长度根据技术要求,可分别采用1倍或2倍风机直径的长度。

二、施工工序流程(图 5-169)

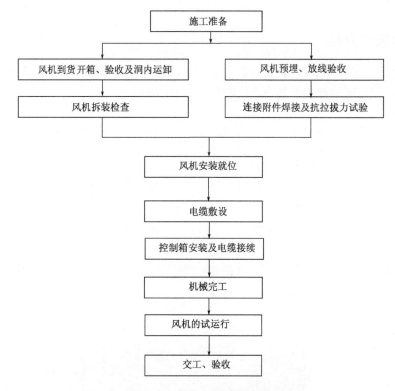

图 5-169 射流风机安装流程图

三、射流风机施工定额说明

公路隧道内射流风机安装定额参见定额 5-4-1。

定额按射流风机数量进行计量。根据工程设计实际需要安装。

定额单位:1 台。

注:部分管道工程及预埋件与公路隧道主体工程同步进行。

5-4-2 风机预埋件

一、风机预埋件介绍

射流风机预埋件是为了风机安装符合国家相关安全规范而预先埋设的相关器件,能够确保风机高速、安全、有效地工作。

风机预埋件大致分为:钢板弯钩、槽钢、弯钩螺栓、风机预埋支架、可挠电气导管等。

1. 钢板弯钩

用于与隧道二次衬砌主筋连接,给风机预埋支架制作打下坚实基础。钢板弯钩直线下端孔处与槽钢、弯钩螺栓连接。

2. 槽钢

用于与弯钩螺栓、钢板直线端开孔处连接,侧面与风机预埋支架焊接。槽钢处于风机预埋支架和钢板弯钩之间,起着承上启下的关键作用。

3. 弯钩螺栓

将钢板弯钩和槽钢连接后再进行焊接,将槽钢、钢板弯钩的连接进行再次加固。

4. 风机预埋支架

用于与风机支架连接及后期风机的安装。

5. 可挠电气导管

可挠金属电线保护套管是一种用于电线、电缆保护套管的新型材料,属于可挠性金属软管,可用于各种场合的明、暗敷和现浇混凝土内暗敷设。由于该管质量轻,强度和绝缘性好,可随意弯曲(不需要工具),并且配有各种附件,施工非常方便,可大幅提高工效,因此在电气安装工程中得到了广泛的应用。可挠电气导管用于风机控制线走线,保护电缆安全,防腐蚀,防漏电。

注:1. 可挠电气导管型号采用 KV-3(80#),预埋管道内均需预留 $\phi 3mm$ 的铁丝,便于穿缆。

2. 隧道内衬砌上的预埋管线预埋深度为 10cm。

二、预埋件施工及各项定额使用

定额中,风机预埋件安装分为安装预埋件和安装预埋钢管两项,如发生可挠性金属管安装,参照配管安装定额。

定额单位:预埋件安装为 1t;预埋钢管安装为 100m(定额中参考钢管直径为 50mm,实际若不同可抽换该材料)。

5-4-3 控制柜安装

一、射流风机控制柜安装

风机控制箱(图 5-170)采用膨胀螺栓或预埋螺栓或水泥固定在隧道壁内预留洞室内。引线在柜体的下面,钢管暗敷,与电缆沟连通,并与电缆支架可靠焊接。

控制箱安装前检查:规格型号与设计相符,内部开关完好,配线美观整齐,箱体外观检查完好,箱体安装后可靠接地,采用螺栓连接,配管采用弯管器加工,采用抱箍与膨胀螺丝固定。控制柜与射流风机安装完成后,应有持证电工安装风机控制电缆。

二、轴流风机变频控制柜安装

变频器控制柜功能主要有:①电源切换与保护。变频柜中设有低压塑壳断路器,与进线电源相连,除能完成接通和分断电路外,可对电路和变频器发生的短路、过载进行保护,并可在维护时切断电源。②启、停控制功能。变频柜面板上设置变频启动,变频停止按钮,用于变频装置的运行控制,便于现场操作。③频率(速度)调整。变频柜面板上设置频率调整电位器,用以控制电机转速。④变频柜面板上设置电压表、电流表、频率表和各种指示灯,实现对变频器输入电压、输出电流、输出频率和各种工作状态的监测。⑤多种控制功能。可根据系统工况,在变频柜面板上设置多种控制按钮和指示灯,如正转、反转、电机增速、电机减速、点动正转、点动反转、手动/自动、紧急停止、变频/工频、PLC 控制,触摸屏等。

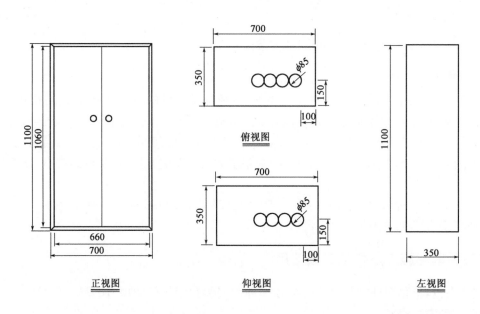

图 5-170　常见控制柜外形尺寸图(尺寸单位:mm)

安装流程:控制柜位置确认→电源端确认→搬运安装→铺设电缆→电缆接线→试运行。

三、控制柜安装定额说明

控制柜安装定额参见定额 5-4-3。
定额按控制柜的数量进行计量。根据工程设计实际需要安装。
定额单位:1 台。

5-4-4　轴流风机安装

一、轴流风机介绍

隧道专用轴流风机也称隧道施工通风机,是专门用于特长隧道中竖(斜)井送排式通风的送风机、排风机,广泛应用于隧道纵向通风的集中送入式、集中排出式、送排组合式通风,也适用于半横向式、全横向式及坑道辅助式通风。

轴流风机广泛应用在高速公路长大隧道中,正常情况时,轴流风机能控制隧道环境中有害气体的浓度;隧道发生火灾时,轴流风机能有效控制风向、风速,排除有害烟雾,满足消防需要。因此,轴流风机是高速公路长大隧道不可缺少的机电设备。

轴流风机构件包括:轴流风机主体、电机(含电加热装置)、整流罩、流线罩、减振器、安装支座、紧固螺栓和其他相关附件。

轴流风机的安装施工主要工作内容包括:设备检查,基础检查,风机安装,消声器安装,集流器、扩压器和软连接安装,风机控制柜安装,配线,调试等。

二、轴流风机安装过程

1. 风机基础

土建基础进行施工顺序如下:定位、放线、挖土、打垫层、支模绑筋、浇筑混凝土、抹面、拆模、回填、放高程线、中心线。

2. 风阀安装

使用倒链及风机房内部电动行车进行倒运、吊装。

3. 风机电机安装

轴流风机电机为全封闭风冷式、鼠笼式、全封闭湿热型的标准产品,是节能型电机,表面有双层环氧树脂涂盖;风机与电机采用直接驱动方式,电机直接暴露于气流中,以达到均衡冷却的目的。电机配有电加热装置,该装置有独立的耐用连接盒,当电机进入工作状态后,该装置能自动关闭。

轴流电机风机安装顺序为:验收基础、初找平找正、一次灌浆、二次灌浆、垫铁大小安装。垫铁大小安装位置应符合规范。

4. 扩散筒,风道安装

使用电动行车或导链吊装扩散筒,风道,现场制作支架支柱,用螺栓 M10×25 连接,结合面用 4mm 厚橡胶条密封。

风管、风口加强筋检查门及法兰均采用工厂预制,电动风阀、伸缩接直接与专业生产厂家订购。风管、直风管、加强筋及法兰下料均一次镀锌委托专业厂家实施(镀锌采用整体冷喷,以避免焊接破坏)。

5. 消声器安装

(1)因消声器体积较大,故采用模块化、模数化到现场用紧固件进行组装。

(2)消声器外壳、框架、底座、法兰及连接件均经过优质防锈处理。

(3)金属壳体式消声器与风机前后渐缩、渐扩管法兰连接,法兰现场钻孔,并加密封条,防止漏声现象。

(4)组装时,按从下到上、从外到内的顺序进行,外壳、顶板最后组装。

(5)组装时,消声器与组合式风阀两者间距应大于 800mm。

(6)在消声片前缘底板上配钻连接孔,上下消声片经连接件相叠后,用抱箍及螺栓连接固定。

6. 集流器安装

集流器是风机的重要辅助部件,与流线罩一起组成渐缩形流道,使气流在此加速,在风机的进口前建立起均匀的速度场和压力场,以降低流动损失,提高风机效率。

风机集流器最常用的有三种形式:圆筒形、圆锥形和圆弧形。

三、轴流风机安装定额说明

公路隧道用轴流风机安装定额参见定额5-4-4。

定额按射流风机数量进行计量。根据工程设计实际需要安装。

注:部分管道工程及预埋件与公路隧道主体工程同步进行。

5-4-5　风机拉拔试验

一、风机拉拔试验介绍

拉拔试验的原理是摩擦作用,通过施加正应力,使筋材与土体之间紧密结合,从而利用彼此界面上的静摩擦力抵抗外力(拉拔力)。

由于风机自身承重1t左右,风机在高速运转过程中,产生的应力会达到风机自重的15倍左右,在这样一个大的压力下,为了确保隧道内行驶车辆或行人的人身财产安全,有必要在风机安装之前对风机的支架进行拉拔试验,从而确保风机的正常运行和安全性。

二、风机拉拔试验步骤

1. 试验依据

(1)招标文件技术规范。

(2)《混凝土结构后锚固技术规程》(JGJ 145—2013)。

(3)《公路隧道通风设计细则》(JTG/T D70/2-02—2014)。

(4)隧道用射流风机拉拔试验经验。

2. 拉拔测试工具

(1)拉拔仪(STML-20 锚杆拉力计)。

(2)测试架1套(自备,加工焊接)。

(3)14号槽钢若干。

(4)备用几块木板或三角木楔(规格:200mm×200mm)。

(5)钢板2块(规格:200mm×200mm)。

(6)梯车、照明灯具等。

3. 拉拔测试步骤

(1)将测试架放置于已焊接完成的风机底座上,调节测试架位置使其放置于风机底座中心,测试架4脚位于风机底座与风机连接螺栓处。

(2)将测试架进行调平,调平完成后在测试架上加垫槽钢,使隧道壁与测试架保留适当的空间来放置千斤顶。

(3)将装配好的拉拔仪千斤顶放置在测试架上,上部顶隧道壁,千斤顶与隧道壁间加垫三角木块,以保证在加力过程中千斤顶保持竖直。

(4)操作卧式手动泵,将千斤顶缓慢顶起,随时观察各焊接部位受力情况,观察压力表,在达到规定数值后,停止操作并维持该压力状态5~10min。

(5)记录测试结果并做出结论。

(6)卸下拉拔仪及测试架,进行下一组测试。

三、风机拉拔试验定额说明

风机拉拔试验是因为风机在高速运转的过程中会产生极大的应力,为了确保风机能安全有效地工作,在风机安装前对风机的各个支架进行不同压力级的拉拔试验。

定额单位:1组风机。

试验内容:测试方式、合格标准、试验仪器及工具材料、制作测试架、人员的安全措施、测试计算方法等。

5-4-6 隧道消防设施

隧道一般处于山区,位于公路咽喉要道,环境密闭,空间相对狭窄,能见度差,一旦发生火灾,扑救困难。必须采取有效的防火与灭火措施,使火灾控制在最低限度。要做到这一点,隧道内必须配备强而有效的灭火设施。

一般隧道按长度分为三类,分别配备相应的灭火设施。

第一类为500m以下,称为短隧道(C级),设置手提式灭火器;

第二类为500~1000m,称为中隧道(B级),设置供水设备、室外消火栓、水泵接合器、水灭火及手提式灭火器;

第三类为1000m(含1000m)以上,称为长隧道,设置供水设备、室外消火栓、水泵接合器、水成膜泡沫灭火装置及手提式灭火器。

按火灾不同阶段灭火对象的不同,分别配备相应的灭火设施。

第一阶段:火灾初期最初出现在火场的驾驶员及乘客该部分人员最先发现火灾,但一般没有消防经验,要求为这些人提供在刚发生火灾时能够及时扑灭小火的设备及报警设备,主要为消防报警系统、干粉灭火器等。

第二阶段:隧道火灾报警后迅速赶往火场的管理养护人员。该部分人员平时接受一定的消防专业培训,能够操作隧道内一般消防设施,但不属于专业人员。为这些人员配备一些近似专业化但操作轻便的消防设备,主要为水成膜泡沫灭火装置、消火栓等。该部分人员是隧道消防的关键。

第三阶段:当地专业消防机构。该部分人员为专业消防人员,他们携带自备的灭火设备,由隧道现场提供充足的水源。他们接到报警后能在较短时间内驾驶消防车直接赶赴火场,对灭火业务比较精通。为这些人员配备的设施主要为洞口及洞内的给水栓或消火栓等。

一、室内消火栓

室内消火栓是室内管网向火场供水的、带有阀门的接口,为室内、洞内固定消防设施,通常安装在消火栓箱内(图5-171),与消防水带和水枪等器材配套使用。

图5-171 消火栓

(1)定额计算规则:室内消火栓安装,区分单栓和双栓,以"套"为计量单位,所带消防按钮的安装另行计算。其所含内容包括消火栓箱、消火栓、水枪、水龙带、水龙带接扣、挂架、消防按钮安装。

(2)施工内容:预留洞、切管、套丝、箱体及消火栓安装、附件检查安装、水压试验。

(3)每套消火栓包括:一套DN65双出口自动减压稳压室内消火栓,2套25m长、DN65胶里水龙带,2支直径19mm水枪。

消火栓安装:

(1)消火栓通常安装在消防箱内,箱体应符合设计要求,有时也装在消防箱外。消火栓安装高度为栓口中心距离地面1.1m,允许偏差20mm;栓口出水方向朝外,预设置消防箱的墙面相互垂直或成45°。消火栓在箱体内时,消火栓中心距消防箱侧面为140mm,距箱后内表面为100mm,允许偏差5mm。

(2)隧道消火栓安装时,管道及箱体一般采用暗装,在土建砌墙时,预留好消火栓箱洞,当消火栓箱安装就位时,根据高度和尺寸找正找平,使箱边沿与抹灰墙保持水平,再用水泥砂浆塞满箱四周空间,将箱稳固。

(3)消火栓箱位置一般在进隧道右侧,隧道内50m设置一处。

(4)水龙带与消火栓及水枪接头连接,母头跟子头对接扭转。

二、室外地下消火栓(图5-172~图5-174)

地下消防栓是一种室外地下消防供水设施。用于向消防车供水或直接与水带、水枪连接进行灭火,安装于地下,由阀体、弯管、阀座、阀瓣、排水阀、阀杆和接口等零部件组成。

(1)定额计算规则:室外消火栓安装,区分不同规格、工作压力和覆土深度,以"套"为计量单位。

(2)施工内容:管口涂沥青、制垫、加垫、紧螺栓、消火栓安装。

图5-172 地下消火栓地上部分

三、水泵接合器(图5-175)

当发生火灾时,消防车的水泵可迅速方便地通过该接合器的接口与建筑物内的消防设备相连接,并送水加压,有效地解决消防车灭火困难或室内的消防设备因得不到充足的压力导致水源无法灭火的情况。

地上式水泵接合器应距地面0.7m,地下式水泵接合器应距地面0.4m,且不小于井盖的半径。

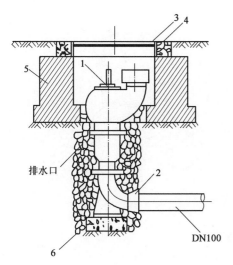
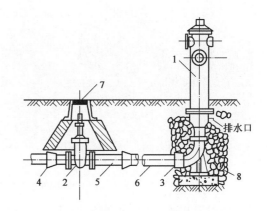

图 5-173 室外地下式消火栓(浅型)
1-地下式消火栓;2-弯管底座;3-井盖;4-井座;
5-砖砌井室;6-C20 混凝土支墩

图 5-174 室外地上式消火栓图(浅型)
1-地下式消火栓;2-阀门;3-弯管底座;4-短管甲;5-短管乙;
6-铸铁管;7-阀门套筒;8-C20 混凝土支墩

墙壁式水泵接合器应距门窗洞口不小于 2m。

(1)定额计算规则:消防水泵接合器安装,区分不同安装方式和规格,以"套"为计量单位。如设计要求用短管时,其本身数量可另行计算。

(2)施工内容:切管、焊法兰、制垫、加垫、紧螺栓、整体安装、充水试验。

(3)水泵接合器安装:

①规格型号应根据设计选定,其安装位置应明显标志阀门位置,应便于操作,接合器附近不得有障碍物,安全阀应按系统工作压力定压,防止消防加压过高破坏室内管网及部件,接合器应安装有汇水阀。

②消防水泵接合器的安装,应与地面垂直,无明显倾斜。

③地上式接合器的接口中心高度距地 700mm,墙壁式水泵接合器的接口中心高度距地 1100mm。

图 5-175 水泵接合器

④地下式水泵接合器的接口顶部距井盖底面 250~400mm。

⑤水泵接合器本体与带座弯管之间应连接一根长度合适的双法兰短管,该短管用钢管制作,内壁应涂防锈漆,外壁应涂沥青防腐。

⑥水泵接合器的带座进水侧,安装控制阀、止回阀、安全阀等组合件,如采用三合一水泵接合器,不需要安装组合件。

四、水流指示器(图 5-176)

水流指示器在消防中用于自动喷水灭火系统,它可以安装在主供水管或横杆水管上,给出某一分区域水流动的电信号,此电信号可送到电控箱,但通常不用作启动消防水泵的控制开关。

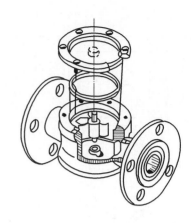

图 5-176　水流指示器

(1)定额计算规则:按不同规格,均以"个"为计量单位。
(2)施工内容:外观检查、切管、套丝、上零件、临时短管安装拆除、主要功能检查、安装及调整。

五、水位标尺

用于消防水池标注水位。
(1)定额计算规则:按不同规格,均以"套"为计量单位。
(2)施工内容:预埋螺栓、下料、制作、安装、导杆升降调整。

六、气压水罐(图 5-177)

(1)定额计算规则:按不同规格,均以"台"为计量单位。
(2)安装在供水系统水泵出口附近。

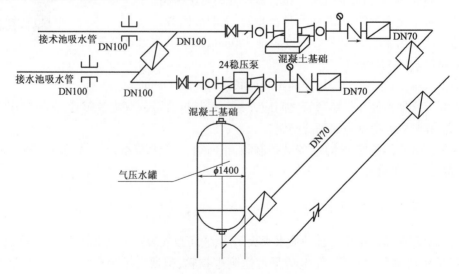

图 5-177　泵房消防给水系统图

七、泡沫比例混合器(图5-178)

(1)定额计算规则:按不同规格,均以"台"为计量单位。
(2)隧道消防等级为一级,安装于隧道消防箱内。

八、温控器

消防智能管道伴热控制监测系统,广泛应用在消防管道、泵体、阀门、槽池及罐体容器的伴热、防冻和防凝等电伴热系统中。与电伴热系统实现智能调控,真正做到安全、节能、可靠以及无人值守。消防专用温控智能化配电箱如图5-179所示。

技术要求:
(1)电伴热材料的应用必须符合电气规范要求。
(2)电伴热智能防冻控制技术要符合热工设计。
(3)电伴热控制和配电必须有:温度调节、漏电保护、接地保护、过流过压保护。
(4)确保电伴热冬季处于待命状态,运行结束后确保系统运行关闭。

图5-178 泡沫比例混合器

图5-179 消防专用温控智能化配电箱

九、伴热电缆敷设

1. 安装条件

伴热电缆安装应在主体工程完成后进行,即在伴热电缆安装处的上空不再进行焊接、吊装等操作,以避免砸伤损坏,确认需要伴热的管道或设备已经试漏,清扫,其表面的毛刺、尖锐或边状突起均已打磨平整。

2. 安装步骤

伴热电缆应按管道长度分布,以免物料在无伴热电缆处降温凝结,伴热电缆的长度应长于被伴热管道。安装时,应校验所用伴热电缆长度(包括并联的各分支总长度)是否超过设计长度或允许的最大使用长度。敷设时,应尽可能使伴热电缆平整地紧贴在管道或容器表面,用聚酯带或铝箔胶带固定,严禁用细丝捆扎,胶带间距小于30mm,如遇法兰、阀门等尖锐突起部分,应注意保护。在水平管道上安装时,可敷设在管道下部45°处,伴热电缆安装时,允许多次交叉重叠,但尽可能减少扭曲。为强化伴热效果,可在伴热电缆的外边粘贴一层铝箔胶带,在容器上安装时,伴热电缆应缠绕在容器的中下部,通常不超过2/3。安装完成后,应对每根伴热电缆进行绝缘测试,伴热电缆线芯与管道或容器间的电阻不得小于20MΩ,否则应找出原因后再接电源和保温,此测试应多次进行。测试结果应记录备查。

3. 电气连接

首先检查各分电源线的截面应略大于伴热电缆的线芯截面,总电源线应能承载伴热电缆总和在最低环境温度的总电流,每根伴热电缆应有自己的开关、熔断器或单极断路器。在剥伴热电缆线芯时,应避免断股减少截面,引起过载。

(1)伴热电缆与电源盒的连接:在易燃易爆场合,必须采用配套的防爆电源接线盒,一般场合可直接将伴热电缆接至闸刀开关上,也可将导线绞结或焊接后用快干硅胶和热缩套管密封,绞结处不得短于30mm,焊接处不得短于10mm。

(2)伴热电缆的分叉:在易燃易爆场合,必须采用配套的防爆直型接线盒,一般场合也可以采用绞结或焊接。

(3)伴热电缆的接长:在易燃易爆场合,必须采用配套的防爆直型接线盒,一般场合也可以采用绞结或焊接。接长时请注意不得超过最大使用长度。

(4)终端:在易燃易爆场合必须采用配套的终端密封盒,一般场合也可采用快干硅胶和热缩套管密封。任何情况下均严格禁止将尾部线芯连接。

(5)电源接线盒:T形、直型接线盒,终端均可用卡箍或尼龙扎带紧固在管道上,盒内的防水胶垫不得遗漏,盒内接线处应用快干硅胶防水,在做保温时应将接线盒置于保温层内,但必须在保温层处留下相应的标记。

十、管道保温

管道保温材料常用的有岩棉管壳、玻璃棉管壳、橡塑管壳等(图5-180)。常见管道保温规格见表5-13。定额计算规则:以"m²"为计量单位。

a)岩棉管

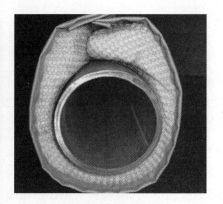
b)管道保温用防腐硅胶布

图5-180 管道保温用防腐硅胶布

常见管道保温规格 表5-13

规格型号 （mm）	工作钢管外径×壁厚 （mm）	外套钢管外径×壁厚 （mm）	单位质量 （kg/m）	保温层厚度 （mm）
57/219	57×3.5	219×6.0	36	60
76/273	76×4.0	219×6.0	47	65
89/273	89×4.5	273×6.0	50	70
108/325	108×4.5	273×6.0	67	70
133/377	133×4.5	325×7.0	79	80
159/377	159×6.0	377×7.0	88	85
219/478	219×6.0	377×7.0	118	100
273/529	273×6.0	478×7.0	130	105
325/529	325×7.0	529×7.0	178	125
377/720	377×7.0	630×8.0	239	140
426/820	426×7.0	720×10.0	273	140
478/820	478×7.0	820×10.0	287	140
529/920	529×7.0	920×10.0	315	165
630/920	630×8.0	1020×10.0	372	165
720/1220	720×10.0	1220×12.0	533	17
820/1220	820×10.0	1220×12.0	558	170

十一、隧道洞室门

隧道内人行通道、车行通道、室外消火栓、配电横洞等设置洞室门。

根据不同用途按照不同尺寸，以 m^2 为计量单位。

5-4-7 消防管道安装

消防管道是指用于消防方面，连接消防设备、器材，输送消防灭火用水、气体或者其他介质的管道材料（图5-181）。

图5-181 消防管道

由于消防管道常处于静止状态,因此需要有较好的耐压力、耐腐蚀、耐高温性能。消防管道的厚度与材质都有特殊要求,并应喷红色油漆。

工艺流程:安装准备→干管安装→消火栓及支管安装→水流指示器、消防水泵、高位水箱、水泵结合器安装→管道试压→管道冲洗→节流装置安装→报警阀配件、消火栓配件、喷洒头安装→系统通水试验。

一、水灭火系统镀锌钢管安装螺纹连接(图 5-182)

(1)管道安装按设计管道中心长度,以"m"为计量单位,不扣除阀门、管件及各种组件所占长度。定额单位为 1000m,定额材料中包含 2% 的材料损耗。

(2)施工内容:切管、套丝、调直、上零件、管道安装、水压试验。

二、水灭火系统镀锌钢管安装法兰连接(图 5-183)

法兰连接就是将两个管道、管件或器材,先各自固定在一个法兰盘上,然后在两个法兰盘之间加上法兰垫,最后用螺栓将两个法兰盘拉紧使其紧密结合起来的一种可拆卸的接头。

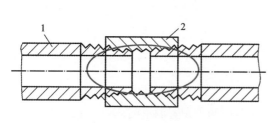

图 5-182 短螺纹连接
1-管子;2-管箍

图 5-183 安装法兰连接图

(1)镀锌钢管法兰连接定额项目,管件是按成品、弯头两端是按接短管焊法兰考虑的,定额项目中包括直管、管件、法兰等全部安装工作内容,但管件、法兰及螺栓的主材数量应按设计规定另行计算。

(2)施工内容:切管、坡口、调直、对口、焊接、法兰连接、管道及管件安装、水压试验。

三、水灭火系统镀锌钢管管道支吊架安装

(1)管道支吊架安装定额中包括了支架、吊架及防晃支架。支架按质量计算。

(2)施工内容:切断、调直、煨制、钻孔、组对、焊接、安装。

四、给水管道安装钢管焊接连接和钢管套管

(1)按设计管道中心长度,以"m"为计量单位,不扣除阀门、管件(包括减压器、疏水器、水表、伸缩器等组成安装)所占的长度。

(2)施工内容:切管、坡口、调直、煨弯、挖眼接管、异径管制作、对口、焊接、管道及管件安装、水压试验。

五、给水管道安装承插式铸铁管(图 5-184)

普通给水铸铁承插管及管件,管与管之间的连接,采用承插式或法兰盘式接口形式;按功能又可分为柔性接口和刚性接口两种。柔性接口用橡胶圈密封,允许有一定限度的转角和位移,因而具有良好的抗震性和密封性,比刚性接口安装简便快速。

(1)按设计管道中心长度,以"m"为计量单位,不扣除阀门、管件所占的长度。
(2)施工内容:切管、管道及管件安装、挖工作坑、融化接口材料、接口、水压试验。

六、给水管道支架安装

与水灭火系统镀锌钢管管道支吊架安装相同。

七、给水管道伸缩器

管道伸缩器是管道连接中对由于热胀冷缩引起的尺寸变化给予补偿的连接件(图 5-185)。管道伸缩器最常用的有两种,一种是橡胶管道伸缩器,另一种是金属管道伸缩器。

图 5-184 承插式铸铁管

图 5-185 管道伸缩器

(1)伸缩器以"个"为计量单位。方形伸缩器的两臂,按臂长的两倍合并管道长度内计算。
(2)施工内容:做样板、筛砂、炒砂、灌砂、打砂、制堵、加垫、煨制、倒砂、清管腔、组成、焊接、张拉、安装。

八、给水管道压力试验

(1)管道压力试验,以"m"为计量单位,定额单位为 1000m。
(2)施工内容:准备工作、制作盲板、装设临时泵、加压、停压检查。

九、给水管阀门(图 5-186)

阀门是管路流体输送系统中控制部件,用来改变通路断面和介质流动方向,具有导流、截止、节流、止回、分流或溢流卸压等功能。用于流体控制的阀门,从最简单的截止阀到极为复杂的自控系统中所用的各种阀门,其品种和规格繁多。

(1)各种阀门安装均以"个"为计量单位。
(2)施工内容:切管、焊接法兰、制垫、加垫、水压试验。

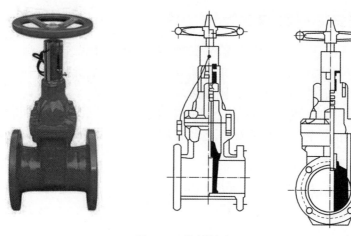

图 5-186　给水管阀门

十、自动排气阀（图 5-187）

在一般情况下，水中约含 2VOL% 的溶解空气，在输水过程中，这些空气从水中不断地释放出来，聚集在管线的高点处，形成空气袋，使输水变得困难，系统的输水能力可因此下降 5%～15%。排气阀主要功能就是排除这 2VOL% 的溶解空气，一般安装在制高点或弯头等处，排除管道中多余气体，提高管道路使用效率并降低能耗。

(1) 自动排气阀安装以"个"为计量单位，已包括了支架制作安装，不得另行计算。

(2) 施工内容：支架制作、安装、水压试验。

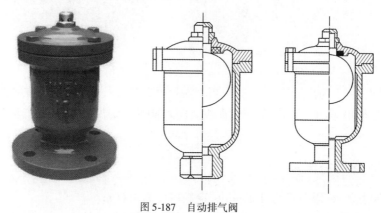

图 5-187　自动排气阀

5-4-8　水泵安装

一、水泵安装（图 5-188）

大多数消防水源提供的消防用水，都需要通过消防水泵进行加压，以满足灭火时对水压和水量的要求。

(1) 水泵安装以"台"为计量单位，以设备质量"t"分列定额项目。在计算设备质量时，直联泵以本体及电机、底座的总质量计算;非直联式泵以本体和底座的总质量计算,不包括电动机质量,但定额中已包括电动机安装。

(2)施工内容:设备本体与本体联体的附件、管道、润滑冷却装置的清洗、组装、刮研;深井泵的泵体扬水管及滤水网安装;联轴器或皮带安装。不包括以下工作内容,以下工作内容须另行计算费用:支架、底座、联轴器、键和键槽的加工、制作;电动机的检查、干燥、配线、调试等;深井泵扬水管与平面的垂直度测量;试运转时所需排水的附加工程(如修筑水沟、接排水管等)。

图 5-188　潜水泵

二、水泵拆装检查

(1)拆装检查水泵以"台"为计量单位,以设备质量"t"分列定额项目。

(2)施工内容:设备本体及部件以及第一个阀门以内的管道等拆卸、清洗、检查、刮研、换油、调间隙、找正、找平、找中心、记录、组装复原。不包括下列内容:设备本体的解体安装;电动机安装及拆装、检查、调整、试验;设备本体以外的各种管道的检查、试验等工作。

第五节　供电、照明系统

高速公路供配电系统:高速公路供、配电系统为高速公路沿线设施,如监控、通信、收费系统设备、养护服务设施及道路照明服务等,目的在于确保其用电的安全、合理和可靠性,确保高速公路安全、通畅、经济、快速、舒适等综合效益最大限度地发挥。

高速公路供配电系统的设计内容可分为:沿线设施供、配电及重点区域道路照明供、配电及隧道设施、照明的供配电。

沿线设施供、配电包括:管理机构设施、养护设施、服务(休息)设施的办公、生活用电。

5-5-1　变压器安装调试

一、干式变压器安装

简单地说,干式变压器就是指铁芯和绕组不浸渍在绝缘油中的变压器(图 5-189)。冷却方式分为自然空气冷却(AN)和强迫空气冷却(AF)。自然空冷时,变压器可在额定容量下长期连续运行。强迫风冷时,变压器输出容量可提高50%。

特点:

(1)安全,防火,无污染,可直接运行于负荷中心。

(2)机械强度高,抗短路能力强,局部放电小,热稳定性好,可靠性高,使用寿命长。

(3)散热性能好,过负载能力强,强迫风冷时可提高容量运行。

(4)低损耗,低噪声,节能效果明显,免维护。

(5)防潮性能好,适应在高湿度和其他恶劣环境中运行。

图5-189 干式变压器

(6)体积小,质量轻,占地空间少,安装费用低。

安装要点:

无外壳干式变压器直接落地安装,四周加保护遮栏;有外壳干式变压器直接落地安装。

此部分安装定额为100kV·A以内至2000kV·A以内,分为6挡。

二、电力变压器干燥

变压器器身主要由铁心和线圈以及绝缘材料装配组成,装配好之后,在加入变压器油之前,一定要经过干燥处理工艺,以去除绝缘材料中的水分和气体,使其含水率控制在产品质量要求的限度之内,以保证变压器有足够的绝缘强度和运行寿命。对高压变压器,要求其绝缘材料的含水率在0.5%以内。电压在3kV以上的变压器都必须进行干燥处理。

干燥处理常用方法:

(1)感应加热法:将器身放在原来的油箱中,油箱外缠绕线圈通过电流,利用箱皮的涡流发热来干燥。

(2)热风干燥法:将变压器放在干燥室中,通入热风进行干燥。

(3)真空干燥法:以空气为载热介质,在大气压力下,将变压器器身或绕组逐步预热到105℃左右,然后开始抽真空处理。

(4)气相真空干燥法:用一种特殊的煤油蒸气作为载热体,导入真空罐的煤油蒸气在变压器器身上冷凝并释放出大量热能,从而对被干燥器身进行加热。此法效率很高,但造价较高,目前只限于在110kV及以上的大型变压器器身干燥处理中应用。

电力变压器干燥安装定额为250kV·A以内至2000kV·A以内,分为4挡。

定额单位:1台。

三、杆上、地上安装变压器

1. 杆上变压器(图5-190)

变压器用支架装设在电杆上,用于用电容量小、负荷分散的场所,分为单杆和双杆。

315kV·A 及以下的变压器可采用杆上安装方式,其底部距地面不应小于 2.5m。

工作内容:支架、横担、撑铁安装,变压器吊装固定,配线,接线,接地。

注:定额中不包括电杆。

图 5-190　杆上变压器

2. 地上变压器(图 5-191)

地上安装的变压器变台的高度一般为 0.5m,其周围应装设不低于 1.7m 的栅栏,并在明显部位悬挂警告牌;10kV 及以下变压器的外廓与周围栅栏或围墙之间的距离应考虑变压器运输与维修的方便,距离不应小于 1m;在有操作的方向应留有 2m 以上的距离;避免行人接近,保证安全距离。

工作内容:开箱检查、本体就位,砌身检查,套管、油枕及散热器的清洗,油柱试验,风扇油泵电动机触体检查接线,附件安装,热铁及齿轮器安装,补充注油及安装后的整体密封试验。

定额单位:1 台。

注:定额中不包含围栏和基础。

图 5-191　地上变压器

3. 组合型成套箱式变电站安装(图 5-192)

组合型成套箱式变电站就是把高压隔离开关、断路器、高压保护装置、计量装置和变压器、低压配电柜装置、补偿装置按一定功率要求搭配组合在一起的成套变配电系统。

图 5-192　组合型成套箱式变电站

目前定额中均为不带高压开关柜的组合型成套箱式变电站安装,分为 3 挡,100kV·A 以内至 630kV·A 以内。

工作内容:开箱,检查,安装固定,接线,接地。

注:1. 不带高压开关柜的箱式变电站的高压侧进线一般采用负荷开关。

2. 定额内不含基础。

3. 地埋式变电站安装套此定额。地埋式变电站是把传统箱式变电站、半地埋箱式变电站完全埋入地面以下,地面不影响使用。

5-5-2　供电设施安装调试

一、控制、继电、模拟及配电屏(图 5-193)

图 5-193　控制、继电、模拟及配电屏

注:模拟屏是一种应用于配电室、变电所和变电站中的电力设备,属于必配装置之一,其主要功能是用于防止电力误操作。模拟屏上有电气主结线图,有能进行操作前预演的手柄和能指示设备状态的指示灯等。

工作内容:开箱,检查,安装,电器、表计及继电器等附件的拆装,送交试验、盘内整理及一次校线、接线。

定额单位:1 台。

二、低压、高压开关柜(图 5-194)

高低压开关柜是接高压或低压线缆的设备,一般变电所都是用高压柜,然后经变压器降压再到低压柜,低压柜再到各个用电的配电箱,即是把一些开关断路器之类保护器件组装成一体的电气设备。外线先进入柜内主控开关,然后进入分控开关,各分路按其需要设置。

分类:①低压抽出式开关柜;②交流低压配电柜;③金属铠装移开式开关柜;④低压固定分隔式开关柜;⑤高压电容器柜;⑥高压开关柜。

定额单位:1 台。

三、断路器

断路器是指能够关合、承载和开断正常回路条件下的电流,并能关合、在规定的时间内承载和开断异常回路条件下的电流的开关装置(图 5-195)。

图 5-194 低压、高压开关柜

图 5-195 断路器

断路器可用来分配电能,不频繁地启动异步电动机,对电源线路及电动机等实行保护,当它们发生严重的过载或者短路及欠压等故障时能自动切断电路,其功能相当于熔断器式开关与过欠热继电器等的组合。

按极数分:有单极、二极、三极和四极等。

按安装方式分:有插入式、固定式和抽屉式等。

工作内容:开箱、检查,安装固定,放注油,导电接触面的检查调整,附件的拆装,接地。

定额单位:1 台。

四、隔离开关、负荷开关

1. 隔离开关(图 5-196)

俗称"刀闸",一般指的是高压隔离开关,即额定电压在 1kV 及其以上的隔离开关,通常简称为隔离开关,是高压开关电器中使用最多的一种电器,它本身的工作原理及结构比较简单,但是由于使用量大,工作可靠性要求高,对变电所、电厂的设计、建立和安全运行的影响均较大。

2.负荷开关(图5-197)

是介于断路器和隔离开关之间的一种开关电器,具有简单的灭弧装置,能切断额定负荷电流和一定的过载电流,但不能切断短路电流。

图5-196　隔离开关　　　　　　　　图5-197　负荷开关

负荷开关主要用于开断和关合负荷电流,也可以将负荷开关与高压熔断器配合使用,代替断路器。由于负荷开关使用方便,价格合理,因此负荷开关在10kV配网系统中得到广泛的使用。

注意事项:垂直安装,开关框架、合闸机构、电缆外皮、保护钢管均应可靠接地(不能串联接地)。运行前应进行数次空载分、合闸操作,各转动部分无卡阻,合闸到位,分闸后有足够的安全距离。

工作内容:检查安装,调整,拉杆配置和安装,操作机构连锁装置和信号装置接头检查,接地。

定额单位:1台。

五、控制台(图5-198)

用于一般供配电设备的调度操控。

定额单位:1台。

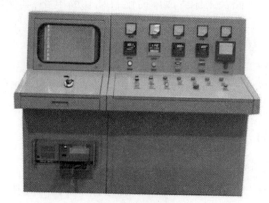

图5-198　控制台

六、同期小屏控制箱(图 5-199)

一般电机等设备的控制箱、启动箱、保护箱等。

图 5-199　同期小屏控制箱

七、小型控制箱(图 5-200)

用于机电设备附属控制箱、柜的安装,如收费称重系统控制箱等安装套用此定额。
工作内容:检查安装,各种电器附件的拆装,送交试验,盘内整理,一次接线。
定额单位:1 台。

图 5-200　小型控制箱

八、电力系统调整试验

本节包括自动开关、断路器、隔离开关、常规保护装置、电测量仪表、电力电缆试验和电缆母线的调试。根据供配电系统设计投入的设备类型,选取相关定额计算。

(1)供电自动投入装置的调试:包括自动装置、继电器及控制回路的调整试验等。

(2)交流同步电动机变频调速:包括变频装置本身、变频母线、电动机、断路器、保护装置等一、二次回路的调试。

(3)电力电缆、电缆母线试验:包括测量绝缘电阻,直流耐压试验,测量泄漏电流。(此项为设备带电缆及母线的测试,定额单位分别为次和根。)

5-5-3 柴油发电机安装

一、柴油发电机组安装

柴油发电机组(图 5-201)是以柴油为主燃料,以柴油发动机为原动力带动发电机发电,把动能转换成电能和热能的机械设备。整套柴油发电机组主要分为三个部分:①柴油发动机;②发电机;③控制器。可进一步细分为底座、柴油发动机、底座油箱、发电机组、控制器(起到控制的作用,也起到保护机组的作用)、散热器(风冷:风扇;水冷:水箱)、静音箱等部件。

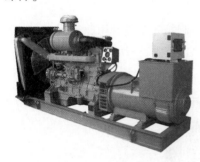

图 5-201 柴油发电机组

柴油发电机组属自备电站交流供电设备的一种类型,是一种小型独立的发电设备,以内燃机作动力,驱动同步交流发电机而发电。它具有机动灵活、投资较少、启动方便等优点。

柴油发电机组一般是由制造厂家装配为成套机组供应;也有的是根据电力负荷及其特性,确定发电机的容量和台数后,再选择驱动发电机的柴油机。燃料系统和起动空气系统的设备可以每台单独配置,也可以多台机组集中配置。

安装要求:

(1)柴油发电机组四周应留不小于 1m 空间,水箱端根据水箱芯子大小留置通风窗。

(2)柴油发电机组地基基础应建在硬土地面上,夯实后,做 200mm 厚的混凝土地面,地面应平整。

(3)用户在建造机房时,应在机组上方屋顶预埋起吊用工字钢(功率 250kW 以内可不要),以备日后维修用。

(4)机房应通风良好,地面应平整、防滑。

(5)机组排气管内径不应小于柴油机排气口直径,弯管不宜超过 3 个,弯管角度应大于 90°,排气管应有支撑或吊装支架,保证机组消音器、增压器等不受力。

(6)机房内应备有灭火器等消防工具。

安装定额包括 8 项,由 30kW 以内至 800kW 以上,根据设计选用的设备容量分别套用。

二、柴油发电机组体外排气系统安装(图 5-202)

排气系统包括排气管、燃油箱、机油箱。作用是将废气安全地排放到户外,并使废气、噪声等远离建筑物和人群。

为了输出额定功率,整个排气系统的排气背压不应超过柴油机性能数据所规定的极限值。每台发电机组排气管路必须独立并单独引出室外。

图 5-202　柴油发电机排气系统

定额安装分为 4 档,分别按照发电机组容量划分。

注:定额中不含排气管材。

工作内容:清点材料,丈量尺寸,排气管加工套丝(或焊接),焊法兰盘,垫石棉垫,安装固定(含吊挂),安装波纹管及消音器等。

三、安装燃油箱

柴油发电机组的油箱在系统中主要起储油作用,也具备散热、分离油液中的气泡、沉淀等其他作用。

油箱中安装有很多辅件,如加热器、阻火器(易燃易爆场合)及液位计等。

四、安装机油箱(图 5-203)

不同型号的发电机组,有相应标准的油箱和供油系统,也可根据用户的要求设计成各种容量的分立式油箱。

图 5-203　机油箱

安装燃油箱、机油箱工作内容:检验清洁,安装支架,安装固定箱体、油泵,系统调试等。

注:定额中不含油箱及其辅材。

5-5-4　母线、母线槽等安装

一、带形铜母线、铝母线安装(图5-204)

母线就是汇集分配电流的线路。带形母线是一种成带形的汇流排。母线按其材质分为铜质、铝质等。带形铜母线即为铜质材料制成,带形铜母线的安装连接采用氩弧焊机。带形铝母线是采用铝质材料制成,其安装方法基本上与带形铜母线相同。

配电柜之间接同一个电源时就用母线串联。以"10m/单相"为定额单位。安装定额中不含母线本身。

a)铜母线

b)铝母线

图5-204　铜母线、铝母线

硬母线安装预留长度计算表见表5-14。

硬母线安装预留长度计算表　　　　表5-14

序　号	项　目	预留长度(m)	说　明
1	带形、槽形母线终端	0.3	从最后一个支撑点
2	带形、槽形母线终端与分支线连接	0.5	分支线预留
3	带形母线与设备连接	0.5	从设备端子接口算起
4	多片重形母线与设备连接	1	从设备端子接口算起
5	槽形母线与设备连接	0.5	从设备端子接口算起

二、带形铜母线、铝母线引下线安装

引下线是连接用电器与接地线之间的线,带型引下线是指由主母线向下垂直与各种开关连接的小母线。以"10m/单相"为定额单位。软母线安装预留长度计算表见表5-15。

软母线安装预留长度计算表　　　　　　　表 5-15

序　号	项　目	预留长度(m)
1	耐张	2.5
2	跳线	0.8
3	引下线、设备连接线	0.6

工作内容:平直,制作,安装固定,刷相色漆。

三、插接式封闭母线槽安装

封闭式母线简称"母线槽"(图 5-205),是由保护外壳、导电排、绝缘材料及有关附件组成的母线系统。它可制成每隔一段设有插接分线盒的插接型母线槽,也可制成中间不带分线盒的馈电型封闭母线槽。

封闭母线有如下优点:①利于标准化,互换性好。②封闭外壳一般采用无磁或弱磁材料,可以减少发热。③将母线封闭,系统抗污秽能力提高,适合于粉尘严重和空气湿度大的地区。

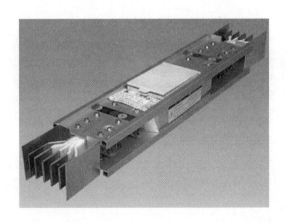

图 5-205　封闭母线槽

安装长度以 10m 为定额单位,根据设计图纸长度计算。

5-5-5　配电箱安装

此节包括了落地式控制箱,成套配电箱,接线箱、盒的安装。

一、落地式控制箱(图 5-206)

此项定额均为半周长为 2m 以内的落地式控制箱安装所用,按照不同负载分别套用。

注:路灯控制箱、称重控制箱、水泵控制箱等落地式控制箱,均可套用此定额。

图 5-206 落地式控制箱

二、成套配电箱安装

成套配电箱就是将开关设备、测量仪表、保护电器和辅助设备组装在封闭或半封闭金属柜中或屏幅上的配电箱,包括了断路器、开关等设施(图 5-207)。一般悬挂式、落地式就是明装,嵌入式就是暗装。

a)成套落地式配电箱

b)杆上配电箱

c)明装配电箱

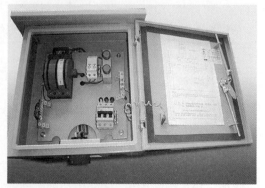

d)悬挂嵌入式配电箱

图 5-207 成套配电箱

成套配电箱安装工作内容:检查安装,校线,画线打眼,接地。
杆上安装工作内容:支架,横担,撑铁安装,安装固定,配线,接线,接地。

三、接线箱、盒安装(图 5-208)

电线穿过电线管,在电线的接头部位(比如线路比较长,或者电线管要转角)就采用接线盒作为过渡,电线管与接线盒连接,线管里面的电线在接线盒中连起来,起到保护电线和连接电线的作用,这就是接线盒。

一般接线盒由盒盖、盒体、接线端子、二极管、连接线、连接器几大部分组成。外壳要具有强烈的抗老化、耐紫外线能力,符合室外恶劣环境条件下的使用要求。

接线箱、盒种类很多,根据需求,大小不同。

工作内容:侧位,打眼,开孔,固定。

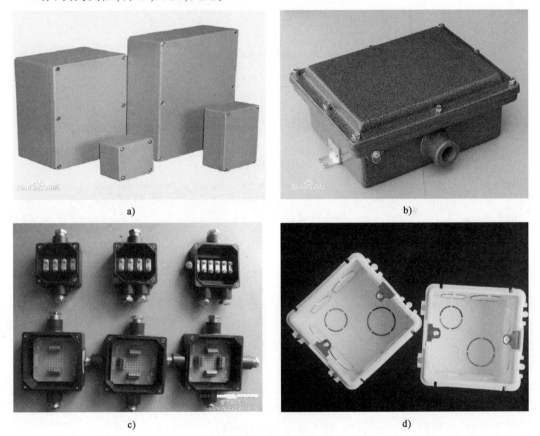

图 5-208　接线箱、接线盒

5-5-6　接地、避雷设施安装

防雷接地分为两个概念,一是防雷,防止因雷击而造成损害;二是静电接地,防止静电产生危害。

此节包括接地极装置、避雷针及引下线安装、防雷装置安装和防雷接地装置测试四部分内容。

一、接地装置

接地装置：是接地线和接地体的总称。

1. 角钢接地极和铜板接地极（图5-209）

接地极，即埋入土中并直接与大地接触的金属导体，也为接地体。

一般角钢及钢管接地极的长度为2.5m，安装时接地极的顶端要在地面下0.7m左右，因为地下0.7m到2.5m这段土壤的电阻率比较稳定（即含水率比较稳定），不会因为干旱或其他原因导致土壤电阻率的变化，而影响接地电阻的变化。

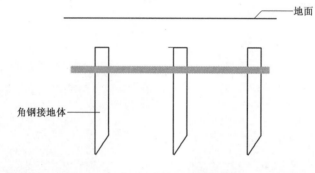

a)角钢接地示意图

b)角钢接地

c)铜板接地

图5-209　角钢接地极和铜板接地极

工作内容：加料加工，卡子制作，打入地卡，刷油防锈。

2. 镀锌扁钢接地母线（图5-210）

接地母线是一端与接地干线连接，另一端与配线架、配线柜、钢管或金属线槽等设施连接的接地线，含明敷暗敷两种。

明敷接地扁钢是指敷设在地面以上，无外保护且与防雷防静电接地网或独立接地极相连接的接地扁钢。用于单体设备、工艺管道或建筑物的防雷防静电设施。明敷接地扁钢四面涂30mm宽度相等的绿色和黄色油漆。

a)接地扁钢母线明敷　　　　　　　b)接地扁钢母线暗敷

图 5-210　接地扁钢母线安装

暗敷接地扁钢是指母线户外敷设,采用地面以下埋地敷设的接地扁钢,其与接地线的连接采用搭接焊。

工作内容:平直断料,测位,打眼,卡子制作,埋卡子,焊接固定,刷油漆。

注:定额中已经包含接地极及扁钢主材。

二、避雷针及引下线安装

避雷针,又名防雷针,是用来保护建筑物、高大树木等避免雷击的装置。在被保护物顶端安装一根接闪器,用符合规格导线与埋在地下的泄流地网连接起来。接闪器可以用铜、镀锡铜、铝、铝合金、热浸镀锌钢、不锈钢、外表面镀铜钢等各种材料制成,只要满足其最小截面和厚度的要求即可。

避雷引下线是将避雷针接收的雷电流引向接地装置的导体,按照材料可以分为:镀锌接地引下线、镀铜接地引下线、铜材引下线(此引下线成本高,一般不采用)、超绝缘引下线。

1. 独立避雷针安装

独立避雷针是指不借助其他建筑物、构筑物等,组装架设专门的杆塔,并在其上部安装接闪器而形成的避雷装置(图 5-211)。

定额中按照不同建筑物高度、水泥杆上、金属杆上安装,分为 3 类 5 项定额。

工作内容:底座制作,组装,焊接,吊装,找正,固定,补漆。

注:按照高度排列的定额中的 20m 以内至 40m 以内,指的是被装避雷针建筑物的高度。

2. 避雷引下线敷设(图 5-212)

避雷引下线应沿建筑的外墙敷设,从接闪器到接地体,引下线的敷

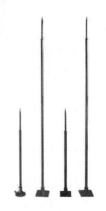

图 5-211　独立避雷针

设路径,应尽可能短而直。

引下线明敷设:调直、与卡子固定。

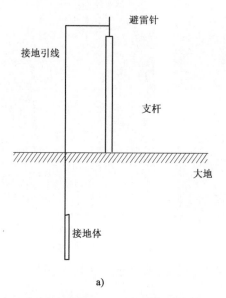

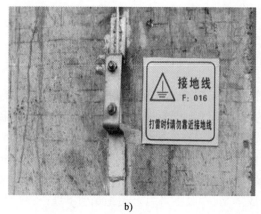

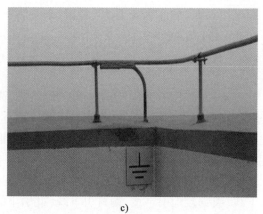

图 5-212　避雷引下线

引下线沿墙或混凝土构造柱暗敷设:先与接地体(或断接卡子)连接好,由下至上展放(或一段段连接)钢筋,敷设路径尽量短而直,可直接通过挑檐板或女儿墙与避雷带焊接。为避免接触电压,在游人众多的建筑物处,明装引下线的外围要加装饰护栏。

注:定额中引下线的敷设高度指的是建筑物的高度。

三、防雷装置安装

1. 防雷接地模块安装(图 5-213)

接地模块是指为了降低防雷线路与地面之间的电阻而配置的设备。传统的接地模块一般是由导电性好的金属材料制成,但随着材料工艺的发展,目前新型的接地模块多是由导电性好的非金属新型材料制造,具有耐腐蚀、使用时间更长久等优点。

接地模块的主体本身是抗腐蚀材料,它的金属骨架采用表面经抗腐蚀处理的金属材料,因此该接地体总体抗腐蚀性能优良,使用寿命达到30年以上。

图5-213 防雷接地模块安装

施工方法:

接地模块可进行垂直埋置或水平埋置,埋置深度一般为0.8~1.0m。

采用几个模块并联埋置时,模块间距不宜小于4.0m。如条件不允许,可适当减小,同时应减小计算模块用量时模块利用系数的取值。

接地模块的极芯互相并联或和地线连接时,必须进行焊接。要求用同一种金属材料焊接,确保连接的可靠性。焊接长度应不小于80mm,不允许虚焊、漏焊。

应在焊接处清除焊渣,涂上一层沥青或防腐漆,以防极芯腐蚀。

坑槽回填应采用细粒土作为填料,不得用碎砖等建筑垃圾作回填料,回填时应分层操作,填料30cm后,适量加水并夯实,再填料、加水夯实,直至和地表齐平。

吸湿72h后,用地阻仪测量工频接地电阻。若未达到预期目标,应分析原因并采取弥补措施。

在寒冷地区,模块应埋在冻土层以下。

注:定额根据模块大小不同分别设立,定额中不含模块本身材料。

2. 三相漏电保安器安装

漏电保安器(图5-214),简称漏电开关,又叫漏电断路器,具有过载和短路保护功能,可用来保护线路或电动机的过载和短路,亦可在正常情况下作为线路的不频繁转换启动之用。

漏电保护器可以按其保护功能、结构特征、安装方式、运行方式、极数和线数、动作灵敏度等分类,一般可分为漏电保护继电器、漏电保护开关和漏电保护插座三种。

3. 浪涌保护器安装

浪涌保护器(电涌保护器)(图5-215),又称防雷器(简称SPD),适用于交流50/60Hz,额定电压220V至380V的供电系统(或通信系统)中,对间接雷电和直接雷电影响或其他瞬时过压的电涌进行保护。

图 5-214 漏电保安器　　　　　　图 5-215 浪涌保护器

SPD 是电子设备雷电防护中不可缺少的一种装置,其作用是把窜入电力线、信号传输线的瞬时过电压限制在设备或系统所能承受的电压范围内,或将强大的雷电流泄流入地,保护设备或系统不受冲击。按用途分可分为电源避雷器和信号避雷器。

对于固定式 SPD,常规安装应遵循下述步骤:

(1)确定放电电流路径。

(2)标记在设备终端引起的额外电压降的导线。

(3)为避免不必要的感应回路,应标记每一设备的 PE 导体。

(4)设备与 SPD 之间建立等电位连接。

(5)要进行多级 SPD 的能量协调。

四、防雷接地装置测试

1. 防雷接地装置测试

工作内容:接地电阻测试,控制装置、电流互感器、继电保护装置、测量仪表以及一、二次回路调试。

定额单位:1 系统。按照设计中接地装置的数量统计。

2. 避雷器防雷测试

工作内容:母线耐压试验,接触电阻测量,避雷器、母线绝缘监视装置,测量仪表以及一、二次回路调试,接地电阻测试。

定额单位:1 组。以设备安装接地母线数量为计算单位。

5-5-7　照　明　系　统

一、高速公路照明系统概述

公路工程照明系统除了包括收费区域、服务区、停车区内的道路照明,收费天棚照明和互通立交的道路照明,还包括隧道照明、路段照明、大桥照明以及大桥景观照明等。

照明系统包括灯具的调压,稳压器安装,灯架安装,立灯杆、杆座安装,高杆灯具安装,照明灯具安装,标志、诱导装饰灯具安装,其他灯具安装共 8 项内容。

1. 有关术语及要求

高杆照明:将一组灯具安装在 20m 及以上灯杆上,进行大面积照明的方式。

中杆(半高杆)照明:将一组灯具安装在小于 20m 但不小于 15m 的灯杆上,进行大面积照明的方式。

低杆照明:将灯具安装在小于 15m 的灯杆上,进行照明的方式。

2. 公路照明等级

一级:车流密度较大,视距条件较差,公路自身条件复杂的照明路段。

二级:车流密度适中,视距条件良好,公路自身条件良好的照明路段。

3. 照明灯具及附属设施

常规路段照明宜采用高压钠灯,不应采用白炽灯,也可采用符合公路照明要求的新型光源,如 LED 光源、无极灯等。公路照明应选用金属灯杆或混凝土灯杆。灯具应具有耐腐蚀和耐候性能。

4. 照明供电安全要求

公路照明配电回路应设保护装置,每个灯具应设有单独保护装置。

高杆灯或安装在高耸构筑物上的照明装置应配置避雷装置。

对照明采用远程控制方式时,照明系统应具有本地控制功能。

5. 隧道照明的一般规定

公路隧道照明设计应包括入口段照明、过渡段照明、中间段照明、出口段照明、紧急停车带照明和横洞照明、应急照明和洞外引道照明及控制。

公路隧道入口段、过渡段、出口段照明应由基本照明和加强照明组成;基本照明应与中间段照明一致。

二、照明系统安装定额说明

1. 调压器、稳压器安装

(1)调压器(图 5-216),简称"电力调整器",把它接在电源和负载中间,配上相应的触发控制电路板,就可以调整加到负载上的电压、电流和功率。

图 5-216 调压器

调压器有两种类型:室内型,安装在室内照明控制柜下端;户外型,可按照用户要求安装,放置在不锈钢的机柜里。

定额分为两档:100kV·A以内和500kV·A以内。

(2)稳压器是一种能自动调整输出电压的供电电路或供电设备,其作用是将波动较大和达不到电器设备要求的电源电压稳定在它的设定值范围内,使各种电路或电器设备能在额定工作电压下正常工作(图5-217)。

图5-217 稳压器

2.灯架安装

灯架指的是杆灯上部灯具支架组合部分(不含灯具),分为固定式和升降式两种,按照灯头的数量分档安装。

灯盘为钢质框架结构,经整体热浸锌防腐处理,要求具有足够的结构强度,可方便拆开,便于安装,所有连接件均为不锈钢材质。

(1)固定式灯盘安装(图5-218)

图5-218 灯盘固定式灯架

工作内容:测位,画线,成套吊装,螺栓固定,配线,焊压包头。

(2)升降式灯盘安装(图 5-219)

升降式主杆高度一般是 18m 以上,电动升降操作方便,灯盘升至工作位置后,能自动将灯盘脱、挂钩。

升降系统采用灯杆内置独立电动卷扬机构,卷扬机设有专门的止动锁定装置。

可通过线控实现 5m 外的远距离操作,断电时要求可以手动操作。

工作内容:测位、画线、成套吊装、螺栓固定、配线、焊压包头、升降传动装置安装、清洗、试验。

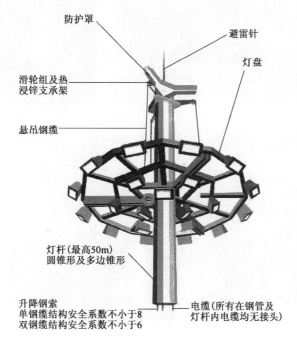

图 5-219 灯盘升降式灯架

3. 立灯杆

照明灯杆采用 Q235 优质钢材经模压成型为棱锥形插接式钢杆,灯具为铝制品。紧固件螺钉、螺母为不锈钢。

定额按灯杆高度分档,从 10m 以内到 40m 以内分为五档。

工作内容:插接式灯杆组合、组立、防水帽安装、补漆。

注:定额中不含灯杆本身费用。

4. 杆座安装(图 5-220)

高杆灯杆座是指高杆灯的埋设基础用以支承和稳定高杆灯的支座,也就是底座,包含地下基础和固定灯杆的构件,也包括灯具的底部装饰件,起加固路灯的作用。

有的路灯底座是用来装饰,款式多样,材料一般有铸铝和铸铁。铸铁和铸铝加工时需要做模具。成型后,还需要对其焊接口进行打磨,然后进行镀锌防腐处理。底座上一般有花纹进行装饰。

混凝土路灯杆底座制作方法:根据需要的外观尺寸和性能要求,先做出模具,然后根据设计的配筋浇筑混凝土,达到一定强度拆模养护即可。

注:定额中不含灯座本身。

图 5-220 灯杆底座

5. 高杆灯具安装

指的是杆灯顶部灯具部分的安装,按照杆灯高度选择定额。

定额中含 10m 以内、15m 以内、20m 以内三种高度,20m 以上杆灯超出部分套用升降式 2m 定额。

6. 照明灯具安装

各种灯具的具体安装,电容器安装已包含在定额内。

其中高压汞灯泡和高压钠灯定额加入了 10m 高空作业车 1.61 台班。如果其他灯具安装在高处,可加入此作业车台班。

(1) 碘钨灯

碘钨灯具有亮度高、寿命长的特点。同普通白炽灯相比,碘钨灯大大减少了钨的蒸发量,延长了使用寿命,提高了工作温度和发光效率。普通白炽灯的平均使用寿命是 1000h,碘钨灯要比它长一半,发光效率提高 30%。功率高、体积小、重量轻是它的主要优点(图 5-221)。

(2)管形氙灯

管形长弧氙灯是新形高亮度照明光源,它的光色接近于日光,电灯不需要整流器,能瞬时启动,使用方便,因此,广泛用于码头、广场、车站、体育场、建筑工地、水电站等处的大面积照明(图5-222)。

图5-221 碘钨灯

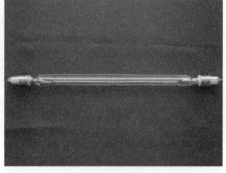
图5-222 管形氙灯

(3)投光灯

投光灯又称聚光灯(图5-223)。通常,它能够瞄准任何方向,并具备不受气候条件影响的结构。主要用于大面积作业场矿、建筑物轮廓、体育场、立交桥、纪念碑、公园和花坛等。因此,几乎所有室外使用的大面积照明灯具都可看作投光灯。投光灯的出射光束角度有宽有窄,变化范围在0°~180°之间,其中光束特别窄的称为探照灯。

图5-223 投光灯

投光灯既可以单个安装使用,也可以多灯组合起来集中安装在20m以上的杆子上,构成高杆照明装置。

为了减轻灯具重量,减少金属材料的耗用,灯具外壳将向耐高温、高机械强度、抗老化的塑料外壳方向发展。

(4)高压钠灯(图5-224)

高压钠灯使用时发出金白色光,具有发光效率高、耗电少、寿命长、透雾能力强和不锈蚀、不诱虫等优点。广泛应用于道路、高速公路、机场、码头、船坞、车站、广场、街道交会处、工矿企业、公园、庭院照明及植物栽培。

图 5-224　隧道高压钠灯照明

与灯泡配套使用的镇流器有电感式镇流器和电子式镇流器两种,如图 5-225 所示。

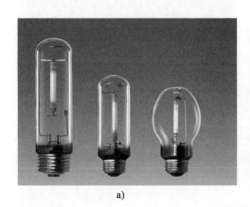
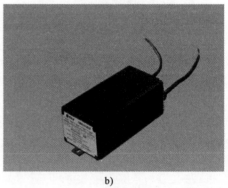

图 5-225　镇流器

(5)LED 灯(图 5-226)

LED(Light Emitting Diode)发光二极管,是一种能够将电能转化为可见光的固态的半导体器件,可以直接把电转化为光。

优点:节能,能耗仅为白炽灯的 1/10,节能灯的 1/4。寿命可达 10 万 h 以上;更加安全;固态封装,属于冷光源类型,不怕颠簸,便于运输;环保。

图 5-226　LED 灯

缺点:如散热不好会影响寿命。初期购买价格较高。

LED 灯前景广阔,目前应用广泛。高速公路隧道照明大部分已经开始应用 LED 灯。

(6)吸顶式单管、双管、三管荧光灯组(图 5-227)

就是常说的日光灯。

7. 标志、诱导装饰灯具(图 5-228)

分别为吸顶式、吊杆式、墙壁式、嵌入式。定额单位:100 套。隧道内各种标识灯箱均套用此定额。

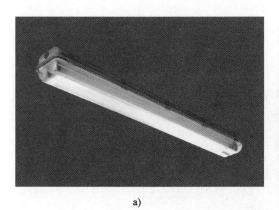
a)

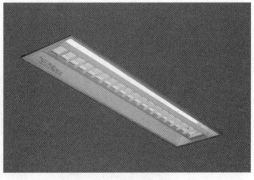
b)

图 5-227　吸顶式荧光灯组

a)吸顶式

b)吊杆式

c)嵌入式

d)墙壁式

图 5-228　标志、诱导装饰灯具

8. 其他灯具安装

利用桥梁护栏设施中所采用的钢管部件作为灯具的安装载体,在该钢管内侧加工出标准方孔及固定螺丝孔,灯具安装其上,灯具安装高度在 1~1.5m 之间。灯具光斑照射角度呈向下倾斜的照射角度,这样光线都集中照射于路面,路面光照很充裕,而灯具高度以上部分没有光照射,也就避免了光污染。同时利用光学原理束缚灯具光束的照射角度,解决来车方向的眩光问题。

桥梁护栏灯的照明功能也适用于各类道路两边有护栏设施的路段,消除了高杆路灯造成的光污染。

(1)成套嵌入式桥栏杆灯(图5-229)

图5-229 成套嵌入式桥栏杆灯

(2)组装嵌入式桥栏杆灯(图5-230)

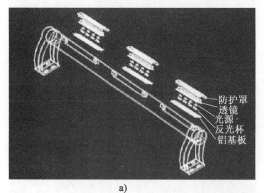
a)

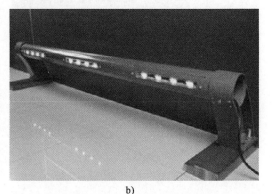
b)

图5-230 组装嵌入式桥栏杆灯

(3)嵌入式密封型地道涵洞灯(图5-231)

a)

b)

图5-231 密封型地道涵洞灯

注意:定额中均已包含灯具,因为各类灯具种类多样,根据实际选用可抽换单价。

第六节 电缆敷设

本节包含交通工程机电系统所有电力工程的电缆敷设相关工程定额。

在选用电线电缆时,一般要注意电线电缆型号、规格(导体截面)的选择。

一、常用电缆介绍

电缆(图5-232)是由一根或多根相互绝缘的导体和外包绝缘保护层制成,将电力或信息从一处传输到另一处的导线。通常是由几根或几组导线(每组至少两根)绞合而成的类似绳索的电缆,每组导线之间相互绝缘,并常围绕着一根中心扭成,整个外面包有高度绝缘的覆盖层。电缆具有内通电、外绝缘的特征。

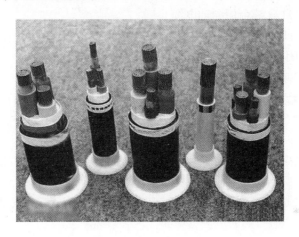

图 5-232 电缆

电缆种类很多,有电力电缆、控制电缆、补偿电缆、屏蔽电缆、高温电缆、计算机电缆、信号电缆、同轴电缆、耐火电缆、船用电缆、矿用电缆、铝合金电缆等等。

一般电缆敷设是指电缆从配电箱出来以后到达用电设备或另一个配电箱的走线方式。比如是沿地沿墙沿顶板暗敷、明敷,走桥架、走电缆沟、走线槽等都是常用的电缆敷设方式,视不同的环境、条件、性质选择合适的电缆敷设方式。

二、电缆常用代码

用途代码:不标为电力电缆,K-(控制缆),P-(信号缆);

导体材料代码:不标为铜(也可以标为 CU),L-(铝);

内护层代码:Q-(铅包),L-(铝包),H-(橡套),V-(聚氯乙烯护套),内护套一般不标识;

外护层代码:V-(聚氯乙烯),Y-(聚乙烯电力电缆);

派生代码:D-(不滴流),P-(干绝缘);

特殊产品代码:TH-(湿热带),TA-(干热带),ZR-(阻燃),NH-(耐火),WDZ-(低烟无卤、企业标准)。

型号中的省略原则:电线电缆产品中,铜是主要使用的导体材料,故铜芯代号 T 省写,但裸电线及裸导体制品除外。

各种特殊使用场合或附加特殊使用要求的标记,在"-"后以拼音字母标记。有时为了突出该项,把此项写到最前面。如 ZR-(阻燃)、NH-(耐火)、WDZ-(低烟无卤、企业标准)、TH-(湿热地区用)、FY-(防白蚁、企业标准)等。

"电线"和"电缆"并没有严格的界限。通常将芯数少、产品直径小、结构简单的产品称为电线,没有绝缘的称为裸电线,其他的称为电缆;导体截面积较大的(>6mm^2)称为大电线,较小的(≤6mm^2)称为小电线,绝缘电线又称为布电线。

三、电缆主要内容

(1)SYV:实心聚乙烯绝缘射频同轴电缆,适用于无线通信、广播、监控系统工程和有关电子设备中传输射频信号(含综合用同轴电缆)。

(2)SYWV(Y):物理发泡聚乙烯绝缘有线电视系统电缆,视频(射频)同轴电缆(SYV、SYWV、SYFV)适用于闭路监控及有线电视工程。

SYWV(Y)、SYKV 有线电视、宽带网专用电缆结构:

(同轴电缆)单根无氧圆铜线 + 物理发泡聚乙烯(绝缘) + (锡丝 + 铝) + 聚氯乙烯(聚乙烯)

(3)信号控制电缆(RVV 护套线、RVVP 屏蔽线),适用于楼宇对讲、防盗报警、消防、自动抄表等工程。

(4)RG:物理发泡聚乙烯绝缘接入网电缆,用于同轴光纤混合网(HFC)中传输数据模拟信号。

(5)KVVP:聚氯乙烯护套编织屏蔽电缆,用途:电器、仪表、配电装置的信号传输、控制、测量。

(6)RVV(227IEC52/53):聚氯乙烯绝缘软电缆,用途:家用电器、小型电动工具、仪表及动力照明。

(7)AVVR:聚氯乙烯护套安装用软电缆。

(8)SBVV:HYA 数据通信电缆(室内、室外),用于电话通信及无线电设备的连接以及电话配线网的分线盒接线。

(9)RV、RVP:聚氯乙烯绝缘电缆。

(10)RVS、RVB:适用于家用电器、小型电动工具、仪器、仪表及动力照明连接用电缆。

(11)BV、BVR:聚氯乙烯绝缘铜芯电缆,用途:适用于电器仪表设备及动力照明固定布线用。

(12)RIB:音箱连接线(发烧线)。

(13)KVV:聚氯乙烯绝缘控制电缆,用途:电器、仪表、配电装置信号传输、控制、测量。

(14)SFTP:双绞线,传输电话、数据及信息网。

(15)UL2464:电脑连接线。

(16)VGA:显示器线。

(17)SDFAVP、SDFAVVP、SYFPY:同轴电缆,电梯专用。

(18)JVPV、JVPVP、JVVP:铜芯聚氯乙烯绝缘及护套铜丝,编织电子计算机控制电缆。

5-6-1 电缆沟工程

一、电缆沟及路面开挖、开槽

(1)人工挖电缆沟:包含普通土、坚土、松砂石、坚石。
(2)人工开挖路面:包含混凝土路面、沥青路面、砂石路面。
注:其中混凝土路面按照150mm和250mm两档计列。
(3)电缆沟开槽:包含砖墙面开槽和混凝土墙面开槽。
注:直埋电缆的埋设深度一般为:10kV电缆不小于0.4m;35kV不小于0.7m;110~220kV不少于0.7m。

二、电缆沟铺砂盖板、揭盖板

(1)电缆沟铺砂、盖砖:按照敷设1~2根电缆和每增加1根两档定额设置。定额单位:1000m。
(2)电缆沟铺砂、盖保护板(图5-233):按照敷设1~2根电缆和每增加1根两档定额设置。定额单位:1000m。
(3)电缆沟揭盖盖板(图5-234):电缆沟揭盖盖板按盖板的边长分为500mm以内、1000mm以内和1500mm以内三档定额设置。

定额单位:1000m。

图 5-233 电缆沟铺砂、盖保护板

图 5-234 电缆沟揭盖盖板

5-6-2 铜芯电缆敷设

本节包含了三种铜芯电缆(图5-235)敷设方式:
(1)水平电缆敷设:按照电缆的截面面积,分为$35mm^2$以内、$120mm^2$以内、$240mm^2$以内三档。
(2)竖直通道电缆敷设:按照电缆的截面面积,分为$35mm^2$以内、$120mm^2$以内、$240mm^2$以内三档。
(3)管道电缆敷设:按照电缆的截面面积,分为$16mm^2$以内、$35mm^2$以内、$120mm^2$以内三档。

图 5-235　铜芯电缆

定额单位均为 1000m。

定额中已包含电缆,工程项目中电缆的种类、规格、型号多样,需按照实际使用电缆的需求,抽换定额中的主材单价。

工程内容包括:开盘、检查、架线盘、敷设、锯断、固定、收盘、临时封头、挂牌。

5-6-3　同轴电缆布放

同轴电缆也是局域网中最常见的传输介质之一,是指有两个同心导体,而导体和屏蔽层又共用同一轴心的电缆。

特点是安装容易,价格较便宜。工程中常见视频电缆,型号有 SYV-75 等。

同轴电缆一般安装在设备与设备之间。在每一个用户位置上都装备有一个连接器,为用户提供接口。

5-6-4　多芯电缆敷设

此节安装定额主要为室内电缆敷设设置。

分为室内槽道中敷设,室内沿架/支架敷设,室内管道中敷设三类。分别按 25 芯以内和 50 芯以内两档。

定额单位:1000m。

5-6-5　电缆终端头、中间头制作安装

电缆接头又称电缆头,电缆铺设好后,为了使其成为一个连续的线路,各段线必须连接为一个整体,这些连接点就称为电缆接头。

它的主要作用是使线路通畅,使电缆保持密封,并保证电缆接头处的绝缘等级,使其安全、可靠地运行。若是密封不良,不仅会漏油造成油浸纸干枯,而且潮气也会侵入电缆内部,使纸绝缘性能下降。

按安装场所可分为户内式和户外式两种。
按制作安装材料又可分为热缩式(最常用的一种)、干包式、环氧树脂浇注式及冷缩式。

一、终端头

电缆线路两末端的电缆接头称为终端头(图5-236),有室内和室外的区别。主要解决电缆终端连接处的绝缘和密封问题。

电缆终端头按芯数分为:单芯终端头、两芯终端头、三芯终端头、四芯终端头(又分为四等芯和3+1)、五芯终端头(又分为五等芯、3+2和4+1)等。

一般一根电缆有两个终端头,一头接入配电箱,一头与设备连接。

二、中间头

电缆线路中间部位的电缆接头称为中间接头(图5-237),即连接电缆与电缆的导体、绝缘屏蔽层和保护层,以使电缆线路连接的装置。一般来说,一盘电缆的长度最好控制在500m以内,对于长度超过500m的电缆最好增设中间接头,一是可以减轻敷设的难度,二是可以减少敷设时电缆的牵引力,防止拉伤电缆,并减轻电缆运输的难度。

图5-236 终端头　　　　　　　　图5-237 中间头

定额中的热缩式电缆终端头、中间头制作安装,适用于户外电缆工程。

终端头按照敷设电缆的截面面积分为35mm^2以内、120mm^2以内、240mm^2以内三档。

中间头按照1kV和10kV电缆各自分别为35mm^2以内、120mm^2以内、240mm^2以内三档。

定额单位:10个。定额中已包括终端头(终端盒)和中间头费用。

工程内容包括:定位,量尺寸,锯断,剥切清洗,内屏蔽层处理,焊接地线,套热缩管,压接线端子,装终端盒,配料浇筑,安装。

三、控制电缆头制作安装

适用于设备的控制电缆终端头和中间头的制作安装。

常用的控制电缆有KVV、KVVR等型号。

定额单位:10个。定额中未包括终端头和中间头费用。

工程内容:定位,锯断,剥切,焊接头,包缠绝缘层,安装固定。

5-6-6 桥架、支架安装

电缆桥架分为梯式、托盘式和网格式等结构,由支架、托臂和安装附件等组成。建筑物内桥架可以独立架设,也可以附设在各种建(构)筑物和管廊支架上。表面工艺有冷镀锌、热镀锌、静电喷涂、防火涂料、烤漆等。

还有一种非标的特殊支架,按照实际发生制作安装。

一、梯式桥架(图 5-238)

梯式桥架是根据国内外相关资料改进设计的,它具有重量轻、成本低、造型别致、安装方便、散热好、透气好等优点,适用于一般直径较大电缆以及高、低压动力电缆的敷设。

二、托盘式桥架(图 5-239)

托盘式桥架是应用最广泛的一种,它具有重量轻、承受荷载大、造型美观、结构简单、安装方便等优点,既适用于动力电缆的安装,也适合于控制电缆的敷设。

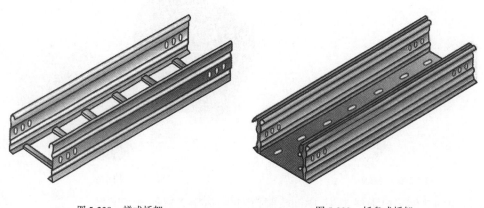

图 5-238 梯式桥架　　　　　图 5-239 托盘式桥架

三、金属支架

金属支架包括工程中根据实际需求制作的各种支架,多用于隧道电缆沟内以及桥上电缆管箱的支撑,内容包括材料加工、制作、安装等。按照实际发生支架的材料总质量,以 t 为单位计算,定额中已包含 0.5% 的损耗。

5-6-7 线槽安装

线槽又名走线槽、配线槽、行线槽(因地方而异),用来将电源线、数据线等线材规范地整理、固定在墙上或者天花板上(图 5-240),一般有塑料材质和金属材质两种,可以起到不同的作用。

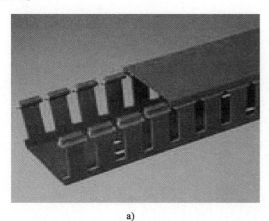
a)

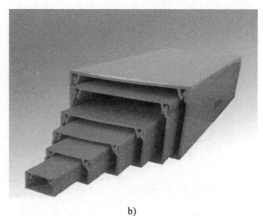
b)

图 5-240　线槽

线槽不同于桥架,桥架一般用于主线,线槽一般用在支线上,或开关箱后电线的敷设。

一般使用的金属线槽规格有 50mm×100mm、100mm×100mm、100mm×200mm、100mm×300mm、200mm×400mm 等多种。

定额中分别考虑了金属线槽和塑料线槽两种。金属线槽分为 150mm 以下、300mm 以下和 300mm 以上三种规格。塑料线槽分为 100mm 以下和 100mm 以上两种规格。

定额单位为:1000m。

金属线槽工作内容:安装线槽及附件,接地,做标记,穿墙处封堵等。

塑料线槽工作内容:测位,安装等。

第七节　配管及铁构件制作安装

5-7-1　配管及铁构件制作安装

一、钢管地埋敷设

除了通信管道中的钢管埋设,机电工程中涉及的埋地钢管均套用此定额。

定额按照钢管口径提供了 32mm 以内至 100mm 以内四种规格的钢管。

定额单位:1000m。

挖沟参见电缆沟定额。

二、钢管砖、混凝土结构暗配

指的是在砖、混凝土结构中预留预埋的钢管,包括在砖、混设备基础内的配管等。

定额按照钢管口径提供了 32mm 以内至 100mm 以内四种规格的钢管。

定额单位:1000m。

三、钢管钢结构支架配管(图 5-241)

是指建筑物为钢结构,无法设置预埋配管,需要支吊架固定的安装方式。

定额按照钢管口径提供了 32mm 以内至 100mm 以内四种规格的钢管。

定额单位:1000m。

四、PVC 阻燃塑料管敷设

分为明敷、暗敷两种形式,分别为口径 50mm 以内和 70mm 以内两种规格。

定额单位:1000m。

五、金属软管安装

金属软管用作电线、电缆、自动化仪表信号的电线电缆保护管,规格为 3~150mm。小口径金属软管(内径 3~25mm)主要用于精密光学尺的传感线路保护、工业传感器线路保护。

(1)穿线软管(图 5-242)

材质为 304 不锈钢或 301 不锈钢,用作电线、电缆、自动化仪表信号的电线电缆保护管,规格为 3~150mm。具有良好的柔软性、耐蚀性、耐高温性、耐磨损性、抗拉性。

图 5-241　钢管钢结构支架　　　　图 5-242　穿线软管

(2)波纹软管(图 5-243)

波纹金属软管大体上由波纹管、网套及接头三大部分构成。波纹管是金属软管的本体,起着挠性的作用;网套起着加强、屏蔽的作用;接头起着连接的作用。内管是具有螺旋形或环形波形的薄壁不锈钢波纹管,波纹管外层的网套由不锈钢丝或钢带按一定的参数编织而成。软管两端的接头或法兰与客户管道的接头或法兰相配。

(3)包塑软管(图 5-244)

包塑金属软管内层采用不锈钢软管或镀锌软管及特殊绝缘处理,外层采用 PVC 原料(抗紫外线、防老化)。有极佳防水性、绝缘性、抗拉性。

安装方式:软管可以水平安装,也可以垂直安装或斜向安装,最理想的状态是垂直安装,严禁扭曲安装。

定额中包含金属软管安装和可挠性金属套管两类,实际上可挠性金属套管就是金属软管。定额中可挠性金属套管分为50号和83号,是机电工程中最常用的两种金属软管(尤其隧道风机安装预埋件中)。除去这两种规格,其他型号可套用"金属软管安装"定额。

定额单位:10m。

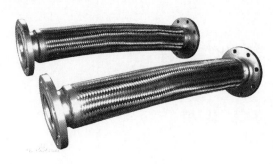

图5-243　波纹软管

图5-244　包塑软管

六、顶管敷设

顶管施工就是非开挖施工方法,是一种不开挖或者少开挖的管道埋设施工技术。顶管法施工就是在工作坑内借助于顶进设备产生的顶力,克服管道与周围土壤的摩擦力,将管道按设计的坡度顶入土中,并将土方运走。

需要配置工作井:顶进井和接收井(即上述工作坑)。

针对不同的地质情况、施工条件和设计要求,选用与之适应的顶管施工方式,如何正确地选择顶管机和配套辅助设备,对于顶管施工来说是非常关键的。

定额使用:定额中考虑的是口径100mm以下,长度20m以内的钢管,采取千斤顶方式施工。若实际工程中不符合以上条件,需另行考虑工程费用计算。

七、铁构件制作安装

此节为机电工程中一些非标、需要现场制作的小型金属构件制定。包括两项定额:接线箱盒制作安装和铁构件制作安装(工程中的一些金属吊架、支架等)。如构件需要镀锌等处理,费用另行计算。

第六章 绿化及环境保护工程

第一节 绿 化 工 程

6-1-1 乔 木 栽 植

【术语构成】

乔木一般是指具有单一主干,在主干离地面有相当高度后才行分枝,且具有一定形态树冠的植物。乔木有落叶与常绿之分,也可分大乔木(指树高 18m 以上者)、中乔木(指树高 9~18m 者)和小乔木(指树高在 9m 以下者)。

常绿乔木(图 6-1)一般泛指能够保持全年继续生长且终年具有绿叶的乔木。这种乔木的叶寿命是两三年或更长,每年都有新叶长出,也有部分脱落,由于陆续更新,所以终年保持常绿,如樟树、紫檀、马尾松、柚木等。

落叶乔木(图 6-2)是指每年秋冬季节或干旱季节叶子全部脱落的乔木,一般指温带的落叶乔木,如山楂、梨、苹果、梧桐等。落叶是短日照引起植物内部生长素减少、脱落酸增加,产生离层的结果。落叶是植物减少蒸腾、度过寒冷或干旱季节的一种适应,这一习性是植物在长期进化过程中形成的。

图6-1 常绿乔木

图6-2 落叶乔木

【施工技术】

1. 工艺概述

乔木栽植包括挖树穴、下基肥、散苗木、栽植、场地清理、浇水。

2. 图解工程(图6-3)

a)挖树穴

b)下基肥

c)散苗木

d)栽植

e)场地清理

f)浇水

图6-3 乔木栽植

3. 工艺流程(图 6-4)

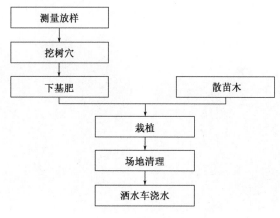

图 6-4　乔木栽植工艺流程图

【定额说明】

本定额内容为公路绿化工程中栽植乔木。定额中已综合考虑挖树穴、下基肥、散苗木、栽植、支撑架搭设、场地清理、浇水等工作,使用定额时不得另行计算。栽植子目中均按土可用的情况进行编制,若需换土,则按有关子目进行计算。死苗补植已在栽植子目中包含,使用定额时不得更改。本定额的工作内容中清理场地,是指工程完工后将树穴余泥杂物清除并归堆,若有余泥杂物需外运时,其费用另按土石方有关定额子目计算。本定额未考虑施工前场地平整工作,场地平整费用另按场地平整定额子目计算。

本定额中的土球直径是指乔木移栽时根部所带泥球的直径;本定额中的胸径是指距地坪1.3m 高处的树干直径。

【工程量计算规则】

按设计栽植的乔木株数计,不考虑苗木成活率,定额中已考虑死苗补植的消耗。

6-1-2　灌 木 栽 植

【术语构成】

灌木是指那些没有明显的主干、呈丛生状态且比较矮小的木本植物,多年生,高度在 6m 以下,并在出土后即行分枝,或丛生地上。其地面枝条有的直立(直立灌木),有的拱垂(垂枝灌木),有的蔓生地面(蔓生灌木),有的攀缘他木(攀缘灌木),有的在地面以下或近根茎处分枝丛生(丛生灌木)。常见的灌木有女贞、小檗、黄杨、沙地柏、铺地柏、连翘、迎春、月季等。

【施工技术】

1. 工艺概述

灌木栽植包括挖树穴、下基肥、散苗木、栽植、场地清理、浇水。

2. 图解工程(图 6-5)

a)挖树穴　　　　　　　　　　b)下基肥

c)栽植1　　　　　　　　　　d)栽植2

e)场地清理　　　　　　　　　f)浇水

图 6-5　灌木栽植

3. 工艺流程(图 6-6)

【定额说明】

本定额内容为公路绿化工程中栽植灌木。本定额中已综合考虑了挖树穴、下基肥、散苗木、栽植、场地清理、浇水等的消耗,使用定额时不应再另行计算。栽植子目中均按土可用的情况进行编制,若需换土,则按有关子目进行计算。死苗补植已在栽植子目中包含,使用定额时不得更改。本定额的工作内容中场地清理，是指工程完工后将树穴余泥杂物清除并归堆，若有余泥杂物需外运时，其费用另按土石方有关定额子目计算。本定额未考虑施工前场地平整工作，场地平整费用另按场地平整定额子目计算。

本定额中的土球直径是指灌木移栽时根部所带泥球的直径；本定额中的株高是指树顶端距地坪的高度。

【工程量计算规则】

分带土球和裸根两种情况，带土球规格参照树苗，本定额的计价工程量按设计栽植的灌木株数进行计算。不考虑苗木成活率，定额中已考虑死苗补植的消耗，不再另行计算。

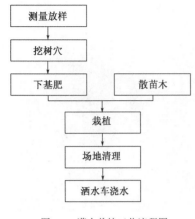

图6-6　灌木栽植工艺流程图

6-1-3　绿 篱 栽 植

【术语构成】

绿篱(图6-7)是指密植于路边及各种用地边界处的树丛带。绿篱因其隔离作用和装饰美化作用，被广泛应用于公共绿地和庭院绿化中。绿篱可分为高篱、中篱、矮篱、绿墙等，多采用常绿树种。绿篱也可采用花灌木、带刺灌木、观果灌木等，做成花篱、果篱、刺篱。

a)高绿篱

b)中绿篱

c)矮绿篱

图6-7　绿篱

【施工技术】

1. 工艺概述

绿篱栽植包括下基肥、散苗木、栽植、场地清理和浇水。

2. 图解工程(图6-8)

a)下基肥

b)散苗木

c)栽植

d)场地清理

e)浇水

图6-8 绿篱栽植

3. 工艺流程(图 6-9)

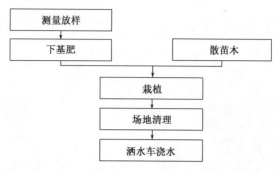

图 6-9 绿篱栽植工艺流程图

【定额说明】

本定额中已综合考虑了挖树穴、下基肥、散苗木、栽植、场地清理、浇水等的消耗,使用定额时不应再另行计算。

本定额中的篱高是指绿篱苗木顶端距地坪的高度。

【工程量计算规则】

本定额的计价工程量按设计栽植的绿篱长度进行计算。

6-1-4　地被栽植(片植)

【术语构成】

本定额为在互通绿化中栽植草皮或种植草籽。其中草皮是一种用于铺设的人工培育的绿色植物。工程中用的草皮、草籽,应品种纯正,无病虫害,符合设计文件要求。

【施工技术】

1. 工艺概述

地被栽植(片植)包括翻土整地、铺草皮、散草皮、场地清理和浇水。

2. 图解工程(图 6-10)

a)翻土整地

b)铺草皮

图 6-10

c)场地清理

d)浇水

图 6-10　地被栽植

3. 工艺流程（图 6-11）

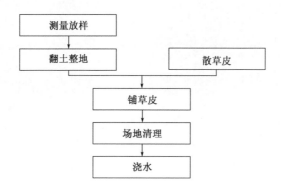

图 6-11　地被栽植工艺流程图

【定额说明】

本定额中铺草皮已综合考虑了翻土整地、散草皮、铺草皮、场地清理等的消耗；播种已综合考虑了翻土整地、施底肥、播种、覆盖、压实等的消耗，使用定额时均不应再另行计算。

【工程量计算规则】

本定额的计价工程量按设计栽植（片植）地被的面积计算。

6-1-6　绿化成活期保养

【术语构成】

本定额适用于绿化植物在成活保养期的杀虫、刷白、修剪等工作。

【图解工程】（图 6-12）

【定额说明】

本定额中已综合考虑了杀虫、刷白、修剪等的消耗，使用定额时不应另行计算。

图 6-12 绿化成活期保养

【工程量计算规则】

本定额的计价工程量乔(灌)木按栽植的株数乘以成活期的月数进行计算,绿篱和地被按栽植的面积乘以成活期的月数进行计算。

6-1-7 苗木运输

【术语构成】

本定额仅适用于苗木的自办运输。

【定额说明】

苗木及地被植物的场内运输已在相关栽植定额中综合考虑,使用定额时不得另行增加。

本定额中已综合考虑了苗木的装车、排放、绑扎固定、运输、卸车、分段堆放等的消耗,使用定额时不应再另行计算。

【工程量计算规则】

本定额的计价工程量乔(灌)木按设计需要运输的苗木株数进行计算,草皮按设计需要运输的面积进行计算。

第七章 临 时 工 程

公路工程建设中的临时工程是为建设工程服务的,它的特点是公路工程建成后,需要全部拆除,并恢复原来的生态面貌。临时工程包括两个方面的内容:一是施工企业进行建筑安装工程施工所必需的生产和生活用的临时建筑物、构筑物和其他临时设施等,以费率的形式计入其他工程费内,常称为小型临时设施;二是临时轨道、临时便道、临时便桥、临时电力和电信线路、临时码头等,可以根据建设工程的实际需要,逐项列入工程造价内,是构成全部建筑安装工程费的一个内容,常称为大型临时工程。本章所指的即大型临时工程。各种临时工程的另一个显著特点是,无具体的服务对象,而是为建设工程项目的全部工程服务的,但在施工过程中又是必不可少的工程设施。临时工程划分原则见表7-1。

临时工程划分原则 表7-1

工程类别	现场设施	临时工程	临时设施
划分原则	指某些工程施工需要配备的专用施工设备和设施	指工程施工需配备的一般通用的、大型的施工设备和设施	指工程施工需要的生产、生活用房屋、盖棚及通用的、小型的施工设备及生活设施

7-1-1 汽 车 便 道

【名词解释】
汽车便道是指为解决施工机具、设备和材料从场外运至施工现场以及其他交通运输问题,而在主体工程施工之前修筑的临时道路设施。

应予修建的便道有两种情况:一是专供汽车运输材料用的,如料场到施工现场,原有道路与新建公路进场的连接线,以及现场范围内必须修建的便道等;二是专供大型施工机械进场用的便道。这两种便道的性质是一样的,只是修建标准有差异。

便道有双车道和单车道两种标准,双车道的路基宽度为7.0m,单车道为4.5m,一般是根据运输任务的大小来确定。如果是长年使用的便道,为保证晴雨畅通,还应加铺路面,同时,应根据使用期的长短,计入养护维修的费用。若只要求"晴通雨不通",或一次性使用的便道,如只供大型施工机械进场用的便道,或运输任务不大的便道,则可修建为单车道且不铺设路面。

【图解工程】(图7-1)
【定额说明】
汽车便道(含错车道)综合考虑挖填土方、压实、修整排水沟等工程内容。
天然砂砾路面综合考虑铺料、培肩、碾压等工程内容。
【工程量计算规则】
按施工组织设计确定的便道长度计算工程量。

图 7-1　临时便道

7-1-2　临时便桥

【名词解释】

临时便桥是指便道在跨沟涉河处必须修建的桥梁,有时在修建大型桥梁时,为两岸运输建筑材料等的需要,也要修建临时用桥。若达不到通行汽车的标准,则不能列入便桥项目内计入工程造价,是属于现场经费中的临时设施费范围的内容。

为了贯彻以钢代木、节约木材的目的,公路工程概算、预算定额只规定了钢便桥一种结构形式。即利用公路装配式钢梁桁节(贝雷桁架)组成,在编制工程造价时,必须贯彻执行,不得变更定额内容或进行抽换。

【图解工程】(图7-2、图7-3)

图 7-2　临时便桥与墩　　　　　　　图 7-3　临时便桥桥面

【定额说明】

定额是按钢便桥和墩分列编制的。

钢便桥是按拖拉法架设的装配式公路钢桥编制的,综合考虑了装配式钢桁架、桥面板、桥座和桥头搭板的拼装、拆除、清理堆放、去污、调刷油漆,以及钢桁架的拖拉、架设、定位和拖拉设备等工程内容。钢桁架系按金属设备考虑的,计列四个月的摊销费用,应根据施工组织设计确定的使用周期,调整定额中的设备摊销费的消耗。

便桥墩是按钢管桩编制的,综合考虑了打、拔桩以及剪刀撑、连接梁、垫木等工程内容。钢管桩为使用一年的消耗量,若实际使用期不同时应调整定额中钢管桩的消耗。

【工程量计算规则】

便桥定额按施工组织设计确定的钢便桥的长度计算工程量。

便桥墩定额按施工组织设计确定的需要设置的便桥墩的座数计算工程量。

7-1-3 临时码头

【名词解释】

临时码头是指当建设工程处在通航地区,为利用水上运输工具进行建筑材料的运输,或桥梁水下施工需要工程拖轮和工程驳船运送材料和构件时,必须修建临时码头才能进行装卸工作。临时码头有重力式砌石码头和装配式浮箱码头两种结构形式,一般应结合当地的实际情况在经济合理的原则下选用。

浮箱码头是由多个钢板做成的浮箱拼组而成,并用钢筋混凝土锚碇进行固定。

【图解工程】(图 7-4、图 7-5)

图 7-4 临时码头施工工艺

图 7-5 临时码头

【定额说明】

重力式砌石码头定额综合考虑了筑拆围堰、挖基、拌运砂浆、搭拆脚手架、砌石、勾缝、养护、设置沉降缝、浇筑混凝土墙顶、回填、碾压以及制作、安装系船柱及防撞设施等工程内容。

装配式浮箱码头定额综合考虑了浮箱的运输、拼装、铺板、拆除以及钢筋混凝土锚碇的预制、运输、抛锚、起锚等工程内容,浮箱按金属设备考虑,定额仅计列了使用 12 个月的摊销费用,应根据实际使用周期调整定额中设备摊销费的消耗。

若施工现场附近有码头可利用不需新建时,其码头的租用费用和维护费用应列入临时码头中。

【工程量计算规则】

重力式砌石码头定额按施工组织设计确定的码头修建长度计算工程量。

浮箱码头定额按施工组织设计确定浮箱码头的面积和锚碇个数计算工程量。

7-1-4 轨 道 铺 设

【名词解释】

临时轨道是指在进行大型混凝土构件的预制时,铺设在预制场内的轨道、预制场至桥头和桥面上应铺设的轨道以及供龙门架行走的轨道等,专供大型混凝土预制构件的出坑、运输、堆放和运至桥上安装之用。按钢轨的质量分为 11kg/m、15kg/m、32kg/m 三种不同的标准,一般根据预制构件的单件质量确定。所以,应根据预制场的条件和采用的安装方法,提出设计需要量,列入工程造价内。

【图解工程】(图 7-6)

【定额说明】

定额综合考虑了铺设枕木、铺设钢轨、安装配件、铺设道砟并捣固整平、拆除线路、材料分类堆放等工程内容。

【工程量计算规则】

按施工组织设计确定的轨道铺设长度计算工程量。

a)铺设轨道　　　　　　　　　　　　b)临时轨道

图 7-6　轨道铺设

7-1-5　架设输电线路

【名词解释】

临时输电线路是指在公路工程施工过程中,当工程用电使用工业电源时,需要安设由高压输电线路到工地变电站的电力线路。

【图解工程】(图 7-7)

图 7-7　架设输电线路

【定额说明】

定额综合考虑了挖坑、埋杆、架线、接头、拆除、清理堆放等工程内容,变压器的费用已综合在设备摊销费内,并按施工期两年进行编制,如实际施工期不同,可按比例调整设备摊销费的消耗。

【工程量计算规则】

按施工组织设计确定的需要架设的输电线路长度计算工程量。

7-1-6　人工夯打小圆木桩

【名词解释】

人工夯打小圆木桩是指人工利用重物将小圆木桩钉入预先设计的桩位。小圆木桩常用松木、杉木做成,小圆木桩自重小,具有一定的弹性和韧性,虽然加工、运输简便,但其在干湿交替的环境极易腐烂。又因木材的供应问题,现在木桩使用较少。

【图解工程】(图7-8、图7-9)

图7-8　小圆木桩

图7-9　人工夯打小圆木桩

【定额说明】

定额综合考虑了制作及运输小圆木桩、搭拆简单脚手架、取放桩木、安卸桩箍、校桩、打桩、锯桩头等工程内容。

【工程量计算规则】

按施工组织设计确定的需要打入的小圆木桩体积计算工程量。圆木桩的体积,根据设计桩长和梢径(小头直径),按木材材积表计算。

第八章 材料采集及加工

材料采集及加工是指工程施工现场周边无法采购到符合工程设计要求的建筑材料(主要指土、砂石料等),而必须由施工企业自行采集与加工来满足工程建设的需要。

8-1-1 草皮人工种植及采集

【名词解释】
草皮人工种植及采集指人工在开挖草皮后,将草皮切成整齐的块状,就地堆积起来。
【图解工程】(图8-1)

图8-1 草皮人工种植及采集

【定额说明】
定额综合考虑了开挖草皮、制成块状、就地堆放等工程内容。
【工程量计算规则】
按设计需要采集的草皮面积计算工程量。

8-1-2 土、黏土采筛

【名词解释】
土、黏土采筛是指将采集到的土、黏土过筛,使土粒均匀,土粒较大的压碎后再次过筛,将不符合要求的土粒滤掉。
【图解工程】(图8-2、图8-3)
【定额说明】
定额综合考虑了采挖土或黏土、打碎土块、过筛、堆方等工程内容。

图 8-2　机械筛土

图 8-3　筛土机筛土

【工程量计算规则】

按设计需要采筛的土或黏土堆方体积计算工程量。

8-1-3　采筛洗砂及机制砂

【名词解释】

采筛洗砂是指将采挖的砂筛分、清洗,清除不符合要求的颗粒和泥土,达到合理利用的要求。

机制砂是指利用机械设备将块状石料碾碎、过筛,形成符合设计粒径要求的材料。

【图解工程】(图 8-4、图 8-5)

图 8-4　机械筛砂

图 8-5　机制砂

【定额说明】

开采砂定额综合考虑了安移筛架、采挖、过筛、清渣洗砂、堆方及清除废渣等工程内容,砂是天然砂。

隧道弃渣筛砂、机制砂定额综合考虑了部分解小、喂料、碾碎、过筛、堆方及清除废渣等工程内容。

【工程量计算规则】
按设计需要采筛的砂堆方体积计算工程量。

8-1-4 采砂砾、碎(砾)石土、砾石、卵石

【定额说明】
定额综合考虑了挖松、过筛、洗石、成品堆码方等工程内容。

【工程量计算规则】
除卵石按设计需要采集料的码方体积计算工程量外,其他材料均按堆方体积计算工程量。

8-1-5 片石、块石开采

【名词解释】
片石是由打眼放炮采得的石料,其形状不受限制,但薄片者不得使用。除了为节约砌筑砂浆搭配使用部分小片石外,一般片石的中部最小尺寸不应小于15cm,体积不小于0.01m³,每块质量一般在30kg以上。用于圬工主体的片石,其极限抗压强度不小于30MPa;用于附属圬工工程的片石,其抗限抗压强度不小于20MPa。如附近有较好石料时,应尽量优先采用较坚硬的石料。

块石是由成层岩中打眼放炮开采获得,或用锲子打入成层岩的明缝或暗缝中劈出的石料。块石形状大致方正,无尖角,有两个较大的平行面,边角不可加工。其厚度不小于20cm,宽度为厚度的1.5~2.0倍,长度为厚度的1.5~3倍。砌缝宽度一般不大于20cm,个别边角砌缝宽度可达30~35cm。石料极限抗压强度应符合设计文件的规定。

【图解工程】(图8-6、图8-7)

图8-6 片石开采

图8-7 块石

【定额说明】
片石开采定额综合考虑了打眼、爆破、撬石、锲开、解小、码方等工程内容。
片石捡清定额综合考虑了撬石、解小、码方等工程内容。

块石开采定额综合考虑了打眼、爆破、锲开、劈石、粗清、码方等工程内容。
块石捡清定额综合考虑了选石、劈石、粗清、码方等工程内容。

【工程量计算规则】

按设计需要开采或捡清的片石或块石码方体积计算工程量。

8-1-6 料石、盖板石开采

【名词解释】

料石是由人工或机械开采的较规则的六面体或其他形状，经过加工琢凿而成。按其表面平整程度分细料石和粗料石两种。粗料石的表面凸凹相差不大于10mm；细料石的表面凸凹相差不大于5mm。

【图解工程】（图8-8、图8-9）

图8-8 料石

图8-9 盖板石

【定额说明】

定额综合考虑了清除风化层、画线、钻线、打槽子、打锲眼、宰石、钻边、清面、堆放等工程内容。

【工程量计算规则】

按设计需要开采的料石或盖板石天然密实体积计算工程量。

8-1-7 机械轧碎石

【名词解释】

机械轧碎石是指通过碎石机、筛分机等机械将碎石碾碎。

【图解工程】（图8-10、图8-11）

【定额说明】

定额综合考虑了取料，机械轧碎、筛分、接运碎石，成品堆方等工程内容，片石宜利用路基开山石方或隧道弃渣通过捡清而得。

图 8-10 机械轧碎石

图 8-11 筛分碎石

【工程量计算规则】

按设计需要的碎石堆方体积计算工程量。

8-1-8 路面用石屑、煤渣、矿渣采筛

【名词解释】

石屑是粒径小于 5mm 的人工集料。

煤渣是指煤燃烧后的残渣,粗细颗粒均有、孔隙较多,它的化学成分与粉煤灰相近。石灰煤渣基层宜采用具有一定级配的煤渣。粒径 30~400mm 的颗粒要剔除或打碎,以利拌和与压实。煤渣的烧失量不宜超过 20%,否则将明显降低混合料的强度。

矿渣是铺垫材料的一种,产生于高炉之中,其主要化学成分为二氧化硅和氧化铝。矿渣抗水侵蚀能力强,水化热低,耐热性高,常常在工业上与水泥熟料拌和,形成高强度的矿渣硅酸盐水泥。

【图解工程】(图 8-12)

a)煤渣

b)石屑

图 8-12

c)矿渣1　　　　　　　　　　　　　　d)矿渣2

图8-12　路面用石屑、煤渣、矿渣

【定额说明】

定额综合考虑了挖松、过筛、清渣、成品堆方等工程内容。

【工程量计算规则】

按设计需要采筛的石屑或煤渣或矿渣堆方体积计算工程量。

8-1-9　人工洗碎(砾、卵)石

【名词解释】

人工洗碎(砾、卵)石是指由于粗、细集料(石子)或水刷石放置时间过长或储存不当会使其中混有一些杂质,如果不处理掉,将会影响结构的强度和耐久性,所以通过流水冲洗石料,减少其杂质。

【定额说明】

定额综合考虑了取料、洗石、堆(码)方等工程内容。

【工程量计算规则】

除卵石按设计需要清洗的码方体积计算工程量外,其他材料均按堆方体积计算工程量。

8-1-10　堆、码方

【名词解释】

堆方是指将材料堆放在一起,不经任何加工、自然形成的堆筑体的体积。

码方是指人工将材料碎块堆放在一起而形成的堆筑体的体积。

【图解工程】(图8-13)

【定额说明】

定额综合考虑了平整场地、材料整理、堆(码)方等工程内容。

【工程量计算规则】

按设计需要堆方或码方的体积计算工程量。

第八章　材料采集及加工

a)堆方1

b)堆方2

c)码方1

d)码方2

图 8-13　堆、码方

8-1-11　碎石破碎设备安拆

【名词解释】

破碎设备主要有颚式破碎机、圆锥破碎机、锤式破碎机、反击式破碎机、辊式破碎机、旋回式破碎机、冲击式破碎机等，属于工程机械范畴。

【图解工程】（图 8-14）

a)颚式破碎机

b)圆锥破碎机

图　8-14

c)锤式破碎机

d)反击式破碎机

e)辊式破碎机

f)旋回式破碎机

图 8-14　碎石破碎设备

【定额说明】

定额已综合考虑了碎石破碎设备的基座浇筑、上料台的修建和拆除、场地清理、平整工程等内容。

【工程量计算规则】

按施工组织设计确定的碎石破碎设备数量计算工程量。

第九章 材料运输

材料运输是指将建筑,材料通过人工或机械,从料场或采购地运送到施工现场堆放地或工地仓库。

9-1-1 人工挑抬运输

【名词解释】
人工挑抬运输是指以徒手挑抬为主要方式的运输方法。

【图解工程】(图9-1)

图9-1 人工挑抬运输

【定额说明】
定额综合考虑了装料、挑(抬)运、卸料、空回等工程内容。

【工程量计算规则】
按设计需要运输材料的质量或堆(码、实)方体积计算工程量。

9-1-2 手推车运输

【名词解释】
手推车运输是以手推车为主要运输工具的运输方式。

【图解工程】(图9-2)

【定额说明】
定额综合考虑了装料、推运、卸料、空回等工程内容。

图 9-2 手推车运输

【工程量计算规则】

按设计需要运输材料的质量或堆(码、实)方体积计算工程量。

9-1-3 机动翻斗车运输(配合人工装车)

【名词解释】 机动翻斗车运输是使用方便、适应性强、较经济的运输方式。

【图解工程】(图 9-3)

图 9-3 机动翻斗车

【定额说明】

定额综合考虑了等待装料、运走、卸料、空回等工程内容,未包括装车的消耗,需要时应按人工装车定额另行计算。

【工程量计算规则】

按设计需要运输材料的质量或堆(码、实)方体积计算工程量。

9-1-4 手扶拖拉机运输(配合人工装车)

【图解工程】(图 9-4)

 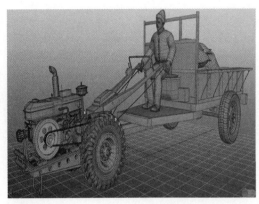

图 9-4　手扶拖拉机

【定额说明】

定额综合考虑了等待装料、运走、卸料、空回等工程内容,未包括装车的消耗,需要时应按人工装车定额另行计算。

【工程量计算规则】

按设计需要运输材料的质量或堆(码、实)方体积计算工程量。

9-1-5　载重汽车运输(配合人工装卸)

【定额说明】

定额综合考虑了等待装料、运走、卸料、空回等工程内容,未包括装车的消耗,需要时应按人工装车定额另行计算。

【工程量计算规则】

按设计需要运输材料的质量或实方体积计算工程量。

9-1-6　自卸汽车运输(配合装载机装车)

【名词解释】

装载机是指可以进行铲掘、推运、整平、装卸和牵引等多种作业的一种发展较快的循环作业式机械。

自卸汽车是指靠自身的动力驱动车辆行驶、车箱直接安装在车架之上的汽车。

【图解工程】(图 9-5)

【定额说明】

定额综合考虑了等待装料、运走、卸料、空回等工程内容,未包括装车的消耗,需要时应按装载机装车定额另行计算。

【工程量计算规则】

按设计需要运输材料的质量或堆(码、实)方体积计算工程量。

图 9-5　自卸汽车运输

9-1-7　人工装机动翻斗车

【定额说明】
定额综合考虑了装车等工程内容。
【工程量计算规则】
按设计需要运输材料的质量或堆(码、实)方体积计算工程量。

9-1-8　人工装卸手扶拖拉机

【定额说明】
定额综合考虑了装车、卸车堆放等工程内容。
【工程量计算规则】
按设计需要运输材料的质量或堆(码、实)方体积计算工程量。

9-1-9　人工装卸汽车

【定额说明】
定额综合考虑了装车、捆绑、解绳、卸车堆放等工程内容。
【工程量计算规则】
按设计需要运输材料的质量或堆(码、实)方体积计算工程量。

9-1-10　装载机装汽车

【图解工程】(图 9-6)
【定额说明】
定额综合考虑了铲料、装车等工程内容,一般配合自卸汽车。

图 9-6 装载机

【工程量计算规则】

按设计需要运输材料的质量或堆(码、实)方体积计算工程量。

9-1-11 其他装卸汽车

【定额说明】

定额综合考虑了铲料、装车等工程内容。

【工程量计算规则】

按设计需要运输材料的质量或堆(码、实)方体积计算工程量。

9-1-12 洒水车运水

【名词解释】

洒水车又称为喷洒车、多功能洒水车、园林绿化洒水车、水罐车、运水车等,主要用于城市道路、大型厂区、部队、园林等单位清洁路面、卫生、防尘、浇水、喷洒农药等,还具有运水、排水、应急消防等功能。

【图解工程】(图9-7、图9-8)

图 9-7 洒水车　　　　　　　　图 9-8 洒水车洒水

【定额说明】
定额综合考虑了吸水、运水、泄水、空回等工程内容。
【工程量计算规则】
按设计需要运输水体积计算工程量。